장세진평론집

참 쉬운 소설 읽기

장세진평론집

참 쉬운 소설 읽기

신아출판사

■ 저자의 말

그만큼 읽기 쉬운 글

또 한 권 장세진 지음의 책을 세상에 내놓는다. 문학평론집 '참 쉬운 소설 읽기'다. 수필·산문집과 영화·드라마평론집 등 이것저것 합쳐 총 62권째(편저 5권 포함) 저서다. 문학평론집으로는 10번째 책이다. 본격 문학평론집으로는 2021년 11월 '서사성과 형식미' 이후 4년 만에 펴내는 책이기도 하다. 물론 2023년 4월 펴낸 '라대곤문학 다시 보기'를 열외시킨 셈법이다.

이를테면 영화며 칼럼 등 산문집을 여러 권 펴내느라 정작 문학평론집 발간은 6~7년 주기로 이루어졌던데 비해 매우 빨라진 발간인 셈이다. 순전 전북특별자치도문화관광재단의 문화예술육성지원사업에 선정된 덕분이라 할 수 있다. 4년 전 '서사성과 형식미'도 지원을 받아 펴냈는데, 문학평론집이 다시 선정돼 결실을 맺게된 것이다. 고마운 일이다.

기본적으로 널리 팔리지 않는 평론집이지만, 필요한 사람은 꼭 본다는 점에서 문학평론집 '참 쉬운 소설 읽기'는 나름 의미가 있다고 생각한다. 먼저 책의 제목 설명이 필요할 듯하다. 애초 기금 신청시 '분단증후군 혹은 땅의 의미'(가제)였기 때문이다. 본문 수록 글을 표제(標題)로 했던 관행을 깬 '참

쉬운 소설 읽기'라 할까!

　수록한 글은 대부분 '서사성과 형식미' 이후 쓴 평론들이다. 청탁 원고인 것도 있고, 동인지 등에 발표한 글들이다. 비평 대상으로 삼은 작품들은 상당수가 밀리언셀러 내지 베스트셀러 혹은 나름 화제를 모은 소설들이다. 이 책은 그런 작품들을 꼼꼼히 읽고 구체적으로 조모조목 살펴보는 실제비평 모음집이다.

　또한 주례사 비평 따위를 배격하고, 소설의 장·단점을 분명히 가려 독자들의 작품이해를 돕는 것이 다른 비평집과의 차별성이라 하겠다. 무엇보다도 외국 문학이론 원용이라든가 난해하고 현학적인 비평을 지양했다. 그만큼 읽기 쉬운 글이라 할 수 있다. 일반 독자들도 해당 작품을 이해하는데 참고서가 되도록 한 글이라는 점이 다른 비평과의 차별성이라 생각한다.

　표제를 '참 쉬운 소설 읽기'라 정한 또 다른 이유다. 무릇 제목은 책 내용 전체를 나타내는 게 일반적이라는 점에서 '참 쉬운 소설 읽기'가 안성맞춤인 성싶다. 책은 4부로 나누었다. 제1부 처음 글 '소설가 한강의 노벨문학상 수상'은 본격 평론이 아니지만, 3부까지 전부 소설 비평이다. 단, 영화 이야기가 포함된 것도 있다. '참 쉬운 소설 읽기'로 제목을 달았지만, 수필 이야기도 있다. 제4부가 그렇다.

　제1~2부는 베스트셀러소설의 유명작가들과 원고청탁을 받아 쓴 소설작품론이다. 김훈 소설과 함께 살펴본 영화 이야기라든가 안정효 소설의 영화화를 다룬 글은 새로움과 함께 흥미로울 것으로 생각한다. 제3부는 기존 평론집에 수록했던 글을 원고 청탁 등 이런저런 사정으로 다시 발표한, 이를테면 앙코르 평론이다. 글을 읽으며 '어, 이거 어디서 봤는데' 하는 독자들이 있을 지도 모르겠다.

제4부는 수필론이다. 세월호 참사 추모문집인 '눈먼 자들의 국가'를 비롯 3편의 수필 이야기가 실려 있다. '수필문학 위기 극복을 위하여'는 많은 수필가들에게 좋은 안내 내지 지침서가 될 것이라 생각한다. '김학의 수필인생과 문학세계'는 2023년 '전주 백인의 자화상' 발제자로 위촉받아 2022년 1월 내가 펴낸 1주기추모문집 '김학수필문학론'을 자양분 삼아 새롭게 쓴 글이다.

한 가지 독자들에게 양해를 구할 것은 각기 다른 문장부호 사용이다. 작품집이나 작품 제목에 사용된 문장부호가 겹낫표 『 』나 낫표 「 」, 작은따옴표 ' ', 겹꺾쇠표 ≪ ≫나 홑꺾쇠표 < > 등 들쭉날쭉 되어 있는 점이 그것이다. 차례 포함 집필 시기와 글을 실은 매체의 표기 방식이 제각각인 걸 애써 고치지 않고 그대로 두었음을 이해해줬으면 한다. 통일되지 않은 띄어쓰기도 양해를 구한다.

방송·영화·문학평론 3관왕으로 62권째 책을 펴내지만, 나로선 문학평론집 출간일 때가 가장 뿌듯하다. 아마 문학비평이 내가 하는 또 다른 영화나 드라마평보다 돈이 더 안 되는 글쓰기라 그런지 모를 일이다. 또한 꽤 분량이 많은 글쓰기가 외롭고 힘든 작업이라 그런 지도 모를 일이다. 그럴망정 출간의 기쁨은 내 문학비평을 읽어줄 모든 이들과 함께 하고 싶다.

2025년 초여름

지은이 **장 세 진**

차례

■ 저자의 말- 그만큼 읽기 쉬운 글 ·················· 4

제1부

소설가 한강의 노벨문학상 수상 ·················· 12
한풀이의 유의미한 전개 ·························· 26
  -조정래장편소설 '불놀이'론-
분단증후군 혹은 땅의 의미 ······················ 48
  -조정래중편소설 '유형의 땅'·'박토의 혼'론-
뒤틀린 교육현실 역대급 까발리기 ················ 58
  -조정래장편소설 '풀꽃도 꽃이다'론-
왜 지금도 이순신인가 ···························· 65
  -김훈장편소설 '칼의 노래'와 영화 '이순신' 3부작론-
낯선 작가들, 소설 읽는 즐거움 ·················· 82
  -김현숙단편소설 〈베네세 하우스〉 등
다양성, 그 무궁무진한 세계 ······················ 88
  -박태주단편소설 〈이별여행〉 등
박완서 장편소설 2편 ···························· 94
  -'엄마의 말뚝'·'그대 아직도 꿈꾸고 있는가'론-
1980년대 윤정모 소설들 ························ 105
  -소설집 '님'·장편소설 '고삐'론-

제2부

민족문학으로 우뚝 솟는 소설 ·················· 118
-홍명희대하역사소설 '임꺽정'론-

꼰대가 보기엔 배부른 비명 ·················· 124
-장강명장편소설 '한국이 싫어서'론-

밀리언셀러 조남주장편소설 '82년생 김지영' ·········· 132

분단현실과 기독교 문제 ·················· 137
-김은국장편소설 '순교자'론-

최정주 소설 소고(小考) ·················· 146
-소설집 '술래의 시간'과 '안개와 박쥐'를 중심으로-

안정효 장편소설 2편 ·················· 156
-'하얀 전쟁'·'은마는 오지 않는다'론-

영화로 만들어진 안정효 장편소설 3편 ·········· 168
-'은마는 오지 않는다'·'하얀 전쟁'·'헐리우드 키드의 생애'론-

양귀자 소설 3편 ·················· 180
-소설집 '원미동 사람들'·장편소설 '희망'·'천년의 사랑'론-

조세희와 '난장이가 쏘아올린 작은 공' ·········· 196

분단현실과 시대정신 ·················· 205
-김영현소설집 '깊은 강은 멀리 흐른다'론-

제3부

김애란현상의 사회성 『두근두근 내 인생』 ················ 218

비극적 역사와 인간주의 ·· 231
-김성종대하소설 『여명의 눈동자』론-

분단극복의지로서의 역사인식 ································· 246
-조정래대하소설 『태백산맥』론-

역사재현의 리얼함과 민중의식 ································ 273
-김주영대하역사소설 『객주』론-

우중소설과 순수문학 ··· 301
-최인호장편소설 '불새'·'제4의 제국'·'낯익은 타인들의 도시'론-

남는 것 있는 장르문학 ·· 341
-정유정장편소설 '7년의 밤'론-

사랑 통한 길 찾기 ··· 353
-한승원장편소설 '항항포포'론-

역사공간과 여성성 ··· 364
-최명희대하소설 『혼불』론-

제4부

아이들 이제는 보내줘야 ·················· 386
-김애란 외 '눈먼 자들의 국가'론-

수필문학 위기극복을 위하여 ·················· 393

김학의 수필인생과 문학세계 ·················· 414

제1부

소설가 한강의 노벨문학상 수상 · 12

한풀이의 유의미한 전개 · 26
-조정래장편소설 '불놀이'론-

분단증후군 혹은 땅의 의미 · 48
-조정래중편소설 '유형의 땅' · '박토의 혼'론-

뒤틀린 교육현실 역대급 까발리기 · 58
-조정래장편소설 '풀꽃도 꽃이다'론-

왜 지금도 이순신인가 · 65
-김훈장편소설 '칼의 노래'와 영화 '이순신' 3부작론-

낯선 작가들, 소설 읽는 즐거움 · 82
-김현숙단편소설 〈베네세 하우스〉 등

다양성, 그 무궁무진한 세계 · 88
-박태주단편소설 〈이별여행〉 등

박완서 장편소설 2편 · 94
-'엄마의 말뚝' · '그대 아직도 꿈꾸고 있는가'론-

1980년대 윤정모 소설들 · 105
-소설집 '님' · 장편소설 '고삐'론-

소설가 한강의 노벨문학상 수상

1.

 소설가 한강의 노벨문학상 수상 소식이 전해졌다. 10월 10일 밤 8시 24분 교원문학회 카톡에 어느 회원이 처음 올린 소설가 한강의 노벨문학상 수상 소식을 보고 처음엔 긴가민가 했다. 그때 마침 MBC 뉴스를 보고 있었는데, 끝날 때까지도 '속보'는 뜨지 않았다. 노벨문학상 발표 계절인데 어떤 매체로도 그 예고편을 전혀 접해보지 못했기 때문인 지도 모를 일이다.
 그만큼 소설가 한강의 노벨문학상 수상은 급작스런 쾌거였고, 깜짝 놀랄 경사였다. 우선 축하한다. 그런데 나뿐 아니라 대한민국 전체적으로 소설가 한강의 노벨문학상 수상이 뜻밖이었던 듯하다. 가령 교보문고의 예약 담당 직원은 "수상 예상을 못 해 준비된 재고가 없다"며 "지금 예약해도 다다음 주나 책이 올 듯하다"고 말했다.
 한강 장편소설 '채식주의자'와 '소년이 온다'를 펴낸 출판사 창비의 백지연 부주간(문학평론가)이 "노벨문학상은 쇼트리스트(후보 명단)가 없어 준비가 어렵다"며 "한강은 최근 몇 년 새 세계적 권위의 문학상을 받아와서 늘 (노벨문학상 수상을) 기대는 하고 있었지만 사실 이번에는 저희도 놀랐다"고 말했을 정도다.

노벨문학상을 주관하는 스웨덴 한림원은 10월 10일 저녁 8시(한국시간) 소설가 한강을 올해 노벨문학상 수상자로 발표했다. "역사적 트라우마에 맞서고 인간 삶의 연약함을 폭로하는 강렬한 시적 산문"의 작가라는 게 한림원의 노벨문학상 수상자 선정 이유다.

이어 한림원은 한강 작가를 두고 "역사적 트라우마와 보이지 않는 규칙에 맞서고, 작품마다 인간 삶의 연약함을 드러낸다"며 "몸과 영혼, 산 자와 죽은 자 사이의 연결에 대한 독특한 인식을 가지고 있으며, 시적이고 실험적인 스타일로 현대 산문의 혁신가가 되었다"고 설명했다.

소설가 한강은 1970년 광주에서 태어나 9살 때 아버지(소설가 한승원)를 따라 서울로 이사해 살았다. 1993년 연세대 국문학과를 졸업하고 같은해 시(계간 '문학과사회')로 먼저 등단했다. 1994년 단편소설 '붉은 닻'이 서울신문신춘문예에 당선돼 소설가로 창작활동을 시작했다. 2005년 이상문학상을 시작으로 동리문학상·만해문학상·황순원문학상·김유정문학상 등 국내 굵직굵직한 상들을 받았다.

소설가 한강의 수상은 국내상에서 그치지 않았다. 2016년 5월 '채식주의자'(2007)로 맨부커상 인터내셔널 부문을 수상하기도 했다. 국제 무대에서도 본격 호명되기 시작한 셈인데, 제주 4·3을 소재로 한 소설 '작별하지 않는다'로 2023년 11월 프랑스의 메디치 외국문학상, 2024년 3월 에밀 기메 아시아문학상을 받았다.

메디치상 심사위원단은 당시 소설가 한강에 대해 "한국에서 가장 위대한 작가로 여겨진다. 작가의 책이 출판되는 것은 한국뿐 아니라 국제적으로 하나의 사건이 된다"(한겨레, 2024.10.11.)고 평가했다. 그러니까 문력(文曆) 31년, 소설가 30년 만에 세계 최고 권위를 자랑하는 노벨문학상 수상 작가로 우뚝 선 것이다.

국내 작가로는 최초의 노벨문학상 수상이다. 아시아 여성 작가로도 사상 최초다. 노벨상 전체로 보면 2000년 노벨평화상을 받은 고 김대중 전 대통령 이후 두 번째 한국인 수상이기도 하다. 그동안 시인 고은과 소설가 황석영이 후보군으로 거명된 적 있으나, 50대의 한강 소설가가 전세계에서 가장 권위 있는 문학상을 거머쥔 것이다.

이는 대단히 파격적인 한림원의 선택이라 할만하다. 왜냐하면 그동안 노벨문학상은 "일생의 작업을 통해 문학적 세계관을 완성한, 나이가 지긋한 작가에게 수여한다"는 인식이 일반적이었기 때문이다. 수상자인 한강 본인조차 수상 소감에서 '놀랐다'는 말을 여러 번 한 것으로 전해졌으니 어찌 파격적이라 하지 않을 수 있으랴!

"1970년대생인 53세 한강의 수상은 노벨문학상이 '과거의 감수성'이 아닌 '미래의 감수성'에 주목했다는 의미"(한국일보, 2024.10.12.)라지만, 계속 그런 기조로 갈 지는 더 두고 지켜볼 일이다. 아무튼 "이제 5·18과 국가폭력을 떠들었던 우리 세대는 가고 한국의 문화와 역사를 세계인의 지평과 반열에 올리는 새 주역이 등장했다"고 한 김동춘 성공회대 명예교수 말은 되새길만하다.

소설가 한강의 노벨문학상 수상은 또 다른 의미가 있다. 소설가 한강의 노벨문학상 수상이 세계 최초란 수식을 달며 그 중심으로 우뚝 선, 이른바 K영화와 K드라마, 그리고 K팝과 달리 변방에 머물러 있던 한국문학의 위상을 한껏 끌어올린 바 되었기 때문이다. 이를테면 K문학의 교두보를 확실히 확보한 소설가 한강의 노벨문학상 수상인 셈이다.

사실 한국문학은 "서양 문학에 밀리고, 일본·중국 문학보다 상대적으로 덜 주목받았다. 한강(53) 작가의 노벨문학상 수상은 한국 문학을 세계의 중심으로 단번에 밀어 올렸다. 주류와 거리가 먼 여성·비영어권·비백인 작가의 성취여서 더욱 극적이다"(한국일보, 2024.10.11.)라는 말이 공감으로 와닿는 이유다.

2.

소설가 한강의 노벨문학상 수상으로 지금 대한민국은 난리가 난 형국이다. 먼저 한강이 펴낸 소설 등 책을 구매하려는 사람들이 그야말로 폭주하고 있다. 수상 전에도 이미 "'채식주의자'(2007)가 110만부, '소년이 온다'(2014)가 60만부, '작별하지 않는다'(2021)가 20만부 가까이 독자와 만났다"(한겨레, 2024.10.12.)고 하는데, 구매 열기가 하늘을 찌른다.

한겨레(2024.10.14.)에 따르면 소설가 한강의 노벨문학상 수상 소식이 알려진 뒤 도심의 대형 서점부터, 동네 책방, 도서관, 온라인 서점에 이르기까지 한강 작가의 종이책을 원하는 독자들이 전국 곳곳에 넘쳐났다. 한시라도 빨리 책을 손에 넣기 위해 서점 문 열기를 기다리는 '오픈런' 경쟁이 벌어지는가 하면, 대형 서점 누리집들은 한동안 접속장애를 겪기도 했다.

다음날 치 한겨레를 보면 "노벨 문학상 수상 직후부터 14일 낮 1~2시까지 한강 작가의 작품 판매량이 전국적으로 85만 부가량(전자책 포함)에 이른 것으로 나타났다. 이대로라면 주중 100만 부를 돌파하는 '진기록'이 예상된다"는 보도다. 대신 한강 작품 외 도서의 판매량은 급감했다.

국내 3대 서점(예스24·교보문고·알라딘)의 10월 14일 오후 집계를 보면, 예스24 33만 부(오후 2시 기준), 교보문고 31만 3,000부, 알라딘을 통해 20만 부(이상 오후 1시 기준)가 판매된 것으로 나타났다. 유통 플랫폼인 쿠팡을 통해 판매된 작품까지 합치면 100만 부에 이미 근접했을 것으로 추정된다는 내용이 이어진다.

이런 구매 열기와 별개로 '소년이 온다'와 '작별하지 않는다'가 각각 광주 5·18 민중항쟁과 제주 4·3 사건을 소재로 하고 있는 만큼 그 유족들과 시민단체도 박수를 보냈다. 가령 '소년이 온다'의 실제 주인공인 문재학(당시 16세)군의 어머니, 아들의 죽음을 알리려 평생을 싸운 김길자씨에게 한강의 노벨상 수상 소식은 더 각별하고, 감격스러웠다.

김씨는 한국일보(2024.1012.)와의 인터뷰에서 "작가님 덕에 5·18이 세계적으로 알려지게 될 텐데, 제가 백 번 투쟁한 것보다 더 큰 힘이죠"라며 눈물과 함께 고마움을 표한 것으로 전해졌다. 박강배 5·18 기념재단 상임이사는 "그간 우리를 포함한 수많은 단체나 기관이 5·18을 알리려고 노력했는데 그런 수십 년 활동보다도 한 권의 소설, 한 명의 작가가 더 뜻깊은 일을 멋지게 해냈다. '문학의 힘이 이런 거구나'라고 느꼈다"는 소감을 전했다.

전남대 5·18 연구소장을 맡고 있는 민병로 전남대 법학전문대학원 교수는 "국내나 전 세계적으로나 5·18에 대해서 더 관심을 갖게 되는 하나의 커다란 '사건'이다"라고 의미를 부여했다. 오 전 회장 역시 "세계인들이 한강의 작품을 통해 인간 존엄성이나 평화의 중요성에 대해 공감할 수 있는 계기가 됐을 것"이라고 설명했다.

시인이기도 한 허영선 전 제주 4·3 연구소장은 "한강의 소설은 그 자체로 거대한 애도"라고 말했다. 허 전 소장은 10년 전 제주 4·3 당사자들의 이야기를 엮은 책('제주 4·3을 묻는 너에게')을 썼다. "제주의 아름다움 이면엔 어두운 역사가 있고 지금도 그걸 기억하는 이들이 살고 있는 곳"이라고 운을 뗀 그는 "이분들을 애도해준 한강의 서사가 전 세계인의 가슴을 울렸다는 점이 정말 큰 위로가 된다"고 말했다.

오임종 전 제주 4·3 유족회장은 1994년 노벨문학상을 탄 '행동하는 일본의 양심' 고(故) 오에 겐자부로를 떠올렸다고 한다. 전후(戰後) 문학의 대가인 그 역시 일본이라는 국가의 폭력성을 치열하게 고민한 작가였기 때문이다. 오 전 회장은 "대한민국의 아픔을 치유하는 노벨상 수상 작가가 나왔다니 정말 기쁜 일"이라고 기뻐했다.

한편 앞의 한국일보에 따르면 한강 작가 아버지가 살고

있는 전남 장흥군 거리에서 만난 주민들은 한강의 노벨문학상 수상 소감을 물으면 '영광', '전율', '기적', '쾌거' 등 주로 단답형으로 기쁨을 표현했다. 특히 주민들 사이에선 노벨문학상 수상의 감동과 그 여운을 이어나가기 위해선 '한승원 가족문학관'을 조성해야 한다는 목소리도 나왔다.

한강의 오빠(한동림)는 소설가이고, 남동생(한강인)은 만화작가, 남편(홍용희, 이혼한 것으로 전해짐)은 문학평론가다. 장흥읍의 한 식당에서 만난 최민성(58)씨는 "이 정도면 장흥문학을 대표하는 문인(文人) 대가족 아니냐"며 "생존 문인이란 이유로 문학관 건립 추진을 망설일 필요는 없다고 생각한다"고 말했다.

김성 장흥군수도 "한강 작가의 노벨문학상 수상은 어머니 품 장흥의 문화·예술·관광의 르네상스를 꽃피우는 데 빛나는 보석이 될 것"이라며 "세계에서도, 대한민국에서도 하나밖에 없는 부녀 작가 기념관을 건립하도록 하겠다"고 약속했다. 이게 조만간 실현되면 고흥에 있는 조정래 가족문학관과 함께 또 다른 전남, 나아가 대한민국의 명소가 될 것으로 보인다.

한강 소설가의 모교인 연세대가 작가에게 명예박사 학위를 수여하고 관련 문학관도 건립하는 방안 등을 검토하고 있는 것도 알려졌다. 10월 11일 연세대에 따르면 이날 국어국문학과 교수회의에서 작가가 동의한다면 명예박사 학위를 수여하거나 그를 교수로 임용하기로 결정했다. '한강문학관'을 만드는 방안도 검토할 계획이란다.

3.

 소설가 한강의 노벨문학상 수상은, 개인적으론 나를 번쩍 정신 들게 했다. 2016년 한강이 세계 3대문학상중 하나라는 맨부커상을 받았을 때 수상작 '채식주의자'를 구해 놓고도 여지껏 읽어보질 못해서다. 사실은 쓸 계획이 서야 비로소 읽기에 들어가는 나의 집필 플랜과 무관치 않지만, 소설가 한강의 노벨문학상 수상을 접하니 '진짜 써야지' 하는 정신이 번쩍 난 것이다.

 소설가 한강의 노벨문학상 수상은, 개인적으론 부끄러움을 갖게 하기도 했다. 명색 문학평론가이면서도 한강의 소설을 아직 읽어본 적이 없어서다. 애써 변명하자면 이것 역시 쓸 계획이 서야 비로소 읽기에 들어가는 나의 집필 플랜과 무관치 않고, 영화와 드라마 등 다른 장르 비평활동 때문이지만, 그야 어쨌든 문학평론가로서 부끄러움을 피할 수 없게 됐다.

 참고로 지금까지 내가 읽고 쓴 수필가를 뺀 여류소설가는 박경리·박완서·최정희·강경애·강신재·김지연·최명희·양귀자·공지영·신경숙·윤정모·김애란·조남주·정유정·김려령·권비영 등이다. '채식주의자' 등에 대한 작품론은 차차 쓰기로 하고, 소설가 한강의 노벨문학상 수상이 한국인으로서 뿌듯함을 갖게 해주었음을 말하지 않을 수 없다.

 나는 싸이가 '강남스타일' 열풍에도 아쉽게 놓친 빌보드 정상 정복을 방탄소년단(BTS)이 해냈을 때 한국인으로서 뿌듯했다. 2018년 앨범 차트(빌보드200)에 이어 2020년엔 메인 싱글 차트(핫100)까지 석권했던 방탄소년단에 대해 '장하다 방탄소년단1~3'(장세진에세이 '뭐 저런 검찰총장이 다 있나' 수록)이란 제목의 글을 3편이나 쓴 것도 그래서다.

축구선수 손흥민이 아시아 선수 최초로 잉글랜드 프리미어리그 득점왕 차지 등 월드 클래스로서 아낌없이 펼치는 활약을 보면서도 한국인으로서 갖는 뿌듯함이 한가득이었다. 오죽했으면 '월드 클래스 손흥민'이란 제목의 책까지 냈을까. 그뿐이 아니다. '월드 클래스 손흥민2'의 원고를 이미 탈고해놓은 상태다.

젊은이들 활약에서만 한국인으로서의 뿌듯함을 느낀 게 아니다. 2019년 봉준호 감독이 '기생충'으로 칸국제영화제 황금사자상 수상에 이어 2020년 아카데미시상식에서 4관왕을 차지했을 때도 나는 한국인으로서 뿌듯했다. 2021년 75세 노배우 윤여정이 아카데미 여우조연상을 수상했을 때도 마찬가지였다.

2022년 제75회 칸국제영화제에서 '브로커'의 송강호가 최우수남자배우상, '헤어질 결심'을 연출한 박찬욱 감독이 최우수감독상을 각각 수상했을 때도 그랬다. 칸국제영화제에서 2명의 수상자가 동시에 나온 게 처음이라서다. 특히 송강호의 경우 한국 남자 배우가 세계 3대 영화제(칸·베를린·베니스영화제)에서 연기상을 받은 게 처음이어서 너무 자랑스러웠고 너무 뿌듯해 한 기억도 갖고 있다.

그뿐이 아니다. 넷플릭스 드라마 '오징어 게임'은 글로벌 신드롬을 낳으며 2022년 에미상(남우주연상·감독상)을 정복했다. 1949년 출범한 에미상은 'TV분야의 아카데미'로 불릴 만큼 미국 방송계 최고 권위를 자랑하는 시상식이다. 한국은 물론 아시아, 나아가 비영어권 배우나 감독이 에미상 시상식에서 감독상과 남우주연상을 수상한 건 황동혁과 이정재가 처음이다.

이렇게 대한민국을 넘어 세계의 중심으로 우뚝 선 K콘텐츠 주역들을 보며 한국인으로서 마냥 뿌듯해 하는데, 그들은 박근혜 정부 시절 문화예술계 블랙리스트란 공통점이 있다. 소설가 한강의 노벨문학상 수상으로 온통 난리가 난 대한민국에 찬물을 끼얹는 흑역사다. 오죽했으면 '블랙리스트 봉준호 감독의 세계 제패'(장세진평론집 '한국영화 톺아보기' 수록)란 글을 다 썼을까.

소설가 한강도 예외가 아니다. 가령 5·18 광주민중항쟁을 다룬 한강의 소설 '소년이 온다'가 2014년 문화체육관광부가 주최하고 한국출판문화산업진흥원(진흥원)이 주관하는 세종도서(옛 문화부 우수도서) 선정·보급 사업 심사에서 배제된 걸 예로 들 수 있다. 한겨레(2024.10.12)에 따르면 '소년이 온다'는 세종도서 문학 나눔 3차 심사까지 올랐으나 최종 탈락했다.

'소년이 온다'를 포함해 탈락한 도서 다수가 근현대사의 굵직한 사건들을 다룬 소설들이었는데, 실제로 정부가 탐탁치 않아 하는 열쇳말들을 골라 책들을 솎아냈다는 취지의 내부 증언이 나오기까지 했다. 당시 진흥원 관계자는 한겨레 인터뷰에서 "'소년이 온다'는 책에 줄을 쳐가며 문제가 될 만한 내용을 검사해, 사실상 사전 검열이 이뤄지는 것으로 보였다"고 말했다.

맨부커상 수상으로 대한민국을 놀라게 한 한강 소설 '채식주의자'는 또 다른 내침을 당해야 했다. 문체부가 소설 '채식주의자'로 맨부커상 인터내셔날상 부문을 수상한 한강 작가에게 대통령 명의 축전을 보낼 것을 건의했지만, 박근혜 전 대통령이 이를 거절했다는 사실이 당시 특검팀 수사에서 확인됐기 때문이다.

그뿐이 아니다. '채식주의자'는 유해도서가 되기도 했다. 지난해 강민정 더불어민주당 의원실이 경기도교육청으로부터 받은 '학교도서관 성교육 도서 폐기 현황'을 보면, 지난 2022년 3월~2023년 2월까지 경기도 내 학교 도서관에서 성교육 도서 2500여 권이 폐기처분됐는데, 여기에 한강 작가의 '채식주의자'도 포함된 것이다. 환호 속 씁쓸함이 아닐 수 없다.

4.

앞에서 장흥군과 연세대학교의 '한강문학관' 건립 이야길 했는데, 광주광역시도 그런 의사를 밝힌 것으로 전해졌다. 국민일보(2024.10.14.)에 따르면 강기정 광주시장은 "전남 장흥군 안양면 한강 작가 아버지 한승원 작가의 '해산 토굴'에 유정아 문화도시조성과장을 보내 세계적 문학가 반열에 오른 딸의 노벨문학상 수상 기념사업을 논의했다"고 밝혔다.

해산토굴은 아버지 한 작가의 집필 공간이다. 강 시장은 유 과장 파견에 앞서 한강 작가 노벨문학상 수상을 기념하기 위한 가칭 한강문학관 건립 추진을 전제로 유인촌 문화체육부 장관과 예산지원 문제 등을 상의한 결과 긍정적 반응을 얻었다고 밝히기도 했다.

하지만 정작 한강 작가 본인이 아버지를 통해 부정적 의견을 내놓아 이를 보류했다고 설명했다. 한강 작가의 부친인 한승원 작가가 "전쟁으로 주검들이 실려 나가는 데 무슨 잔치를 여느냐? 큰 기념관이나 화려한 축하 잔치, 명칭에 한강이라는 이름 들어가는 건축물을 원하지 않는다"는 딸의 입장을 유 과장에게 직접 전달했다는 것이다.

한승원 작가는 유 과장에게 "한강은 내 딸이 아니라 이미 독립적인 개체가 됐다. 장흥군에서도 (한승원·한강) 부녀 문학관 건립을 거론했는데, 딸은 모든 건물 등에 자신의 이름이 들어가는 것을 원치 않는다"는 의사를 표명한 것으로 전해졌다. 한승원 작가는 광주시가 청사에 내건 '한강! 고맙다! 기쁘다! 오월, 이제는 세계정신!'이라는 플래카드에는 화려하거나 소란스럽지 않고 간결해서 좋다는 의견도 제시한 것으로 전해졌다.

그러나 소설가 한강은 이미 일 개인이 아니다. 국내뿐 아니라 세계적으로 공인(公人)이 되었음을 인식해야 한다. 나는 오래 전 '박완서문학마을, 크게 멀리 봐야'(전북매일신문, 2011.9.29.)라는 글을 통해 유족들의, "고인은 보통 사람으로 살고 책으로만 기억되고 싶어"라는 뜻에 따라 경기도 구리시가 추진을 중단한 '박완서문학마을'에 대해 쓴 바 있다.

박완서문학마을 중단은, 그러나 바람직해 보이지 않는다. 장녀이자 수필가인 호원숙은 "어머니가 살아 계실 때도 원하지 않은 일"이라고 밝혔지만, 일단 그것은 맞는 얘기다. 살아서 문학관 따위를 갖는 건 구설에 오르내르기 십상이어서다.

하지만 사후라면 사정이 다르다. 평범한 개인이라면 말할 필요조차 없지만, 박완서는 '한국문학의 큰 별'로 평가된다. 그에 대한 추모와, 자라나는 청소년들에게 한국문학 속 박완서를 알리는 일은 우리 살아있는 자들 몫이요 의무다. 박완서문학마을은 박완서의 한국문학 속 위상만큼 세계적으로 우리의 소중한 문화유산을 알리는 첫걸음이기도 하다.

기본적으로 전국에 산재한 많은 문학관들의 존재가치가 거기에 있지 않은가? '가문의 영광'을 위해서가 아니라 빛나는 한국문학, 나아가 문화유산을 보존하고 전수하는 일에 고인이 지녔던 '생전의 겸손함'만 내세워선 안될 것이다. 대략 그런 내용인데, 한강문학관도 마찬가지다. 한국문학의 큰 별 박완서 못지않은 문학적 성취를 이뤄낸 노벨문학상 수상을 '욕되게' 해선 안된다.

그것은 좀 심하게 말하면 개인주의, 문학으로 많은 사람들을 울리고 웃긴 공인(公人)으로 가져선 안될 개인주의이거나 '나만 생각하는' 이기주의일 수 있다. 유족들이 협조하기로 했다는 고인의 집에 찾아오는 교육프로그램과, 구리시 인창도서관의 '박완서자료실' 운영만으로는 부족하다. 크게 멀리 봐야 한다.

한편 외신들도 소설가 한강의 노벨문학상 수상 소식을 속보로 긴급히 전했다. 한국일보(2024.10.11.)에 따르면 중국에선 '중국의 카프카'로 불리는 소설가 찬쉐(71)가 유력한 수상자로 거론된 터라 "놀랍다"는 반응이 터져 나왔다. 한국인으로는 한강과 함께 고은(91)·김혜순(69) 시인이 후보군으로 꼽혔지만, 수상 가능성은 크지 않다는 게 중론이었다.

미국 공영 라디오 방송 NPR은 "한강이 어니스트 헤밍웨이·윌리엄 포크너·토니 모리슨·가브리엘 가르시아 마르케스의 반열에 합류했다"고 평했다. NPR은 2000년에서 2023년 사이 노벨문학상을 수상한 비백인 작가는 7명뿐이었다며 이같이 전했다. 역대 수상자 중 여성은 17명에 불과하다. 노벨문학상 121번째 수상자가 된 한강이 젊은 나이와 함께 대단한 또 다른 이유다.

CNN 방송은 무엇보다 한강이 "역사적 트라우마에 맞서고 인간 삶의 연약함을 폭로하는 강렬한 시적 산문"을 썼다는 점을 극찬했다. 1993년 시 5편을 출간하며 등단했다는 점을 거론하면서다. CNN은 "한강을 잘 모르는 독자는 2014년 소설 '소년이 온다(Human Acts)'부터 읽어야 한다고 노벨문학위원회 안나-카린 팜 위원의 말을 인용해 권하기도 했다.

뉴욕타임스는 한강이 1970년 광주에서 태어났고, 1980년 5·18 광주민주항쟁이 있기 몇 달 전 서울로 이사 갔다는 사실을 언급하며 "이 사건(광주민주항쟁)이 인간의 폭력성에 대한 한강의 견해를 형성했고, 그 유령이 그의 글을 괴롭혔다"고 2016년 한강과의 인터뷰를 재인용해 보도했다. 그야말로 세계가 놀란 소설가 한강의 노벨문학상 수상이다.

<2024. 10. 15.>

한풀이의 유의미한 전개
-조정래장편소설 '불놀이'론-

1. 이제서야 읽은 장편소설

"대한민국이 길을 잃을 때, 우리는 조정래를 읽는다!"

위는 한겨레(2022.5.16.) 신문 7면 전면광고의 해드카피다. '20세기 한국인에게 가장 큰 영향을 미친 소설 조정래 대하소설 3부작'이니 '1,800만 독자와 함께해 온 50년, 조정래문학은 현재진행형이다!' 같은 선전 문구도 있는 이 전면광고는 조정래가 50년 동안 쓴 대하소설·장편소설·중단편소설집과 청소년판 '태백산맥'과 '아리랑'을 소개하고 있다. 비단 1회성 광고가 아니다. 한겨레 신문 독자들로선 잊어버릴만하면 한번씩 이 전면광고를 대할 수 있다. 더러 '토지'의 작가 박경리 전면광고도 볼 수 있지만, 흔한 사례는 아니다. 그 점에서도 조정래는 대단한 작가라 말해도 시비할 사람은 없을 성싶다.

이 전면광고 때문은 아니지만, 조정래 장편소설 '불놀이'를 이제서야 읽었다. '이제서야'라고 말한 것은 조정래 장편소설 '불놀이'가 지금으로부터 40여 년 전인 1983년 발간된 작품이라서다. 조정래 작가연보('우리 시대 우리 작가16 조정래', 동아출판사, 1987.3.1.)에 따르면 '불놀이'는 1982

년 문예지에 발표한 중편소설 '인간연습'('人間演習'으로 발표됐지만, 한글로 고쳐 표기한다. 이하 작품 표기나 인용문도 같음.)·'인간의 문'·'인간의 계단'·'인간의 탑' 4편을 한데 묶어 장편소설 '불놀이'로 펴낸 것이다.

또 하나 "이제서야 읽었다"라고 말한 것은 대하소설 3부작 '태백산맥'(전10권)·'아리랑'(전12권)·'한강'(전10권)은 물론 그 이후 2006년부터 펴낸 또 다른 장편소설 '인간연습'을 시작으로 '허수아비춤'·'정글만리'(전3권)·'풀꽃도 꽃이다'(전2권) 들을 이미 읽은 바 있어서다. 조정래 중편소설 '유형의 땅'과 '박토의 혼'도 오래 전 읽은 바 있다. 그렇듯 많은 조정래 소설들을 이미 읽어본 터수이니 일견 뜬금없어 보이는 '불놀이' 독서라 아니 할 수 없다.

거기엔 물론 나름 이유가 있다. 다름 아닌 '조정래 톺아보기'(가제) 발간을 위한 '불놀이' 독서가 그것이다. 잠깐 개인적 소회를 늘어 놓자면 나는 단행본 10권짜리 '태백산맥'을 읽으며 어느새 조정래 팬이 되어갔다. 앞에서 말한 그의 소설들이 출간되는 족족 읽고 썼다. 그러다보니 분량이 꽤 되었다. 대하소설에 푹 빠져 결국 1998년 '한국대하역사소설연구'와 2015년 '한국대하역사소설론'을 펴냈던 것처럼 조정래소설 이야기만으로 따로 단행본을 내도 좋겠다는 생각이 스쳐가곤 했다.

그런데 지금까지 쓴 글들을 정리하고 보니 '태백산맥' 이전 조정래 작품론은 '유형의 땅'과 '박토의 혼'뿐이다. '불놀이'는, 이를테면 '조정래 톺아보기'를 염두에 두고 계획적으로 읽은 최초의 조정래 장편소설인 셈이다. 왜 이제서야 '불놀이'를 읽었는지 명확해진 셈의 이유이기도 하다. 내가 읽은 건 '우리 시대 우리 작가16 조정래'(동아출판사, 1987.3.1.)에 수록된 '불놀이'다. 소장하고 있던 문학전집을 활용한 것인데, 당연히 작품 내용 인용도 이 책에서 한다. 단, 오래된 판본이다 보니 '~있읍니다' 같은 표기가 있음을 미리 밝혀둔다. 내가 알기로 '~있습니다' 표기로 통일된 건 1988년부터다.

2. 여러 상흔(傷痕)과 해한(解恨)

'불놀이'는 6·25 한국전쟁때 배점수가 그로부터 29년이 흐른 뒤 황복만으로 살고 있다 죽음을 맞는 이야기다. 너무 짧은 이런 간추림을 싱겁다고 할 독자가 있을지 몰라 좀 더 보태자면 배점수의 그런 변신의 과정은 신찬규의 전화질로 시작돼 황형민의 확인으로 자세히 드러난다. 일종의 추리소설적 기법의 짜임이다. 우선 독자로 하여금 더 읽게할 흥미를 갖게 하는데 성공한다. 대대로 종놈집 아들인 배점수가 전쟁나기 1년 전부터 빨강 물이 들어 잠시 인민군 세상이 되자 지주계급 신씨 일가를 도륙(屠戮)내는 등 어떤 극악한 만행을 저질렀는지, 그랬던 그가 오늘날 어떻게 만물산업 황복만 사장이 되었는지가 낱낱이 밝혀진다.

 그것은 입체적으로 펼쳐진다. 1부 황복만, 2부 황형민, 3부 신찬규, 4부 다시 황형민 등 전지적작가시점으로 각각 전개되는 구성이 그걸 말해준다. 누구 시점으로 펼쳐지건 곳곳에서 배점수의 천인공노할 족적이 드러나고 있어서다.

전쟁이 나고 일시적으로 인민군 세상이 되었을 때 대장쟁이 점수는 인민위원회 부위원장이 되어 지주계급 신씨 일가 38명을 도륙한다. 그것도 모자라 점수는 신병모 아내를 겁탈하기까지 한다. 그때 구사일생으로 살아남은 신중걸 회상에 의하면 "배 점수헌테 뿔근 물 딜인 방가놈도 몹쓸 놈이제만, 뿔근 물 처묵고 미쳐 돌아간 배 점수 고놈은 더 숭악헌 놈이었당께. 워메, 고놈 징허니 (헌)건 말로 다 못혀." 할 정도다.

물론 점수의 그런 만행이 그냥 심심해서 불특정 다수를 향해 벌인 묻지마식 악행은 아니다. 13살 때 아버지와 여동생 순월을 핍박하던 걸 보고 신주사 아들 병철을 쥐패버려 치도곤을 당하는 등 지주(地主)에 대한 원한이 내재되고, 그것이 전쟁을 만나면서 한꺼번에 분출된 것이라 할 수 있다. 점수가 '더 숭악헌 놈'이 된 데에는 국민학교(지금의 초등학교) 방선생의 가르침이 있다. 교전(交戰) 끝에 총을 맞아 가망이 없게되자 방선생 아이를 임신한 천선생에게 목 졸려 죽음을 맞게되는 점에서 이 또한 전쟁의 한 상흔이 분명하다. 방선생을 죽이고 뒤따라 자결하는 천선생도 마찬가지다.

점수에게 '뿔근 물 딜인' 방선생이지만, 그는 점수를 전향시키는데 결정적 구실을 하기도 한다. 방선생 권유대로 산에서 도망쳐나온 점수는 경상도를 거쳐 부산으로 간다. 신주사에게 혼절할 만큼 맞고난 뒤 "니놈 성깔머리에 신씨 집안 농사 부치고 살다가는 지레 맞어죽을꺼여"를 걱정한 아버지가 만들어준 대장쟁이 기술이 전쟁후 재건 분위기와 산업화 바람을 타면서 29년이 흐른 오늘날 만물실업 황사장이 되게 한 것이다. 그 과정에서 점수는 이름도 바꾸고, 본적도 세탁하고 새장가를 들어 형민 등 자녀를 둔다.

500명이 넘는 회사 직원들인데도 신씨 성 가진 사람 한 명이 없을 정도로(일부러 안뽑은 것이다.) 과거를 지운 채 산 점수지만, 중걸이 말처럼 "지끔 생각혀도 치가 부들부들 떨리는 일"만 한 건 아니다. 전향하기 전 데려오는데 실패하긴 하지만, 점수는 전처 소생 칠성을 챙기는 등 인지상정, 상상도 못할 만행의 부역자일망정 평범한 부성애를 보이고 있어서다. 역시 실패하지만, 산속에 피신해 있을 때 몰매맞아 죽은 마누라 시신을 거두려 죽음을 무릎쓴 채 나가기도 한다. 그뿐이 아니다. 점수는 자신의 죄상을 반성 내지 참회하는 모습을 여러 번 보여주기도 한다.

악행이 뚜렷한 가해자가 맞지만, 이쯤 되면 전쟁이 안긴 상흔(傷痕)을 묻고 사는 점수임을 알 수 있다. 그러고 보면 방선생이 배점수라는 괴물을 만들어낸 원흉이지만, 그 또한 종놈 자식이다. 천석꾼 부자인 김진사댁 종으로 있던 아버지가 그집 아들이 저지른 살인죄를 뒤집어 써주는 대가(代價)로 받은 상답 30마지기에 면천까지 받아 초등학교 선생이 될 수 있었지만, 사무친 한이 천리만리 달아난 건 아니다. 마약이나 전염병처럼 속수무책 스미어드는 공산주의를 막아낼 재간은 없었던 것으로 볼 때 원흉은 방선생이 아니라 빨강 물이란 이데올로기가 되어야 할 것이다.

'비극의 다층적(多層的) 점검'이란 글에서 '불놀이'를 "조정래의 문학적 특성이 포괄적으로 반영된 역작"이라 말한 천이두(1929~2017, 호적상으론 1930년생) 평론가에 따르면 "이 네 관점은 6·25라는 비극적 사태를 구심점으로 하여 각기 빙탄(氷炭)의 관계로 맞섰던 상극의 네 가지 요인들이다. 그 네 가지 요인들은 그 비극이 휩쓸고 간 지 30여년이 지난 오늘에 있어서도 지울 수 없는 상흔의 요인으로 남아 있다. 그것은 우리의 누구나가 다과의 차이는 있을망정 제각기 간직하고 있는 민족적 한(恨)의 요인이기도 하다. 그 한은 어서어서 풀어버려야 한다. 이미 저질러진 선대(先代)끼리의 문제는 그렇다 치고라도 그것이 다음 대까지 이어져서는 안된다. 그리하여 그 환부(患部)를 과감히 도려내고 새살이 차오르도록 해야 한다"(한국문학과 한, 이우출판사, 1985, 188쪽)는 것이다.

아무튼 전화를 걸어와 쓰러지게 하고, 깨어나서도 실어증에 전신마비까지 일으켜 결국 황복만을 죽게 만든 찬규는 6·25 한국전쟁 발발 직후 인민위원회 부위원장을 하던 배점수가 죽인 신씨 일가 38명중 한 사람인 신병모의 아들이다. 형민은 황복만 큰아들이다. 찬규는 아버지가 배점수에게 끌려가 죽을 무렵 엄마 뱃속에 있었고, 27세에 대학 전임강사가 된 형민은 1954년생이다. '불놀이'는, 이를테면 전쟁 피해 당사자가 아닌 그들의 2세, 그러니까 6·25 미체험세대를 통한 해한(解恨), 즉 한풀이 이야기인 셈이다.

찬규가 복만에게 전활 걸기 시작한 것은 어머니의 복수해 달라는 유언 때문이다. 어머니는 비교적 젊은 나이라 할 44세에 병으로 죽는다. 병명은 가슴앓이다. 이모 말에 의하면 "으응, 니가 말을 알아들을지 모르겠는디, 그 병은 한(恨)이 서리서리 엉켜 생긴 병"이다. "그렁께 의사가 고칠 병이 아니라는 말"이다. 찬규 어머니의 그 병은, 그러나 남편이며 시댁 일가가 몰살당해서 생긴 것만은 아니다. 남편이 끌려간 직후 돌아온 점수에게 강간당한 데서 생긴 병이라 할 수 있다. 이쯤해서 직접 작품 속으로 들어가보자.

> 일에 열중해 있다가도 불현 듯 그때의 일이 한가닥 떠오르고, 그렇게 되면 줄줄이 기억이 이어지면서 가슴이 벌렁벌렁 뛰기 시작했다. 한번 그 증세가 일어나면 숨이 턱에 차오르면서 가슴은 터질 것처럼 답답해지는 것이었다. 한차례씩 그러고 나면 전신에 땀이 쭉 흐르면서 맥이 빠지곤 그때의 일을 생각하지 말자고 스스로를 타이르곤 했다. 그러나 생각은 번번이 마음을 배반하고 있었다.
>
> -179쪽-

말할 나위 없이 6·25가 안긴 상흔의 한 모습이다. 이런 전쟁 트라우마는 점수에게 강간당한 찬규 어머니만 겪는 게 아니다. 전쟁통에 살아남은 사람이면 누구에게나 응어리져 언제나 터져나올 준비가 되어 있다. 예컨대 앞에서 잠깐 말한 신중걸을 보자. 중걸은 점수의 신씨 일가 도륙 속에서도 용케 구사일생으로 살아 남았다. 지금은 고향에서 식당을 운영하고 있는데, 형민을 향해 대뜸 "방가나 배가가 아니라 다행이시"라 말하며 문중 사람들이 도륙당한 이야길 들려준다. 그러니까 점수의 극악한 만행의 죄상(罪狀)이 피해자 직접 진술을 통해 까발겨지는 것이다. 주임이 그렇게 술을 많이 마셔도 괜찮겠느냐 물으니 중걸은 이렇게 대답한다.

> "지끔 묵는 이거슨 술이 아니라 약이여, 약. 가끔 내 코에서고 가슴에서고 피냄새가 풀풀 나는디, 요건 그 피냄새를 딱아내는 약이란 마시. 자네 나헌티 요런 험헌 이약 시킴스롱 쐬주잔 비우는 것이 배아프다 그거싱가?"
>
> -111쪽-

    찬규 어머니같이 죽음에 이르는 병은 아니지만, 중걸 역시 전쟁의 상흔을 고스란히 가슴에 품은 채 살고 있음을 알게 해준다. 물론 그냥 술을 좋아하는 사람의 자기 합리화일 수도 있지만, 그렇게 생각할 건덕지가 없을 만큼 중걸의 난리때 점수 만행에 대한 회상은 진지하면서도 무겁게 와닿는다. 또한 "그놈이 진 죄가 육시를 혀도 모지랜디도 그놈의 아들놈을 지금꺼정 살려서 맥이는 거슨 순전히 우리 문중서 베풀은 은덕이여"란 말을 반복해대는 중걸인 걸 알 수 있는데, 다름 아닌 칠성이 이야기다.
    점수 첫 번째 마누라 쌍림댁이 낳은 칠성이는 가해자 아들이란 점에서 또 다른 상흔의 모습이라 할 수 있다. 전황(戰況)에 따라 인민군이 물러나자 점수에 대한 보복이 시작되었고, 쌍림댁은 당산나무 밑에서 몰매를 맞아 죽는다. 그걸 본 다섯 살 칠성이는 그 충격으로 말미암아 '정신이 나간 빙신'(복만이 죽어가며 형민에게 돌볼 것을 이르며 한 말), 그러니까 백치가 되어버린다. 원래 질긴 게 사람 목숨이라 그런지 29년이 흐른 지금까지도 칠성인 죽지 않고 백치로 살고 있다. 아무런 잘못이나 죄가 없는 다섯 살 어린 아이라는 점에서 서른 네 살이 되어서도 백치로 살고 있는 칠성은 가장 큰 비극적 모습이 아닐까 한다.

그런데 전쟁의 상흔은 그때 그곳에 있던 마을사람들에게만 있는 게 아니다. 가령 찬규 지시로 형민이 아버지 고향 마을을 찾아가 만나 안내 등 도움을 받은 지서주임도 전쟁 트라우마를 안고 산다. 요컨대 현역 경찰조차 제트기 날아가는 소리를 들으면 "곧 폭탄이 떨어지고, 기총소사가 벌어질 것 같은 불안감으로 가슴이 두근두근하고, 하여튼 (기분이) 영 좋질 않"은 것이다. 그뿐이 아니다. 형민이 근무하는 대학교 노교수 역시 제트기 폭음을 듣고 (걸음을) "우뚝 멈춰서며 머리를 싸잡"는 지경이다. 이는 6·25 상흔이 직접적 가해자나 피해자를 넘어 그 당시를 살았던 모든 사람들에게 광범위하게 퍼져 있는 것임을 말해준다.

나아가 상흔은 29년 세월이 흐른 지금 6·25 한국전쟁 당시 어린이거나 이후 태어난 세대들에게도 오롯이 전이되어 나타나는 것임을 알 수 있다. '불놀이'에 주요인물로 설정된 찬규와 형민이 그들이다. 그들은 전쟁 미체험세대지만, 각각 어머니와 아버지 때문에 6·25 상흔을 고스란히 간접 경험해야 하는 2세들이다. 먼저 찬규는 월부책장사를 하며 근근이 살아가는 처지임에도 10년간이나 수소문한 끝에 점수를 찾아낸다. 형민은 아버지 부역 사실이 알려지면 핏줄보다 결혼 6개월밖에 안된 아내와 헤어질 결심을 하는 등 전혀 하지 않아도 될 고민에 빠져드는 식의 상흔이다.

다행이면서 돋보이는 것은 그들의 인식이다. 가령 어머니 유언에 따라 복수에 나선 형민은 전화에서 찬규더러 "죄를 진 것은 당신 아버지 한 사람일 뿐"임을 강조한다. 복수를 유언으로 남긴 찬규 어머니나 "세월도 흐를 만큼은 흘렀는 디도 그때적 원한은 안직도 시퍼렇게 살아 있당께"라 말한 직접 피해자 중걸의 태도를 떠올려보면 애들 장난 같은 찬규의 태도라 할 수 있다. 그뿐이 아니다. 찬규는 자기 입장에선 점수가 처했던 입장을 이해하기 때문 그를 미워하지 않는다고 말한다. 신씨 문중이 점수네에게 저지른 횡포가 잘못되었음을 시인하기도 한다. 찬규가 복수에 임하는 자세나 마음가짐을 소설 속에서 직접 만나보자.

    모든 증거를 모아 법의 힘을 빌릴까도 생각했었다. 그러나 그것은 새로운 전쟁의 시작이었다. 번거롭고 복잡한 것은 감수한다 하더라도, 배 점수의 파멸에 이어 그 자식들은 어떻게 될 것인가. 낱낱이 파헤쳐진 아버지의 과거 앞에서… 찬규는 진정으로 그것을 원하지 않았다. 그건 어디까지나 전 시대에 일어난 일일 뿐이었다. 일을 저지른 당사자의 책임으로 끝나면 그만일 일이었다.
    결국 찬규는 배 점수만을 망령들 앞으로 보내기로 작정했다. 그리고 큰아들에게만은 모든 사실을 있는 그대로 알리기로 했다. 이미 배가가 아니라 황가가 되어 있긴 했지만 아버지에 관한 진실을 아는 건 큰아들로서의 의무라고 생각했기 때문이다.
    찬규는 모든 일을 전화로 처리하기로 했다. 배 점수에게 가까이 접근하지 않고 일을 처리하는 방법은 그것밖에 없었다. 만성고혈압과 당뇨병까지 앓고 있다는 사실까지 알아낸 상태에서 그를 망령들의 앞으로 보내는 일은 전화만으로도 충분할 것 같았다.
                              -194~195쪽-

신기하게도 실제 황복만 혼자만 죽는 결말로 소설이 끝난다. 점수 아들 형민도 아버지의 죄상을 중걸로부터 전해들으면서 안색은 변했을망정 태연자약한데 이어서 "그의 말은 틀리는 데가 하나도 없었다. 그의 아버지를 살해한 것은 바로 형민 자신의 아버지였다. 그 사실 하나만으로도 그는 이성적일 수가 없어야 하는 게 당연한 것인지도 모른다"고 생각하는 등 찬규와 막상막하 인식을 갖고 있다. 형민이 찍소리조차 못할 가해자 아들 입장이긴 하지만, '뭐 저런 복수가 다 있나' 싶을 정도의 이성적(理性的) 대결의 용호상박이라 할까. 무협영화에 나오는 복수의 피바람이 아닌, 한풀이의 영 새로운 유의미한 전개라 할 수 있다.

'분단시대의 비극과 한국소설'이란 글에서 "우리는 흔히 6·25의 아픔을 말하고 그것으로 연유되는 민족의 한(恨)을 말한다. 그 한은 어떻게든 풀어야 한다. 보복의 되풀이로서가 아니라 화해로써 풀어야 한다. 그렇지 않고서는 보복의 악순환만이 되풀이 될 것이다. 그리고 화해에 당도하는 첫째의 길은 단세포적인 아집에서 해방되는 데서부터 비롯된다. 말하자면 다각적인 시야에서 민족의 상흔인 6·25를 재점검할 수 있게 될 때 우리는 비로소 단세포적인 아집에서 풀려날 수 있고, 6·25의 진상을 새로운 차원에서 바라볼 수 있게 되고, 나아가서 화해의 길도 모색할 수 있게 되는 것이다. 이 작품의 윤리적 구심점은 그 점에 있다 할 것"(천이두 앞의 책, 145쪽)이란 천이두 평론가 지적이 와닿는 건 그래서다.

3. '태백산맥' 이전에도 빼어난 이야기꾼

　이제서야 '불놀이'를 단숨에 읽으며 또 하나 느낀 건 조정래가 '태백산맥' 이전에도 빼어난 이야기꾼이었구나 하는 사실이다. 좀 의아하게 생각할 독자들을 위해 부언하면 1970년 등단과 함께 15~6년 동안 조정래는 많은 단편과 '청산댁'·'비탈진 음지'·'유형의 땅'·'박토의 혼' 등 중편, '대장경' 같은 장편소설을 발표했다. 그런데 정작 내가 처음 읽은 조정래 작품은 그 이후 나온 대하소설 '태백산맥'이다. 지금까지 보관하고 있는 나의 초고(草稿) 노트를 떠들어 보면 '역사인식의 비극적 총체성'이란 제목으로 '태백산맥'론을 처음 쓴 때가 1988년 10월이다. 1983년 '현대문학' 9월호부터 1987년 '한국문학' 12월호까지 연재를 거쳐 그 직후 펴낸 전 5권(제1부 3권, 제2부 2권)짜리 '태백산맥'을 대상으로 한 평론인 것이다.
　굳이 아직 단행본 10권으로 완성되지도 않은 '태백산맥'을 택한 것은 조정래문학의 정수(精髓)라 할 분단문제의 테마의식이 결집된 듯한 인상을 받았기 때문이다. 물론 초고에서 하고 있는 말인데 그 글은 정식으로 문학평론가가 되기 전에 쓴, 그러니까 습작이다. '태백산맥'론을 쓴 지 두 달 만인 1989년 1월 나는 반연간지 '표현'신인작품상, 이듬해 무등일보신춘문예를 통해 문학평론가가 된다. 1988년 '한국문학' 3월호부터 1989년 '한국문학' 11월호까지 연재를 거친 '태백산맥' 제3~4부는 1989년 11월 단행본 10권으로 완간된다. 단행본으론 6~10권에 해당하는 '태백산맥'

제3~4부를 득달같이 마저 다 읽었음은 더 말할 나위 없다.

그리고 1989년 11월 26일부터 '통일문학에의 가능성'이란 제목의 '태백산맥'론을 다시 쓴다. 그것이 전부가 아니다. 세상에 내보낸 나의 '태백산맥'론은 1990년 8월에 쓴 '분단극복의지로서의 역사인식'이니까. 이 글은 '태백산맥'을 처음 발간한 한길사가 기획한 연구서 '문학과 역사와 인간'(김윤식·권영민 등 10인 공저, 1991.1.31)에 실렸다. 갓 등단한 새내기 문학평론가로선 대단히 영광스러운 필진 참여였고, 꽤 우쭐해했던 기억이 난다. 그렇게 '태백산맥'은 무려 세 번씩이나 평론을 쓴 유일무이한 소설이다. 이를테면 문력(文曆) 39년차(1983년 이미 방송평론으로 등단한 바 있어 39년차다.)인 지금까지 단 한 번도 한 작품에 대한 평론을 그렇듯 세 번이나 쓴 일이 없는 사상 최초의 소설 '태백산맥'인 셈이다.

자세한 작품 이야긴 '분단극복의지로서의 역사인식'의 내용과 겹칠 수 있으므로 피하는 게 맞겠는데, '태백산맥'을 읽고난 후 내가 조정래 팬이 되어갔음은 앞에서 이미 말한 바와 같다. '태백산맥' 연재 시작 무렵 발표한 '불놀이'도 읽어보니 조정래 팬이 되게 하는데 손색 없는 소설이다. 이제서야 읽은 게 후회스러울 정도라 할까. 우선 '태백산맥'·'아리랑'·'한강'같이 재미있는 대하소설이 '불놀이' 그 연장선에서 나올 수 있었구나 하는 찬탄을 갖게 한다. 예컨대 앞에서 잠깐 말한 추리소설적 짜임의 전개가 조정래가 빼어난 이야기꾼임을 말해준다.

먼저 이 꼭지 첫 줄을 장식한 '단숨에 읽고'를 주목할 필요가 있다. 단숨에 읽었다는 것은 그만큼 재미 있었다는 얘기다. 아니, 민족적 대참사라 할 6·25가 남긴 상흔, 상상을 불허할 정도의 한에 대한 이야기인데, 웬 재미? 하는 독자가 있을지 모르겠는데, 재미는 무릇 읽히는 소설의 기본적 전제라 해도 과언이 아니다. 아무리 그럴 듯한 주제의식에 빛나는 소설일지라도 독자들이 읽지 않으면 속된 말로 도로아미타불이 되어 버리는, 갑속에 든 칼이 되고마는 걸 생각해보라. 무엇보다도 '불놀이'는 서두에서 무슨 이야기가 앞으로 어떻게 펼쳐질지 바짝 궁금증과 함께 흥미를 갖게 해 소설에 대한 몰입도와 응집력을 이끌어내는데 성공한다.

> 그놈의 애비 에미는 도대체 누구인가.
> 그놈은 신가 누구의 자식인가.
> 어떻게 모든 걸 알아냈을까.
> 만날 필요가 없다고? 그놈은 어떻게 할 작정일까.
> 아니, 이쪽에선 어떻게 대처해야 할 것인가.
> 29년- 가슴 조이고 두리번거리며 살아온 세월. 천신만고 끝에 이루어놓은 모든 것들이 하루 아침에 물거품이 되는 것인가.
> 죄는 무엇인가. 세월이 그렇게 길게 흘렀는데도 죄는 그대로 남게 마련인가.
> -배 점수씨, 당신 너무 오래 살았다고 생각하지 않소?
> 　　　　　　　　　　　　　　　　-33쪽-

위 인용문을 주의깊게 보면 문장 하나로 한 문단을 이루는 게 무려 6개나 되는 걸 알 수 있다. 독자들의 궁금증을 극대화시키기 위한 작가의 전략적 문단 배치로 보인다. 이렇게 특별한 의도적 경우는 열외지만, 사실 '불놀이'를 읽으며 느낀 가장 큰 불만이 있다. 바로 문단이다. 가령 2줄짜리 같은 너무 짧은 게 있는가 하면 무려 40줄, 44줄짜리처럼 되게 긴 문단이 혼재되어 있다. 40줄이 한 문단(114~115쪽)인 경우 큰따옴표로 표시된 대화이다. 44줄짜리(235~236쪽) 문단은 지문으로 이루어져 있다. 지문으로 된 건 더 말할 나위 없고, 대화로 이루어진 긴 문단의 경우도 면죄부가 주어지는 건 아니다. 다른 글에서도 여러 번 지적했듯 정제되지 않은, 그래서 들쑥날쑥한 문단은 술술 읽히기에 걸림돌로 작용하는 악재(惡材)가 되기 마련이다.

더러 너무 짧아 독서 흐름이 끊기고, 되게 길어 숨을 턱 막히게 하는 문단은, 그러나 '빼어난 이야기꾼 조정래'를 웅변하기도 하는 문장에 치여 사소한 문제가 되어버린다. 들쑥날쑥한 문단과 다르게 '불놀이'는 독자들 머리에 쏙 들어와 이내 안착하는 매력적 문장들로 채워져 있다. 이 또한 소설을 재미지게 하는데 한몫하는 것임은 물론이다. 이보영 문학평론가는 '민중의 한(恨)과 그 초극의 문제'라는 '불놀이'론에서 "『불놀이』의 작중사건이 역동적으로 구성된 것과 대응하는 것이 언어표현의 역동성으로서 의인법에 의존한 덕택이"(이보영, 한국근대문학의 문제, 신아출판사, 2011, 142쪽)라고 말한다.

이보영 문학평론가는 이어서 몇 개 예문을 인용한 후 "무기물이 생명체로 비유되곤 한 것은 작자의 에니미즘적 상상력 덕분이지만, 이 장편소설의 제목 '불놀이'에 적절하게 어울린다. '불놀이' 자체가 인간의 생명을 건 놀이일 수도 있기 때문이"(이보영 앞의 책, 142~143쪽)라는 말도 덧붙인다. 아닌게 아니라 "고혈압이라는 생명이 위험수위에 처하고, 당뇨병이라는 목숨의 노략질에 시달리게 된 원인"(25쪽)에서 보듯 예사롭지 않은 문장임을 알 수 있다. 그냥 '고혈압과 당뇨병이 있다'로 표현된 게 아니어서다. 이는 소설 읽기에 더욱 빠져들 수밖에 없게 하는 한 요인이자 문학적 언어를 예고한 것이기도 하다. 몇 개만 직접 만나보자.

가을은 달음박질쳐 온 들판에 와 있었고, 오직 온기를 잃지 않은 해 맑은 햇빛은 눈부시게 벼 이파리 위에서 반짝이고 있었다.
-38쪽-

그의 가슴에선 장마철에 꼭지 곯은 호박 떨어지는 소리가 울렸고,
-44쪽-

"고런 쌔(혀)를 열 발이나 빼서 쟁기로 갈아붙일 놈. 혁명동지면 즈그 엄미허고도 붙어묵을랑가."
-60쪽-

"고맙구만이라. 뼈다구 휘게 혀보것구만이라. 군관 동무."
-65쪽-

하늘이 높아짐에 따라 구름도 희게 흩어지고, 한나절
　　햇살도 옆으로 비껴눕고 있었다.
　　　　　　　　　　　　　　　　-172쪽-

　위 인용문들을 꼼꼼히 살펴보면 기억에 남는 문학적 언어로서의 표현이 지문과 대화를 가리지 않고 사용되어 있음을 알 수 있다. 특히 전라도 사투리를 통한 예사롭지 않은, 그래서 기억에 확실히 남는 문장은 가히 독보적이라 할만하다. "싸게 눠!"나 "싸게 누랑께!"(161쪽)도 문학적 언어는 아닐지라도 기억에 확실히 남는 문장이다. 점수가 병모 아내를 강간하려고 내지른 말인데도 전라도 사투리라 그런지 그 만행의 분위기와 아랑곳없이 되게 웃긴다. 나의 과문(寡聞) 때문 하는 소리일 지도 모르겠지만, 이미 나는 '치열한 역사 알기 혹은 민족정신'이란 제목의 '아리랑'론에서 조정래 소설의 문학적 언어 및 전라도 사투리에 대해 말한 바 있다.
　"『아리랑』의 역사 바로 알기의 치열성은 문학이 거느려야 할 여러 형식적 요소에 뒷받침되고 있어 가능한 것이기도 하다. 문학(소설)에서의 내용이 뼈라면 형식은 살이다. 뼈와 살의 조화로 건강하고 성숙한 신체를 유지할 수 있듯 문학도 마찬가지이다. 특히 한 개인이나 가족들 이야기를 사회흐름 속에 어우러지게 함으로써 어떤 시대를 총체적으로 재현해내는 대하소설의 경우 소정의 형식미 없이는 비극적 역사일망정 그 교훈이나 메시지 뿐아니라 감동을 전달하기가 애당초 불가능하다."(장세진, 한국대하역사소설론, 도서출판

북매니저, 2015. 79쪽)는 것이다.

이어서 장세진은 말한다. "그것(문학적 언어-인용자)은 소설에서의 감동을 도와주는 '재미'와도 불가분의 관계에 놓이게 된다. 요컨대 아무리 빼어난 주제의식이라 하더라도 그것을 육화하는 언어의 조화가 없이는 그냥 갑 속에 든 칼에 불과하다는 것이다. 이미 『태백산맥』에서 그 진수를 보인 바 있거니와 전라도 사투리 속에 녹아든 심한 욕설과 질펀한 육담(肉談)은 『아리랑』이 갖는 또 하나의 강점이다"(장세진 앞의 책, 79쪽)란 주장이 그것이다. 다시 한번 조정래가 '태백산맥' 이전에도 빼어난 이야기꾼이었음을 확인시켜주는 '불놀이'인 셈이다.

문단과 문장 이야기가 다소 길어졌지만, '불놀이'는 추리소설적 기법의 구성으로 바짝 흥미를 갖게 하는데만 성공한 것은 아니다. 이야기 전개도 아연 흥미를 갖게해 읽는 재미를 상당히 오지게 한다. 가령 예를 들어보자. 찬규 지시대로 형민은 아버지 고향을 찾아간다. 지서 주임의 도움으로 중걸을 만난 형민은 그로부터 아버지 죄상에 대해 소상한 얘길 듣는다. 그 과정이 여간 재미 있는 게 아니다. 가령 형민의 불고기와 맥주 주문에 주임이 "간단하게 먹도록 하지요"라 말하니 중걸이 "어허, 자넨 구경이나 허고 떡이나 묵어"라고 타박하는 식이다. 식당 주인 중걸의 매상을 염두에 둔 타박인데, 웃음과 함께 일상적 리얼리티를 살린 생동감이 꽉꽉 전해진다.

마침내 난리때의 그 살벌하면서도 처참한 이야길 하는 중에도 중걸은 "나 얼렁 뒷간(변소) 댕겨 올라네"라며 딴전을 피우듯 한다. 자고로 술 먹은 사람이 오줌 마려운 건 인지상정이다. 전립선에 문제가 생길 연령대의 중걸이라는 점에서 아연 박진감을 안겨주기도 한다. 중걸은 그리곤 "워디꺼정 이약 혔드라?" 물으며 이야기를 이어간다. 마치 자신의 수업을 학생들이 지루하게 느끼지 않게 하려는 교사 또는 교수의 강의기술 같은 이야기 전개라 할만하다. 살벌하면서도 처참한 민족적 비극의 완급 조절과 함께 소설 속에 빠져들 수밖에 없게 하는 재미의 요소라 아니 할 수 없다. 다시 한번 조정래가 '태백산맥' 이전에도 빼어난 이야기꾼이었음을 확인하게 되는 '불놀이'라 할까.

조정래가 '태백산맥' 이전에도 빼어난 이야기꾼이었음을 실감나게 하는 게 더 있다. 비록 엑스트라급일지라도 등장인물을 허투루 배치하지 않는 점이 바로 그것이다. 가령 앞에서 말한 지서 주임과 노교수가 그런 인물들이다. 이들은 딱 한번 등장하지만, 6·25가 안긴 상흔이 29년이 지난 지금까지도 국민 전체에 광범위하게 퍼져 있음을 인지 내지 환기시키는 역할을 하는 인물들이다. '태백산맥'에서 약 200명의 등장인물을 모두 주인공으로 내세우는, 그리하여 소설의 매우 중요한 인자(因子)로 작용하는 설정의 토대가 '불놀이'의 이런 기교로부터 비롯된 것이 아닌가 하는 생각을 갖게 한다.

그런 점에서 쌍림댁이 몰매맞아 죽은 또 다른 비극적 사실을 단지 관찰자시점으로만 그려낸 건 아쉬운 점이다. 부역자 아내란 멍에를 짊어지게된 쌍림댁이 겪었을 또 다른 상흔이 피상적 묘사에 머물고만 것이어서다. 형민의 어머니

(그러니까 점수의 두 번째 아내)를 상혼과 전혀 연관없는, 그야말로 아웃사이더로 그리거나 동생들은 아예 등장조차 시키지 않은 점도 마찬가지다. 앞에서 살펴본 바 있듯 장남인 형민에게만 그 사실을 알리고 큰 죄 지은 점수 혼자 저 세상으로 가게 하자는 찬규의 한풀이가 전제된 소치(所致)라 해도 그렇다.

나로선 아쉬운 게 또 있다. 바로 병모 아내가 점수에게 네 번 당한 설정이다. 인간의 짐승 같은 정욕을 통한 전쟁비극의 극대화를 의도했는지 모르겠지만, 박진감 넘치게 선뜻 와닿지 않는 이야기다. 한 번 정사(情事)는 열 번으로 통한다는 속설이 있긴 하지만, 본능적으로 어떤 처절한 저항 없이 마냥 당한다는 게 도무지 공감되지 않는다. "연약한 반항이 오히려 점수의 남성을 뜨겁게 만들었다"지만, 그럴 수밖에 없는 무슨 아킬레스건 묘사가 뒤따르지 않아 그런 생각이 드는 지도 모를 일이다. 하긴 병모 아내는 쓰러져 입원중인 황사장의 악몽에서 "보통 사람의 네댓 배는 되도록 거인"으로 나타난다. 직접 한 대목을 만나보자.

"이눔아, 니놈이 감히 내 몸을 더럽히다니, 요런 짐승만도 못헌 놈아, 한번도 아니고 네 번씩이나. 그려 고것이 인자 생각허니 잘된 일이었어. 니놈이 뿌린 씨헌티 니놈이 진 죄갚음을 당허게 된겨. 니놈이 아무리 지랄쳐봤자 니놈 아들 손에 죽게 될 운명이여. 이눔아, 니놈이 더럽혀 논 내 몸이 워떤지 한번 구경해 볼겨? 니놈이 꼭 봐야 써." (중략)

마침내 머리가 음부에 닿았다. 그리고 감당할 수 없는 힘에 떠밀리며 머리통이 그 속으로 빠져 들어갔다. 갑자기 먹물 같은 어둠과 함께 컥 숨이 막혀왔다. 사람 살리라고 소리소리 질렀지만 몸은 한사코 그 어둡고 답답한 곳으로 떠밀릴 뿐이었다.

-236쪽-

　　이를테면 악몽을 통한 응징인 셈인데, 이 내용엔 의문스러운 게 있다. "니놈이 뿌린 씨헌티 니놈이 진 죄갚음을 당허게 된겨"가 그것이다. 황사장은 전화를 걸어온 찬규가 사흘째 되던 날 "신 병모씨는 내 아버지요"라는 말을 듣는 순간에도 "니는 내 새낄 것이여, 틀림없이 내 새낄 것이여 하는 절박한 생각에 몰"린 나머지 정신을 잃어버리기까지 한다. 점수의 이런 가위눌림은 병모 아내로부터 진실을 전해 듣지 못한 이상 일견 그럴 듯하다. 앞서 본 천이두 평론가 글에서 신찬규와 황형민을 배다른 형제, 그러니까 배점수의 아들이라 말하는 것도 그래서인 듯하다. 그런 설정이라면 참혹한 비극의 극대화가 두 배 이상 증폭되는 효과를 거둘 수 있을 테지만, 이게 좀 헷갈린다.

　　가령 160쪽을 보면 처형대로 끌려가는 남편에게 자신의 임신 사실을 알리지 못한 병모 아내가 묘사되고 있어서다. 그러니까 점수에게 겁탈당하기 전 이미 병모의 아일 임신한 상태로 나오는 것이다. 167쪽을 보면 그녀는 조마조마한 걱정거리로 시달리기도 하는데, 점수가 "자신을 범했다고 자랑삼아 떠벌일까봐서"다. "만약 그 소문이 퍼지게 되면 앞으로 태어날 아이는 영락없이 그놈의 자식이 되는 것이었다. 물론 개월 수의 차이가 엄연한 것이겠지만, 그 사실도 소문의 힘을 이겨낼 수는 없을 것이었다"를 걱정하는 병모 아내임을 알 수 있다.

하나만 더 말하고 이 글의 문을 닫아야겠다. 27쪽과 184쪽에는 대화중에 "워메 참말로 무신 귀신 씨나락 까묵는 소린지 모르것네", "그것은 또 무신 귀신 씨나락 까묵는 소리여?"가 나온다. 속담 '귀신 씨나락 까먹는 소리'를 전라도 사투리로 표현한 것으로 보인다. 나도 수십 년을 '귀신 씨나락 까먹는 소리'로 알고 그렇게 썼다. 그런데 최근 에세이 '뭐 저런 검찰총장이 다 있나' 출판 과정에서 교정 담당 직원으로부터 지적을 받았다. 의아해서 확인해보니 '귀신 씻나락 까먹는 소리'가 바른 표기다. 나무위키에 따르면 "맞춤법상으로는 '씻나락'이 맞지만 '씨나락'으로 쓰는 예가 많다"니 위안 삼아야 할까.

<2022. 5. 18.>

분단증후군 혹은 땅의 의미
-조정래중편소설 '유형의 땅'·'박토의 혼'론-

1.

아마도 대하소설 3부작 '태백산맥'(전10권)·'아리랑'(전12권)·'한강'(전10권)을 써낸 지은이 조정래가 이 땅의 대표적 작가중 한 명이라는데 토를 달 사람은 없을 것이다. 시인까지 포함한 작가 아닌 소설가로만 범위를 좁혀도 마찬가지다. 대하소설 3부작 완결후에도 2006년 '인간연습'을 시작으로 '허수아비춤'·'정글만리'·'풀꽃도 꽃이다'·'천년의 질문' 등 장편소설들을 쉼없이 펴내 독자들과 꾸준히 만난다는 점에서도 조정래의 문학 내지 문단적 위상은 요지부동의 견고함 바로 그 자체라 할 수 있다. 조정래의 존재감은 출판 부수에서도 찾아볼 수 있다. 가령 "조정래 '태백산맥'·'아리랑' 이어 '한강'도 100쇄 돌파"(한국일보, 2020.12.1.)라는 제목의 보도를 보면 알 수 있다.

그 기사 내용을 요약해보면 다음과 같다. 조 작가의 대하소설을 모두 펴낸 해냄출판사는 2020년 11월 30일 올해 등단 50주년을 맞은 조정래 작가의 대하소설 '한강'이 최근 103쇄를 돌파했다고 밝혔다. 이로써 조 작가의 대하소설 3부작 '태백산맥'·'아리랑'·'한강'이 모두 100쇄를 넘기게 됐다. 작가 한 명이 쓴 대하소설 3부작이 모두 100쇄를 돌파한 것은 국내에서는 처음 있는 일이다. 하긴 한 작가가 대하소설 3부작(전32권)을 써낸 건 '객주'(전10권)·'화척'(전5권)·'야정'(전5권)·'활빈도'(전5권) 등 4종 전 25권을 쓴 김주영을 빼곤 조정래가 유일무이하다.

아무튼 '한강'의 판매부수는 305만부, 대하소설 3부작 전체 합계 부수는 1,500만부에 달한다. 국내에서 100쇄를 넘긴 소설로는 '난장이가 쏘아올린 작은 공'(조세희)·'광장'(최인훈)·'삼국지'(이문열)·'우리들의 행복한 시간'(공지영)·'연어'(안도현)·'그 많던 싱아는 누가 다 먹었을까'(박완서)·'토지'(박경리)·'엄마를 부탁해'(신경숙)·'칼의 노래'(김훈) 등이 있다. 이중 대하소설인 것은 박경리의 '토지'(전16권)뿐이다. 이문열의 '삼국지'도 전 10권의 대하소설급이지만, 중국 고전의 평역(評譯)이란 점에서 조정래의 '태백산맥'·'아리랑'·'한강'이나 박경리의 '토지'와 함께 할 수 있는 건 아니라고 본다.

그로부터 1년쯤 지나 접한 '조정래 작가, 인생경영의 비법'(한겨레, 2021.10.28.)이란 제하 기사를 보면 경이로울 지경이다. 기사 작성자 조현 기자는 "조 작가가 수십년간 스스로를 글감옥에 가두어 하루 12시간 이상씩 의자에 붙들어 맨 채 손으로 꾹꾹 눌러쓴 <태백산맥> 10권 1만 6,500장(200자 원고지 기준), <아리랑> 12권 2만장, <한강> 10권 1만 5천장을 비롯한 10만여 장의 육필 원고 앞에 서면, 더 이상 말문을 열기가 어렵다. 우리나라 역사상 전무후무하게 무려 장편 대하소설만 1,600만여 권이 팔렸다. 이렇게 여러 편의 장편 대하소설을 쓴 이는 세계적으로도 드물다"고 말한다. 그렇다면 단행본 10권짜리 대하소설 '태백산맥'을 써내 본격적으로 문명(文名)이 알려지기 전 소설가 조정래는 어땠을까?

2.

1970년 늦깎이 등단한 소설가 박완서(1931~2011)가 '엄마의 말뚝2'로 이상문학상을 수상한 1981년 조정래는 현대문학상을 받았다. 조정래에게 현대문학상 수상을 안겨준 작품은 같은 해 '현대문학'에 발표한 중편소설 '유형의 땅'('流刑의 땅'으로 발표됐지만 요즘 글쓰기에 맞춰 이렇게 표기한다. '유형의 땅'과 함께 살펴볼 '박토의 혼'도 마찬가지다.)이다. 1970년 '현대문학'(6월호) 추천 완료로 등단했으니 박완서와 데뷔 동기인 셈인데, 단순한 신인 배출에 그치지 않는 잡지의 모습을 보는 듯한 현대문학상 수상이라 할만하다. 이후 '유형의 땅'은 1982년 소설집 단행본으로 출간되는 등 여러 출판사가 책으로 냈다.

내가 두 편의 조정래 중편소설을 읽은 것은 1990년대 중반 고려원소설문고 '유형의 땅'(1988.8.1.)을 통해서다. 중편소설 '유형의 땅'과 '박토의 혼' 단 두 편만 수록된 문고본 책인데, '뒤집어 보는 베스트셀러'(도서출판 맥, 1997)에 싣기 위한 독서 및 집필작업이었다. 대하소설 '태백산맥'과 '아리랑'을 이미 읽고 조정래 팬이 되어 그의 또 다른 소설 읽기가 이루어진 것이기도 하다. 그 당시 발표한 제목은 '분단중후군 혹은 땅의 의미'다. '유형의 땅'과 '박토의 혼'에 대한 짤막한 독후감 형식의 글이라 할 수 있다. 따라서 이 글은 그때 쓴 원고를 바탕으로 개작하되 그때 제목을 그대로 한 원고인 셈이다.

본격적 이야기에 앞서 먼저 밝혀둘 게 있다. 동국대학교 배리 웰시 조교수는 '소설가 조정래 이야기'라는 글에서 말한다. "조정래 작가의 대하소설은 모두 한 시리즈당 10권이 넘는다. 그러나 이런 풍성한 양의 작품과 한국에서의 높은 인기에도 불구하고 영어권 독자들에게는 거의 알려지지 않았다. 단편소설 '사람의 탈'과 '유형의 땅', 단 이 두 작품만이 영어로 번역되었을 뿐이다. 두 작품은 짧지만 아주 훌륭한 작품들이고 외국인 독자들이 한국 근현대사의 여러 가지 측면들을 흥미로운 시각에서 이해할 수 있도록 해준다. '유형의 땅'은 영어로 여러 번 출간되었다. 내가 읽은 영어판은 번역가 천경자 씨의 번역으로 지문당에서 출간된 것이"(한국일보, 2016.9.3.)라고.

그러나 대하소설 '태백산맥'의 영어 번역 출간 소식이 전해진 건 2012년이다. 한겨레(2012.4.16.)에 따르면 "대하소설 <태백산맥>이 영어와 러시아어로 번역 출간된다. 조씨는 지난 9일 영국 런던에 있는 국제 출판사 '놀리지 펜'(Knowledge Pen, 대표 나탈리아)과 <태백산맥>의 영어 및 러시아어 출판 계약을 맺었다. 러시아 태생으로 한국에서 8년 반 동안 유학한 놀리지 펜 대표 나탈리아는 <태백산맥>의 영어판 발행이 한국문학이 세계적인 수준에 도달해 있음을 영미권 독자들에게 알리는 계기가 될 것"이라고 말했다. "

〈태백산맥〉은 현재 일본어와 프랑스어로 번역 출간되어 있으며 상하이 인민출판사에서 중국어판을 준비하고 있다"는 게 한겨레 보도 내용이다.

그야 어쨌든 아무래도 전쟁 미체험 세대는 역사나 정치보다도 풍부한 빵과 안락한 휴식에 더 관심이 있는 것 같다. 하긴 역사를 돌이켜보면 처참함과 치욕스러움이 얼룩져 있고, 정치에 관심을 가지면 답답함과 울화통만이 터지는데, 누가 그 골치 아픈 일을 자청하겠는가? 그들은, 이를테면 과거란 생각할 필요가 없고 현실에만 충실하겠다는 것이겠다. 솔직히 고백하자면 나 역시 전쟁 미체험 세대답게 그런 생각을 가졌었다.

그러나 조정래 대하소설 '태백산맥'을 읽으면서 생각이 달라졌다. 내가 아버지·어머니로 하여 이 세상에 나왔듯 현재는 과거의 연장선 위에 놓여 있음을 '태백산맥'이 그려낸 역사를 통해 깨닫게된 것이다. 물론 그 역사는 그리 오래된 것이 아니다. 36년 가까이 진행된 저 일제침략기로부터 해방, 그리고 6·25 한국전쟁을 거쳐 바로 지금에 이르기까지의 역사다. 그래서 어떤 이는 "역사란 현재와의 끊임없는 대화"라고 말했는지 모르겠지만, 나는 그걸 분단증후군이라 부르고 싶다.

우리가 맞닥뜨리고 있는 오늘의 삶에 노상 칼날처럼 똬리를 튼 반동적인 모든 것들이 분단증후군에 해당된다고 할 수 있다. 분단증후군 양상은 조정래가 '태백산맥'보다 훨씬 전에 발표한 두 편의 중편소설 '유형의 땅'과 '박토의 혼'에서도 예외없이 드러나고 있다. 마흔 아홉에 장가를 들어 행복하게 사는 '유형의 땅'의 만석이지만, 그러나 기막힌 과거를 잊지 못하고 있다. 바로 첫 번째 아내 점례에 대한 기억이다.

> 만석은 그만 소리를 지를 뻔했다. 엎어져 있는 사내놈의 얼굴은 저쪽으로 돌려져 파묻혀 있었기 때문에 알 수가 없었지만, 눈을 꼬옥 감은 채 입을 반쯤 벌리고 끙끙대고 누워 있는 건 바로 자신의 마누라 점례였던 것이다.
> 만석은 머리가 핑그르 돌며 캄캄해지는 걸 느꼈다. 그리고 다음 순간 전신에 불이 붙은 것 같은 뜨거움이 뱃속에서 터져 올랐다.
> 눈에 보이는 대로 커다란 돌을 집어 들었다. 그리고 문을 박차고 들어가며 소리 질렀다.
> "요런 개잡녀러 것들아!"
>
> -28쪽-

위는 인민위원회 부위원장이었던 만석이 인민군 대장과 사통(私通)한 아내를 현장에서 목격한 장면이다. 아내와 사통한 남자가 "그렇게 하늘처럼 믿었던 대장"인 줄 알자 만석은 그곳에 놓여 있던 따발총을 집어 들어 냅다 갈겨댄다. 만석은 "문 쪽으로 엉금엉금 기어가고 있"는 점례를 향해서도 총질을 해댄다. 불륜 남녀 둘을 그 현장에서 쏴죽인 것이다. 물론 그후 만석은 인민군에게 쫓기는 신세가 되지만, 그것은 두 번째 아내 순임의 변심과 깊은 연결고리로 맺어져 있다. 굳이 말하자면 일종의 인과응보인 셈이라 할까.

유형의 땅 53

거기엔 만석의 원죄의식이 깔려 있지만, 그러나 그게 개인만의 것일 수는 없다. 만석과 같은 인물형을 수도 없이 만날 수 있는 분단현실에 대한 인식이 개개인의 문제임을 밀어내기 때문이다. 그렇다. 그것은 우리 민족이 공유할 수밖에 없는, 그러나 슬픈 보편적 공감대여야 한다. 문학평론가 천이두(1929~2017, 호적상으론 1930년생)는 '집념의 문학'이란 글에서 "조정래의 문학의 바탕에 일관하는 것은 자기가 발붙여 살고 있는 조국의 땅에 대한 끈질긴 집착이다. 그의 문학세계에 있어서 주목할만한 작품들의 제목들이 가령 <황토>니 <유형의 땅>이니 <박토의 혼>이니 하는 식으로 땅과 관련되어 있다는 것도 우연이라고만은 말할 수 없을 듯하다."(한국문학과 한, 이우출판사, 1985)고 말한다.

이어 "말하자면 불모(不毛)의 박토(薄土)가 되었건, 폐허로 돌아간 황토(黃土)가 되었건, 또는 저주받은 유형(流刑)의 땅이 되었건, 여하간에 그것은 작가 조정래가 그의 불행한 작중인물들과 더불어 사는 날까지는 같이 발붙여 살아가야 할 조국의 강산이라는 절대절명의 의지가 그의 문학세계에는 일관하여 흐르고 있다는 것이다. 여기에서 우리는 이 작가의 문학세계에 일관하는 질긴 애국주의를 볼 수가 있다. 따라서, 그의 작가적 관심은 개인적인 문제에보다는 민족과 역사의 현장 쪽으로 기울어져 있다"(천이두 앞의 글)고 말한다.

물론 천이두 평론가가 말한 조정래의 '질긴 애국주의'가 이른바 '국뽕'(국가와 마약의 일종인 히로뽕<필로폰>의 합성어로 국가에 대한 자긍심에 지나치게 도취해 무조건 한국을 찬양하는 행태를 비꼬는 말이다.) 류의 것이 아님은 대하소설 3부작 등 여러 소설 작품을 통해서 드러난 바 있다. 단적인 예로 '태백산맥'이 국가보안법 위반 혐의로 당국의 탄압을 받은 게 그렇다. 조정래는 문민정부가 들어선 뒤에도 우익단체 고발로 1994~2005년 검찰 수사와 재판을 받았다. 이명박·박근혜 정부의 문화예술계 '블랙리스트'에도 올랐다. 조정래는 2017년 정부가 수여하는 은관문화현장을 받고 "이번 수훈으로 정치적 올가미와 오해에서 해방된 느낌도 든다"(세계일보, 2017.12.2.)고 말했다.

3.

아무튼 그런 점에서 '박토의 혼'의 어머니는 더욱 처절하고 절실한 인물형이다. 천이두 평론가는 "<황토>, <청산댁>, <박토의 혼> 등 일련의 작품에 등장하는 어머니들의 삶의 모습을 볼 때 나는 문득문득 두보의 국파산하재(國破山何在)라는 시구가 생각나곤 한다. … 어떻든 나라가 망했다는 비극적 사실과 산천이 남았다는 현실적 사실이 대응이 되고 있는 것은 분명하다. … 어떤 사람은 또한 나라가 망했지만 그래도 산천은 남아 있도다, 하는 식으로 생각할 수도 있을 것이다. 조정래의 어머니들은 바로 이 세 번째의 경우에 해당하는 위인들이라"(천이두 앞의 글) 평가한다.

"그럼에도 불구하고 그녀들은 결국 그 비극을 이겨내는 것"이라는 주장이지만, 그래서 그런지 일종의 귀향형 소설로 분류될 '박토의 혼'에 그려진 비극은 훨씬 연원적 성격을 띤 채 분단증후군의 한 양상으로 나타난다. 세칭 여순반란 사건 어름으로부터 6·25 한국전쟁까지의 기억을 더듬으면서 전개되는 '박토의 혼'은 공산주의자인 큰아들 동일로 말미암아 풍비박산(風飛雹散)이 된 막내 동명의 가족사라 할 수 있다. 그 가족사는, 물론 분단민족사의 한 단면일 뿐이다. "그 전쟁은 다 끝난 것이 아니라 아직도 휴식의 잠을, 단지 길게 자고 있을 뿐"이라는 작가의식이 스며있는 한 동명의 어머니가 겪은 '참 기막힌 한(恨)'은 우리가 왜 소설을 읽어야 하는지, 또 소설이 왜 필요한 것인지 새삼 해답을 제시해주는 셈이라 할까.

그런데 이 두 소설은 분단증후군을 드러내는 외에도 분명한 공통점이 있어 보인다. 바로 '땅'에 대한 의미다. 분단조국에서 살고 있는 작가치고 그렇지 않은 사람이 몇이나 있을까만, 특히 조정래의 경우 땅에 대한 회귀의식을 통한 것이어서 더욱 절실하게 느껴진다. 자신을 버린 고향땅인데도 그예 찾아가는 만석('유형의 땅')이라든가 아들네와 같이 하는 도시생활을 거부하고 끝내 그곳에서 임종을 맞는 샛터댁('박토의 혼')의 모습에서 엿볼 수 있는 사실이다.

> "니 맘 내가 다 알어, 하면 알고말고. 그 맘 하나로 이 에미는 족혀. 애미도 그 징헌 놈에 땅이 좋아서 사는 것은 아녀. 느그 아부지 억울한 혼백이, 장개도 못가고 죽은 느그 두 성님들 망령이, 그리도 원통허고 기맥히게 목숨 끊은 느그 누님 혼이, 그라고…."
>
> ‒84쪽‒

'박토의 혼'의 일부인 인용문 같은 샛터댁의 의식은 인간으로서 당연한 도리지만, 그러나 '할머니는 다만 아빠의 엄마라는 의미에 불과할 뿐'이라 생각하는 세대들이 커나가는 지금 역사의 의미가 무엇이고, 왜 소중한 것인지를 환기하는데 기여한다. 즉 땅은, 삶의 터전이자 뿌리인 땅은 분단현실이나마 오늘을 있게한 원동력이기도 했던 것이다. 그런 점에서 조정래의 소설은 산허리를 휘감는 구름 같은 아련한 한을 느끼게 하면서도 온갖 고통을 훌훌 털고 일어설 수 있는 어떤 힘을 준다.

  처음 쓴 '분단증후군 혹은 땅의 의미'에서 분단의식을 일깨우는 조정래의 이런 소설들은 통일을 한 발짝 앞당길 게 틀림 없다고 말했지만, 40년이 더 지난 지금도 희망사항에 그치고 있다. '유형의 땅'과 '박토의 혼' 출간 후 10년이 채 안된 1990년 9월 4일부터 7일까지 45년 만에 남북한총리회담을 비롯 김대중·노무현대통령 북한 방문, 문재인 대통령의 평양 시민들을 대상으로 한 연설 등 진전에도 불구하고 아직 대한민국은 세계 유일 분단국가다. 지난 제20대 대선에서 다시 보수 정당 후보가 대통령에 당선됐다. 앞으로 5년 동안 어떤 형태든 진전은커녕 다시 남북한 경색과 함께 덩달아 분단증후군 심화가 우려된다면 나만의 억측일까.

<'문맥' 제58호, 2022.6.25.>

뒤틀린 교육현실 역대급 까발리기
─조정래장편소설 '풀꽃도 꽃이다'론─

  2016년 2월말 명예퇴직하여 교단을 떠났지만, '국민 작가' 조정래가 '정글만리' 이후 3년 만인 2016년 7월에 선보인 두 권짜리 장편소설 '풀꽃도 꽃이다'를 읽는데는 어떤 망설임도 없었다. 전 32권의 대하소설 3부작 '태백산맥'·'아리랑'·'한강'을 비롯 이후 펴낸 일반 장편소설인 '허수아비춤'·'정글만리'를 두루 읽은 팬이기도 하지만, '풀꽃도 꽃이다'가 조정래 소설의 지평확대라 할까, 이 나라의 망라된 교육현실을 매우 치열하게 비판적으로 다루고 있단 신문 리뷰를 보아서다. 작가가 한국교육의 병폐를 본격적으로 다뤘다고 해 정치권을 비롯한 사회의 주목을 받은 것으로 알려진 소설이어서다.

  문학적 감동 면에서 좀 실망스럽긴 하지만, '풀꽃도 꽃이다'가 까발긴 교육현실은 그야말로 역대급이다. 일제고사·자살·초등생 영어교육·화장·두발·인성교육부재·왕따·학교폭력·어려워하는 글짓기·공문폭주·원어민교사·학교상 남발·비정규직·도피성 조기유학·청소·예절·가출·학교밖청소년·알바·승진·대안학교·혁신학교·교무회의·이름표·진보교육감당선·수학여행·틱·전학생·학원가 상술 등이다. 특히 학교상 남발·청소·예절·교무회의·이름표·수학여행 등은 박진감이 넘치는 취재의 결과이자 탁월한 메스로 보인다.

읍단위 일반고나 시지역 특성화고에서 주로 근무했던 나로선 김희경 같은 학부모를 직접 만난 일이 없지만, 자식 교육에 관한한 아빠보다 엄마들이 더 유난스럽고 극성을 떠는 이 땅의 현실 구현도 그중 하나다. 또 정부의 교육개혁이 제대로 이루어진다 해도 민주주의 국가에서 학부모들이 따라주지 않으면 사실상 속수무책인 것도 마찬가지다. 가령 김대중 정부 시절 거의 폐지 단계에 이르렀던 보충수업 문제가 도로아미타불되어버린 사례가 있다. 교원 정년단축, 체벌금지, 보충수업 폐지 등 교육개혁중 보충수업만큼은 입시에 불안한 학부모와 수입 감소를 우려한 교사들의 저항과 반대에 부딪혀 흐지부지되어버린 것이다.

이소정 고모를 통한 도피성 조기유학 문제라든가 '영어광풍'에 대한 고발 역시 나로선 너무 공감하는 이 땅의 뒤틀린 교육현실이다. 이른바 '세계화'에 목맨 김영삼 정부의 초등학교 3~4학년 영어 가르치기부터 이명박 정권의 '오뤤지' 파동까지 영어 조기교육에 대한 신랄한 고발이 그것이다. 그것으로도 모자랐는지 작가는 아예 '자발적 문화식민지1, 2'란 소제목을 통해 영어에 환장한 이 땅의 어른들 모습까지 보여주고 있다. 다름 아니라 김희경의 친구 박선미 딸인 대학생 남온유가 원어민 강사 포먼의 아이를 일부러 임신하여 자발적 문화식민지 일원이 되고자함을 통렬히 비판하고 있는 것이다.

나는 일식집을 왜식집이라 부르는 작가의 대일본관과 함

께 이런 미국 인식에 너무 공감한다. 조정래 여러 소설에 큰 박수를 보내는 이유다. 조정래 팬이 되게한 이유의 전부라 해도 무방할 정도의 민족주의라 할까. 그것이야 어쨌든 영어 본토 발음을 낸답시고, 맙소사! 어린이 혀까지 수술해대는 '어리석고 서글픈 한국적 코미디'의 나라라니! 그나마 그것이 미국인 시점에 의해 까발려지다니 진짜 가문의, 아니 국가의 수치라 아니 할 수 없다. 나 역시 오래 전, 그러니까 이명박 대통령 후보의 당선자 시절에 '나라 말아먹을 영어광풍'이란 칼럼을 통해 그런 교육현실을 비판한 바 있다.

영어가 세계공용어인 건 맞지만, 지구촌 모든 사람이 그걸 써야 한다는 뜻은 아닐 터이다. 영어실력이 좋아야 좋은 대학, 잘 나가는 기업체에 취직할 수 있는 것도 엄연한 현실이지만, 학생 모두가 그럴 순 없는 일이다. 내가 생각하기에 영어는 영어로 밥 벌어 먹고 살 사람들만 열심히 하면 된다. 공교육 책임제니 뭐니 하며 국가에서 온 학생들을 '영어감옥'에 가둬둘 일이 아니다.

그렇지 않아도 미제라면 양잿물도 마신다는 이 땅이다. 그렇듯 영어교육을 강화시켜놓고 국민 모두가 미국이 좋다며 이 땅을 다 떠나버리면 어떻게 할 것인가. 영어가 신분 상승이나 출세를 위한 도구일 수는 있지만, 그냥 그럴 뿐이어야 한다. 국어와 국사 실력도 미숙한 초·중·고 학생들에게 한낱 외국어에 불과한 영어를 우리말처럼 가르치려 하는 발상 그 자체를 이해할 수 없다. 분명히 말하지만 한국인이 영어를 제대로 못하는 것은 당연한 일이다.

한편 망라된 교육현실에 아예 빠져버려 아쉬운 것도 있다. 먼저 일진의 여교사 성추행외 이렇다할 교권침해 형상화가 없는 점이다. 보도에 따르면 교사들이 학생을 훈육하는 과정에서 '아동학대'로 몰리는 일이 빈발하고 있다. 예컨대 중학교 여교사 A씨는 교실에서 악몽 같은 하루를 보냈다. 한 학생이 여러 번에 걸쳐 특정 신체 부위를 자신에게 밀착시키며 성추행한 것이다. 당황한 A 교사가 학생의 뺨을 때리면서 훈계하자 학생도 잘못을 인정했다.

그러나 이 사실을 전해 들은 학생 부모는 "교사가 뺨을 때린 행위는 중대한 학생 인권침해이자 아동학대"라며 변호사를 선임해 A씨를 형사 고소했다. 학부모 측은 "우리 아들은 (아직 어려서) 처벌돼도 전과에 남지 않지만, 교사는 아동학대법에 걸리면 교직을 떠나야 한다"고 협박하기도 했다. 그러면서 교내방송으로 공개 사과하고 다른 학교로 떠날 것을 요구했다. A씨는 결국 선고유예 판결로 옷을 벗지는 않았지만 죄인처럼 다른 학교로 옮겨가야 했다. 주변 교사들은 "학생들을 더는 지도할 수 없을 정도로 A씨가 충격을 받았다"고 전했다.

사실은 내가 정년을 2년이나 앞당겨 명예퇴직한 이유중 하나도 수업방해 학생들 때문이었다. 일부 학급은 카페 같은 분위기였다. 1999년부터 4년간 근무할 당시 그런 학교가 아니었는데 어찌된 일인지 두 번째 근무하러 간 그 해 입학한 1학년들은 한 마디로 개판이었다. 수업시간인데 어린이집 아이들도 아닌 일반계 고교생들이 교실에서 돌아다니고 만리장성을 쌓기 일쑤였다. 수업을 방해하는 '주의력결

핍 과잉행동증' 학생들중엔 학업중단숙려제 적용 대상자들도 있었다. 그들이 학업을 중단하려는 것은 옛날처럼 지독한 가난 때문이 아니다. 문제를 일으켜 자퇴하려 하거나 퇴학당할 위기에 처한 학생들이다. 그런 학생들을 억지춘향식으로 학교에 붙들어두다 보니 생겨난 피해라 할 수 있다.

그렇다. 나는 공부하려는 대다수 학생들이 수업방해 아이들로 인해 오히려 기죽어야 하는 교실 분위기를 어떻게 해볼 수 없어 2년 먼저 학교를 떠나고 말았다. 명퇴로 나는 벗어났지만, 물론 본질적 문제가 해결된 건 아니다. 그러지도 못하는 많은 교사들의 속앓이에 실효성 있는 대책이 없다는게 문제다. 그보다 더 큰 문제는 선량한 대다수 학생들이 당하는 수업권 침해다. 사정이 이런데도 전북 등 일부 교육청에선 수업방해 학생들을 복도로 내보내는 것조차 인권침해라나 뭐라나 하여 못하게 하고 있다. 소수 학생 인권을 위해 교사의 교권, 나아가 명퇴를 부추기는 이런 방향이 과연 옳은 것인지 의문이다.

특히 교사들이 학생의 폭행 같은 천인공노할 교권침해에 노출되어 있다는 점에서나 또 다른 다수 학생들의 수업권 침해를 야기시킨다는 점에서 수업방해 학생들에 대한 특단의 대책이 필요해 보인다. 학생이나 학부모의 교권침해가 이런데도 교육현실을 망라했다는 '풀꽃도 꽃이다'가 그에 대해선 아예 접근조차 하지 않아 유감스럽다.

또한 광우병 촛불시위, 영어 조기교육 등 이명박 정권을 공들여 비판하면서도 그때 잠시 업그레이드된 특성화고 실태가 전혀 없는 점 역시 '풀꽃도 꽃이다'를 읽고 느낀 아쉬운 점이다. 이명박 정부는 출범하자마자 많은 교육정책들을 쏟아냈다. 2009 개정교육과정 시행과 함께 집중이수제, 교외수상 학생부기재 금지, 내부형 교장공모제 사실상 폐지, 법률 제정도 되지 않은 교원평가제 강행, 고졸취업 확대 등이 얼른 떠오르는 이명박 정부의 교육정책들이다.

그중 유일하게 잘한 정책이 고졸 취업 확대이다. 고등학교만 나온 김대중·노무현 전 대통령도 하지 못한 일을 '일류대'까지 나온 이명박 대통령이 해낸 것이다. 그 무렵 나는 군산여자상업고등학교에 근무하고 있었다. 고졸 취업 확대 정책으로 신데렐라가 되는 제자들 못지 않게 기쁨이 솟구치곤 했다. 특히 고졸 출신의 금융계를 비롯한 사무직 취업은 여상생이면서도 엉뚱하게도 오퍼레이터(제조직) 취업에 머무르던 진로 판도를 확 뒤집는 계기가 되었다 해도 과언이 아니다.

취업이 최고의 목표요 가치이긴 하지만, 그러나 합격 학생에 대한 성급한 입사 주문은 생각해볼 문제다. 여름방학이 시작되기 전부터 금융권, 사무직, 대기업 제조직을 막론하고 합격 학생들을 차출해가고 있는 실정이다. 심지어 3학년 교육과정에 있는 '문학' 등 보통 교과목을 조기 이수 등 편법 운영으로 땜방하면서 취업에 올인하는 실정이고 보면 얼떨떨하기까지 하다. 결국 전주 어느 통신사 고객센터 현장실습 여고생이 자살하는 사건이 벌어졌다. 제주도의 어느 음료공장실습 남학생은 사고로 애먼 목숨을 잃기도 했다.

문제는 나머지 학생들이다. 앞에서 보듯 취업지상주의에도 불구하고 평균 취업률은 30%를 밑돌고 있다. 3분의 2쯤

되는 학생들은 극히 일부를 빼고 진학한다는 얘기다. 나름 대입 준비를 해야 하지만, 특성화고는 3학년 새 학기 시작부터 온통 취업 분위기다. 수업에 집중하기가 쉽지 않다. 교사들도 비슷하다. 학생들이 취업 면접 준비다 뭐다 해서 한 반에 10명 넘게 빠지는 때도 있다. 그런데도 교사는 아무렇지 않게 열심히 설명하고 학생들이 잘 듣는다면 그건 십중팔구 거짓말일 게다. 특성화고, 취업이 지상명제이긴 하지만 이대론 안된다는 생각이 떠나지 않는다. 그렇듯 뒤틀린 특성화고 교육현실이 전혀 그려지지 않아 아쉬운 것이다.

<2019. 7. 26.>

왜 지금도 이순신인가
― 김훈장편소설 '칼의 노래'와 영화 '이순신' 3부작론 ―

1. 성웅(聖雄)으로 추앙받는 이순신

한국인이라면 누구나 아는 이순신(1545~1598) 장군은 조선시대 임진왜란(1592~1598)때 삼도수군통제사를 맡아 누란의 위기에 빠진 나라를 구했다. 이순신 장군을 멸사봉공의 민족영웅, 나아가 성웅(聖雄)으로 모신 것은 고 박정희 대통령이었다. 쿠데타로 정권을 잡아 18년이나 권좌에 있었던 그였지만, 현충사 성역화를 비롯 '난중일기' 국보 지정, 동상 건립 등 여러 추모 사업이 재임 시절 이루어졌다. 이순신 장군은 노무현 대통령 시절에도 추앙의 대상이었다.

이순신 장군은 김훈의 장편소설 '칼의 노래'를 비롯 대하드라마와 영화 등 여러 콘텐츠로 만들어졌다. 가령 2004년 9월부터 1년간 방송된 KBS 100부작 대하드라마 '불멸의 이순신'이 있다. 드라마는 평균 시청률 22%(최고 시청률 33.1%)로 대박이었다. 그때 학교신문 지도교사였던 나는 학생기자들을 데리고 '불멸의 이순신' 촬영세트장인 부안영상테마파크를 다녀오기도 했다. 학교신문에 르포로 실어 학생과 교직원들을 비롯한 독자들에게 알리기 위해서였다.

그리고 2014년 여름 이순신은 영화 '명량'으로 다시 왔다. 그냥 힐끗 온 것이 아니다. '명량'을 극장에서 본 관객수는 무려 1,761만 1,849명이나 된다. 역대 박스오피스 1위를 5년간 차지하고 있던 할리우드 블록버스터 '아바타'를 400만 명 넘게 앞선 수치다. 그야말로 하늘도 놀라고 땅도 놀란 이순신의 '명량'이었다. '명량'은 10년이 지난 지금까지도 박스오피스 1위다.

'명량'은 김한민 감독의 '이순신 3부작' 프로젝트중 첫 번째 영화다. 김 감독은 '한산: 용의 출현'(2022)과 '노량: 죽음의 바다'(2023)를 연달아 개봉해 이순신 3부작을 완성했다. 여기서는 김훈 장편소설 '칼의 노래'와 김한민 감독이 10년에 걸쳐 완성한 영화 이순신 3부작 '명량'・'한산: 용의 출현'・'노량: 죽음의 바다'를 구체적으로 살펴 왜 지금도 이순신이 회자되는지 밝혀보려 한다.

2. 밀리언셀러 '칼의 노래'

이순신 장군이 노무현 대통령 시절에도 추앙의 대상이 되는 데는 소설 '칼의 노래'가 한 지렛대로 작용되었지 싶다. '칼의 노래'는 2001년 김훈이 펴낸 장편소설이다. 한국일보 기자였던 김훈이 소설가로서 존재감을 확실히 드러낸 작품이기도 하다. 그도 그럴 것이 1995년 장편소설 '빗살무늬토기의 추억'을 펴냈지만, 그냥 펴낸 데 만족해야 했다. '최근 밀리언셀러에 올랐던 국내문학'(동아일보, 2009.8.27)에 따르면 '칼의 노래'가 100만 부를 돌파한 것은 2007년이다.

베스트셀러가 되는 데 필요한 공식(타이밍・타이틀・타깃

·탤런트·타입·토크·토픽 등 '7T')중 타이밍이 주효했다는 지적도 있다. "2001년 출간 직후 큰 반응이 없던 김훈 씨의 '칼의 노래'도 2004년 탄핵정국 당시 노무현 전 대통령이 읽은 책으로 화제를 모았다. 이 책은 그 해에만 50만 부 가까이 팔리면서 밀리언셀러 고지에 다가설 수 있었다"(앞의 동아일보)가 그것이다.

고 노무현 대통령의 덕 때문임을 배제할 수 없는 이유다. 소설은 구금(拘禁)에서 풀려난 이순신의 백의종군으로 문을 연다. 여진(女眞) 이야기에 이어 삼도수군통제사 재임명과 함께 '명량대첩'이 펼쳐진다. 그리고 임진왜란 첫 해 전투와 함경도 육군 재직시절 이야기들이 회상 형식으로 전개된다. 모친상과 일본군 칼에 죽은 아들 면의 이야기도 나온다.

다소 특이한 것은 꽤 긴 분량의 장편소설인데도 1인칭 시점을 취하고 있는 점이다. 그만큼 이순신을 보다 직접적으로 '체험'할 수 있다. 영화 '명량'에서와 같은 '이순신 장군 만세'는 느껴지지 않지만 멸사봉공하는, 영락없는 참군인의 모습이 소설 읽는 내내 떠나지 않는다. 가령 "전하께서 통제공을 죽이시면 사직을 잃으실까 염려되옵니다"하는 종사관 김수철의 간언에서 그걸 느끼게 된다.

놀라운 것은 임진왜란 최초의 해전인 옥포만전투를 승리로 이끈 이순신이 완전 '초보'였다는 점이다. 해전 경험이 없었던 장수였다니 얼른 믿기지 않는다. 이후 적군이 지레 겁먹을 정도로 수군 명장(名將)으로서 이름을 떨쳐 그나마 나라를 지켜낼 수 있었으니, 어찌 놀라지 않을 수 있겠는가. 그렇다면 그것은 무엇일까. 도대체 무엇이 이순신을 조국의 수호천사가 되게 한 것일까?

수호천사는, 그러나 군주를 위한 것은 아니다. 이순신에게 충(忠)은 그 주체가 백성이다. 어명이니 신하로서 따르지만, 내면세계까지 그렇진 않다. 일견 이순신은 임금을 고깝게 생각하고 있었던 듯 보인다. 교서(敎書) 등을 통해 간접적으로 드러난 임금의 사람됨이나 성격, 신하와 백성을 생각하는 마음 등이 그걸 뒷받침한다. '징비록' 같은 드라마 영향도 있을지 모르지만, 선조는 왕재(王才)가 아니다. 예컨대 이순신 체포가 그렇고, 의병장 김덕령 죽임이 또한 그렇다.

헐벗고, 굶주린데다가 그마저 도륙(屠戮)당해 죽어나가는 백성들을 보며 적군은 무찔러야 할 대상 그 이하도 이상도 아니다. 특히 이순신 순국 과정은 멸사봉공의 하이라이트라 할만하다. 피할 수도 있는 싸움을 애써 마다하지 않은 것이다. 그것은 누구나 쉽게 할 수 있는 일이 아니다. 어렵게라도 할 수 있는 일이 아니다. 오늘날 이순신이 나라를 구한 영웅으로 회자되는 것도 그 지점에 있지 않나 생각된다. 잠깐 이순신의 생각을 직접 만나보자.

철수하는 적들을 바다에서 잡을 수 없다면, 어느 날, 적들이 모두 떠나버린 빈 광양만 바다의 적막을 나는 감당할 수 없었다. 그 견딜 수 없는 적막보다는 임금의 칼에 죽는 편이 오히려 아늑할 듯싶었다. 적들이 홀연 스스로 빠져나간 그 빈 바다의 텅빈 공간, 적이 안개처럼 스스로 물러가서 더 이상 아무런 조준점도 내 앞에 남아 있지 않는 그 빈 바다를 상상할 수 없었다.

그 무연한 바다의 저녁 썰물에 다시 드러나는 갯벌과 거기에 내려앉아 주둥이로 뻘밭을 쑤셔 먹이를 찾는 새들과, 그리고 그 빈 공간으로 밀려드는 빈 시간을 나는 감당할 수 없었다.
　　그 빈 공간과 빈 시간 앞에서, 내 허리에 매달린 칼의 허망을 나는 견딜 수 없었다. 견딜 수 없는 것들을 견디는 날들이 계속되었다. 첩보는 지나간 것들의 지나감을 전했고, 바다는 늘 아무 일도 없었다.

-352쪽-

　이런 생각이 이순신으로 하여금 퇴각하는 적들을 섬멸하게 했다. 저희들 마음대로 쳐들어와 조선의 강토와 백성을 유린한 적들을 용서할 수 없었던 것이다. 그런 애민(愛民) 우국충정이 몸에 밴 이순신이라 아직 가지 않아도 갈 길을 가게 된 것이 너무 허망하고 슬프다. 이순신이 영원한 민족의 성웅으로 지금도 회자되는 것도 그래서가 아닐까!

　또한 정상의 몸이 아닌 상태로 이뤄낸 일이라 더욱 숙연해진다. 이순신은 "의금부에서 풀려난 뒤부터, 추운 날에는 허리가 결렸고 왼쪽 무릎이 시리고 쑤셨"던 데다가 임진년 전투에선 적의 총까지 맞는 부상을 당했다. 그런 몸으로 치른 전쟁이고 승리인지라 놀라운 것이다. 그야말로 멸사봉공의 이순신, 아아! 이순신 장군님이다.

　이순신 장군의 숭고한 생애를 그린 것과 달리 아쉬운 점이 있긴 하다. 김훈의 다른 소설에서도 그렇긴 한데, 들쭉날쭉한 문단이 그렇다. 단 두 줄짜리가 있는가하면 한 페이지 넘는 문단들도 있어 술술 읽히는데 걸림돌로 작용되어서다. 당시 사용하던 '한양'이란 이름을 '서울'로 한 것, 서기 몇 년 없이 그냥 '병신년'이라고만 한 것도 그렇다.

3. 놀라운 파죽지세의 '명량'

'명량'은 개봉 첫날 68만 2,809명의 관객을 동원했다. 역대 개봉일 관객 수 최고 기록이다. 또 개봉 이틀째인 7월 31일 오후 1시 30분쯤 관객 100만 명을 돌파한 것으로 전해졌다. 이는 역대 개봉영화 중 가장 빨리 100만 관객을 돌파한 기록이다. 개봉 이틀 만에 100만 관객을 넘어선 것은 '설국열차'와 '은밀하게 위대하게' 두 편이지만, 시간상으로 치면 '명량'이 더 빠른 기록이다.

여러 기록 갈아치우기 등 놀라운 파죽지세의 '명량'이다. 결국 '명량'이 2014년 여름 벌어진 600억 대전의 승자가 됐다. 급기야 "영화 '명량' 돌풍에 대작들 울상"이란 제목의 기사가 뜨기도 했다. 연합뉴스는 "이같은 파죽지세에 롯데·NEW·쇼박스 등 나머지 배급사들은 '명량'의 흥행 추이를 예의주시하는 한편, 대책 마련에 부심하고 있다"(전북매일신문, 2014.8.7)고 전했다.

신문 사설 및 기자 칼럼과 박근혜 대통령 관람에 이어 '관객 1,800만 갈 수도'라는 전문가 전망까지, 온통 '명량' 이야기 천지인, 그야말로 '명량정국'이라 해도 호들갑이 아니게 되었다. 마침내 8월 10일 '명량'은 1,000만 관객을 돌파했다. 개봉 12일 만의 일로 역대 최단 기록이다. 역대 최단 기록 보유작 '괴물'의 21일보다 무려 9일이나 빠른 것이다.

그러면 '명량'은 어떤 영화인가? '명량'은 1597년 '명량대첩'을 그린 영화다. 삼도수군통제사로 재임명된 이순신(최민식)이 단 12척의 배로 왜선(倭船) 330척을 격파한, 세계해전사에 기록된 그 역사를 재현한 것이다. 그것만 보면 '명량'은 지루하고 딱딱한, 그리하여 재미없는 위인전기적 대형 사극쯤이 되어야 맞다.

하지만 아니다. 작전회의 등 초반 이순신의 침묵, 아들과의 대화에서조차 웃음기 없는 낯빛으로 조성된 긴장감은 2시간 내내 계속된다. 왜군진영의 구루지마(류승룡)와 와키자카(조진웅)간 다툼의 내부분열, 실제와 다를 바 없게 보이는 왜선 진격의 해상 스펙터클 등 기법이나 기술면에서 발하는 한국영화 발전상이 우선 뿌듯하게 다가온다.

사실상 장대한 서사극이면서도 곳곳에서 콧등을 시큰하게 하는 감동 역시 '명량'의 강점이다. 예컨대 노젓기를 교대한 승려들, "대장군이 살아있다"며 환호하는 병사들과 육지의 백성들, 여러 척 어선으로 대장선 끌어당기기 등이 그렇다. 밋밋한 역사를 극적 드라마로 만든 연출력의 승리라 할 수 있다.

파죽지세의 '명량' 흥행 돌풍에 대해 '리더십' 등 여러 말들이 있지만, 내가 보기엔 그것보다 우선하는 것이 있다. 도대체 단 12척으로 어떻게 330척의 왜선을 격퇴했지 하는 궁금증이 그것이다. 궁금증으로 보러간 영화에서 콧등 시큰한 감동까지 체험하게되니 파죽지세일 수밖에.

그러나 뭐니뭐니해도 '명량' 흥행 일등공신은 대통령 또는 국가이지 싶다. 대통령 관람이 바람몰이를 했다는 뜻이 아니다. 이순신이 육군에 편입하라는 어명에도 사즉생의 각오로 전투에 나선 것은 오로지 충(忠)의 주체인 백성 때문이다. 세월호 참사 같은 위기와 그 이후에도 '국가부재'를 경험하고 있는 국민들로선 당연한 일 아니겠는가?

물론 아쉬운 점도 있다. 작전의 하나인 '충파'라지만, 왜선에 부딪치기까지 적들의 반격이 전혀 없는 묘사가 그렇다. 왜 대장선에서는 왜의 폭약 실은 배를 저지할 수 없었는지, "군율은 지엄한 것이다"라고 일갈(一喝)한 이순신이 장졸(將卒)들의 우렁찬 대답도 없는데 현장을 떠나는 장면 역시 마찬가지다.

4. 콧등 시큰하고 가슴 뭉클함 '한산: 용의 출현'

"<난중일기>를 끼고 살았어요. 울적할 때 보면 위안이 되고, 잠 안 올 때 보면 편안해져요. 이순신 장군이 워낙 힘든 시기에 쓰신 건데도 담백하면서 균형감이 느껴져요. 그 마력에 빠져들어 이 인물의 다양한 면을 사람들에게 알리고 싶다는 생각을 하게 됐죠. … '더도 덜도 말고 <난중일기> 속 이순신을 표현하면 된다.'"

위는 김한민 감독이 어느 신문(한겨레, 2022.8.1.) 인터뷰에서 한 말의 일부다. 2022년 여름엔 '1,200억 대전'이 벌어졌다. 코로나19로 잔뜩 움츠러들었던 극장가에 아연 활기가 돈 것은 거리두기 해제 한 달 후 개봉한 '범죄도시2'였다. '범죄도시2' 천만 관객에 고무되었는지 그동안 개봉을 미뤄왔던 200~300억 대작(한국형 블록버스터)들이 정확히 1주일 간격으로 4편이나 쏟아졌다.

4편의 영화를 제작비와 함께 개봉 순서로 열거하면 '외계+인'1부(330억 원)·'한산: 용의 출현'(270억 원)·'비상선언'(260억 원)·'헌트'(205억 원) 등이다. 4편의 제작비를 합하면 1,065억 원에 이른다. 거기에 4편의 마케팅 비용 150억 원을 더하면 1,200억 원이 넘는다. 한국영화로선 그야말로 억소리 나는 규모다.

아무튼 7월 27일 개봉한 '한산: 용의 출현'은 공교롭게도 '명량'처럼 여름대전 두 번째 개봉작이다. 또한 '한산: 용의 출현'은 '명량'처럼 여름대전 승자이기도 하다. '한산: 용의 출현'의 관객 수는 726만 7,007명이다. 참고로 '한산: 용의 출현'과 경쟁했던 '헌트' 435만, '비상선언' 205만, '외계+인'1부는 154만 명이다. '한산: 용의 출현'의 압도적인 승리임을 알 수 있다.

손익분기점 600만 명쯤을 훌쩍 넘기며 다른 대작을 압도하는 관객 수이지만, '명량'에 비하면 반토막 수준이라 할 수 있다. 그렇다. '한산: 용의 출현'은 흥행신화를 새로 쓴 '명량'의 김한민 감독이 메가폰을 잡은 '이순신 3부작 프로젝트'중 두 번째 작품이다. 세 번째 작품인 '노량: 죽음의 바다'도 촬영을 이미 마친 것으로 알려졌다.

다만, '한산: 용의 출현'은 시기적으로는 1597년의 명량대첩을 그린 '명량'의 전사(前史)에 해당한다. 1592년 임진왜란 발발 직후 벌어진 한산대첩을 재현해낸 영화여서다. 한산대첩은 이순신 장군이 지휘하는 56척의 조선 배가 73척의 왜선중 47척 격파와 함께 왜군 1만여 명을 전사시킨, 임진왜란 최초의 압도적 승리를 거둔 역사적 사실이다.

일단 놀라운 건 바다에 배를 전혀 띄우지 않고 박진감 넘치는 해전(海戰)을 그려낸 촬영이다. "그만큼 노하우도 쌓이고 기술도 발전됐다"(한겨레, 2022.7.21.)는 게 김 감독 설명이다. 동계올림픽이 열렸던 강릉 스피드스케이트장을 통째로 빌려 영상특수효과(VFX) 세트장을 짓고 촬영했는데, 감독의 설명을 더 들어보자.

김 감독은 "굉장히 통제된 환경에서 촬영했는데 그건 학익진을 제대로 구현하기 위해서였다. <명량>의 초석이 있었기에 <한산>이 가능했다고 생각한다"(한겨레, 2022.7.21.)고 말했다. 또 다른 인터뷰에선 "바다에서 촬영하면 위험한 데다 악천후로 일정이 엉망진창이 될 수 있어서 … 낮과 밤 장면용 조명을 곧바로 교체할 수 있는 등 효율적이고 효과적인 시스템이 필요해서"(한국일보, 2022.8.1.)라는 설명도 했다.

우선 이순신(박해일)·와키자카(변요한) 등 누구 하나 캐릭터에 녹아들지 못한 연기자가 없다. 단, 나대용을 연기한 박지환은 좀 안어울려 보이는 인상이긴 했다. 그만큼 '범죄도시'1~2편에서의 장이수 역이 강렬했다는 의미다. 유머모드 없이 시종 무겁게 가라앉은 전운(戰雲)의 긴장감이 팽배해 영화에 빠져들게 하는 재미도 있다. 해상전투신에선 '명량'에서처럼 뭔가 콧등 시큰하고 가슴 뭉클함을 안겨주기도 한다. 가령 광양현감 어영담(안성기)이 왜군에게 당할 때 옥포만호 이운룡(박훈)이 나타나 구해낼 때 그랬다. 출전이 불가능한 것으로 나왔던 거북선이 깜짝 등장해 왜군을 박살낼 때도 마찬가지다.

감동이라 할 콧등 시큰하고 가슴 뭉클함은 아마도 '우리 편'이기 때문일 것이다. 포로로 잡힌 왜군 준사(김성규)의 "전쟁은 무엇입니까?"란 물음에 이순신은 "의와 불의의 싸움이지"라고 말한다. 준사는 그에 감복받아 이순신 부하가 된다. 그리고 웅치전투에 대한 첩보를 알리고, 왜군과 싸움을 벌이는 등 여느 조선 군사 못지 않은 활약을 펼친다.

'난중일기'를 끼고 살았다는 김 감독이기에 박사급으로 이순신 장군 3부작을 만들어낼 수 있었던 게 아닌가 싶지만, 나라간 전쟁이 분명하고 그로 인한 파괴가 역대급인데도 임진왜란을 의와 불의의 싸움으로 설정한 것은 다소 의외다. '명량'에서 일었던 이른바 '국뽕' 논란을 피하기 위한 것으로 보이지만, 나로선 좀 불만스럽다. 좀 국뽕이면 어떤가?

국뽕은 나라 '국'에 히로뽕이 합쳐진 은어로 지나친 애국주의 강조를 비하할 때 쓰는 말이다. 박정희를 아버지로 둔 박근혜 대통령 시절이라 '명량'은 물론 '인천상륙작전'(2016) 같은 영화가 국뽕 논란에 휩싸인 바 있지만, 주석이 최고 권력자로 군림하는 공산주의 국가 중국에서의 국뽕이라면 모를까 대한민국이라면 사정이 다르다는 게 내 생각이다.

특히 왜적 침략으로 존망(存亡)의 위기에 몰린 나라를 지키기 위한 이순신 장군 등 수없이 많은 선조들의 열심히 싸운 전공(戰功)을 국뽕으로 몰아붙이는 건 올바른 자세가 아니라고 본다. '명량'처럼 대통령 관람은커녕 그 절반에도 미치지 못한 관객 수는 혹 의와 불의와의 싸움에 대한 반감 때문인지도 모른다. 꼭 반감은 아니더라도 공감되지 않아 그런지 모른다.

한 가지 아쉬운 것은 음악이다. 음악이라든가 음향효과가 영화의 필수 요소이긴 하지만, 너무 빈번하게 깔려 몰입을 방해할 지경이다. 가령 나대용 있는 곳으로 가자는 이순신 말이나 왜군이 학익진 설계도를 필사로 도둑질하는 데서 음악이 깔리는 식이다. 대사 전달에 방해될까봐 해상전투신에서 한국영화인데도 한국어 자막을 넣었을까?

정보름(김향기)·임준영(택연) 등 민초들은 미미한 분량과 별도로 긴밀한 인과적 구성의 묘사가 안돼 물 위 기름처럼 보인다. 앞에서 바다에 배를 전혀 띄우지 않은 촬영에 놀라움을 말했지만, 좀 티가 나보인 건 옥에 티다. 요컨대 가까이서 보면 수십척 배들 밑으로 물결이 일어나고 있다. 그런데 멀리서 보면 물결이 일지 않아 마치 한 폭의 정물화(靜物畵) 같은 것이다.

5. 박진감 넘치는 해전(海戰) '노량: 죽음의 바다'

한 인물을 주인공으로 10년에 걸쳐 영화 3편이 만들어진 건 한국영화사상 처음 있는 일이다. 김한민 감독은 인터뷰에서 "2014년엔 세월호 참사가 있었고, 최근에는 팬데믹이 있었다. 촬영을 못 할 뻔도 했고, 개봉을 못 할 뻔도 했다. 이렇게 완결할 수 있었던 건 그야말로 천행이다. 감개무량

하다"(스포츠서울, 2023.12.26.)고 속내를 전했다.

이어 김 감독은 "불굴의 의지로 이순신 장군을 파헤친 건 아니에요. 3부작을 하다 보니 자연스럽게 10년이 흘렀어요. 각각 해전마다 의미와 특색이 있었기 때문에 만든 거죠. 노량해전이 조금 더 특별했던 건 이순신 장군의 치열함과 집요함이 담긴 전투였기 때문이에요. 다들 끝났다고 하는 마당에 그렇게 험한 전투를 치르려고 했는가가 중요했죠. '완전한 항복'이라는 결론에 도달했고, 그 결론으로 '노량'을 이야기하면 장군님께 누가 되지 않을 거라 판단했어요"(앞의 스포츠서울)라고 말한다.

'노량: 죽음의 바다'는 '명량'·'한산: 용의 출현'의 여름과 다르게 겨울인 2023년 12월 20일 개봉했다. 극장 관객 수는 457만 3,426명이다. 결코 적은 숫자라 할 수 없지만, 손익분기점이 720만 명쯤인 것으로 알려져 흥행실패한 영화가 되고 말았다. '명량'이 1,761만 관객으로 2014년 개봉 이래 지금까지도 최고 관객 1위를 차지하고 있는 것과 대조되는 관객 수다. '한산: 용의 출현'이 동원한 726만 명에 비해서도 그 60%밖에 안 되는 관객 수다.

"전투장면의 완성도는 박수를 받았지만 영화에 대한 전체적인 평가는 호평과 혹평이 엇갈리며 20~30대 관객을 극장의 주요 관객으로 끌어들이지 못한 점도 한계로 작용했다"(한겨레, 2024.1.3.)지만, 소설이며 드라마 등에서 재현된, 시대를 관통하는 역사적 인물이자 성웅으로 추앙받는 이순신 장군에 대한 예의가 아니란 생각이 떠나지 않는다. 혹 '명량'과 '한산: 용의 출현'처럼 여름 대목이 아닌 12월 개봉이라 그런 것일까.

한 배급사 관계자는 "시원한 바다를 배경으로 한 영화에 대한 호감도는 여름보다 추운 겨울에 다소 떨어질 수밖에 없는데 영화 자체의 매력이 이 한계를 뛰어넘지 못한 것 같다"(앞의 한겨레)고 지적했다. '서울의 봄'이 천만 관객을 돌파한 시점(12월 24일)과 겹치긴 하지만, 이순신 3부작 합친 관객이 2,945만 5,610명에 그쳐 3천만 영화가 되지 못해 너무 아쉽고 안타깝기도 하다.

'노량: 죽음의 바다'는 이순신(김윤석) 장군이 순직하기에 이른 임진왜란 마지막 전투인 '노량해전'을 그린다. 음력으로 1598년 11월 18일(양력으론 12월 15일) 밤부터 다음날 새벽 동이 틀 때까지 벌어진 임진왜란중 가장 크게 싸운 전투다. 왜선 300여 척이 침몰 또는 나포됐고, 왜군 2만 명이 죽었다. 조선과 명나라 수군도 수백 명 전사한 것으로 기록된 노량해전이다.

영화는 1598년 음력 8월 조선에서의 철군을 유언으로 남기는 도요토미 히데요시가 죽는 장면으로 시작한다. 좀 뜬금없어 보이는 첫 화면이란 생각이 언뜻 들지만, 그게 아니다. 철군하려는 왜군 퇴로를 막아 치열한 전쟁으로 이어지는 전개의 밑그림이어서다. 소설 구성으로 보면 훌륭한 암시와 복선을 장치한 도요토미 히데요시의 죽음인 셈이다.

"열도 끝까지 쫓아가서라도 완전한 항복을 받아내지 않으면 다시 쳐들어올 것"이라며 왜군 섬멸 의지를 드러낸 이순신 장군의 전투는, 그러나 영화 시작 70분쯤 지나서야 펼쳐진다. 본격적인 전투가 벌어지기 전엔 명나라 진린(정재영)

과의 외교적 신경전이 이순신과 왜장 고니시 유키나가(이무생)간 펼쳐진다. 이순신은 고니시의 퇴로를 열어주려는 진린에 대한 강력한 항의 표시로 조명연합군을 해체한다고 선언까지 한다.

이와 함께 이순신은 자식(셋째아들 면)의 죽임 당하는 꿈 등 개인적 고뇌에 빠져들기도 한다. 부인이 큰아들 회의 안내를 받으며 진중(陣中)으로 찾아오는가 하면 이순신은 전사자 명단을 보면서 부하들 생각에 잠긴다. 전편에서 싸우다 순국한 광양현감 어영담(안성기)·이억기(공명)와 사사건건 자신의 발목을 잡았던 원균(손현주) 등의 얼굴이 잠시 나타나 이순신의 고뇌가 부각되기도 한다.

마침내 전투가 벌어진다. '한산: 용의 출현'에서 이미 말했듯 일단 놀라운 건 바다에 배를 전혀 띄우지 않고 박진감 넘치는 해전(海戰)을 그려낸 점이다. 요컨대 가까이서 보면 수십척 배들 밑으로 물결이 일어나고 있다. 그런데 멀리서 보면 물결이 일지 않아 마치 한 폭의 정물화(靜物畵) 같은 것이 옥에 티라 말한 '한산: 용의 출현'에서의 아쉬움을 불식해버린 CG 기술력이라 할만하다.

김 감독은 "'노량'에서 보는 액션들은 '명량' 제작 당시에는 불가능했던 장면들로 보면 된다. 특히 밤에 벌어지는 해전 장면은 '명량'을 만들 때는 도저히 찍을 수 없었다. 당시에는 기술적으로도 부족했고, 자본적으로도 부족했으며 노하우도 부족했다는 것이다. 함대와 함대가 얽히고설켜 부딪히는 장면 등 '명량'과 '한산'을 거치면서 '노량'에서 비로소 가능해진 점이 매우 많다"(한국일보, 2023.12.22.)고 덧붙였다.

예컨대 다연발 화살 등 각종 포격과 불화살이 날아든다. 선상에선 세 나라 수군들이 서로 칼로 찌르고 목을 벤다. "구선들을 내보내라"는 이순신 명령에 거북선이 물살을 가르며 돌격하자 왜군들은 "메쿠라부네가 나타났다"며 혼비백산한다. 기름 먼저 투척한 후 불화살을 날려 적선에 화재가 나게 하는 이른바 화공(火攻) 전략이 통쾌함을 안겨주기도 한다.

전투장면의 디테일 묘사가 또 다른 감동을 안기기도 한다. 전편에서도 활약한 준사(김성규: 포로로 잡힌 왜군으로 전향하여 이순신 부하가 됨.)가 생포되기 직전에 있는 진린을 구하러 가는데, 그 스스로 자원한 것이다. 준사는 "7년 의를 위한 싸움에 후회는 없다"고 말하며 왜장 시마즈(백윤식)의 칼을 맞자 바다속으로 뛰어들어 장렬히 전사한다. 이순신 명을 받은 왜군 출신 준사가 명나라 총사령관을 구하는 이런 장면에 뭔가 뭉클함 같은 게 밀려오지 않는가?

그 연장선에서 명나라 부총병 등자룡(허준호)이 다가오기도 한다. 널리 알려져 있듯 임진왜란 당시 명은 조선에 구원병을 보냈지만, 총사령관인 도독 진린은 참전하지 않으려고 한다. 앞에서 잠깐 말했듯 다 끝난 전쟁에 굳이 자국 군사들을 희생시킬 필요가 없다는 실용적 생각으로 이순신과 신경전을 벌이곤 했다. 그런 진린의 명을 무시하고 부사령관격인 등자룡이 "무조건 싸워야 한다"는 결기를 보인 채 참전, 마침내 전사하니 어찌 감동스럽지 않을 수 있겠는가!

그런데 준사와 등자룡 등 외국군에게서 받는 느낌과 달리

아군간에는 두 편의 전작에서처럼 뭔가 콧등 시큰하고 가슴 뭉클함을 안겨주는 게 없거나 부족해 보인다. 목숨이 왔다 갔다하는 전투 와중에도 다시 옛 전우들을 떠올리고, 북을 계속 치며 싸움을 독려하는 이순신의 모습이 있긴 하다. 시마즈가 "저 북소리를 제발 멈춰달라"며 토하기까지 하고, 고니시의 퇴각을 갖게 한 이순신 장군의 장렬한 최후지만, '명량'이나 '한산: 용의 출현'에서처럼 그런 느낌으로 다가오지 않는다.

요컨대 '노량: 죽음의 바다'는 웅장한 서사와 방대한 스펙터클만 있고, 크나큰 울림이 없다는 얘기다. 애써 감동을 받지 않으려 노력하는 평론가인 나만의 생각이길 바라지만, 혹 '명량'이나 '한산: 용의 출현'에 훨씬 못미치는 관객 수가 그런 때문은 아닐까 생각해본다.

6. 시대를 관통하는 역사적 인물

이순신 장군은, 한 마디로 성웅으로 추앙받는데 모자람이 없는 시대를 관통하는 역사적 인물이다. 아산 현충사와 여수 진남관 등 유적지를 찾아갔을 때 그냥 막연히 민족의 영웅으로만 생각했던 이순신 장군의 인간적 면모, 참군인으로서의 근엄함, 애민사상과 국가관 등을 온전히 알게해준 소설과 영화들이다. 지금도 왜 이순신이 회자되는지, 비로소 그 답을 얻은 느낌이다.

<2024. 10. 17.>

낯선 작가들, 소설 읽는 즐거움
-김현숙단편소설 〈베네세 하우스〉 등

비평을 하기 위해 선행되어야 할 소설 읽기이지만, 막상 독파에 들어가려할 때면 막연한 불안감이 자리하기도 한다. 재미가 없어 괜히 시간만 뺏겼네 같은 '본전' 생각이 그것이다. 이때 재미는 말할 나위 없이 김홍신이나 최인호, 그리고 박범신의 대중소설에서 보는 무슨 말초적·감각적 감수성을 말하는 게 아니다. 여기서 재미는 감동을 도와주는 소설의 내용과 형식의 모든 요소를 겸비한 것이다.

예컨대 뒤틀린 시대의 사회현실, 그리하여 진실이 은폐되고 정의가 외로운 혼돈에서의 인간구원을 얼마나 문학적으로 구현했는지, 그러기 위해서 몰입도 높은 짜임과 간결하면서도 정확한 문장의 기억에 남을 문체가 구사되었는지 등이 재미의 요소가 될 것이다. 정제된 문단도 마찬가지다. 문장과 문단은 형식미의 2대 중요 요소다. 소설이 좋은 작품인가를 가늠케 해주는 열쇠라 해도 과언이 아니다. 특히 문장은 소설을 비롯 수필 등 무릇 문학작품을 끝까지 읽을 수 있게 하는 힘이다. 작품을 끝까지 읽어야 주제의식이고 문학성도 따져볼 수 있는 게 아니던가?

아무튼 청탁 글은 그런 막연한 불안감 따위가 끼어들 틈이 없어 좋다. 무조건 읽어야 하니까! 그렇게 읽은 작품은

≪계간문예≫ 66호(2021년 겨울호)에 실린 단편소설 <베네세 하우스>(김현숙)·<초콜릿 상자>(조은경) 2편과 짧은 소설 <생에 한 권의 책>(김광수)·<코로나시대, 가면 속의 아리아>(김유조)·<사진 한 장이 일으킨 태풍>(박영순)·<불알친구 증손자>(박충훈)·<일탈의 시작>(손경형)·<휘찡보이>(홍재숙) 6편이다. 내게는 8명 모두 낯선 작가들이란 공통점이 있다. 나의 과문(寡聞) 때문인 지도 모를 일이지만, 그만큼 신선한 소설 읽는 즐거움이라 할 수 있다.

먼저 김현숙의 <베네세 하우스>는 술술 읽히는 게 강점이다. 단편소설이라 그런 게 아니다. 일종의 불륜 이야기도 그렇지만, <베네세 하우스>가 한눈에 쏙 들어오는 건 군더더기 없는 문장 덕분이다. '일종의 불륜 이야기'라고 한 것은 이혼한 여행가이드 홍하현과 달리 D일보 문화부 기자 하준우는 "라희 엄마완 얘기가 잘 되어"가는 중이어서다. 그들이 각자 배우자와 이혼하거나 하려한 데는 여행가이드란 하현의 직업과 준우의 7살 딸 라희의 이태리 유학에 따른 갈등이 똬리를 틀고 있다.

그런데 여행가이드 하니 연전에 방송된 KBS 수목드라마 <공항가는 길>이 떠오른다. <공항가는 길>은, 그러나 막장과 통하는 불륜드라마는 아니다. 좋게 말하면 착한 불륜드라마 또는 '아름다운 불륜'의 드라마라고 할까. 뭐, 아름다운 불륜이라고? 그렇다. <공항가는 길>은 유부녀와 유부남이 하는 사랑, 즉 불륜도 아름다울 수 있음을 보여주고 있는 착한 불륜드라마다. 그들이 사랑하게 되는 과정의 여러 환경과 심리묘사 등 개연성 있는 섬세한 연출 덕이다.

드라마 주인공 최수아(김하늘)와 서도우(이상윤) 그들의 불륜은 충분히 그럴 듯하다. 사랑이다. 각자 이혼하고 일종의 냉각기를 거쳐 결합 직전까지 가는 해피엔딩은 불륜드라마의 새로운 좌표라 할만하다. 간통죄 폐지 등 가치관 변화와 함께 달라진 시대상의 한 구현이라 할 수 있는 결말이어서다. 불륜드라마에 으레히 따라붙는 '불륜 미화'니 하는 지적과 하등 상관없는 <공항가는 길>이 아닐까 싶다. 비교적 장황하게 <공항가는 길>을 떠올린 셈이 됐지만, 이미 눈치 챈 독자도 있으리라.

그렇다. <베네세 하우스>는 그냥 불륜 이야기가 아니란 걸 강조하고자 드라마 <공항가는 길>을 떠올린 것이다. 고품격 불륜 소설이라 할 <베네세 하우스>가 남기는 여운은 제법 진하다. 해외나들이가 자유롭지 못한 코로나19 시대 독자들을 아연 여행의 세계로 빠져들게 해주는 것도 그렇지만, "나도 이제 내게 맞는, 진정 내가 원하는 제대로 된 삶을 살고 싶어요"라는 행복 찾기가 결국 문학의 본령인 '인간구원' 아닐까. 단, 하필 일본 관광지에 있는 숙박업소 이름을 제목으로 삼은 것은 경제보복과 위안부 문제 등 단교(斷交)까지 주장하는 나로선 좀 아쉽다.

조은경의 <초콜릿 상자>는 3년째 기승을 부리고 있는 코로나19 상황을 리얼하게 보여준다. 금숙이 근무하던 동네 슈퍼에 확진자가 발생해 전수검사를 받았는데, 같이 살고 있는 어머니와 함께 양성 판정을 받는다. 그런데 병상이 모자라 어머니만 입원하고, 금숙은 집에 자가격리되는 식이다.

코로나19 상황을 뉴스에서만 보던 독자들은 박진감 넘치는 그 끔찍한 실상에 새삼 치를 떨 듯하다. 혹 코로나19를 직접 겪은 독자라면 '그래, 어쩜 저렇게 똑같지' 하는 공감의 찬탄을 자아낼 지도 모르겠다. 물론 어머니처럼 허망하게 죽지 않고, 완치된 경우 가능한 일이다.

전대미문의 코로나19 상황이 국민에게 안긴 명암을 비교적 덤덤하게 그리고 있지만, <초콜릿 상자>는 뉴스에선 볼 수 없던 이면의 또 다른 세계를 보여준다. 금숙과 엄마가 친모녀가 아니라는 설정이 그것이다. 15살 때 실종된 딸을 10년 동안 찾던 어머니가 포기하고 금숙을 양녀로 입양해 모녀로 6년여 살다 코로나19에 확진돼 세상을 달리해 더 애잔함을 안겨준다. 친딸이 선물한 목각인형을 금숙이가 사준 초콜릿 빈 상자에 보관하고 있던 어머니의 모습이 아릿하다. 휴대폰 녹음을 통해 작년에 찾아온 친엄마를 "금숙이는 내 딸이라꼬" 돌려보낸 어머니라는 점에서 핏줄의 의미가 예전보다 좀 퇴색한 세태를 엿볼 수 있기도 하다.

이제 짧은 소설을 만나보자. '스마트 소설'이란 이름으로 하는 공모전 따위를 본 적이 있지만 이전 개념으론 장편(掌篇)소설, 일명 콩트라 할 짧은 소설을 6편이나 연속 읽은 것은 처음이다. 원론적 이야기지만, 짧은 소설은 독자로 하여금 단숨에 읽어내려가게함은 물론 읽고난 후 뭔가 쏙 와 닿는 게 있어야 한다. 말은 쉽지만, 창작은 결코 그렇지 않을 것 같다. 그래서 단편소설보다 오히려 더 쓰기 어려운 게 짧은 소설이 아닐까 한다. 범박하게 말해 원고지 80장에 담는 이야기를 단 10~20장에서 압축해 함축적으로 그려내야 하기 때문이다.

　6편의 짧은 소설은 다 그만그만한 느낌을 주지만, 김광수의 <생에 한 권의 책>은 두 번 읽었다. 처음 읽고는 무슨 말인지 확 전달이 안돼서다. <생에 한 권의 책>은 일단 대상포진 완치후 50년 넘게 산 부부의 금혼을 자축하는 내용이다. 전통적 어머니상으로 50년 인고(忍苦)의 세월을 견뎌온 아내에 대한 일종의 헌사(獻辭)로 보이지만, 자식 키우기와 시집 식구들 건사하기 등 굉장히 일상적이면서 보편적인 그런 것들이 유감스럽게도 공감을 자아내지 못한다. 경어체가 큰따옴표 부분과 지문에 혼용되는 등 이야기를 이끌어가는 화자와 객체의 구분이 모호해 그런 지도 모른다. 무슨 보고서나 공적서 작성처럼 되어 있는 전개 방식이나 전반적 코믹모드 역시 그렇다.

　김유조의 <코로나시대, 가면 속의 아리아>도 코믹모드 소설이다. 수십년 전 짝사랑 에피소드와 함께 그려낸 코로나19시대 필수품인 마스크의 가면으로의 변신 풍경이 새로워 보이긴 하지만, 뭔가 아릿한 추억 같은 게 확 와닿진 않는다. 박영순의 <사진 한 장이 일으킨 태풍>은 화자가 생모와 찍은 50년도 더 된 사진 때문 계모의 노여움을 사 곤욕을 치른 이야기다. 핏줄(엄마)에 대한 그리움이 애잔하지만, 짧은 소설에 담기엔 너무 버거운 가족사 이야기로 보인다. 석녀(石女)라곤 하지만, 그런 계모가 있다는 게 변한 시대임을 무색케 하기도 한다.

　박충훈의 <불알친구 증손자>는 대학교수 출신 장준우가 초등학교만 나온 불알친구 조목식을 56년 만에 만난 이야기다. 준우는 증손자 돌이라 서울에 왔다는 목식의 전화를 받고 추억에 잠긴다. "증손자까지 손자 손녀가 열셋"인 목식을 부러워하는 준우에게서 산 날보다 살 날이 많지 않은 노년의 쓸쓸함이 묻어난다. 보통 사람이 사는 데 있어 진짜 행복이 무엇인지 사유(思惟)하게 한다. 메시지가 푸짐해 소설 읽는 즐거움을 듬뿍 안겨준다. 나로선 6편의 짧은 소설 중 가장 재미있게 읽은 작품이다.

손경형의 <일탈의 시작>은 앞의 네 작품에 비해 산 날보다 살 날이 더 많은 화자 등장이 우선 반갑다. 정인과 수영을 통해 여고생 시절 에피소드로 소위 부모찬스 문제를 그려 보인다. 여고생, 나아가 30대쯤 여자들의 미묘한 심리와 그것이 실제 현실에 어떤 결과로 이어지는지를 보여준다. 홍재숙의 <휘핑보이>의 화자도 젊다. 자기 대신 인형을 매질하던 엄마로부터의 기억에서 벗어나지 못하는 희수를 통해 아동 학대 문제에 대해 생각게 한다. 비약이 심해 긴밀하게 유기(有機)되어 보이지 않지만, <일탈의 시작>과 함께 첨예한 사회현실의 일단을 엿볼 수 있다. 소설 읽는 즐거움을 안긴다.

<'계간문예' 제67호, 2022.3.15.>

다양성, 그 무궁무진한 세계
─박태주단편소설 〈이별여행〉 등

≪계간문예≫ 67호(2022년 봄호) 표지를 보는 순간 반가웠다. '작품평' 필자에 내 이름이 들어 있어서가 아니다. 표지를 보며 반가워했던 건 이미 알고 있는 소설가의 신작을 읽을 수 있어서다 가령 '특별기획2 짧은 소설' 첫 번째 필자인 권비영이 그렇다. 벌써 10년도 더 지난 일이지만, ≪덕혜옹주≫(2009)는 역사소설이면서도 어려운 용어가 별로 없는 장점을 갖추고 있어 읽기에 편했다. 모든 글의 핵심적 기본이라 할 문장도 간결·단아하여 현대소설 못지 않는 읽히는 힘을 겸비하고 있어 한층 미덥게 느꼈던 권비영의 ≪덕혜옹주≫로 기억하고 있다.

100만 부 넘게 팔린 것으로 알려진 베스트셀러 소설 ≪덕혜옹주≫는 손예진 주연(주연뿐 아니라 10억 원을 투자한 것으로 알려져 화제가 된 바 있다.)의 동명 영화로 만들어져 2016년 8월 3일 개봉하기도 했다. 관객 수는 자그마치 559만 9,995명(영화진흥위원회 통합전산망 기준)이다. 원작 소설을 바탕으로 했으되 많이 윤색되었음을 확인할 수 있는 영화 '덕혜옹주'지만, 손익분기점이 350만 명쯤이니 그야말로 대박이었다. 이래저래 또렷하게 각인될 수밖에 없는 소설가 권비영을 ≪계간문예≫ 67호에서 다시 보게된 것이다.

단편소설 필자중에도 아는 이름이 있다. 바로 이덕화다. 문학평론가의 소설 쓰기에 아연 흥미를 느껴 방민호 장편소설 ≪연인 심청≫(2015)을 읽게 되었는데, 그 무렵 이덕화도 있음을 알게되었다. 그렇다. 탤런트와 동명이인이기도 한 이덕화는 방민호처럼 또 한 명의 소설 쓰는 문학평론가다. 소설은 읽어보지 못했지만, 문학평론가도 가편(佳篇)의 소설을 쓸 수 있구나 하는 생각을 갖게 한 ≪연인 심청≫이라 덩달아 이덕화에 대한 기대감도 마음 한켠에 자리했음은 물론이다.

이런 반가움으로 ≪계간문예≫ 67호를 펼쳐 읽어본 단편소설은 <이별여행>(박태주)·<나를 놓아줘>(이덕화) 2편과 짧은 소설 <한정판>(권비영)·<나, 결혼했어요>(박순녀)·<빌렌도르프의 비너스>(손용권)·<비뚤어진 침대>(양관수)·<결행>(조은재) 5편이다. 먼저 전체적 인상은 7편의 소설이 7인 7색이라 할 만큼 다양한 세계를 녹여내고 있다는 점이다. 설마 원고청탁이 소재나 주제를 지정해 제시되진 않았을텐데, 덕분에 소설들의 무궁무진한 세계가 여러 독자들 구미(口味)를 충족시킬 수 있지 않을까 생각된다.

공교롭게도 두 편 단편소설은 두 집 살림하는 남자와 여자 이야기란 공통점이 있다. 물론 결이 전혀 다른 두 집 살림 이야기다. 먼저 박태주의 <이별여행>은 "한 때는 굴지의 대기업에서 중견간부까지 하면서 잘 나가던" 실업자 이성상이 무당인 마종숙의 집에서 탈출을 결행하려다 나오지 못하고 자살해 죽는 이야기다. 다소 희화적 분위기로 펼쳐지는 실업자 가장의 바람난 이야기와 어울리지 않는 자살이란 새드 엔딩이 섬뜩한 느낌을 안기지만, 생각해볼 게 있는 단편소설이다. 본처와 아이들을 떠나 마종숙과 2년이나 산 외피적 이야기에 세팅된 게 있어서다.

다름 아닌 구조조정이란 '칼날'이다. 대부분 구체적 묘사 없이 서술에 의존하고 있어 박진감이 덜한 게 아쉽긴 하지만, 그가 폐인이 되기까지의 과정은 자살 못지않게 섬뜩하다. 구조조정으로 인한 가족 해체라는 사회현실의 한 단면을 보여주려는 의도인지 모르겠으나 아내와 아들 딸 모두 한통속이 되어 실업자 가장인 이성상을 내몰아 끝내 마종숙과 살게 하고, 죽음에 이르게 하고 있어서다. '뭐 저런 가족이 다 있나' 하는 의구심이 생길 정도다. 그럴망정 IMF 등 하루아침에 노숙자 신세로 전락해버린 사람들이 즐비했던 현실을 떠올려 보면 무거운 돌덩이가 가슴에 얹혀진 느낌이다.

이덕화의 <나를 놓아줘>도 일단 두 집 살림하는 여자 이야기다. 앞에서 <이별여행>과 두 집 살림이란 공통점을 말하면서도 결이 전혀 다른 이야기라고 했듯 여자는 시어머니 집과 우리 집을 오가며 살고 있는 나(화자)의 아내다. 치매 앓고 있는 시어머니를 간병하는 보기 드문 효부(孝婦)의 삶처럼 보이지만, 그게 다가 아니다. "치매 이후에 걸핏하면 고향에서 인민군에게 당했던 공포에 시달리고 있"는 시어머니라서다. 그렇다. 동족상잔 6·25 한국전쟁 이후의 분단 트라우마를 마치 ≪엄마의 말뚝≫(박완서 지음) 어머니처럼 처절하게 지니고 사는 시어머니인 것이다.

아니나다를까 아내는 우울증을 앓게 되고, 결국 가출하고 만다. 아내를 찾지 못한 채 "어머니의 간병은 나 혼자만의 몫이다"는 화자의 다짐으로 소설은 끝난다. 먹먹하달까, 짠하고 애달픈 생각이 피어 오른다. 요양원에 있게 하자는 딸(민지) 얘기에도 안된다며 치매 앓는 어머니 간병을 오롯이 감당하는 아들에게서 참다운 효는 어떤 것이며 인간의 도리가 무엇일지 생각해보게 된다. 치매와 70년도 더 지난 전쟁 상흔(傷痕)의 접목은 민족적 비극이 현재형임을 새삼 깨닫게 해 애잔함이 더해진다.

그런데 눈에 띄는 게 있다. <이별여행>과 달리 '뭐 저런 부모가 다 있나' 하는 의구심이 확 솟구치게 하는 캐릭터 설정이 그것이다. 하긴 치매 앓기 전 온전할 때도 시어머니는 살갑지 않았다. 가령 미국유학시절 아들네를 찾아와 보인 식사 거부가 그것이다. 시아버지가 그러니 부창부수(夫唱婦隨)로 그랬는지 모르겠지만, 머슴들에게 당한 하극상 등 전쟁이란 초유의 고통을 겪은 세대 부모들치곤 유별난 '까탈'이 아닐까 싶다. 그렇다고 그 길로 "식탁을 박차고 집 밖으로 뛰쳐나"간 며느리가 온당해 보이는 건 아니지만, 나로선 전혀 공감되지 않는다. 글쎄, 소설이나 영화 등 여러 콘텐츠에서 익숙하게 보던 월남민(越南民)들의 전통적이거나 정형화된 부모 모습이 아니라 그런 지도 모르겠다.

이제 짧은 소설들을 만나보자. 권비영의 <한정판>은 단편소설 2편과 짧은 소설 5편 등 7편중 가장 기억에 남는 가편이다. ≪덕혜옹주≫를 읽고 가졌던 믿음에 보답한 셈의 <한정판>이라 할까. 베스트셀러 작가가 괜히 되는 게 아니구나 하는 확신을 단단하게 해줄 정도로 <한정판>은 짧은 소설이지만, 길고도 깊이 우러나는 메시지를 전한다. 조금 호들갑스럽게 말하면 가히 짧은 소설의 진수라 할만하다. 아내가 난소암으로 죽기 전부터 '딸바보'였던 나(대디)는 딸 유진으로부터 접시보다 못한 취급을 받자 버럭 외친다.

"이년아, 나도 한정판이다. 접시 하나 깨졌다고 부모가 죽은 것처럼 울어? 부모도 한정판이란 말이다!"

영어 배우게 하려고 보낸 미국 유학에서 '싸가지' 없이 변해버린 유진의 모습이 클로즈업된다. 유진을 포함한 그들에겐 조국은커녕 자신을 유학보내준 부모도 없다. 뭔가 찌릿하다. 통쾌하다. 후련하다. ≪풀꽃도 꽃이다≫(조정래 지음) 같은 소설에서 맹목적인 영어교육의 실상이 파헤쳐져 진 바 있듯 그런 자식 키우기에 올인해온 부모들에게 경종을 울리고 있지 않은가? 부모며 조국도 없는 딸이 원해 팔자에 없는 '대디'가 되고, 유진을 '베이비'라 부르는 등 그렇게 올인한 부모가 과연 합리적인지 그런 생각도 갖게 한다. 나는 다행히 그걸 일찍 깨달아 화자처럼 '빙신' 취급을 당하진 않고 산다.

박순녀의 <나, 결혼했어요>는 73할머니(애기)가 전철에서 민정식을 보고 먼 옛날 그와 있었던 추억을 회상하는 이야기다. 초등 6학년때 "마흔까지 시집을 못가면 내가 데려 갈게"라던 민정식이다. 이후 무슨 진전이 있었던 건 아니지만, 50년도 더 지난 후 우연히 만난 민정식을 불러 세워 "나, 결혼했어요"라는 73할머니다. 귀엽다 할까, 상큼하다. 다만, 대학에서 짝도 만나 결혼했다고 했는데, 그게 몇 살때였는지가 없는 건 좀 아쉽다. "마흔까지 시집을 못가면" 운운에 대한 쐐기적 화답이 "나, 결혼했어요"여서다.

손용권의 <빌렌도르프의 비너스>는 석기시대 사람들 이야기다. 선사시대를 배경으로 한 구광렬 장편소설 ≪반구대≫(2014)를 언뜻 떠올리게 하는데, 짧은 소설도 무궁무진한 세계를 그려 보일 수 있구나 하는 생각을 갖게 한다. 그 가공할 상상력이 놀랍다. 독자들로 하여금 충분히 흥미를 갖게 할 작품세계다. 화자가 직접 겪은 말뚝잠(앉아서 자는 것) 일화라며 소개한 양관수의 <비뚤어진 침대>도 그렇다. 무엇보다도 대하소설 ≪객주≫ 등에서 김주영이 그려보인 것 같은 육담(肉談)이 재미 있다. 세상에, 지리산 산장의 말뚝잠에 그런 비화가 있다니, 그야말로 무궁무진한 짧은 소설의 세계 아닌가!

조은재의 <결행>은 세 젊은이의 본인조차도 잘 알 수 없는 청춘에 대한 이야기다. 방년 스무 살 청춘들. 무서울 것 없고, 잴 것 없고, 막 나갈 수 있고, 무엇이든 될 수 있다고 믿는 그런 청춘을 그린 영화 <스물>(2015)이 생각나지만, <결행>은 좀 다른 이야기다. 부언하면 <결행>은 청춘들 꿈의 이야기다. 출가하려는 도열, 농군이고 앞으로도 그렇게 되고자 하는 정석, '철밥통' 공무원을 꿈꾸는 민준이 그들이다. 그리고 도열의 여동생 도희는 장차 공무원인 민준과 결혼할 걸 다짐한다. <결행>은 희망을 절벽으로 만들고, 좌절을 일상이 되게한 정치권 등 기성세대들에게 한 마디 야멸차게 쏘아붙이는 것 같은 짧은 소설이다.

<'계간문예' 제68호, 2022.6.15.>

박완서 장편소설 2편
-'엄마의 말뚝'·'그대 아직도 꿈꾸고 있는가'론-

1. 문단의 거목(巨木)

 2011년 1월 22일이니 박완서 소설가가 우리 곁을 떠난 지도 어느새 11년 넘게 지났다. 그의 타계 1주기를 맞아 나는 이미 '박완서 소설 소고(小考)'('문맥' 제39호, 2012.12.20. 이후 2014년 펴낸 평론집 '시대현실과 비판의식'에 수록.)란 평론을 통해 그의 유일한 역사소설인 '미망'과 밀리언셀러 '그 많던 싱아는 누가 다 먹었을까'에 대해 논의한 바 있다. 그 글의 첫 번째 꼭지 '1주기 무렵'을 서론(序論) 삼아 잠시 여기에 옮겨보는 것도 나름 유익한 의미가 있지 않을까 한다.
 살아생전 박완서의 문학적 위상만큼 고인(故人)의 1주기 기념 출판이 봇물을 이루었다. 전집 출판기념회가 서울 프레스센터에서 열리기도 했다. 신문보도에 기대 그것들을 잠깐 정리해보면 다음과 같다. 세계사는 기존 17권짜리를 대폭 보강해 전22권의 박완서 소설전집 결정판을 새롭게 출판했다. 전집에는 15편의 장편소설이 모두 실려 있다. 1970년 등단작 '나목'부터 '목마른 계절'·'도시의 흉년'·'휘청거리는 오후'·'살아있는 날의 시작'·'오만과 몽상'·'엄마의 말뚝'·'그해 겨울은 따뜻했네'·'서 있는 여자'·'미망'·'그대 아직도 꿈꾸고 있는가'·'그 많던 싱아는 누가 다 먹었을까'·'그 산이 정말 거기 있었을까'·'아주 오래된 농담', 그리고 2004년 발표한 '그 남자네 집'까지다.

문학동네는 단편소설집 '기나긴 하루'를 펴냈다. 소설집에는 미처 책으로 묶이지 못한 발표작 '갱년기의 기나긴 하루'(2008), '빨갱이 바이러스'(2009), '석양을 등에 지고 그림자를 밟다'(2010)와 평론가 김윤식, 소설가 신경숙·김애란이 각각 추천한 '카메라와 워커'(1975), '나의 가장 나종 지니인 것'(1993), '닮은 방들'(1974) 등 6편의 단편소설이 실려있다. 등단작 '나목'을 1976년 단행본으로 처음 출간한 열화당은 초판본의 세로쓰기 편집을 그대로 살린 기념판 '나목'을 500부 한정 출판했다. '나목'과 관련한 산문, 고인의 장녀 호원숙(수필가), 평론가 김윤식, 김우종의 글 등을 모은 단행본 '나목을 말하다'와 한 세트다.

경기도 구리시가 추진하려던 '박완서 문학마을'이 유족들 반대로 중단되어 유감인 것과 달리 이런 기념출판은 2008년 작고한 박경리·이청준 추모를 능가하는 대우로 보인다는 게 출판계 얘기다. 박완서가 문단의 거목(巨木)이었음이 확인된 셈이라 해도 무방할 듯하다. 박완서가 문단의 거목인 것은, 그러나 40살이라는 늦깎이 데뷔에다가 앞에서 잠깐 살펴보았듯 40년 동안 활발한 창작활동을 해온 때문이라 해야 옳다. 물론 밀리언셀러 작가라는 대중성도 한몫한다. 가령 '최근 밀리언셀러에 올랐던 국내문학'(동아일보, 2009. 8.27)에 보면 1992년 펴낸 '그 많던 싱아는 누가 다 먹었을까'는 2002년 100만 부 돌파에 이어 2009년 8월 27일 직전까지 133만 부 판매를 기록하고 있다.

　추모 열기는 책의 판매 급증에서도 확인된다. 비단 박완서만의 경우는 아니지만, 교보문고에 따르면 부음 소식 직후 "지난 해 출간된 산문집 '못가본 길이 더 아름답다'가 평소보다 5배 이상 팔렸다. '그 많던 싱아는 누가 다 먹었을까'·'그 남자네 집' 등 작가의 다른 작품들도 판매량이 3배 이상 늘었다"(동아일보, 2011.1.25)는 보도이다. 인터넷 서점은 그 이상이다. 예스24 안지애 팀장은 "저자 생전엔 하루 평균 30권 정도 팔리던 이 책('못가본 길이 아름답다'-인용자)이 타계후엔 하루 평균 130권 가량 팔렸다. '나목'·'친절한 복희씨'·'엄마의 말뚝' 등도 판매량이 타계 전보다 10~20배 증가했다"(조선일보, 2011.2.14)고 전했다.

　추모 베스트셀러 열풍에 대해 문화심리학자 김정운 명지대 교수는 "급속하게 발전하는 한국사회의 공허와 갈급(渴急) 등이 반영된 현상으로 봐야 한다"고 진단했다. 무슨 말이냐 하면 노무현·김대중 전 대통령, 김수환 추기경, 법정 스님 등 저자들이 한 시대를 어루만졌던 '어른'이나 '스승', 이념이나 정신적 사표(師表)로 추앙받았던 인물들이기에 그들이 남긴 뭐 하나라도 건지려는 대중의 욕구가 판매급증으로 이어진다는 것이다. 소설가 박완서도, 이를테면 당대의 '어른'이요 '스승'이고, 또 '사표'였던 셈이다. 그럴망정 여기서는 1981년 제5회이상문학상 수상작 '엄마의 말뚝'(사실상 '엄마의 말뚝2'이지만, 편의상 이렇게 한다.)과 베스트셀러 소설 '그대 아직도 꿈꾸고 있는가'를 살펴보려 한다.

2. 어머니에 대한 간절한 그리움 '엄마의 말뚝'

역대급 땡볕 더위가 맹위를 떨쳐대고 있는 나날이다. 원래 최고의 피서는 독서라는 신념을 갖고 있는 데다가 작년에 이어 코로나19까지 창궐해 오히려 이전보다 책 읽기엔 더 안성맞춤이다. 박완서의 '엄마의 말뚝'도 그런 가운데 읽은 소설중 하나이다. 물론, 고교 국어교사로 근무하면서 교과서에 수록된 '그 여자네 집'을 학생들에게 가르치는 등 박완서 소설을 읽은 게 처음은 아니다. 박완서 작품들이 22권짜리 전집으로 출간될 정도이니 그 방대함에 비하면 내가 읽은 건 미미한 수준이랄 수 있지만, 이제 나의 독서목록에 '엄마의 말뚝'이 추가돼 뿌듯하다.

'엄마의 말뚝'은 세 편의 중·단편으로 이루어진 연작소설이다. 각각 1980년·1981년·1991년에 발표되었다. 대부분 이야기는 작중화자인 나의 어머니 회상을 통한 전개로 펼쳐진다. 특히 눈길에 미끄러져 입원한 어머니가 헛소리를 하는 등 6·25 한국전쟁 트라우마에 시달리고 있는 모습이 너무 먹먹하게 다가온다. 공산군 총탄에 죽어간 참혹한 아들(작중화자의 오빠)을 환각으로 만날 만큼이어서다.

어머니에게 종교였던 오빠는 이후 장편소설 '그 많던 싱아는 누가 다 먹었을까'(1992)에서 보듯 "이상주의적인 얼치기 빨갱이"이거나 전쟁발발 3일 후인 6월 28일 "흥분의 도가니 속에 쌀의 뉘처럼 어설프게 끼어 있다가 마지못해 그들(혁명투사-인용자)을 달고 귀가한" 사람이다. 종손이면서 가장이기도 한 오빠가 실제로 우유부단한 성격의 소유자였던 모양이다. 특히 6·25전쟁 발발 와중의 아들에 대한 어머니 생각은 수십 년이 지났어도 환각으로 보일 정도다. 작품 속으로 잠깐 들어가보자.

"그 놈이 또 왔다. 뭘 하고 있냐? 느이 오래빌 숨겨야 지, 어서."
"엄마, 제발 이러시지 좀 마세요. 오빠가 어디 있다고 숨겨요?"
"그럼 느이 오래빌 벌써 잡아갔냐?"
"엄마 제발."
어머니의 손이 사방을 더듬었다. 그러다가 붕대 감긴 자기의 다리에 손이 닿자 날카롭게 속삭였다.
"가엾은 내 새끼 여기 있었구나. 꼼짝 말아. 다 내가 당할 테니."
어머니의 떨리는 손이 다리를 감싸는 시늉을 했다. 그 때부터 어머니의 다리는 어머니의 아들이었다. 어머니는 온몸으로 그 다리를 엄호하면서 어머니의 적을 노려보았 다. 어머니의 적은 저승의 사자가 아니었다.
"군관 동무, 군관 선생님, 우리 집엔 여자들만 산다니 까요."
어머니의 눈의 푸른 기가 애처롭게 흔들리면서 입가에 비굴한 웃음이 감돌았다. 나는 어머니가 환각으로 보고 있는 게 무엇이라는 걸 알아차렸다. 가엾은 어머니, 차라 리 저승의 사자를 보시는 게 나았을 것을….
어머니는 그의 다리를 어디다 숨기려는지 몸부림쳤다. 그러나 어머니의 다리는 요지부동이었다.
"군관 나으리 우리 집엔 여자들만 산다니까요. 찾아보

실 것도 없다니까요. 군관 나으리."

위 인용문은 다리 뼈가 골절돼 86세 고령으로 어려운 수술을 받고 깨어난 후 어머니가 보인 아들에 대한 환각현상 중 한 대목이다. 86살 어머니가 민족 비극이 낳은 분단 한국에 사는 장삼이사(張三李四)중 하나라는 사실이 새삼 가슴을 후벼파는 대목이기도 하다. 그로부터 40여 년이 지난 지금까지도 현재진행형임을 부인할 수 없다는 사실이 더욱 가슴을 먹먹하게 한다. 화나게 한다. 4·27 판문점 선언을 보며 가졌던 어떤 기대감이 민망한 것이었음을 깨닫게 해주는 86살 어머니의 아들을 놓아보내지 못하는 모습이 너무 슬프게 다가온다.

"오살 놈아, 밥이 보약이여!"

그런데 '엄마의 말뚝' 속 어머니가 또 다른 어머니를 떠오르게 한다. 그 밥은 잘 먹어 깜냥에 효도한 셈이었는가. 기어이 눈동자 풀어져 깜짝 숨을 놓으실 때도 웬일인지 왈칵 눈물이 나지 않았는데 "바람이라도 흔들릴라치면 그리운 어머니", 어느 중견시인의 시를 읽다가 불현듯 간절해지던 내 어머니 생각이다. 고래희(古來稀)를 3년이나 넘겼다지만 인생은 60부터라는 지금 어머니의 외할머니보다 앞서간 아버님 곁은 아무래도 뜬금없기만 하다. 서른 일곱에 혼자 되시고 성난 바람 앞 촛불 같은 내 새끼들 때문 자그마치 36년을 미루었던 아버지와의 만남이다. 그래, 아버님 곁에서는 편안하신가? 어머니, 우리 어머니.

나는 집 나이로 67살의 늙은이, 방역당국 관계자들 말로

엄마의 말뚝 99

하면 '65살 이상 어르신'이다. 평론가인데다가 아무래도 소설을 읽고 감동 끝에 인생관이 바뀌거나 이제까지 없던 가치관이 새록새록 생겨날 나이는 아니다. 그렇게 생각하며 사는데 '엄마의 말뚝'을 읽고는 벌써 19년 전 돌아가신 어머니 생각이 사무치게 샘솟는다. 늙은이가 된 나로서도 어쩔 수 없는 일이다. 언젠가부터 꿈에서도 통 만날 수 없는, 5년만 더 살고 싶다던 어머니. 10년 가까이 단 한 번도 꿈에서 본 적 없는 어머니를 불러 본다.

이렇듯 소설을 읽고 어머니에 대한 간절한 그리움이 생겨난 건 사상 처음이다. 어머니는 서른 아홉 살 봄에 심장마비로 이 세상을 뜨신 아버지와 본의아니게 사별후 '엄마의 말뚝' 속 어머니처럼 "제 몸 위하는 게 제 새끼들 위하는 거라는 걸" 모른 채 살았다. 몸이 부서져라 광우리 행상 등을 하며 억척스럽게 우리 형제를 키워내셨다. 자식을 위해 자신을 송두리째 바친 어머니가 계셨기에 오늘의 내가, 딸이, 딸의 딸이 있다. 그런 생각을 하니 나도 모르게 눈시울이 축축해진다. 그만큼 아무도 말릴 수 없는 나이를 나 또한 먹은 것일까?

그렇다고 '엄마의 말뚝' 속 어머니가 내 어머니에 대한 간절한 그리움만 솟구치게 한 것은 아니다. 앞에서 이미 말했듯 86살 어머니의 한국전쟁 와중에 죽은 아들에 대한 환각 증세가 너무 슬프게 다가와서다. 슬픔은 86살 어머니가 작중화자에게 부탁하는 유언에서 고조된다. 그렇게 죽은 아들을 묘지에 안장하지 않고 화장해 선산이 있는 고향 개풍군 땅이 보이는 바닷가로 가서 흩뿌렸는데, 자신도 똑같이 해

달라고 해서다. 작중화자 어머니는 당신의 그 유언과 달리 공원묘지에 묻히지만, 어찌 분단의 상처가 아닐 수 있으랴! 문득 '아버지 옆에 나란히 계시는 내 어머니는 그래도 행복한가' 생각이 스쳐간다. 그런데 왜인지 기쁘기보다 씁쓰름하다.

3. 잔잔하고 야무진 일상 이야기들 '그대 아직도 꿈꾸고 있는가'

이른바 베스트셀러 소설에는 두 종류가 있지 않을까 한다. 그중 하나가 기꺼이 문학성을 갖춘 채 잘 팔리는 소설이다. 여기서 문학성이란 말할 나위 없이 문학이 두루 갖춰야 할 모든 것을 말한다. 내용면에선 주제 내지 메시지가 되겠고, 형식면에선 그것을 드러내는데 필요한 문장과 표현기교, 그리고 문단 등이 포함될 것이다. 여기에 하나를 더 보탠다면 박진감 넘치는 묘사일 것이다.

박완서의 장편소설 '그대 아직도 꿈꾸고 있는가'(다른 중편과 단편소설이 수록되어 있으므로 엄밀히 말하면 소설집이다. 아무튼 '그대 아직도 꿈꾸고 있는가'(1989년 3월부터 8월까지 '여성신문'에 연재했고, 그 해 11월 삼진기획에서 단행본으로 처음 출판되었다.)는 그런 것들을 비교적 구비한 소설처럼 보인다. 출판사의 베스트셀러라는 선전 문구를 다 믿을 수는 없어도 내가 읽은 책이 5쇄판이었으니 꽤 잘 팔리는 소설임은 분명해 보인다. 우선 박진감 넘치는 묘사가 주는 문학성에서 그 이유를 찾아볼 수 있을 것 같다.

차문경이라는 35세 이혼녀의 재혼할 뻔한 이야기를 기본

골격으로 하는 이 소설의 장점은 리얼리즘 계열의 '현실적 진실'을 그대로 그려보이고 있는 점이다. 가령 남아선호 경향의 구습적 잔재라든가 사립학교 풍경 등 이 시대의 첨예한 사회현실들이 잔잔하게 펼쳐지고 있다. 물론 거기에는 당연하다는 듯 전통적으로 누려온 남자의 기득권과 그것을 다시 연장하려는 기성세대의 음모가 도사리고 있어 하나의 문제제기적 형태를 띠고 있다. 이른바 여성해방이 그것이다.

시인 겸 문학평론가 장석주는 "박완서 소설의 본령은 가부장제 사회에서 식민화되는 여성의 삶의 실상을 드러내고 여성의 삶에 구조적으로 가해지는 억압과 소외를 따지고 파헤치는 데 있다. 박완서를 '여성 해방 문학의 작가'로 꼽게 만든 소설로는 『살아 있는 날의 시작』(1980)·『서 있는 여자』(1985)·『그대 아직도 꿈꾸고 있는가』(1989) 등이 있다"(장석주. 20세기 한국문학의 탐험4. 시공사. 2007)고 말한다.

현대사회에 있어서 여성의 활동과 지위는 어떤 것인지 살펴볼 필요가 있게 한다. 여필종부와 일부종사의 엄격한 규율 속에서 여성들이 인간 이하의 대접을 감내하며 마냥 죽어지낸 전 시대와 지금은 너무 다르지 않는가? 이런 의문들을 제기하면서도 김수현이 드라마 '배반의 장미'에서 주장한 것이나 수필집 '백치애인'으로 베스트셀러 작가가 된 신달자의 장편소설 '물위를 걷는 여자'에서 애써 부각시키려 한 그런 양상과는 근본적인 그런 차이를 드러내고 있다. 차문경의 다음과 같은 외침은, 그래서 매우 온당하게 들린다.

"그애에게 거는 저의 가장 찬란한 꿈이 뭔줄 아세요? 남자로 태어났으면 마땅히 여자를 이용하고 짓밟고 능멸 해도 된다는 그 천부의 권리로부터 자유로운 신종 남자 로 키우는 거죠. 그 꿈을 위해서라도 그애는 제가 키우 고 싶어요."

그러나 이런 의지의 일관됨 속에 커다란 인식의 오류가 잠복하고 있음은 아쉬운 일이 아닐 수 없다. 동양적 윤리관에 투철한 주위의 생각은 당연한 바 있지만, 아이를 수단이나 도구로 이용하겠다는 것은 결코 현대적일 수가 없다. 여성해방의 논리가 남자와 같은 동등한 인권의 구가(謳歌)에서 그 가치를 부여받을 수 있듯 오직 내 자식이기 때문 내가 키울 뿐이라는 본능에 가까운 의무만 있으면 되는 것이다.

그런 점에서 차문경은 왜곡된 인간형에 더 가까운 인물로 보인다. 남편의 새 여자 때문에 이혼을 당하고 중학교 가정 선생이면서도 대학 동창인 김혁주와 밀회하다가 결혼에 대한 꿈이 깨진다. 불러오는 배 때문에 권고사직으로 새로운 방법을 찾는, 다분히 동정 갈 그녀의 일상이 오늘 우리가 겪는 현실적 삶일지라도 그렇다.

그런 삶의 역정(歷程)에는 작위적 인상이 풍기는 대목도 있어 더욱 안타깝게 한다. 만삭이 되도록 출근하며 결국 학교에서 쫓겨나는 것이 그렇다. 상식적으로 납득하기 어렵다 해서 여성해방을 주장하는 일련의 소설에 비해 박진감이 손상되는 것은 아니다. 그렇게 십이분 양보해도 캐릭터에 혼란이 오는 것은 피하기 어려운 사실이다. 남자로부터 짓밟히지 않기 위해서라면 아이의 양육을 맡아 '신종 남자'를 키울 것이 아니라 그로부터도 아예 자유로워야 되는 게 아닐까?

'그대 아직도 꿈꾸고 있는가'에는 그 외에도 '서울 사람들', 작가의 표현대로 하면 세태소설이 연작형식으로 실려 있다. 요즘 서울 사람들이 살고 있는 다양한 모습의 풍속도를 혜진이란 내레이터를 통해 그려내고 있는데, 만만치 않은 세태를 담아낸 소설이다. 특히 땅투기, 호화 결혼 문제 등을 다룬 대목에선 사실적인 디테일 묘사가 중후한 주제의식과 함께 아릿한 감동을 안겨 준다. 표제작보다도 오히려 더 박진감 넘치는 현실적 공감대를 안겨줘 박완서가 추구하는 소설세계 소재 확장에 신뢰를 더해주기도 한다.

단편소설 '저문 날의 삽화2'가 보여주는 세계도 그 못지않다. '저문 날의 삽화1'을 읽어보지 못해 유감이지만, 운동권을 보는 작가의 시각을 그린 '저문 날의 삽화2'는 박완서 소설세계의 폭을 넓히는데 기여하는 작품으로 보인다. 당연히 '운동'은 있어야 하는 것인데, 이는 두말 할 여지 없이 보다 나은 삶을 위해서다. 인권이 신장되고 정의가 외롭지 않으며 진실이 은폐되지 않는 그런 삶을 위해서 '운동'은 지금도 펼쳐지고 있다.

<'교원문학' 제7호, 2022.6.20.>

1980년대 윤정모 소설들
-소설집 '님'·장편소설 '고삐'론-

 지난 2월말 윤정모 소설가의 한국작가회의 이사장 선출 소식이 전해졌다. 한국작가회의는 2022년 2월 26일 개최한 제35차 정기총회에서 제21대 이사장에 윤정모 소설가, 사무총장에 박관서 시인을 각각 선출했다고 2월 28일 밝혔다. 임기는 3년이다. 그곳 회원도 아닌 내가 한국작가회의 새 이사장 소식에 관심을 갖는 건 교원문학회가 해마다 발행하는 '교원문학'을 보내고 있어서다. 윤정모 이사장으로 이름을 바꿔 '교원문학' 제7호를 보내고 나니 새삼 그에 대한 관심이 일었다. 정확히 말하면 윤정모 소설작품에 대한 관심이라 할 수 있다. 소설집 '님'(1987)과 장편소설 '고삐'(1988)가 그것이다.

 본격적인 작품론에 앞서 살펴볼 게 있다. 작가연보(한국소설문학대계64, 동아출판사, 1995)에 보이는 특이한 그의 이력이 그것이다. 1946년생인 윤정모는 대학(서라벌예술대학) 3학년때인 1968년 몸을 파는 가난한 여대생을 주인공으로 한 장편 '무늬져 부는 바람'을 출간하면서 작가의 길로 들어섰다. 신춘문예나 잡지 추천이 아닌 단행본 출간으로 등단한 것이다. 1970년 서라벌예술대학 문예창작과를 졸업하고 이듬해 1년 간격으로 '생의 여로에서'·'저 바람이 꽃잎을'

을 연달아 출간하기도 한다.

하지만 저속하다는 비난으로 인해 윤정모는 신경쇠약에 걸리기까지 했다. '통속소설가'를 반성하기 위해 나환자촌을 둘러보기에 이른다. 이에 대해 그는 "70년에 가난해서 몸파는 여자에 관한 소설 <생의 여로에서>를 또 발표했더니 '야하다'고 비난이 빗발쳤다. 충격이 하도 커서 당분간 연애소설을 중단하고 1972년 소록도에 가서 음성 나환자의 일대기를 써주고 미감아들을 가르치면서 새로운 전기가 마련됐다. 그러나 나를 깊이 변화시킨 결정적인 사건은 80년 광주항쟁이었다. 그리고 광주와 관련된 어떤 사람과의 만남은 군사정권과 미국의 역할, 계급사회에 대한 의식의 눈을 뜨게 했다."(한겨레, 1988.12.10.)고 말한 바 있다.

민중시대의 현실인식 '님'

1980년대의 마감에서 한 특징을 들라면 민중의식의 증폭이 될 것이다. 초기 엄청난 충격의 소용돌이가 그만큼 가속도를 붙인 셈이 됐지만, 중·후반기에 들어서면서의 민중의식은 가히 일제침략에 짓눌리던 심정까지를 소급하여 쏟아낸 것 같은 느낌마저 들게 한다. 대략 이런 점에서 1980년대를 그 어느 때보다도 더 민중시대라고 불러도 무방할 것이다. 그렇다면 과연 민중시대의 현실적 진실의 모습은 어떠했는가? 이 물음에 대한 하나의 답으로 윤정모 소설집 '님'의 작품세계를 살펴보는 것도 매우 유익할 듯하다.

윤정모 소설집 '님'에는 중편소설 1편과 단편소설 9편이 실려 있다. 이 소설들은 하나같이 첨예한 현실을 다루고 있다. 통일문제, 반미감정, 농촌경제파탄, 학생운동 등 문학의 사회적 기능에 부합되는 여러 현실들이다. 표제작으로 쓰인 중편소설 '님'은 이미 많은 논자들이 칭찬을 아끼지 않은 작품이다. 가령 김재용 연세대 교수는 '분단현실의 숨은 그림찾기와 탈식민지화'(앞의 책 한국소설문학대계64)란 윤정모 작품해설에서 "1960년대의 김정한, 1970년대의 황석영에 이어 1980년대 우리 소설의 최정점에 서 있는 작가로 윤정모를 들 수 있는 것은 그가 작품을 통해 1980년대 우리 소설계에 남긴 성과 때문일 것이"라 말한다.

이어 그는 "작가는 1980년대의 분단현실 속에서의 냉전적 반공의식, 민족적 자율성 그리고 군사적 폭력의 문제를 중요하게 다루었다. 이러한 관심사를 한곳에 모아 놓은 듯한 작품이 윤정모 작품세계에서뿐만 아니라 1980년대 우리 소설의 수작중의 하나로 꼽히는 「님」이란 작품"(김재용 앞의 글)이라 말하고 있다. '님'은 한 마디로 분단문학 극복을 테마로 한 소설이라 할 수 있다. 일본유학생 진국이 아버지의 입원 연락을 받고 한국에 오면서부터 간첩 혐의로 은신하며 전전긍긍하다가 결국 밀항선으로 돌아가는 이야기인 '님'은 매우 민감한 소재를 다루고 있지만, 그러나 기실 아무것도 아니다. 진국 역시 그저 평범한 유학생일 뿐이다.

그렇다면 일본에서는 보편적인 것이 여기에서는 문제가 되어 그를 기다리고 있었단 말인가. 하지만 그 보편적인 일에조차 그는 전혀 관계한 일이 없었다. 그럴 틈도 관심도 없었다. 공부와 사랑만으로도 자신에겐 늘 시간이 모자랐다. 그렇다. 그는 사랑밖에 한 일이 없었다.

위 인용문은 진국이 은신처인 문교수 집에서 도대체 쫓김을 받는 이유가 무엇인지 생각해보는 한 대목이다. 우리는 여기서 분단체제의 경직된 이데올로기가 얼마나 진실 은폐를 초래하는지를 만나보고 아연 긴장하지 않을 수 없게 된다. 즉 일본에서는 아무것도 아닌 보편적인 일이 이 땅에서는 문제가 된다는 점이 그것이다. 그런데 정작 중요한 것은 진국이 소위 운동권이나 좌익도 아니라는 점이다. 그리고 그런 그가 은신해야 된다는 점이다.

그렇다면 진국이 쫓기고 은신하다가 결국은 범법인 밀항을 하게 되는 이유는 무엇인가? 그 이유는 "사랑밖에 한 일이 없"는 그녀가 조총련계 북송교포 딸이기 때문이다. 이는 민중시대의 과감한 현실인식임에 틀림없지만, 그러나 이것이 박진감을 얻게 되기까지에는 몇 가지 문제가 있어 보인다. 첫째는 진국이 은신만 하다가 결국 밀항으로 끝나는 구조적 장치다. 현실인식의 극대화를 위해서 진국은 기관원에 의해 연행, 이후 그런 혐의자들이 겪는 모든 고통을 받아들이는 것으로 전개되어야 했다.

물론 태영의 임신과 함께 님에게 돌아가는 플롯에서 민족통일 염원이라는 작가 의도의 일단(一端)을 발견할 수 없는 건 아니다. 그러나 역시 현실적 진실의 모습은 그런 작가의 도처럼 되어 있지 않다. 북송교포 자녀와 사랑밖에 한 죄가 없는 한 청년이 '간첩'이 되어 그 사건이 조작됨으로써 통일은 아직 먼 얘기구나 하는 깨달음이 독자에게 전달되었더라면 훨씬 문학적인 작품이 되었을 것이다. 사실이 그렇지 않은가. '님'이 1987년에 처음 발표('문학과역사')된 것과 관련하여 생각해보면 더 명백해진다.

또한 앞에서 말한 구조적 장치는 이 소설을 너무 허구적으로 읽히게 하는 약점을 드러낸다. 두 번째 문제점이다. 소설이 허구의 세계인 것은 사실이지만, 윤정모의 경우 급진적 성향이 '민중민주주의'쪽에 더 가까운 작가로 분류되기에 그런 인상은 아쉬움이 아닐 수 없다. 오히려 문교수 부인의 내면심리, 백진기가 '소시민주의'라 표현한 내면심리를 통해 현실적 진실을 증폭시키는 효과를 거두고 있다. 다시 말해 그런 인물형과 대비되는 뚜렷한 흔적의 성격창조가 부족해 결과적으로 리얼리티 감소라는 부담을 떠안게된 것이라 할 수 있다. 그럴망정 이것이 첨예한 현실인식의 단면인 것은 사실이다.

이런 현실인식은 9편의 단편소설에서도 여지없이 드러난다. 먼저 '누에는 왜 고치를 떠나지 않는가'는 '님'과 주제를 같이하는 작품이다. 어느 이혼녀의 시선으로 이웃 할머니의 죽음을 통해 그 살아온 내력이 드러나는데, 다름 아닌 전쟁이 가져다 준 이데올로기의 피해자 군상(群像) 이야기다. 즉 반공이라는 폭력에 의해 보통사람으로서의 자격이 상실된 것(복역후에도 피붙이와 살 수 없는 것)이다. 이문열 대하소설 '변경' 등 여러 소설에서 만날 수 있는 좌익 혐의자들의 일상생활에 대한 제약과 감시는, 그러나 감옥에서까지 첨예하게 살아있는 이 땅의 현실적 진실인 것이다.

'눈' 역시 그와 궤를 같이 하고 있다. '눈'은 중공군 개입 즈음에 체질적으로 전쟁과 맞지 않는 이소위의 죽음을 통해 조정래가 '태백산맥'에서 추구한 '누구를 위한 전쟁인가'를 묻고 있다. 6·25는 과연 누구를 위한 전쟁이었는가? '인민'을 위해서? 이데올로기를 위해서? 물론 대답은 정확하지 않다. 분명한 것은 전쟁의 무용론이다. 그리고 통일이 반드시 이루어져야 한다는 점이다. '거멀못'은 학생운동의 한 양상을 매우 단조롭게 보여준다. 종수는 4·19때 데모대에 의해 죽은 경찰을 아버지로 두고 있다. 현재의 외삼촌이 또 경찰이다. 그런 종수에겐 인석이라는 친구가 있다. 인석은 운동권학생으로 경찰의 요시찰인물이다. 둘은 친구지만, 의식에선 대칭축 같은 차이를 드러낸다.

"역사라구? 그렇다면 4·19 이야기만 나오면 어째서 매번 학생 희생만 거론되는 거지?"
"그래 너의 입장으로선 그것이 억울할 수도 있겠지. 하지만 종수, 그건 역사의 죄악인 거야."
"또 역사냐? 그건 너의 시각일 뿐이다."
"아니야. 종수, 그건 뭐랄까. 거멀못 같은 거야. 잘못된 역사는 민중과 그 민중을 억압하는 세력까지도 함께 묶어버리는 거멀못이야."

이 소설의 주제의식을 시사하는 위 인용문에서 윤정모의 다른 면모를 발견할 수 있음은 뜻밖이다. 이른바 문학적 총체성 획득이 돋보인다. 결말에서 종수가 인석을 구해줌으로써 '심정적 동조'를 강하게 부각시키긴 하지만, 이같은 역사인식은 무릇 작가의 사명이 아닐 수 없다는 점에서 퍽 고무적이다.

'뒤로 가는 시계'는 '거멀못'처럼 학생운동을 다루면서도 훨씬 '민중적'이다. 이 소설의 배경은 감옥이다. 민중시대에 감옥을 주요 배경으로 하는 소설들, '십오방 이야기'(정도상)·'하얀 집의 왕'(홍인표)·'살아있는 무덤'(김하기)에서 보는 것처럼 이데올로기 문제가 '그'의 단식을 통해 사실적 묘사로 펼쳐진다. 그가 감옥에서 단식하는 이유는 진실이 은폐되어서다. 그의 복역은 폭력 때문이지만, 학생운동의 선두주자라는 이유가 더 크다. 이런 갈등·대립의 구조가 함축하는 의미는 자명하다. '민족·민주·민중 만세!'가 그것이다.

그러나 단식투쟁으로 뜻을 관철하려던 그에겐 "이눔아야, 애비도 독자고 니도 하나 아들인데 죽으믄 안 되는기라" 절규하는 아버지의 음성이 환청으로 들린다. 그는 "아부지요, 헛된기 아입니더. 비열한 상식을 인정할 수 없어 목숨을 바친다는 그건 깨끗한 죽음이" 된다고 강변하면서 눈물을 흘린다. 그리고 그런 죽음마저도 허용되지 않는다. 간수들이 강제로 음식물을 집어넣어 못죽게 하고 있어서다. 거기에 현실적 진실의 비극이 도사리고 있다.

'꼭두놀음'도 현실적 진실의 비극성을 그리는데 앞의 작품들보다 뒤지지 않는다. 어느 텔레비전 방송국 좌담 프로에 각 계층의 대표가 출연한다. 주제는 '농외소득 어떻게 하면 증대하나'이지만, 수입 개방 등 정책실패 목소리가 모아지는가 싶으면 NG 처리되곤 한다. 여기서 우리는 단순히 농촌 경제 폐허화에 대한 문제제기 이상의 작가의도를 발견할 수 있다. 제몫을 다하지 못하는 언론에 대한 비아냥이 그것이다. 궁극적으로 정치의 민주화가 이뤄지지 않은 악덕환경에서 각 사안별 독소조항을 따지는 것도 무의미한 일이긴 하지만, 그러나 누군가 역사의 희생양(더러 영웅으로 표현되기도 한다.)이 되어야 그 산화(散花)의 진정한 의미가 되새겨지고 거듭 발전되어 나간다할 때 윤정모의 소설속 인물들은 민중시대의 대표적 유형이 아닐 수 없다.

자기체험과 매춘의 새로운 인식 '고삐'

소설이 체험과 상상의 배합물이란 주장은 진부하지만 소설다운 특성을 드러내는데 유익한 말이다. 요컨대 어떤 소설에서 체험이 강하면 주관적이 되기 쉬운 반면 상상이 많은 비중을 차지하면 심지어 허황해지기까지 한다. 전자의 경우를 흔히 자전소설이라 부르는데, 윤정모의 장편소설 '고삐'도 거기에 속한다. 가령 "'절반정도 자전적인 소설'이라는 데 이 작품의 각별한 의미가 있을 것이다. 안온한 부모품을 애당초 체험하지 못한 그는 젊은시절 학비와 생활비를 벌기 위해 술집 여급으로 일하기도 했다. 서라벌예대 문창과 동창인 소설가 이경자씨는 '머리를 노랗게 물들이고 속눈썹 길게 붙이고 입술을 빨갛게 칠한 채' 술집 여급을 겸업하던 대학시절의 윤정모씨를 기억한다"(앞의 한겨레)에서 그걸 알 수 있다.

여기서 우리가 주의해야 할 것은 이제껏 밝혀지지 않았던 작가의 개인적 삶의 모습보다 거기에 투영된 정치·사회적 총체성의 전면 혹은 단면을 파악해내는 일이다. '고삐'는 크게 두 개의 뼈대로 이루어져 있다. 물론 주인공 정인과 연관되어 있다. 먼저 정인이 문제학생으로 고등학교를 졸업하고 상경해서 겪는 온갖 변두리체험 속에서도 한상우와 결혼하여 아들(진솔)을 둔 가정생활이다. 다른 하나는 그렇듯 공을 들였는데도 열일곱 살 어린 나이에 양공주가 되어 결국 미군 페트로와 결혼한 동생 해인의 이야기다. 거칠게 요약해본 이런 줄거리는, 그러나 껍질에 불과하다. 그 껍질에는 이 땅의 굴곡 많은 비극적 현대사가 토실한 알맹이로 똬리를 틀고 있다.

먼저 "외세와 혈연과 여성관계를 과학적으로 해명해 보고 싶은 것이 애초의 욕심이었다. 만일 미국이 없었더라면, 미국이 조선을 일본 식민지로 넘겨주지 않았다면, 45년 일본으로부터 이 땅을 되빼앗고 점령하지 않았다면 그리하여 분단조국을 만들지 않았다면 우리는 그리운 부모형제를 사할린에, 중국에, 일본에, 바로 지척인 북한에 두고도 서로 만나지 못하는 비극은 겪지 않아도 되었을 것이다. 어찌보면 매춘과 윤락까지도 외세와 깊은 함수관계가 있다"고 밝힌 작가 후기가 눈길을 끈다. 그렇다. '고삐'는 이 땅의 해방과 한국전쟁을 통해서 '정식으로' 입성(入城)한 미국 또는 미군의 실체가 현재시점에서 입체적으로 조명되는 소설이다.

정인의 남편 상우는 야학에서 역사를 가르치는 교사로 대표적인 '민중민족주의자'다. 그는 어느 날 갑자기 낯선 사내들에게 연행된다. 이른바 '반제당' 사건에 연루돼 국가보안법 위반혐의로 3년형을 선고받고 교도소에 수감되지만, 그는 당당하고 명쾌한 소신에 차 있다. 특히 매춘과 윤락이 외세(外勢)와 깊은 함수관계에 놓여 있다는 그의 주장은 남다른 의미가 있어 보인다. 지금까지 자본주의 사회에서 하나의 '필연적인 필요악'으로 치부되어온 매춘에 대한 인식의 늪을 빠져나오는 진일보한 사고(思考)가 아닐 수 없다.

다만 아쉬운 점은 정인 자매의 그 길이 그들이 살아온 시대적 상황과 맞물리면서도 생계를 위한 수단에 머물고 말았다는 점이다. 정인의 경우 배다른 동생 해인을 위한다는 목적이 뚜렷하지 않은 건 아니지만, 반미에 눈뜨는 것도 남편이 구속되고 '민가협' 회원들과 만나면서부터다. 그리고 회상형 소설로 지난 이야기들이 거의 추억되면서도 정작 주요 인물인 남편과의 결혼에 관한 구체적 진술은 없어 잠깐 필름이 끊긴 듯한 인상을 풍기는 것도 아쉽긴 마찬가지다.

그럼에도 불구하고 이 소설이 무게감 있게 와닿는 것은 역시 시류(時流) 때문이다. 작금의 사회적 분위기, 예컨대 독재타도·반미고조·통일지향 등의 이슈가 거세지 않은 시대였다면 '고삐'는 한낱 통속소설에 그치고 말았을 지도 모른다. 그런 점에서 정인 자매간의 불화는 주목을 요한다. 정인의 못배웠다는 간절한 충고를 해인이 자극적으로 받아들인 데서 비롯된 불화지만, 거기에는 민족과 반민족, 반미와 친미 사이의 깊은 그늘이 드리워져 있다. 그들 자매의 비극이 개인적·평면적이기에 앞서 민족적·입체적인 이유가 거기에 있다. 아무튼 우리는 비로소 반미소설의 장편화에 물꼬를 튼 한 자전소설이 주는 물큰한 감동과 만나게될 것이다.

"이 작품은 처음부터 끝까지 반미색조로 채색돼 있다. 미군정시대로 막이 오르는 분단 한국사에서부터 광주항쟁 등 크고 작은 정치사건들, 문화현상과 범람하는 상품들, 그리고 국제결혼을 꿈꾸는 술집 여급의 심리에 이르기까지 깊숙이 그림자를 드리우고 있는 미국의 실체를 고발하고 있다. 그런 작가의 의도가 더러 소설의 흐름을 앞질러 군데군데 '지나친 작위성'이 '사실성의 감동'을 허무는 대목도 눈에 띄지만 그럼에도 불구하고 80년대 최초의 본격적인 '반미소설'임은 틀림없는 사실이다"(한겨레, 1988.12.6.)는 리뷰도 음미해볼만하다.

<'문맥' 제59호, 2022.12.31.>

온·오프라인 서점에서 절찬 판매중!

방송·영화·문학평론가 장세진의 신작 사이다 에세이!

지식과감성# / 값 17,000원

- 제대로 된 정의와 올바른 가치를 추구하며 사는 것이 인간의 도리일진대 박근혜 탄핵에 이어 10년도 채 안돼 왜 이런 일을 또다시 겪으며 고통당해야 하는지, 대한민국 국민이라는 게 슬프고 화가 난다. 독자들이 이 책을 읽고 조금이나마 그런 기분에서 벗어나 후련해하고 통쾌함을 느낀다면 그만한 보람이 없을 것이다.

-'저자의 말'중에서-

제2부

민족문학으로 우뚝 솟는 소설 · 118
-홍명희대하역사소설 '임꺽정'론-

꼰대가 보기엔 배부른 비명 · 124
-장강명장편소설 '한국이 싫어서'론-

밀리언셀러 조남주장편소설 '82년생 김지영' · 132

분단현실과 기독교 문제 · 137
-김은국장편소설 '순교자'론-

최정주 소설 소고(小考) · 146
-소설집 '술래의 시간'과 '안개와 박쥐'를 중심으로-

안정효 장편소설 2편 · 156
-'하얀 전쟁' · '은마는 오지 않는다'론-

영화로 만들어진 안정효 장편소설 3편 · 168
-'은마는 오지 않는다' · '하얀 전쟁' · '헐리우드 키드의 생애'론-

양귀자 소설 3편 · 180
-소설집 '원미동 사람들' · 장편소설 '희망' · '천년의 사랑'론-

조세희와 '난장이가 쏘아올린 작은 공' · 196

분단현실과 시대정신 · 205
-김영현소설집 '깊은 강은 멀리 흐른다'론-

민족문학으로 우뚝 솟는 소설
-홍명희대하역사소설 '임꺽정'론-

　2006년 6월 15일에 이어 두 번째로 남북정상회담이 10월 2일부터 4일까지 열린다는 소식이다. 당초 8월 28일부터 30일까지였지만, 북한의 심각한 수해로 그 시기가 늦춰졌다. 한나라당을 비롯하여 일부 보수단체의 반발이 없는 것은 아니지만, 이런 엄청난 변화는 '임꺽정'(홍명희 지음)의 독후감 모집에서도 실감할 수 있다. 김일성 밑에서 부수상까지 지낸 월북작가 홍명희의 대하역사소설 '임꺽정'은 1985년 8월 전 9권으로 출판(사계절출판사)된 바 있다. 출간 직후 출판 및 판매가 금지되는 등 우여곡절 끝에 1991년 1권을 보족한 10권짜리 '임꺽정'이 다시 세상에 나왔다.
　그런저런 사정에도 불구하고 '임꺽정'은, 동아일보(1992. 7.20)에 따르면 1985년 출판 이래 1백만 부가 판매되었다. 그것이 15년 전의 일이니 그 후 얼마나 더 팔렸는지는 알 수 없지만, '임꺽정'이 정부당국의 해금조치와 상관없이 일반 독자들로부터 많은 사랑을 받은 소설인 건 분명한 사실이다. 다시 말해 역사소설 '임꺽정'만으로는 그 동안 있어온 출판 및 판매금지, 나아가 압수와 소송 등 유통과정이 도깨비장난같이 느껴진다는 것이다.
　'임꺽정'(전 10권)은 봉단편(1권), 피장편(2권), 양반편(3권),

의형제편(4~6권), 화적편(7~10권)으로 이루어져 있다. 단, 제10권은 '자모산성 상·하'와 속담, 낱말풀이 등의 부록으로 이루어져 있다. 그걸 다 읽고 나면 우선 이광수·최남선과 더불어 3대 천재로 불리웠다는 홍명희의 문력(文力)을 유감없이 발견하게 된다. 많게는 3년 넘게 중단하는 등 10년에 걸쳐 단행본 10권 분량, 원고지 약 13,000장을 쓰면서도 그 이야기의 흐름이 마치 어젯밤 다음의 오늘 아침 일처럼 매끄럽게 이어지고 있는 점이 그의 천재성을 잘 말해준다.

'임꺽정'은 연산군 10년(1504) 갑자사화의 피바람이 일기 직전 홍문관 교리 이장곤이 거제도로 귀양가는 이야기로 시작하여 명종 15년(1560) 중앙정부에서 순경사(巡警使)를 파견, 토벌에 나서자 임꺽정이 자모산성으로 피신한 데에서 끝나고 있다. 시간적으로는 56년의 역사적 공간을 배경으로 하고 있다. 1~3권이 을묘왜변(1555년)까지 51년 간을, 4~10권이 이후 5년 동안의 이야기를 담고 있다. 미완이라는 한계를 감안해야겠지만 전체 10권의 분량으로 볼 때 썩 조화롭지 못해 보이는 그런 나눔의 시간적 배경은, 그러나 민중의 영웅이 출현할 역사적 공간의 확대라는 점에서 큰 의미가 있다. 다시 말해 임꺽정과 같은 의적이 출현하게 될 시대상황의 당위성을 마련한 소설적 장치로 읽힌다는 것이다.

연산군 재위 12년이 혼조(昏朝)였던 것은 말할 나위가 없지만, 이른바 중종반정에 의해 임금이 된 중종연간도 조선왕조실록에 충실하게 접근하여 궁중중심의 역사소설을 쓴 박종화의 '여인천하'가 그려 보이는 것처럼 한 마디로 정치 부재의 시대였다. 중종의 뒤를 이은 인종이 1년이 채 안되어 의문의 죽음을 당하고 12살의 어린 명종이 임금 자리에 오르지만, 그 때 역시 문정왕후의 수렴청정으로 윤원형과 그의 첩 난정이 거의 나라를 절단내던, 연산조 못지않은 암울한 정국이었다. 백성들이 도탄에 빠져 민생고에 허덕이는 것은 말할 나위도 없으려니와 일개 첩이 정경부인이 되고 또 무조건적인 피지배계층에 대한 학대와 천시 등 정치를 비롯한 제도·풍속 등이 위험수위에 도달한, 요샛말로 총체적 난국의 시대였다.

그러니까 넓게 보면 조선왕조라는 엄격한 신분계급의 봉건사회가 무릇 민중들이 고대하는 영웅의 출현을 가능케 한 셈이다. 우리가 이미 알다시피 홍길동·임꺽정·장길산 같은 민중의 영웅들을 '배출'한 조선왕조의 봉건사회였으니까. 그리고 좁게는 연산조로부터 명종대에 이르는 60여 년의 난정(亂政)이 임꺽정 출현의 시대적 당위성에 무게를 더해 주고 있다.

어쨌든 이장곤의 귀양과 탈출은 임꺽정의 출생내력 및 성장, 그리고 활동과정과 긴밀한 구조의 관계에 놓이게 되는 복선 구실을 하고 있다. 이장곤이 탈출하여 안착한 곳이 함흥이었고, 그곳에서 신분을 숨긴 채 고리 백정의 딸인 봉단과 혼례를 올렸고, 중종반정과 함께 정계에 복귀했고, 임금의 특명으로 봉단을 숙부인(淑夫人)으로 취하게 되었고, 봉단의 작은 아버지인 양주팔과 외사촌 처남 임돌이 차례로 솔가해 왔고, 임돌이 양주 소백정 딸 애기와 결혼하여 딸과 아들을 낳으니 그 아들이 바로 임꺽정인 것이다.

  전 10권의 소설을 읽고, 또 '임꺽정의 재조명'(임형택·강영주편. 사계절출판사. 1988) 등의 연구사를 보며, 그리고 이 글을 쓰면서 내가 우선 확인할 수 있었던 것은 무릇 독새가 때 아닌 영웅들을 양산해내듯 '임꺽정'이 그 동안 분단 현실의 탄압으로 말미암아 '전설적 소설'로 자리매김되었고, 다분히 그 결과 너무 침소봉대되었거나 과장되어 왔다는 점이다. 그런 느낌의 저변에 임꺽정을 의적으로 생각해 왔고 그를 주인공으로 했으니 당연히 '의적소설'이라는 선입관이 짙게 배어있음은 물론이다.

  여기서 중요한 것은 말할 나위 없이 임꺽정의 역사성이 아니다. 역사소설의 필수적 요소가 역사적 사실이긴 하지만 '해서광적' 임꺽정을 오늘의 시점에서 어떻게 복원시켰느냐, 그리하여 얼마나 사회적 기능에 접근했고, 또 그렇게 함으로써 과연 문학의 본령에 충실했는지가 중요한 것이다. 작가 역시 창작동기에서 밝힌 대로 임꺽정패를 의적으로 그리고 싶어했던 것같지만 그렇지 못했음을 서진사라는 작중인물을 통해 고백하고 있다.

> "옛말에 양상에 군자(君子)가 있고 녹림(綠林)에 호걸(豪傑)이 있다하니 그대네 중에 군자도 있을 것이요, 호걸도 있을 것인데 그대네가 어찌하여 대당(大党) 소리들만 듣고 의적(義賊) 노릇들은 하지 않는가. 의적이 되려면 의로운 자를 도웁기 위하여 불리한 자를 박해하고 약한 자를 붙들기 위하여 강한 자를 압제하고 탈취하되 민

가에 불 놓기가 일쑤요, 인명을 살해하는 게 능사라 하니 이것이 그대네의 수치가 아닐까. 그대네가 전일 소위를 다 고치니 의적 노릇을 해볼 생각이 없는가. 다 고쳐야 할 일이지만 그 중에도 지중한 인명을 무고히 살해하는 건 천벌(天罰)을 받을 일이니 단연코 고치라고."

-9권 31쪽-

    굳이 '의적의 사회사'를 저술한 홉스봄의 여러 이야기를 끌어들이지 않더라도 작가의 '의적관'을 짐작되게 하거니와 이후로도 임꺽정패들이 괄목할 만큼 의적으로 발돋움하지는 않는다. 쓰여지지 못한 대미를 갈음할 부분이 다시 아쉽게 생각되는데, 가령 임꺽정과 동류항의 인물이라 할 장길산을 주인공으로 한 황석영의 '장길산'이 활빈하는 '한국식 의적'에 주력하고 있는 것과는 대조적이어서 의적 이야기라는 호재를 시대정신에 맞게 십분 활용하지 못하고 만 것이다.
    그러나 일제침략기라는 질곡의 그 시대정신은 다른 한편으로, 다시 말해 문학사적으로는 '임꺽정'을 탁월한 역사소설로 자리매김시키는 주요인이 되기도 한다. 단편소설이 주류를 이루던 1920~30년대 문단의 경향에서 단행본 10권 분량 (원고지 13,000장)의 장편소설을 써낸 데다가 1970년대 '장길산'이 쓰여지기 전까지 정사중심의 왕조 이야기로 일관되었던 역사소설의 주인공을 임꺽정을 비롯한 기층민중으로 설정했다는 점은, 비록 민중시대로 요약되는 오늘날과 같은 작가의식의 부재라는 한계를 드러낸다 하더라도 높이 평가되어야 하리라 본다.

그렇다고 '임꺽정'이 임꺽정을 비롯한 기층민중, 핍박당하고 울분만을 곱씹어야 하는 피지배계층의 시점으로만 일관한 것은 아니다. 왕실과 대소 신료, 그리고 그들을 떠받치고 있는 양반가의 정치, 사회적 상황을 사실적 필치로 그려보임으로써 사회적 총체성을 획득, 문학적 가치에 무게를 더해주고 있다.

  물론 그것만이 '임꺽정'의 문학적 가치를 자리매김시켜주는 것은 아니다. 순조선적 분위기의 구현도 단단히 한 몫을 한다. 우리것을 찾고 지킨다함은 무엇이겠는가. 더욱이 대하소설 '아리랑'에서 여실히 볼 수 있듯 민족의 얼과 혼마저 빼앗으려 했던 일제침략기, 바로 그 시절의 '임꺽정'이 그려낸 '순조선것'은 결국 무엇이겠는가. 그것은 다름 아닌 민족정신의 고취요 환기이며, 나아가 민족결집에 대한 의지의 표현이다. 누가 뭐라 해도 '임꺽정'은 암울한 정정(政情)의 역사적 사실을 백정 등 기층민중의 생활상을 통해 재현함으로써 식민지 민족의 희망이 절벽인 현실을 곧게 깨우침은 물론 오늘의 우리에게 올바른 역사인식을 심어주는 민족문학으로 우뚝 솟는 소설이다.

<2007. 8. 27.>

꼰대가 보기엔 배부른 비명

-장강명장편소설 '한국이 싫어서'론-

　나는 전직 고교 국어 교사다. 30년 넘게 '문학'을 주로 가르쳤지만, 2년 전 이미 퇴직하여 60대 중반을 향해 가고 있으니 젊은 애들 말로 꼰대라 할 수 있다. 꼰대인 내가 장강명 소설을 읽은 것은 '한국이 싫어서'(2015, 민음사)가 처음이다. 2011년 장강명장편소설 '표백'의 한겨레문학상 당선 소식(한겨레, 2011.6.2.)을 스크랩할 때만 해도 그가 유명작가가 되리란 생각은 하지 못했다. 신문기자를 하며 틈틈이 써낸 소설이 어쩌다 당선되어서 그런지 30대 중반의 동아일보 기자인 그가 "전업작가가 될 생각은 전혀 없다"고 밝혔으니까. 그렇다. 장강명은 문예창작 전공과 상관없는 공대 출신으로 작가가 된 드문 사례의 주인공이다.

　하지만 장강명은 2013년 9월 12년째 다니던 신문사를 그만둔다. 전업작가로 나선 것이다. 이후 눈썹 휘날리게 소설을 쓴다. 2014년 수림문학상('열광금지, 에바로드'), 2015년 문학동네작가상('그믐, 또는 당신이 세계를 기억하는 방식')과 4·3평화문학상('댓글부대')을 수상한다.(괄호안은 수상 소설 이름.) 2016년엔 4·3평화문학상 수상작 '댓글부대'로 민음사가 주는 오늘의 작가상을 받는다. 이미 시상된 문학상 수상작이 이듬해 또 다른 문학상을 받는 이례적인 일의 주인공으로 우뚝 선 것이다.

　다관왕 소설가가 된 장강명은 2015년 문학계 결산(한겨레, 2015.12.25.)에 '김훈과 장강명'이란 소제목 아래 이름이 오른다. 또 다른 기자 출신으로 베스트셀러 소설가가 된 김훈과 함께 장강명 활약이 돋보였다는 내용이다. 그뿐이 아니다. 조선일보(2015.12.26.)는 와이드 기사로 장강명 인터뷰를 싣고 있다. '신문기자 관두고 2년 만에 소설 6권, 문학賞 휩쓸어… 글만 써 먹고 살고 싶다'라는 큰 제목으로 '상금만 1억 5000만 원, 베스트셀러 작가 된 장강명'을 소개하고 있다. '상을 타서 유명해지자'는 그의 말처럼 유명작가로 거듭난 것이다.

'한국이 싫어서'가 장강명 책 중 가장 많이 팔린 소설임도 그 인터뷰 기사를 통해 알 수 있었다. 장강명은 "'운이 좋아' 베스트셀러 작가가 됐다는 자평(自評)은 겸양의 제스처인가"라는 기자 질문에 "내 책 중 가장 많이 팔린 게 '한국이 싫어서'인데 정직하게는 그게 내 공(功)이라는 느낌이 잘 안 든다. 트렌드를 좀 탔다. 헬조선 사이트 같은 게 생길 걸 예상하지 못했는데 그런 분위기가 일면서 시류를 탄 거다. '평생의 잭팟이 올해 다 터진 게 아닐까'라는 생각도 솔직히 든다"고 답한다. '한국이 싫어서'를 피서삼아 읽은 동기는 드러난 셈이다.

금방 가장 많이 팔린 소설을 독서 동기로 말했는데, 사실은 또 다른 이유가 있다. 나는 20대 후반과 30대 초반의 미혼인 두 딸의 아빠이다. 나로선 한국이 싫다고 호주로 이민간 딸(주인공 계나)의 이야기가 예사로워 보이지 않았다. 이를테면 '한국이 싫어서'라는 소설 제목이 독서의 또 다른 동기인 셈이다. 동기라 하기엔 좀 그렇지만, 200자 원고지

500장 안팎의 경장편소설이란 규격이 '한국이 싫어서'를 3시간 남짓만에 경쾌하게 읽을 수 있게한 것도 사실이다.

그렇다. 주인공 계나는 "왜 한국을 떠났느냐. 두 마디로 요약하면 '한국이 싫어서'지. 세 마디로 줄이면 '여기서는 못 살겠어서.' 무턱대고 욕하진 말아줘. 내가 태어난 나라라도 싫어할 수는 있는 거잖아(10쪽)"라고 말한다. "무턱대고 욕하진 말아줘"라는 대목에선 조국인 한국을 떠나 호주로 이민가는 것에 대한, 뭐랄까 일말의 가책감 같은 것이 묻어나기도 한다. 6년 동안 개고생해가며 영주권에 이어 시민권을 따냈지만, 계나는 "나 이제 호주 사람이다! 이러고 만세를 부르기도 뻘쭘하고"(172쪽)라 말하는 한국 국적 상실자이다.

20대 중후반에서 30대로 접어든 처녀 계나가 한국이 싫다고 한 것은 일단 '88만 원 세대'니 '헬조선'이니 하는 신조어들을 떠올려보면 직방 이해되고 공감도 생긴다. 우선 서른이 되도록 독방을 써본 적 없는 계나는 다섯 식구가 사는데도 자동차 한 대가 없는 똥구멍 째지게 가난한 집안의 둘째 딸이다. 아버지가 빌딩 경비원이고, 언니는 커피숍 알바에 동생마저 그냥 노는 집안의 둘째 딸임을 개무시하는 남친 지명의 부모도 한국이 싫은 만만치 않은 이유다. 계나는 지명에게 너네는 뭐가 그리 잘났냐며 "정말 웃기고 지랄하고들 있네"(83쪽)라고 퍼부어댄다.

"신도림에서 사당까지는 몸이 끼이다 못해 쇄골이 다 아플 지경이야. 사람들에 눌려서"(16쪽)에서 보듯 출퇴근시 이른바 지옥철도 계나가 한국을 싫어한 이유중 하나다. 저

출산에 따른 아기 많이 낳기 정책을 노골적으로 비꼬기도 한다. 출퇴근 다음으로 견디기 힘들었던 게 추위라는 데에선 일견 의아한 생각이 들지만, 이내 "워낙 오래된 빌라라서 낡기도 낡았고 마감재나 창틀이 애초부터 허술하기 이를 데 없"(33쪽)는 주거 문제의 어려움이 드러남을 알 수 있다.

하긴 한국이 싫어 떠나려는 이유를 까발리자면 어디 그것뿐이겠는가? 가령 조남주의 '82년생 김지영'이 펼쳐보인 한국 사회는 등골이 오싹할 정도이다. 대략 머느리의 현주소, 남아선호사상, 산업화시대 딸들의 희생, 학교급식에서의 여성차별, 학교내 성희롱, 혹사당하는 청춘(대학생), 여성 취업 및 직장내 차별, 아이갖기의 어려움, 무시되기 일쑤인 가사노동, 화장실 몰카, 천정부지로 치솟는 집세, '맘충'(어린 애기를 데리고 다니며 남에게 민폐를 끼치는 애 엄마) 등 키워드는 현실감 넘치는 일상적 사건들이다.

그에 비하면 아직 처녀인 계나가 겪는 현실은 새 발의 피다. 대신 "시어머니 년"이라 예사로 내뱉는 기혼자 친구 은혜를 통해 고부 관계의 민낯을 드러내기도 한다. 그런 세태가 씁쓰름하게 다가오지만, 이쯤되면 한국을 떠나지 않는 것이 오히려 이상할 정도다. 그런 점에서 20대 중후반에서 30대로 접어든 처녀 계나의 호주 이민 이야기인 '한국이 싫어서'가 2030 젊은 세대에게 공감과 함께 위안 내지 카타르시스를 안겨주는 소설임에 흔쾌히 동의한다. 특히 위정자들을 향해 날리는 강편치가 인상적으로 다가온다. 내가 최근 읽어본 '82년생 김지영'이나 '풀꽃도 꽃이다'(조정래) 같은 사회성 소설처럼 그 몫을 톡톡히 해내는 듯해 읽어보길 잘했다는 생각이 한가득이다.

그런데 내가 꼰대라 그런가? 한국이 싫다고 해서 그렇듯 떠나는 것이 잘하는 짓으로 보이진 않는다. 우선 대학 졸업 후 곧장 취업도 한 계나이기에 한국을 떠날 만큼은 아니다. 앞에서 열거한 이유가 설사 다 합리적이더라도 이 땅을 떠나버리는 것은 도피에 다름 아니다. 만약 낯설고 말조차 통하지 않는 외국에서의 온갖 고통을 감내할 각오가 되었다면 그래도 이 땅에 남아 부대끼는 것이 낫지 않을까. 적어도 말 때문 불편과 고통을 겪을 일은 없지 않은가 해서다.

"한국 드라마 딱 끊고 매일 영어 뉴스 봤고, 눈 아프고 토할 것 같을 때까지 영어 책 읽었어"(104쪽)에서 보듯 계나는 영어 공부에 좋은 말로 표현하면 올인했다. 그리고 6년에 걸친 개고생 끝에 호주 영주권과 시민권을 따냈다. 호주 영주권자이자 시민으로 살아가야 할 처지여서인지 계나는 영어 실력이 늘지 않는다는 이유로 한국 남자들과 어울리지도 않는다. 반면 영어 실력이 늘까 하는 기대감으로 원어민 남자와 사귀기도 한다. 이런 정도의 노력을 한국에서 했더라면 계나는 어떻게 되었을까.

또 하나, 문제가 생길수록 직접 맞닥뜨리며 고쳐나가는데 다같이 힘과 지혜를 모아야지 조국을 등지는 것은 나만 잘 살자는 개인주의이기도 하다는 점이다. "조국도 나를 사랑하지 않았거든. 솔직히 나라는 존재에 무관심했잖아?"(170쪽)란 반문이 일리 있어 보이긴 하지만, 무엇보다도 그렇듯 시나브로 나도 가고 너도 떠나버리면 장차 대한민국은 어찌

될 것인가를 생각하지 않을 수 없다. 아마 대한민국은 상위 1%의 국민만 남는 이상한 나라에 이어 공중분해되어 지구상에서 사라지고말 것이다. 그러려고 선열(先烈)들은 임진왜란·병자호란 따위 전쟁과 그보다 더 처참하고 치욕적이라 할 일제 침략 같은 온갖 위기에도 나라를 지켜 왔던가?

　죽으면 모든 게 끝이듯 살아 있을 때가 아름다운 법이다. 조국도 마찬가지다. 비록 심한 대가(代價)를 지불해야 하는 한국사회일지라도 조국은 극복하며 지켜내야 할 대상이지 버리고 떠나면 그만인 그런 게 아니다. 앞에서 말했듯 내게는 20대 후반과 30대 초반의 미혼인 두 딸이 있다. 큰애는 작가 지망생으로 다른 사람들이 볼 때는 놀고 있다. 작은애는 월급이 200만 원도 안 되는 중소기업체에 다니고 있다. 부부교사인 부모 밑에서 크고 대학을 다녀서인지 아직까지는 '82년생 김지영'이나 '한국이 싫어서'에서 묘파하고 있는 현실과 마주치면서도 서울에서 조용히 잘 살고 있다.

　만약 딸들중 누가 계나처럼 호주 이민 어쩌고 한다면 난 단호하게 말할 것이다. 배부른 비명이라고. 배부른 비명이라고 하는 데에는 또 다른 이유가 있다. "예순이 되면 죽는거지. 더 오래 살아서 뭐해?"(15쪽) 따위 마치 말장난 같은 계나의 인생관이 그것이다. 터진 입이라고 까발린 그것은 20대 젊은 청춘이라 술자리 안주 삼아 내뱉을 수 있는 말이지만, 60 넘게 산 보통사람들의 건강 관리 등 삶에 대한 애착과는 동떨어진 그야말로 애들 장난으로밖에 보이지 않는다. 물론 꼰대인 나의 지난(至難)한 삶을 아직 겪어보지 못한 20대에게 강요할 생각은 없지만, 유희하는 듯한 그런 인생이라면 그 개고생을 해가며 호주로 이민을 가야 하는지 나로선 의문이다.

또 다른 문제가 있다. 계나는 "이제 내가 호주로 가는 건 한국이 싫어서가 아니라 내가 행복해지기 위해서야"(161쪽)라고 말하는데, 과연 그녀는 행복한가 하는 점이다. 사람에 따라 행복의 기준이 뭔지 다를 수 있어 다소 애매하지만, 혼기에 놓인 처녀 계나는 우리 인생에서 가장 소중한 결혼이나 너무 큰 일중 하나인 아이 키우기 생각이 아예 없다. 만 서른이 된 날 헤어진 지명에게 전화가 와 발리 여행을 다녀오고 두 달간 동거까지 하는데도 그렇다. 계나는 그러려고 호주로 이민을 간 것인가. 부모로부터 아무런 간섭없이 마음껏 연애질하고, 뿌리이자 원천인 가족을 떠나 나 홀로 남의 나라 말을 모국어처럼 쓰며 사는 일이 과연 행복한 삶일까?

젊은이들을 다른 나라로 떠나게 만드는 정부를 용서하거나 편들 생각은 추호도 없지만, "생각해보면 한국에서 대학 다닌 거나 고등학교 다닌 거나 지금 이 자리에 서는 데에는 아무 도움도 안됐고 다 낭비였지"(109쪽)라는 계나 말에도 동의하지만 그렇다고 그녀와 같은 이민이 답은 아니란 생각이다. 정직원의 1년 휴가가 한 달인 호주가 낙원같지만, 고교생일 때부터 여행을 즐겨온 내게 어머니가 핀잔하던 '집 떠나면 개고생'이란 말이 떠오를 뿐이다. 어머니 돌아가신 지 16년이 되었어도 그렇다. 무엇보다도 무릇 복지국가는 하루아침에 이루어지 않는다. 그것은 국민과 함께 극복할 숙제이지 온전히 국가의 몫만도 아니다.

거기서 분명히 밝혀둘 것이 있다. 나이 들면 다 애국자라는 말을 어디서 들은 듯한데, 그것과 이 글, '한국이 싫어서'에 대한 독후감을 연관시키지 않았으면 하는 점이다. 나는 '한국이 싫어서'를 심사조작으로 탈락('문화계 블랙리스트 진상조사' 결과)시킨 박근혜 정부에 대해 '뭔놈의 그런 나라가 다 있나'하며 '국민을 사표내고 싶다'고 외쳐댄 '열린 꼰대'니까. 꼰대일망정 예컨대 대표적인 국뽕영화(애국주의를 뜻하는 속어) '국제시장'에서 배우 황정민이 연기한 주인공 덕수 같은 그런 기성세대가 아니니까.

<2018. 7. 29.>

밀리언셀러 조남주장편소설 '82년생 김지영'

　지난 주 수요일 조남주장편소설 '82년생 김지영'의 100만 권 판매 소식이 전해졌다. 2016년 10월 14일 출간 이후 2년 남짓 만에 이룬 일이다. 출간 10개월 만인 2009년 9월 14일 100만 부를 돌파한 신경숙장편소설 '엄마를 부탁해'보다 느린 속도지만, 10년 만에 맞는 밀리언셀러 탄생이다. 차제에 '82년생 김지영'이 어떤 소설인지 살펴보는 것도 의미가 있어 보인다.
　조남주장편소설 '82년생 김지영'이 나에게 처음 감지된 건 문재인 대통령 취임후 며칠 지나서다. '82년생 김지영'은 고인이 된 노회찬 당시 정의당 원내대표가 청와대 오찬 회동에 가면서 들고 간 책이다. 먹고대학생처럼 그냥 폼으로 들고 간 것이 아니다. 문재인 대통령에게 선물하기 위해서 '82년생 김지영'을 들고 갔다.
　그런 내용의 언론보도를 보면서 자연스럽게 '82년생 김지영'이란 소설이 내 기억의 창고에 저장되었다. 조남주라는, 이제 갓 40살(1978년생)의 젊은 여성 소설가가 있음도 동시에 알게 되었다. 알고보니 조남주는 2011년 장편소설 '귀를 기울이면'으로 문학동네소설상을 받아 등단한 거의 신인 소설가였다.

내가 읽은 '82년생 김지영'(민음사)은 2017년 6월 29일 펴낸 25쇄본이다. 문재인 대통령이 받은 책이어서인지, 더불어민주당 금태섭 국회의원이 동료의원 298명에게 선물한 소설이라 그런지 자세히 알 수는 없지만, 초판 1쇄 발행일이 2016년 10월 14일이니 대단한 진도이다. 정유미·공유 주연의 영화로 만들어진다는 보도가 있기도 했다.

그렇다면 '82년생 김지영'은 어떤 소설인가? 우선 '82년생 김지영'은 가벼워서 좋다. 200자 원고지 500장 내외의 이른바 '경장편소설'이라 그렇다. "'한국이 싫어서'(장강명), '82년생 김지영'(조남주) 등이 잇달아 히트하며 경장편소설은 신인작가의 출세작 등용문이 됐다"(한국일보, 2017.6.20.)고 한다. 또한 "장편보다 더 짧은 경장편소설이 문학출판사 '주력장르'로 떠오르고 있다"고도 한다.

연전에 읽은 '완득이'(김려령)나 '두근두근 내 인생'(김애란) 등 장편소설이 자꾸 짧아지고 있는 건 분명해 보인다. 그러나 내용이나 감동까지도 다 그런 것은 아니다. 3시간 남짓 걸려 읽기를 마친 '82년생 김지영'만 해도 묵직한 울림의 여자 이야기다. 여성소설가로서 뭔가 작심하고 써내려간, 남자작가라면 도저히 쓸 수 없는 "대한민국에서 여자로, 특히 아이가 있는 여자로 산다는 것이 어떤 것인지"(170쪽) 적나라하게 보여주는 짧은 장편소설이라 할까.

대략 며느리의 현주소, 남아선호사상, 산업화시대 딸들의 희생, 학교급식에서의 여성차별, 학교내 성희롱, 혹사당하는 청춘(대학생), 여성 취업 및 직장내 차별, 아이갖기의 어려움, 무시되기 일쑤인 가사노동, 화장실 몰카, 천정부지로 치솟는 집세, '맘충'(어린 애기를 데리고 다니며 남에게 민폐를 끼치는 애 엄마) 등 키워드는 현실감 넘치는 일상적 사건들이다.

'혹사당하는 청춘(대학생)'과 '천정부지로 치솟는 집세'를 뺀 현실은 놀랍게도 여성이기에 자연스럽게 받아들이거나 안아야 했던 것들이다. 가령 남아선호사상을 보자. 우리의 할머니, 어머니들은 그랬다. 그녀들은 케케묵은 것으로 평가돼 전당포에도 남아있지 않을 남아선호사상 신봉자였다. 그리고 전사(戰士)였다.

그뿐이 아니다. 그들중 혹 남편을 잃은 그녀들은 남아선호에 더해 장남 수호자이기도 했다. 그것이 곧잘 딸들의 희생으로 이어진 건 김지영 가족사에서 본 바와 같다. 김지영 어머니 오미숙만 해도 "돈 벌어서 오빠들 학교 보내야 했으니까. 다 그랬어. 그때 여자들은 다 그러고 살았어"(36쪽)에서 보듯 선생님이 되고자 하는 꿈을 포기해야 했다.

그랬을망정 김지영은 엄마로부터 그런 삶을 물려받진 않는다. 언니 은영에게 자신의 꿈인 교사가 되게 한 엄마는 취직 안 되는 지영에게 "넌 그냥 얌전히 있다 시집이나 가"(105쪽)라는 남편더러 아주 크게 화를 낸다. 기본적으로 아버지가 공무원이라 애들 밥 굶지 않고 대학까지 가게된건데, 어머니의 고생과 희생만 강조된 것이라 할 수 있다.

한 술 더 떠 엄마는 7대 3이라며 남편을 윽박지르는 캐릭터로 그려진다. 글쎄, 내가 60대 초반의 남자라 그런 생각을 버릴 수 없는지 모르지만, 이런 흐름은 사회에 미만(未滿)해있는 여성차별을 극대화하려다보니 놓친 균제미 상실이 아닐까 싶다. 대신 학교급식에서의 여성차별을 통한 양성평등 일깨우기는 나름 탁월한 발견으로 보인다.

사실 1번에서부터의 남학생 출석번호 부여는 남자 독자라면 자신이 주인공일지도 모를 그 잘못을 의식하지 못하거나 소 닭 보듯 무념넘해 하는 것으로 끝날 일이다. 나 또한 교사였으되 초등학교나 남녀 합반의 중학교에서 근무해보지 않아 그 실상을 직접 경험한 바 없다. 다만, 그렇게 남자우선의 학교문화였던가 생각하니 오싹해진다. 나 역시 공범이 아니었나 싶어서다.

하필 학교뿐이랴! 주민번호 뒷자리 첫 숫자가 1과 2로 시작해 남녀를 구분하고 있다. 남자로서 그냥 그러려니 했는데, 이제 보니 그게 아니다. 2로 시작하는 여자들은 그걸 차별로 생각하고 있었던 모양이다. 여자들이 되게 열받는 것도 무리가 아니게 되었다. 지금까지 경험해보지 못한 진짜 엄청난 발견이고, 소중한 깨달음이다.

김지영이 겪었거나 목격했던 온갖 여성차별의 부조리한 사회에 공분(公憤)이 끓어 오르지만, 마침내 어머니가 되어서까지 '맘충'이란 비난에 무너져내리는 모습은 솔직히 당황스럽다. 그만큼 아이 키우기의 어려운 사회적 환경에 대한 환기임을 인정한다 해도 그렇다. 우리가 알고 있는, 가령 신경숙장편소설 '엄마를 부탁해'의 어머니라면 그렇게 나약해 빠져선 안 되기 때문이다.

김지영은 자탄(自歎)한다. "죽을 만큼 아프면서 아이를 낳았고, 내 생활도, 일도, 꿈도, 내 인생, 나 자신을 전부 포기하고 아이를 키웠어. 그랬더니 벌레가 됐어"(165쪽)라고. 이런 인식도 사실은 좀 못마땅하다. 사랑의 결정체인 아이를 낳아 사회에 유익한 인간이 되게 훌륭히 키우는 것이야말로 어떤 꿈의 성취 못잖은 큰 일임이 분명하니까. 그리고 그것은 우리가 살아가는 엄연한 이유의 하나이지 않은가?

하긴 부부교사이면서도 두 딸을 할머니가 키워줘 별 어려움없이 육아의 터널을 지난, 그나마 남자인 내가 절벽 같은 아이 키우기 고충을 어찌 짐작이나 할 수 있을까. 더구나 여성차별적 그딴 것들이 이제 겨우 서른 세 살 젊디 젊은 김지영을 옳은 말 하는 정신질환자로 만들어버렸는데…. '82년생 김지영'이 정치권에서 왜 선물로 오고 갔는지 확인된 셈이라 할까.

나는 대한민국이 환자가 되어야 비로소 옳은 말을 콕 집어 내뱉을 수 있는 '여성차별 천국'임을 이제서야 알게 되었다. 부인할 수 없는 저 양반의 후예로서 저녁밥도 하고, 집안 청소도 하고, 다림질까지 하면서 나름 양성평등하게 살고 있는데, 왠지 울컥하면서 생겨나는 이 먹먹함은 묵직한 울림의 여자 이야기가 주는 선물인가.

〈2018. 12. 4.〉

분단현실과 기독교 문제
-김은국장편소설 '순교자'론-

　사실은 읽기 전 종교적 뉘앙스를 물씬 풍기는 제목만으로도 꺼린다고 할까, 약간 주저하는 마음이 들어찼다. 아니나 다를까 김은국장편소설 '순교자'는 한국전쟁 와중의 군인들에다가 목사와 교회가 나오는 교인(教人)들, 나아가 기독교 이야기다. 무신론자인 내게는 왈칵 흥미로운 소설이 아닌데도 '순교자'를 읽은 것은 인간을 비인간이 되게 하고마는 전쟁을 다룬 소설이기도 해서다.
　한국전쟁 발발 70년이 지났지만, 우리는 아직도 곳곳에서 현재진행형인 그 전쟁과 맞닥뜨리고 있다. 다름 아닌 분단현실이다. 가령 최근 해양수산부 공무원이 북한 해역에서 사살 당한 사건이 그렇다. 비무장인 우리 국민이 북한군들이 쏜 총탄에 맞아 죽는 일이 벌어지다니, 절로 한국전쟁을 연원으로 한 분단현실이 스멀스멀 떠오를 수밖에 없다.
　더욱이 2018년 4월 27일 문재인 대통령과 김정은 국무위원장의 남북정상회담과 함께 '판문점 선언'이 있지 않았던가! 그뿐이 아니다. 그로부터 약 4개월후 문재인 대통령은 평양을 방문해 남북정상회담을 또다시 가졌다. 대한민국 대통령 최초로 15만 평양시민들을 향해 연설하고, 김정은 위원장과 백두산에 올라 서로 맞잡은 손을 힘차게 들어 올려

보이기도 했다. 금방 통일은 아니더라도 뭔가 달라진 남북
간 분위기라든가 정서가 마냥 피어올랐는데, 백주 대낮에
날벼락을 맞은 셈이라 할까.

'순교자'는 재미작가 김은국(1932~2009)이 1964년 발표
한 장편소설이다. 단행본 발간이 신춘문예나 잡지 추천을
거치는 국내와 달리 미국에서의 등단 방식이라곤 해도 '순
교자' 같은 첫 장편소설을, 그것도 불과 32세에 영문으로
써낸 작가의 역량이 우선 놀랍다. 책 말미에 실린 문학평론
가 도정일 해설에서 인용한 "이것은 우리가 위대한 소설이
라 부를 소수의 20세기 작품군에 포함될만한 눈부시고 강
력한 소설"이라는 로스앤젤레스 서평자 말이 결코 과장이나
허언(虛言)이 아님을 알 수 있다.

일단 막힌데 없는 문장이 인간 실존이니 신의 문제, 이데
올로기와 진실 등 다분히 형이상학적 메시지를 담고 있는
소설을 술술 읽히게 한다. 한 페이지 넘는 긴 문단이라든가
혼용된 대화와 지문이 지루하거나 다소 헷갈림을 주지만,
의미 전달에 한 치의 소홀함도 없는 정확한 문장만큼은 하
나도 흠잡을 게 없다. 첫 장편소설의 문장이 이 정도 수준
이라면 그야말로 놀라 자빠질 일이다. 짐작조차 되지 않을
만큼의 작가 역량이라 해도 무방하리라.

사실 무신론자인 나한테는 '순교자'가 재미있게 읽히는 소
설이 아니다. 이를테면 전쟁이니 종교니 하는 재미없는 것
들로 채워진 '순교자'인 셈인데, 그런 한계를 문장이 말끔히
극복해주고 있는 것이라 할 수 있다. 물론 여기서 재미란

독자들이 무릇 대중소설을 읽으면서 느끼는 감각적·말초적 흥미, 뭐 그딴 것이 아니다.

　나에게 여류소설을 거의 읽지 않는 편견을 갖게 만들기도 한 재미는 감동을 도와주는 소설의 내용과 형식의 모든 요소를 겸비한 것이다. 보는 이에 따라 이견이 있을 수 있지만, 예컨대 뒤틀린 시대의 사회현실, 그리하여 진실이 은폐되고 정의가 외로운 혼돈에서의 인간구원을 얼마나 구현했는지, 그러기 위해서 관심 끌만한 짜임과 기억에 남을 문체가 구사되었는지 등이 소설을 읽는 재미의 요소다.

　'순교자'는 1950년 10월 둘째 주 유엔군이 평양을 점령한 후부터 중공군 참전으로 아군이 퇴각을 완료한 12월 23일까지 벌어진 이야기를 담고 있다. 목사 14명이 공산당 비밀경찰에 의해 체포되어 12명은 처형되고, 2명만 살아 남는다. 이런 팩트를 두고 처형된 목사들을 순교자로 만들려는 장대령과 그보다는 진실 자체를 밝히려는 이대위의 충돌이 일견 미스터리 형식으로 펼쳐진다.

　거기에 살아남은 신목사와 고군목, 처형된 목사들의 리더 격인 박목사 아들 박인도 대위가 주요 인물로 가세한다. 물론 1951년 1·4 후퇴후 버리고 떠났던 서울을 다시 수복한 3월 14일 이후 5월까지 이야기도 말미에 이어진다. 먼저 장대령이 처형된 목사들을 순교자로 만들려는 것은 공산군의 만행을 부각시키기 위해서다. 반면 이대위는 오로지 죽음의 진실을 밝히는 것이 우선이라고 생각한다.

　앞에서 장대령과 이대위의 충돌이라 표현했지만, 무슨 공작을 통한 암투이거나 결판지게 싸움을 하는 것은 아니다.

사이가 틀어지거나 소원해지는 것도 아니다. 둘이 상관과 부하의 관계라 그런지 이대위가 장대령과 다른 자신의 소신을 말하거나 토를 다는 정도다. 하긴 그것만으로도 상명하복이 일상화된 군대 내지 군인의 일반적인 모습은 아니다. 더구나 전시(戰時)중인 점을 감안하면 장대령과 이대위는 신선놀음을 하는 것으로 보이기까지 한다.

  그런 느낌은 그들이 전시라곤 하지만 무슨 교전(交戰)이 치열하게 벌어지고 바로 눈 앞에서 전우가 죽어가거나 다리 하나쯤 부러지는 전장(戰場)에 있지 않기 때문이다. 1950년 6월 25일 시작된 전쟁이 한창 진행중인 건 맞는데, 전황(戰況)은 "동부전선의 유엔군과 미해병대도 거의 저항을 받지 않은 채 두만강쪽으로 착실히 밀고 올라가는 중이었다"처럼 지문 묘사로만 그려질 뿐이다.

  박진감 결여로 다소 피상적이란 오해를 살 수 있지만, 나로선 오히려 이 소설의 장점으로 봐주고 싶다. '순교자'가 전후문학일망정 전쟁소설은 아니라서다. 그렇다고 '순교자'가 가슴을 심쿵하게 두드려대거나 무슨 짜릿한 감동을 꽉꽉 안겨주는 소설은 아니다. 혹 어떤 소설을 읽고 감동에 쩔어 인생관이나 가치관이 바뀔 나이가 아니어서 그런 지도 모르지만, 그보다는 뭔가 묵직한 생각을 갖게해주는 '순교자'가 아닌가 한다.

  바로 그 지점에서 "우리가 위대한 소설이라 부를 소수의 20세기 작품군에 포함될만한 눈부시고 강력한 소설"이라 해도 될 듯하다. 장대령으로 대표되는 이념과 이대위가 표상하는 진실의 문제가 그것이다. 또는 전쟁무용론과 신목사가 지키려는 신의 존재, 나아가 부재(不在) 문제이기도 하다. 목사들 처형을 종교마저 탄압하는 공산군 만행으로 부각시키려는 장대령이지만, 그러나 그는 우리가 많은 소설에서 봐온 반공이데올로기에 함몰된 인물이 아니다.

오히려 장대령은 "이 전쟁도 짐승 같은 국가들과 썩은 정치인들 사이의 눈먼 권력투쟁이 빚어낸 구역질나는 결과"라는 작가의 메시지를 전하는 역할도 하고 있다. 전쟁무용론 내지 반전론이라 할 이런 흐름은 박인도 대위가 체험한 첫 백병전 진술이나 퇴각하다 차량을 돌려 평양으로 돌아가는 군의관 윤소령을 통한 정부의 한강 폭파에 대한 질타 등에서도 엿볼 수 있다.

장대령은 기독교에 대한 비판도 서슴지 않는다. 가령 "요즘 우리나라에선 기독교인들의 영향력이 대단해"(19쪽)라고 비아냥거린다. 고군목도 "사실 우리 목사들의 정신적 유대감은 당신네 군대 친구들 사이의 유대감보담은 훨씬 끈끈하지. 내가 이런 소릴 해선 안될지 모르지만"(70쪽)이라 말한다. 이에 대해 장대령은 "아마 이대위도 같은 생각일 거야. 하나님께 봉사하는 사람들의 동료의식이 국가에 봉사하는 자들의 그것과 같을 수 있나. 정말로 하나님을 믿는다면 말야"(71쪽)라고 동의한다.

말할 나위 없이 소설 속 그것은 1950년대 상황이다. 그로부터 70년이 지난 지금까지도 딱 맞아떨어지는 분단현실 상황이니 '순교자'가 빛을 발하는 문학의 항구성(恒久性)이 아니고 무엇이겠는가! 그것은 무신론자인 내가 기독교를 꺼리거나 피하게된 종교의 중독성, 바로 맹신(盲信)의 힘이다.

내가 교회와 시멘트담을 쌓은 결정적 이유이기도 하다.
 또한 그것은 비근한 예로 사랑제일교회 전 아무개 목사를 떠올리게도 한다. 그는 "문재인 대통령이 간첩으로 의심된다"는 막말에 이어 제1야당인 자유한국당(국민의힘 전신)에서나 주장할 법한 '정권 퇴진', '대통령 하야'를 외쳐댄다. 누구나 표현의 자유가 있는 대한민국이지만, 그리스도의 복음(福音)을 전하는 목사가 할 말은 아닌 걸로 보인다. 전 아무개 목사의 그런 행보는 내가 보기엔 오히려 일반인들로 하여금 기독교를 더 멀리하게 하는 악재(惡材)다.
 교인들의 경우도 예외가 아니다. 가령 한국기독교사회문제연구원이 지난 해 10월 발표한 '2019 주요 사회 현안에 대한 개신교인 인식조사'(한국일보, 2019.10.31)에 따르면 '문재인 대통령 하야'를 주장한 전 아무개 목사의 언행에 대해 개신교인 64.2%는 '한국교회를 대표하지도 않고 기독교의 위상을 심각하게 훼손하고 있다'고 응답한 것으로 나타났다.
 이어 '한국교회와 기독교가 폐쇄적이고 일부 독단적으로 비칠 것 같아서 우려된다'(22.2%), '전목사의 주장에 동의한다'(10.1%), '한국사회가 좌경화하는 것을 저지하는 것은 교회의 사명이기에 적극 지지한다'(3.3%) 순으로 답했다. 전목사 언행에 사실상 동의를 나타낸 교인은 13.4%에 그쳤다. '태극기부대 집회에 기독교인이 참여하는 것'에 대해서는 74.4%가 부정적이라는 의견을 냈고, 7.5%만 긍정적이라고 응답했다.
 아무튼 장대령은 또 "기독교가 들어온 뒤로 한 번도 편한 날이 없었다"는 점을 이대위에게 환기시키고 있다. 조선말 천주교 박해에도 불구하고 일제침략기·한국전쟁·군사독재 와중에서도 깊은 뿌리를 내려 거목으로 우뚝선 오늘에 이른 기독교를 떠올리게 한다. 전 아무개 목사의 막말 역시 '한 번도 편한 날이 없'는 비근한 한 예가 되겠는데, 이대위는 기독교 특유의 것이라며 "누군가 한 사람이 인간의 죄를 대신해서, 그들의 구원을 위해 죽었다는 점입니다. 그리고 그는 그들이 믿는 신의 아들이었"다고 맞장구친다.

그것이 거룩한 희생이나 순교일망정 무신론자인 내겐 "하나님 까불면 나한테 죽어" 등 전 아무개 목사의 막말처럼 이상한 소리로 다가올 뿐이다. 그런데 내가 골수 무신론자라 그럴까. 나로선 소설에 등장하는 여러 인물중 신에 대해 부정적·비판적 생각을 갖고 있는 이대위에게 가장 많은 호감이 간다. 열혈 광신도는 아니지만, 장대령과 함께 세례까지 받은 교인이기도 한 이대위는 14명중 살아돌아온 신목사를 향해 다그치듯 "목사님의 신- 그는 자기 백성들이 당하고 있는 이 고난을 알고 있을까요?"라 반문한다.

마침내 그는 신목사에게 더 구체적이면서도 명료하게 마치 대들 듯 말한다. "목사님의 신이건 그 어떤 신이건 세상의 모든 신들은 대체 우리에게 무슨 관심을 갖고 있습니까? 당신의 신은 우리의 고난을 이해하지도 않을 뿐더러 인간의 비참, 살육, 굶주린 백성들, 그 많은 전쟁, 그리고 그밖의 끔찍한 일들과는 애당초 아무 상관도 하려 하지 않습니다"라는 그의 말은 나로선 너무 후련하면서도 공감이 가는 때 아닌 복음으로 들린다.

물론 그게 다는 아니다. 가령 신목사나 고군목이 교인들을 위해 피난 행렬에 끼지 않는 것이나 윤소령 아내 에피소드를 통한 기독교 옹호 등이 그것이다. 특히 윤소령이 인간은 기독교를 갖고 신에게 의탁해야 하는 존재임을 아내를 통해 깨닫게 된 건 의미심장한 대목이다. 윤소령이 퇴각 행렬에서 차량을 돌려 환자들이 있는 평양으로 돌아가는 것도 그래서이지 싶다.

또한 군목에서 민간인 신분이 되어 천막촌 교회를 운영해 나가는 고목사 역시 기독교가 무릇 사람들에게 왜 절실한지 암시하는 끝맺음이라 할 수 있다. 태풍이라든가 지진·홍수 같은 재해의 대자연 앞에서 사람은 때로 나약하거나 미미한 존재가 되고 말지만, 나로선 위대한 인간 위에 누가 또 있다는 것은 기분 나쁘고 자존심 상하는 일이다. 기본적으로 무언가 또는 누군가에 조종당하는 인간을 나로선 상상도 할 수 없는 일이다. 그럴망정 위에서 보듯 '인간구원'을 본령으로 하는 기독교가 더 이상 왜곡되지 않았으면 한다.

'순교자'가 내게 안겨준 소중한 의미는 그런 기독교적인 것 말고 따로 있다. 앞에서 이미 말했듯 한국전쟁 발발 70년이 지난 지금까지도 곳곳에서 현재진행형인 그 전쟁과 맞닥뜨리고 있는 분단현실을 새삼 깨닫게 해주고 있다는 점이다. 우리 공무원이 북한군 총격으로 사망하는 일이 벌어진 분단현실이란 점에서 결국 '순교자'의 전쟁무용론 내지 반전론의 그런 흐름은 소중할 수밖에 없다. 그렇다. 인간을 비인간이 되게 하고마는 전쟁은 종식되어야 한다.

글을 마치려니 다소 의아한 것이 있음을 깨닫게 된다. 한국은 물론 세계문학을 제법 섭렵한 청년시절을 거치고 32년 남짓 국어교사를 하면서 그때그때 수업에 필요한 소설깨나 읽었으면서도 왜 1964년에 출간된 '순교자'를 이제야 읽게 되었는가 하는 점이 그것이다. 더욱이 '순교자'는 한국계 미국작가 최초로 노벨문학상 후보에 올랐던 김은국의 대표작이 아닌가? 아, 소설과 달리 내가 쓴 글에선 성(姓)과 직위 등을 붙여 사용했음을 밝혀둔다. 가령 '이 대위'가 아니라 '이대위' 하는 식이다.

<2023. 1. 20.>

최정주 소설 소고(小考)
-소설집 '술래의 시간'과 '안개와 박쥐'를 중심으로-

　최정주(본명은 원식) 소설가는 대학 동문이다. 나보다 한 해 늦은 1984년, 안도현 시인과 함께 졸업했으니 엄밀히 따지면 1년 후배라 할 수 있다. 나는 고교 졸업 6년 만에 원광대 국문과 학생이 되어 79학번 학우들에게 세칭 '예비역'이니 '형'으로 불렸는데, 그러나 최정주 소설가는 그런 나보다 한 수 위였다. 1951년생인 나이도 그랬고, 군산교육대학 졸업후 국민학교(지금의 초등학교)에서 6년간 교편을 잡다가 편입학하여 국문과 동문이 된 경우여서다.
　최정주 소설가가 나보다 한 수 위인 건 그것말고도 더 있다. 나는 대학 졸업한 해인 1983년 엉뚱하게도 서울신문사 방송평론공모에 당선되어 글쟁이로서의 지난(至難)한 행군을 시작했는데, 최정주 소설가는 내가 고교를 졸업한 해인 1974년 이미 월간 시문예지 '풀과별'에 추천 완료(추천자 신석정)되었다. 내가 대학에 들어간 해인 1979년엔 중앙일보 신춘문예에서 희곡이 당선되기도 했다. 그리고 1982년 '한국문학 백만원고료 신인상'에 당선되어 '3관왕'으로 우뚝 선 이력이 그렇다.
　그뿐이 아니다. 지리산문학관카페(2014.11.26.)에 올라온

프로필을 보면 최정주 소설가는 1978년 전남일보 신춘문예와 월간 '교육자료'에 동화가 당선된 이력도 있다. '사임당'을 발간한 출판사(세시) 서평(2015.12.20.)에 따르면 "작가 최정주는 우리나라에서 유일하게 시·소설·동시는 물론 희곡까지 문학의 전 부문에서 정식 등단한 국민작가이다. 최정주의 작품들은 방대한 자료를 바탕으로 철저한 역사적 고증을 통해 탄탄한 서사력과 빛나는 문체로 재탄생되기 때문에 독자들에게 소설적 재미는 물론 깊은 감동을 더해 주고 있다."

그렇듯 여러 장르에서 재능을 드러낸 최정주 소설가가 고교 교사를 그만두고 전업작가로 나서 가장 활발하게 활동한 분야는 소설이다. 소설집 '그늘과 사슬'·'술래의 시간'·'안개와 박쥐', 장편소설 '들춤'(전2권)·'천궁에서는 도끼가 왕이다'·'밤이면 나비는 꽃잎 속에서 잠을 잔다'·'아리랑'(전3권)·'소설 일지매'(전3권)·'황진이'(전3권)·'안개'(전2권)·'천애'(전3권)·'평설 춘향전'·'박쥐'·'흰소'(전3권)·'명창'·'소서노'(전2권)·'이화중선'(전2권)·'기황후'·'사임당'·'소설 이중섭' 등이 있다.

그밖에 어른을 위한 사랑동화 '조팝꽃과 산벚꽃의 사랑이야기'와 '포켓 속의 작은 사랑이야기'가 있다. 특히 1993년 1월 발표한 '소설 일지매'는 같은 해 8월 장동건 주연의 MBC월화미니시즈(8부작)로 방송되기도 했다. 최정주 소설의 인기를 짐작케하는 에피소드일 법한데, 여기서는 소설집 '술래의 시간'(고려원소설문고, 1988.9.25)과 '안개와 박쥐'(인문당, 1990.12.5)에 실린 소설세계를 살펴보려 한다. 서두는 새로 쓴 것이지만, 본문은 1990년대 발간한 '뒤집어보는 베스트셀러'(도서출판 맥, 1997.3.19.)에 수록된 걸 다시 읽으며 다듬은 것임을 미리 밝혀두는 바이다. 일부 한문으로 된 소설 제목을 한글로 표기했음과 함께다.

역사와 현실의 추체험 '술래의 시간'

춘향골 남원에 삶의 기반을 둔 '향토작가' 최정주의 소설집 '술래의 시간'을 읽은 것은, 이를테면 중앙집권적 문화편중 현상에 대한 반발심리 때문이다. 고등학교 교사였다가 전업작가로 나서면서 '달아 달아 달메 달아'·'안개와 박쥐'·'밤이면 나비는 꽃잎 속에서 잠을 잔다' 등을 연달아 펴낸 그의 왕성한 활동에도 불구하고 정당한 평가를 받지 못하는 게 아닌가 하는 의구심을 나로선 끝내 떨쳐버릴 수 없었던 것이다.

이렇듯 나의 독서는 다분히 사회적 욕구로부터 시작되었지만, 한편으론 시간 낭비했다는 본전 생각이 나면 어쩌지 하는 또 다른 걱정이 따르기도 했다. '술래의 시간'은, 그러나 그런 나의 걱정을 한 방에 날려버렸다. 소설집 '술래의 시간'이 역사와 현실의 추체험을 통해 소설읽기의 즐거움을 갖게해 주어서다. 소설집에 실린 4편 중 표제작인 중편 '술래의 시간'과 단편 '붉은무리 갈매기'가 특히 그렇다.

'술래의 시간'은 집안에 가만히 붙어있으면 "가슴에서 울컥울컥 치밀어오르는 불덩이같은 걸 배겨낼 수 없"는 아버지의 가출 행로를 아들인 중표가 찾아나서며 만나는 여러 인물들과의 이야기로 채워져 있다. 결국 아버지는 집안에서 주검으로 발견되는데, 중표와의 숨바꼭질하는 이틀간의 소설적 시간은 이 땅의 역사 한가운데에 딱 버티고선 일제침략기에 대한 기억을 재생시키는 장치에 다름아닙니다. 즉 그리 오래되지 않은, 그러나 잊어버리고 싶은 일제침략기라는 역사의 추체험인 것이다. 거기에는 뚜렷하고 당찬 목소리가 담겨 있다. 아래 인용을 보자.

"내가 죽으면 말이여. 내 혼은 왜놈의 나라로 날아갈 것이구만. 날아가서 왜놈의 하늘 곳곳을 떠돌면서 좋은 일 생겨 좋아허는 놈이 있으면 머리칼을 모조리 쥐어뜯어버릴 거여."

중표가 어릴 때 아버지로부터 전해들은 이런 소리는, 물론 피해자로서의 원혐이다. 그리고 그것은 "아무리 악질이라도 조선사람인디. 그 사람도 같은 동포를 괴롭히고 싶어서 그랬겠냐? 왜놈들이 시키닝께 그랬제"라는, 동족에 대한 해한(解恨) 의식과 대비됨으로써 더욱 투명해진다. 과연 역사는 지나가버린 것이 아니다. 역사는 오히려 지금도 계속되며 나아가 민족적 삶의 올바른 자세를 끊임없이 제시해주는 것이다. 그것이야말로 소설을 통한 역사의 추체험이 갖는 가치이다.

그렇다고 '술래의 시간'이 잊어버리고 싶은 과거를 들쑤셔서 아픈 상처만을 덧나게 하는 것은 아니다. 이때 우리는 필연 '의미화'라는 소설읽기의 무게와 맞닥뜨리게 된다. 한

마디로 역사의 현재화를 통한 청산의지라 할 수 있다. 이산가족상봉, 오기출 딸의 일본인과의 결혼 등은 과거에만 매달려 현재를 살 수 없지만 깨끗이 잊어버릴 수도 없다는 작가의 의지에 값하는 중요한 구조적 장치들로 보인다.

'술래의 시간'이 역사의 현재성을 통해 추체험의 여행을 갖게 한 소설이라면 '붉은무리 갈매기'는 현재의 역사성으로 다가오는 감동적인 작품이라 할 수 있다. 여기서 '현재의 역사성'이란 현실적 진실의 모습을 그려보임으로써 무릇 역사가 안겨주는 교훈에 기여하고 있다는 의미로 쓰인 말이다.

이 소설에는 이 땅의 노동현실이 '깔끔하게' 그려져 있다. 공장을 전전하다 임산부가 되어 습관적으로 술을 마시고, 급기야 사산(死産)하고마는 석순의 모습은 열악한 노동현실의 재현에 다름아니다. 석순이 맞는 비극의 연원을 다만 한 남자의 유희에 맞춤으로써 경제정의가 실현되지 않은 사회의 구조적 모순이 파생한 여러 모습을 놓친 듯하여 아쉽긴 하지만, 대다수 독자들에게 값진 현실의 추체험을 안겨줄 것으로 보인다.

그러나 나는 확신하고 있다. 문학은 결코 운동이 아님을. 일부 진보적 경향의 작가들이 그려내는 분단현실로서의 온갖 기형아적 모습들이 현실적 진실에 보다 접근해 있는 것은 사실이지만, 너무 편향적이라는 혐의로부터 자유로울 수 없다면 '붉은무리 갈매기'는 소설읽기의 가치를 더욱 증폭시켜준다. 특히 아이의 주검을 쓰레기 매립장에 버리러 가는 결말 장면은 서정적 아름다움까지를 동반한 아픔이 되어 다가온다.

관찰자로서의 진실 밝히기 '안개와 박쥐'

다 그런 것은 아니지만 1980년대 후반에 활동을 시작한 작가들에겐 하나의 공통점이 있다. 분단시대를 살고 있는 이 땅의 작가들이 저 6·25를 그들의 작품세계에 한번쯤 끌어 들였던 것처럼 6월 민중항쟁으로 비롯되는 민주화 과정의 소용돌이를 어떤 식으로든 천착해보려 한 점이 그것이다. 지금은 한물 간듯한 테제가 되고 만 느낌이지만, 1980년대 후반에 격렬했던 민주화 흐름은 그만큼 이 땅의 어떤 현대사 못지 않은 사회사적 의미임에 다름아닐 것이다.

최정주의 신작소설집 '안개와 박쥐'도 원칙적으로 그런 범주에 속한다. 여기서 원칙적이란 말은 더러 그렇지 않은 작품도 있다는 뜻으로 사용한 것인데, 소고(小考)인 짧은 이 글에서는 열외임을 미리 밝혀 두는 바이다. 최정주가 소설을 써 발표하기 시작한 것은 1982년 월간 '한국문학'을 통해서다. 이후 '달아 달아 달메 달아'(1990)·'그늘과 사슬'(1996) 등의 장편소설 내지 소설집들을 내놓았다.

그러니까 소설집 '안개와 박쥐'에 실린 소설들은 '그늘과 사슬' 이후에 쓴 작품들이 될 것이다. 이렇듯 시시콜콜 연보를 밝히는 것은 앞에서 전제한 일반론을 이 작가에게 대입시키기 위해서다. 4편의 중편을 묶은 첫 소설집 '그늘과 사슬'과 12편의 중·단편소설이 수록된 '안개와 박쥐'의 세계는 너무 판이한 것이다. 물론 그것은 나무랄 일이 아니며 의아스럽게 생각할 것도 아니다. 그만큼 격변의 시대였다고 할까. 과연 그렇다. 1980년대는 대학생들의 시위, 노조원들의 파업 농성, 교사들의 민주화 함성 등 이제껏 억눌리며 참고 지냈던 것들이 일시에 거대한 힘으로 쏟아지던 시대였다.

오하근(1941~2017) 평론가는 소설집 말미에 실린 해설에서 "80년대 민주화의 주역은 독재정권을 타도하려는 대학생과 사용자측에서 정당한 권익을 찾자는 노동자와 참교육 실천을 부르짖는 일선학교 교사들이었다. 그래서 대학은 연일 시위로 들끓고('왕자의 잠'·'허방에 빠지기'·'인동 꽃'·'안개와 박쥐'), 시위 참가자는 수감당하고('왕자의 잠'·'인동 꽃'), 군에 강제로 징집 당하고('허방에 빠지기'), 더러는 수장당한 시체로 발견되고('허방에 빠지기'), 대학 옥상에서 추락하여 스스로 목숨을 끊기도 했다('왕자의 잠')"(앞의 소설집 '안개와 박쥐')고 말한다.

이같이 급속한 사회변동은 모든 작가들을 옭아매는 일종의 부채의식으로 작용되었고, 최정주의 경우도 예외가 아니다. 우리가 여기서 유념해야 할 것은 일련의 사회변동을 바라보는 작가의 시선이 다만 관찰자에 머물고 있다는 사실이다. 이것은, 그러나 매우 당연한 일처럼 보인다. 문학은 어디까지나 문학일 뿐 운동이 아니기 때문이다. 그 목소리가 격앙되어 있지 않은 것은 따라서 자연스럽다.

가령 탁월한 단편의 하나로 보이는 '미궁(迷宮)'을 예로 들어보자. '미궁(迷宮)'은 회사의 노조를 결성하려는 주동급 사원을 은밀하게 처리하는 과정을 리얼하게 보여주는 소설이다. 이미 신문보도 등을 통해 '납치'니 '실종' 등을 목격한 우리로서는 그 내용이 주는 쇼킹함에 한껏 치를 떨게 되지만, 작가의 목소리는 의외로 차분하고 싸늘하기조차하다. 요컨대 그럴 수도 있을 것이라는 허구적 진실을 독자들에게 보여줄 뿐이다. 운동권 학생들의 동향을 그리고 있는 이 소설들도 마찬가지다.

그런데 그들은 예외없이 관찰자에 머물고 있다. 표제작인 '안개와 박쥐'를 보자. 학생운동과 그들을 저지하려는 기관원의 잔인하고 음험한 활동은 주동인물인 하지호 교수(전임강사)에 의해 드러날 뿐이다. 이 말을 바꿔 보면 피상적 수준이라는 뜻도 되지만, 중요한 것은 하지호 같은 사람이 사회 변동의 현실 속에서 대부분을 차지하고 있다는 사실이다. 즉 소수의 가해자와 다소의 피해자를 뺀 다수의 나머지(나는 이들을 '중간자'라 명명하며 임철우론 '폭력시대와 중간자의식'에서 자세히 논한 바 있다.) 사람들이 그들이다. 이들은 대개 침묵하는 다수이지만 그 힘에 있어서는 미약하기 그지 없다.

'왕자의 잠'에 나오는 시복이도 그런 인물형에 가깝다. 운동권 학생이었던 시복이는 소위 위장취업으로 열세 번째 직장에서 쫓겨나고 있는데 투사라기보다 패배자라는 인상이 더 강하다. 물론 그런 모습의 이면에는 보이지 않는 어떤 폭력의 힘이 똬리를 틀고 있는 게 사실이지만, 아예 묘사되지 않거나 관찰자시점으로 그려질 뿐이다. 오히려 이런 모습은 반동인물― '쁘띠부르조아'의 한 전형적 인물인 나희에 의해서 공격을 받기도 한다.

"날 이렇게 변하게 만든 것이 누구인데요. 그날 도서

관 열람실에서 본 형의 비겁한 눈빛을 난 영원히 잊지 못할 거예요. 한때 난 상당히 부끄러워 하면서 세상을 살았어요. 아버지가 너무 많은 돈을 가지고 있다는 것이 제일 큰 부끄러움이었죠. 그러나 이젠 달라요. 난 귀부인이 되어 귀부인으로 살거라구요. 짓밟혀도 꿈틀거리지 못하는 것들은 철저히 짓밟으면서 당당하게 살거라구요."

중간자는 이렇듯 공격의 대상이 될 수도 있지만 명심해야 할 것이 있다. 급진적인 진보성향의 문학은 문학행위를 정해진 이데올로기의 확산쯤으로 생각한다는 사실이다. 그렇다고 보수 진영의 주장처럼 문학이 사회를 떠나 별개의 것으로 존재할 수 있다는 논리를 수용하자는 뜻은 아니다. 우리는 다만 문학을 어떤 식으로든 인간구원에 도달하려는 예술적 차원에서 생각하고자 할 뿐이다.

흥미로운 것은 최정주의 소설이 약간은 선정적(?)이라는 점이다. '안개와 박쥐'·'사라진 날'·'왕자의 잠' 등에 어김없이 보이는 '옆집 아줌마' 장치가 그것이다. 어느 선까지 이르면 그 이상 고조되거나 진도가 나가지 않는 이성적 절제가 항용 뒤따르고 있는데, 소설 읽기로는 그 이상 흥미로운 것이 있을까.

이와는 다르지만 전교조 문제를 다룬 '정년 앞에서'의 이성적 절제의 무너짐도 앞의 소설들과 연관시켜보면 퍽 흥미롭다. 있는 일보다 있을 수 있는 일에 더 초점을 맞춘 듯한 '정년 앞에서'의 변교장의 행동거지는 그를 주동인물로 설정하고 있으면서도 반대급부적으로 전교조에 대한 지원사격쯤 될 정도로 목소리가 격앙되어 있는 것이다.

어쨌거나 소설집 '안개와 박쥐'는 희망이 절벽처럼 보였던 지나간 암울한 시대의 치열한 사회현실들을 차분하게 그려냄으로써 인생의 다양한 모습들을 보여주고 있다. 나아가 어떻게 살아야 가치있는 삶인지를 일깨워줌과 동시 소설 읽는 보람을 확인시켜주기도 한다.

<2023. 5. 28.>

안정효 장편소설 2편
-'하얀 전쟁'·'은마는 오지 않는다'론-

번역가로도 활동해온 안정효 소설가가 암투병중 2023년 7월 1일 82세의 나이로 우리가 살고 있는 이승을 떠났다. 작가연보(한국소설문학대계86, 동아출판사,1995)에 따르면 안정효는 1941년 서울에서 태어나 서강대 영문과 재학중인 1964년 '코리아헤럴드' 문화부 기자로 입사한다. 졸업하고 군복무중 백마부대 일원이 되어 베트남전에 참전한 그는 제대후 '코리아타임스'·'주간여성' 기자로 일한다. 1975년 다시 '코리아타임스'로 돌아가 문화·체육부장으로 일하며 마르케스의 장편 '백년 동안의 고독'을 번역한다. 그러니까 소설가로 등단하기 전 이미 번역가로 활동한 것이다.

1985년 '실천문학'에 장편 '전쟁과 도시'를 연재하며 등단한 것으로 되어 있는데, 이보다 6년이나 앞선 1977년 장편수필 '한 마리의 소시민'을 '수필문학'에 연재, 단행본으로 출간(관동출판사)한 바 있다. 단행본 출간도 등단으로 쳐주니 그 시기가 1977년으로 앞당겨져야 할 것 같다. 아무튼 이후 그는 인구에 회자되거나 영화화되어 또 다른 화제를 모은 여러 장편소설들을 발표한다. 1989년 '하얀 전쟁'('전쟁과 도시' 개제·고려원), 1990년 '은마는 오지 않는다'(1987년 펴낸 장편소설 '갈쌈' 개제·고려원), 1992년 '헐리우드 키드의 생애'(민족과문학사) 등이다.

서울신문(2023.7.3.)에 따르면 안정효는 24권의 소설과 에세이집을 남겼다. 개인적 인연은 없지만, 그의 소설에 대한 이야길 했던 평론가의 한 사람으로서 먼저 명복을 빈다. 특히 나는 여느 문학평론가와 다르게 그의 소설을 원작으로 한 영화들을 보고 이야기한 적도 있다. '하얀 전쟁'(1992)·'은마는 오지 않는다'(1991)·'헐리우드 키드의 생애'(1994) 등이 그런 영화들이다. 여기서는 안정효의 대표작이라 할 장편소설 '하얀 전쟁'·'은마는 오지 않는다'에 대해 살펴보려 한다.

'하얀 전쟁'- 박진감 넘치는 전장(戰場) 묘사

안정효의 '하얀 전쟁'(전3권. 고려원)은 '머나먼 쏭바강'(박영한)이 그렇듯 안정효의 데뷔작이다. 당시 이 소설은 '학원'지 현상공모에 응모해 떨어진 것으로 알려졌다. 곧바로 단행본으로 출간하려 했지만, 내용상 문제가 있어 떨어진 것이니 '실천문학'에 연재하면 어떻겠느냐는 송기원 주간의 제의를 받아들여 그리된 것이다. 그때가 1983년이다. 연재 당시 '전쟁과 도시'였던 제목을 '하얀 전쟁'으로 바꿔 출간한 것은 1989년. 미국의 소호출판사에서 영문판으로 펴내면서다. '하얀 전쟁' 1부 작가 후기에 의하면 "내가 기억하기로는 1983년 ≪전쟁과 도시≫를 발표한 이후 미국에서 1989년 ≪전쟁과 도시≫가 ≪화이트 배지 White Badge≫라는 제목으로 출판될 당시까지 정식으로 받아본 원고 청탁은 두 편의 단편소설이 전부였다"는 데서 알 수 있듯 안정효의 명성은 미미한 수준이었다.

'하얀 전쟁'이 10여 년에 걸쳐 전3권으로 완간된 것은 1부 발문에서 제프 댄지거가 말했듯 "미국에서 대규모로 판매되는 최초의 한국소설"이기 때문이다. 그러니까 미국에서의 독자 호응에 힘입어 비로소 국내에서도 베스트셀러로 뜨기 시작했고, 안정효라는 작가 이름과 함께 제2부와 제3부를 잇따라 내놓게 한 원동력이 된 것이다. 1992년 영화로 만들어진 것도 단적인 예이다. 영화(정지영 감독)는 도쿄국제영화제에서 작품상과 감독상을 거머쥐었을 뿐 아니라 1천만 명 관객동원의 지금에 비하면 형편없는 수치이지만, 한국영화가 전반적 침체의 늪에서 허우적대던 그 당시 상황으로 보면 많은 관객의 호응을 받기도 했다. 어쨌거나 '하얀 전쟁'은 베트남전 소설 가운데 가장 상업적으로 성공한 소설로 보아도 무방하다.

> '언젠가 저곳에 살던 대통령은 그가 이 민족을 위해 옳고 보탬이 된다고 생각했기 때문에 우리들을 월남으로 보냈다. 국제적인 체면이나, 어쩌면 한국전쟁 동안 우리들을 도와준 미국에 대한 감사의 표시였는지도 모르지. 아니면 국가의 복지를 위해서. 그까짓 이유가 무슨 상관이 있는가. 우리들이 목숨을 바쳐 그 대가로 벌어들인 피묻은 돈이 나라의 발전과 현대화를 위한 밑거름 노릇을 했다. 그리고 우리들의 공훈 때문에 대한민국은, 적어도 그 상부계층은 세계시장으로 거보(巨步)를 내디뎠다.

목숨을 팝니다. 용병의 민족.'

　지루함을 덜어보고자 인용부터 했는데 어쩐 일인지 허버트 미트갱의 발문에서 발췌한 위 내용은 내가 읽은 텍스트에는 없다. '하얀 전쟁'의 본질적 핵심을 시사하기도 하는 작가의식이지만, 칼 셴버거의 발문에서 보듯 한국어판에서는 '용병의 민족'이라는 표현을 쓰지 못한 것이다. 1983년 연재 당시는 물론이고 1989년 단행본 발간때 역시 파월 한국군 출신의 전두환·노태우 대통령의 지금과 같지 않는 비민주주의 시대였기 때문이다. 결국 '하얀 전쟁' 1부는 당시의 정치적 상황으로부터 자유롭지 못한 한계를 안고 쓰여진 소설인 셈이다.

　그렇더라도 '하얀 전쟁' 전3권은 '머나먼 쏭바강'(박영한)·'무기의 그늘'(황석영)·'황색인'(이상문)·'악어새'(이재인) 등 5종의 베트남전 소설 가운데 가장 박진감 넘치는 전장(戰場) 묘사와 함께 참전군인의 전쟁 후유증, 그리고 종전후 베트남 실상에까지 접근한 소설로 기록될 수 있는 작품이다. 하긴 '하얀 전쟁'이 "박영한 '머나먼 쏭바강', 황석영 '무기의 그늘'과 함께 대표적인 베트남전 소설로 꼽힌다"(한국일보, 2023.7.3.)는 주장도 있다.

　'하얀 전쟁' 제1부 '전쟁과 도시'는 한기주의 1인칭 시점으로 되어 있다. 변진수의 전화로 시작되는 소설은 서울과 베트남 두 공간적 배경을 자유롭게 이동한다. 베트남전에서의 서울 회상이 아니라 그 반대다. 즉 참전후 세진출판사 부장으로 근무하는 한기주가 변진수 전화를 받으면서 베트남전 회상에 잠기는 것이다. 일단 서울 생활과 베트남전 생활의 교차구성은 '황색인'처럼 읽는데 흥미를 더해주지만, 시간적 순서가 아니라 사건중심의 회상으로 펼쳐져 그 장면이 들쭉날쭉한 약점을 드러낸다. 처음부터 3권짜리를 염두에 둔 기획출판이 아니라 그런지 제1부의 분량이 390쪽인 것도 다소 부담스럽다.

제2부 '전쟁의 숲'은 제1부에서 9중대 3소대 병력만 혼바산 계곡에 투입되는 특공작전(극비 정찰 임무)중 원명철 병장을 베트콩으로 오인하여 살해한 채무겸 상병의 탈영기다. 행동 반경이 거의 없는 무겸의 정글 생활로만 단행본(310쪽)을 채운 건 작가의 대단한 저력이지만, 100여 쪽 지나서야 무겸의 원명철 병장 죽이기 장면이 나오는 등 제1부의 내용과 상당히 겹치고 있다. 또한 탈영병으로서 적지의 정글 속에서 운신의 폭이 좁을 수밖에 없는, 그리하여 단순히 먹고 살기 위한 생물학적 모습에 초점이 맞춰지다보니 같은 이야기가 반복되고 지루한 느낌을 준다. 당연히 짜증스럽게 여기는 독자들도 꽤 있을 법하다.

이에 비해 제3부 '에필로그를 위한 전쟁'은 베트남전 후일담이라 할 수 있다. 1부 말미에서 변진수를 권총으로 쏴 죽인 한기주가 복역한 후 방송사 기자들과 다시 베트남을 방문하는 이야기다. 바야흐로 때는 1992년. 공산주의로 베트남이 통일된 지 17년 후의 일이다. 일단 이런 후일담은 다른 베트남전 소설을 압도한다. 작품의 수준 등 모든 걸 다 떠나 미완에 그쳤던 베트남전 소설의 완결을 의미하기 때문이다. 그래서일까. 제3부 '에필로그를 위한 전쟁'에는 처음으로 고엽제 이야기가 등장한다. 지금까지도 베트남전의 상흔으로 실재(實在)하는 고엽제 이야기인 것이다. 그뿐이 아니다. 통일된 공산 베트남의 공산당 독식으로 인한 '참상'이 채무겸 상병과, 한기주와 사랑을 나누었던 베트남 여자 하이를 만나는 과정에서 적나라하게 펼쳐진다.

> 한국에서 극장과 텔레비전을 통해 이런 '현지보도' 영화가 상영되면 단순 사고만 하는 사람들은 우리들이 두 주일 동안 어떤 고통을 치르었는지 전혀 짐작도 못하리라. 그리고 우리들이 총 들고 신나게 뛰어다니기나 하지, 죽거나, 불구자가 되거나, 호 속에서 겁에 질려 똥을 싸고 헛소리를 해댄다는 것을 모를 터였다. 베트콩은 무수히 죽어도 아군은 한 명도 죽지를 않으며 승승장구 가는 곳마다 적을 때려 부수는데, 그런데 왜 월남전은 끝나지 않을까 궁금해 하는 사람도 없었다. 미군들도 마구 죽는데 한국 사람들만 다치지를 않고, 포탄 3만 발에 베트콩 한 명이 죽는 꼴이라는 지극히 비생산적이고 비경제적인 전장에서 전우들이 죽거나 병신이 되어도 왜 고국에서는 그 현실을 알려고 하지 않을까? 만일 살아서 귀국하게 된다면 나는 친구들에게 뭐라고 얘기를 하나? 우리들은 영광의 창조를 위해 진실을 잃었다. (제1부 167~168쪽)

그렇더라도 전3권의 '하얀 전쟁'이 강렬한 인상을 남기는 것은 1부에서 발췌한 위 인용문 같은 시각 때문이다. 이른바 '정의의 십자군'으로서 세계평화를 위한다는 명분은 간 곳이 없고, 참전군인의 전사는 쉬쉬하고, 반대로 전과를 마냥 부풀리기하는 박정희 정권의 '근대화를 위한 젊은이 팔아 먹기'에 대한 메스는, 그러나 제3부 '에필로그를 위한 전쟁'에서는 역사의 아이러니로 이어진다. "적이니까 미워하고 죽이라기에 기껏 총질을 하고 났더니 이제는 친구가 되라는 것이 역사의 명령이었다. 역사의 배반. 역사의 이율배반성. 그런 역사의 가르침을 믿고 어느 나라의 어느 누구라도 미워한다는 행위는 얼마나 어리석은 짓인가"(276쪽)라는 한기주의 생각이 그것이다. 소련 붕괴와 함께 공산권 국가와의 수교로 비롯된 양국간 교류를 이른 말이지만, 그것이 어찌 '역사의 배반'이기만 하겠는가!

거기서 변진수의 한기주에 의한 죽음, 발기부전, 아내와의 이혼 등 변진수 못지않은 전쟁 후유증을 앓고 있는 한기주의 살아 있기가 갖는 의미심장함은 극대화될 수밖에 없다. 결국 독자들은 무엇 때문에, 누구를 위해서 참전했는지, 강한 의문과 만나게 된다. 개인적으로는 학비나 돈을 벌기 위해서, 또는 전쟁이 끝난 한국의 젊은이로서 착잡한 현실을 벗어나기 위해서 파월을 자원한 것으로 그려지지만, 정권 차원의 용병으로서의 참전이라는 답을 피할 수는 없다. 또 있다. 약소국가로서 강대국 미국의 힘에 눌린 정권유지용 참전이 그것이다. 이런 환기는 제3부에서 더욱 힘을 얻고, 그것이 여느 베트남전 소설과 다른 '하얀 전쟁'의 특징이기도 하다.

하긴 '하얀 전쟁'은 다른 베트남전 소설과 여러 면에서 구분된다. 전장체험을 형상화하되 서울과 베트남의 '이원 생중계' 형식의 사건 전개도 그중 하나다. 예컨대 '머나먼 쏭바강'과 '무기의 그늘'의 경우 한국생활과 전혀 관계없이 베트남에서의 전쟁체험만 그려지는데 비해 '하얀 전쟁'은 서울의 한기주가 화자로 등장하여 필요에 따라 베트남전 회상이 이루어지고 있는 것이다. 그것도 44명중 겨우 7명만 살아 남는 특공작전을 그려 앞의 소설에 비해 한국군의 전사로 비롯되는 전장(戰場)의 박진감을 구현해내고 있다. 제1부 56쪽에서 보듯 파월 한 달 동안의 '시시한 전쟁'에서 더할 수 없이 처참한 세계적 전쟁으로의 이동 묘사는 진일보한 베트남전의 문학적 성과로 보인다.

그렇다고 '하얀 전쟁'이 모두 만족스럽냐 하면 그렇지는 않다. 아마 데뷔작이라는 덜 매끄러움 때문인 듯한데, 곳곳에서 발견되는 만연체 문장은 옥에 티라 아니 할 수 없다. 만연체든 간결체든 원칙적으로 작가의 자유에 속하는 문제지만, 만연체의 경우 문장호응이 불완전하거나 주어나 서술어의 중복사용 등 무슨 뜻인지 얼른 이해되지 않는 함정에 빠질 가능성이 높다. 펴낸 곳이 메이저 출판사(고려원)인데도, 특히 제3부에서 여러 군데 발견되는 오타 역시 아쉬운 부분이다. 물론 작가와는 무관한 교정상 오류이겠지만 말이다. 대화와 지문을 번번이 구분되지 않게 한 오류도 지적되어야 마땅하다. 이런 점은 판이나 쇄를 달리 해 인쇄할 때 수정되어야 하는데도 그렇지 못해 아쉬움을 더해준다.

'은마는 오지 않는다'-자연적 세계와 역사적 세계

1989년 이래 베스트셀러가 된 '하얀 전쟁'의 작가 안정효가 사실상 그 소설보다 먼저 쓴 '은마는 오지 않는다'(원제목은 '갈쌈')를 재미있게 읽었다. 먼저 밝혀둘 것은, 여기서 '재미있게'란 말이 대중성과 문학성을 포괄하는 의미의 수식어라는 점이다. 대중성은 일련의 '기지촌소설'을 통해 이미 낯설지 않은 '양공주' 이야기라는 점에서 찾을 수 있다. 문학성은 양공주 이야기를 개인사적 수준에 머물지 않고, 역사적 세계로 치환시켜 상당히 아릿하게 그려내고 있다는 점에서 설득력을 얻게 된다.

참고로 기지촌소설은 내가 '문화이식의 소설적 수용, 그 비극성'('표현' 제18호, 1990.1.1.)이란 평론에서 편의상 붙인 용어다. '아메리카'(조해일, 1972)·'황구의 비명'(천승세, 1973)·'돛대도 아니 달고'(윤흥길, 1977)·'밤과 요람'·'낮과 꿈'(강석경, 1983)·'문신의 땅'(문순태, 1987)을 논하고 있는데, 1950~60년대 나온 '쇼리 킴'(송병수, 1957)·'안나의 유서'(오영수, 1963) 등도 기지촌소설이라 할 수 있다.

'은마는 오지 않는다'의 배경은 "세월이 멈춘 고장"인 금산리다. 금산리는 저 멀리 '왜놈'과 '뙤놈'들이 쳐들어왔을 때도 그 소식을 바람결에 들을 정도의 외진 곳이다. 그런 때마다 은빛 말을 타고 장수가 나타나 일거에 구해줄 것이란 전설이 서린 자연적 세계이기도 하다. 바로 그런 곳에 힘찬 똬리를 튼 것이 6·25 한국전쟁이다. 어느 날 외국 군인들이 나타나 언례를 겁탈한다. 그리곤 부대 주둔과 함께 양공주들이 우글거리는 '신도시'로 변해버린다.

우선 내가 주목하는 것은 언례의 변모과정에 대해서다. 언례가 변하는 계기가 된 것은 외국군의 강간이다. 언어가

통하지 않고, 그녀의 아들 만식 등을 무자비하게 내팽긴 채 냉혹하게 묘사되는 강간 장면은 자연적 세계가 어떻게 역사적 세계의 물줄기를 받아들이나 하는 것에 대한 비극적 역사의 환기라 할 수 있다. 하지만 유심히 들여다보면 그것은 일종의 자중지란(自中之亂)에서 빚어지고 있는 참사임을 발견하게 된다.

그런 일이 있은 후 며칠간 집에만 틀어박혀 있던 언례가 들병이 용녀를 만나 양갈보(양공주)가 된 것은 황영감을 비롯한 마을 사람들의 질시 때문이다. 언례는, 그러니까 자기 의사와는 전혀 상관없이 강간을 당했고, 또 양갈보가 된 것이다. 평론가 김현(1942~1990)이 이미 '만인 대 일인의 싸움'으로 분석한 바 있듯 언례는 자신을 강간한 외국군보다도 마을사람들이 미워서 차츰 대담해지고 은인이랄 수 있는 황영감에게까지 당당하게 대들고 있다. 처음에는 부끄럽고, 아무 잘못한 것 없이 눈치도 보던 언례가 그렇게 변했다.

언례의 이런 변화는 작가의 한국전쟁을 보는 시선이 어디에 머물러 있는지를 시사하고도 남음이 있다. 예컨대 조정래가 10권짜리 대하소설 '태백산맥'을 통해 물꼬를 튼 '분단내인론'이 그것이다. 자연적 세계에 대한 또 다른 침략의 역사로 기억되어야 할 외국군(미국군) 주둔은 온데간데 없다. 이렇듯 동족끼리의 감싸안음이 아닌 버팀과 갈등의 구조로 파악된 것은 일련의 기지촌소설과 관련한 이른바 반미소설들과 궤를 달리하는 요인이기도 하다.

참고로 반미소설은 미국을 반대하거나 비판하는 소설의 총칭이다. 기지촌소설들 외에도 '반미소설선'(김상일편, 도서

출판 한겨레, 1988)이 출간된 바 있다. 나는 '반미 혹은 민족주의'('전북문단' 제4호, 1989.8.28.)란 글에서 '반미소설선'에 실린 '분지'(남정현, 1965)·'해벽'(이문구, 1972)·'분노의 일기'(신상웅, 1972)와 '쑥고개' 연작소설인 '철조망 속 휘파람'(박석수, 1982)·'외로운 증언'(박석수, 1985)·'동거인'(박석수, 1987) 등에 대해 논한 바 있다.

그 다음 주목할 게 화해의 몸짓이다. '은마는 오지 않는다'의 갈등은 크게 두 가지로 나눌 수 있다. 황영감으로 대표되는 마을사람들과 언례, 그녀의 아들인 만식이와 언례의 대칭축이 그것이다. 중공군 개입으로 아군의 철수와 함께 남쪽으로 피난을 떠나는 결말 장면 앞뒤로 화해의 몸짓은 당연한 것처럼 이어진다. '만인 대 일인의 싸움'에서 일인은 만인에게 반드시 지게 되어 있다는 순리적 측면을 강조한 김현은 이런 대목을 소설적 결함으로 지적하고 있다. 한국전쟁을 보는 작가의 시선과 관련하여 제기될 수 있는 문제일 것이다.

이런 비극의 감싸안음은, 그러나 결코 새로운 것은 아니다. 그리고 리얼리즘을 약화시키기도 한다. 언례의 가을 쌈을, 김현의 지적대로 "집단이 죄의식에서 벗어나기 위해 한 피해자에게 모든 과오를 뒤집어 씌우는 현상의 표현"이라는 집단심리학적 측면에서 볼 때 미국의 감싸안음은 이미 정제된 주제 모형을 향한 '이야기 늘이기'가 될 것이다. 다시 말해 불을 보듯 뻔한 주제의식의 이야기거리를 마치 새로운 것인 듯 꾸미려 한 작위성이 드러난다는 얘기다. 그런 점에서 책 앞의 허버트 미트갱이 쓴 '반미가 아니라 반전을 애기하는 한국인의 소설'이라는 제목의 글은 적절해 보인다. 그렇다면 '은마는 오지 않는다'는 왜 읽을만한가? 여기에 대한 답으로 브라이언 알렉산더가 쓴 다음 구절을 별도 인용해본다.

> 저 멀리에는 인간들이 존재한다. 파나마와 한국과 베트남과 루마니아와 중동에는 인간들이 존재한다. 흔히 우리들은 그들을 이름도 없는 집단으로서 파악한다. 우리들이 뉴스에서 보게되는 사건들이 그들의 삶과 그들의 사회에 엄청난 영향을 끼친다는 사실을 우리들은 잊고 있다. 안정효의 소설은 우리들로 하여금 정신을 차리고 일어나 다른 사람들을 직시해야 한다고 상기시킨다.

미국의 세계 제패자적인 오만함이 가득 담긴 이런 구절에서 한국을 하나의 이름있는 집단으로 부각시킬 수 있었다는 것은 대단한 성과가 될 터이다. 그러나 여기에는 전제조건이 있다. 그것은 어디까지나 미국쪽의 시선일 뿐이라는 점이다. 우리쪽에서 볼 때 한국전쟁의 비극성을 환기시키되 철저하게 '운명적'이라는 장치를 도입함으로써 주제의 진지성을 희석시키고 있는 점이 아쉽다. 이래저래 6·25 한국전쟁은 노상 비극적인 역사의 세계다.

<'우리문학' 제2호, 2025.6.15.>

영화로 만들어진 안정효 장편소설 3편
-'은마는 오지 않는다'·'하얀 전쟁'·'헐리우드 키드의 생애'론-

2023년 7월 1일 82세의 나이로 우리가 살고 있는 이승을 떠난 안정효 소설가를 추모하는 마음을 담아 쓴 소설론에서 "특히 나는 여느 문학평론가와 다르게 그의 소설을 원작으로 한 영화들을 보고 이야기한 적도 있다. '은마는 오지 않는다'(1991)·'하얀 전쟁'(1992)·'헐리우드 키드의 생애'(1994) 등이 그런 영화들이라고 말한 바 있다. 영화로 만들어진 안정효 소설 3편을 개봉순으로 만나보는 것도 나름 의미가 있거나 유익할 듯하다. 이미 썼던 글들이지만, 추모의 마음을 담아 새롭게 다듬은 안정효 소설을 원작으로 한 영화 이야기다.

휴머니즘 이상의 주제의식 '은마는 오지 않는다'

'은마는 오지 않는다'(감독 장길수)가 드디어 개봉(1991년 10월 5일)되었다. 이미 1세기 전이고 영화쪽 이야기도 아니지만, D·H로렌스의 '채털리 부인의 사랑'이 본국(영국)에서 출판되지 못하고 한참 후에야 미국·프랑스를 거쳐 들어온 일이 있다. 이유인즉 청교도의 나라 영국에서 그 소설을 예술이 아닌 외설로 규정했기 때문이다.

그렇다면 '은마는 오지 않는다'가 외설인가? 아니다. 외설이 전혀 아닌데도 외국에서 먼저 '뚜껑'을 연 뒤 괜찮다고 하니 고국으로 들어왔다. 캐나다의 제15회 몬트리올 영화제(1991년)에서 여우주연상(이혜숙)·각본상(장길수)을 수상, 드디어 개봉되기에 이른 것이다. 이미 시사회를 거치긴 했지만, 개봉관을 잡지 못해 그리 된 것이 저간의 사정이고 보면 참으로 개탄스러운 일이 아닐 수 없다.

국내에선 별로 호응을 얻지 못했지만, 각종 세계영화제에서 인정받은 우리영화들은 의외로 많다. '피막'(이두용 감독)·'아제아제 바라아제'(임권택 감독)·'그들도 우리처럼'(박광수 감독)·'미친 사랑의 노래'(김호선 감독) 등이 얼른 생각나는 그런 영화들인데, 이에 대해 어떻게 해석해야 할까? 한국 관객의 수준이 세계 어느 나라보다도 월등 높은 것일까? 세계 영화제 심사위원들이 한국영화의 침체를 익히 알고 동정 점수를 후하게 준 것일까?

아마도 몬트리올 영화제가 아니었으면 관람하기조차 힘들었을 '은마는 오지 않는다'는 인천상륙작전이 시작되고 중공군 개입이 이루어지던 여름의 역사를 시간적 배경으로 하고 있다. 그렇다고 '은마는 오지 않는다'가 전쟁영화는 아니다. 전쟁영화가 흔히 추구하는 휴머니즘 이상의 주제의식이 깔린 '무거운' 영화이다.

언례(이혜숙)가 감당하고, 두 양공주(김보연·방은희)와 마을사람들이 그것을 받쳐준다. 강원도 춘천 부근 금산리라는 곳에도 미군이 들어오고, 언례는 그들에 의해 강간을 당한다. 말 못할 허탈감과 마을사람들의 질시, 그리고 똥구멍 째지는 가난, 결국 언례는 양갈보(양공주)가 되고 만다. 아이를 둘이나 낳았지만, 역시 고통스럽기만 한 양갈보 생활-못 마시는 술과 알아듣지 못하는 영어 등 언례는 결코 '즐길' 수 없는 생활을 해내는 것이다. 그러면서도 살고자 하는 언례의 집요한 원초적 생명의지.

이런 줄거리는 말할 나위 없이 힘없는 나라에서의 개인(국민)이 얼마만큼, 어떻게 파괴되어 가는가를 보여주는 것이라 할 수 있다. 언례의 매춘장면을 지켜보던 찬돌네와 그것을 말리던 만식의 총기사건은 전쟁의 비극이 당대에 그치지 않고 후대에까지 이어지고 있음을 암시한다. 그로 인해 생긴 마을 부녀자들과 언례들의 혈전(?) 역시 그 연장선 위에서 생각해볼 수 있다.

언례는 이 땅의 기록되기를 거부하는 역사의 산 증인으로 우리에게 다가온다. 양공주가 된 언례의 황노인으로 대표되는 마을사람들과의 충돌이 갖는 의미도 그런 점에서 결코 만만치 않다. 전쟁 중인데, 옛것(유교윤리)만을 지키고자 하는 황노인의 모습은 격동하는 역사의 '폭력'에 적극적으로 대응하지 못했던, 무기력하기만 한 백의민족의 표본인 셈이다. 언례를 호되게 질타하던 그들도 결국 피난길을 떠나는 것이다.

한국영화의 주제의식이 그만큼 된 것은 서광(曙光)의 전조인 셈이다. 관람석 수에 한계가 있긴 했지만, 입석 관객들이 통로를 메우고 부스럭 소리 한번 내지 않은 채 몰두했으니까! 원작소설에 비교적 충실한 각색인데도 오히려 영화가 그렇듯 감동적인 것은, 그러나 무거운 주제의식 때문만은 아니다. 영화로서의 재미가 있기 때문이다.

　우선 장길수 감독의 카메라를 들 수 있다. 장 감독은 '은마는 오지 않는다'에서도 진한 감동의 수작 '수잔 브링크의 아리랑'에서 보여준 정교한 카메라 워크를 유감없이 살리고 있다. 예컨대 미군들과 술자리를 함께한 언례의 대사, 피난길에 밥상까지 들고나온 아낙을 질타하는 촌부 등을 포착해 냄으로써 현실감을 '영화적 진실' 차원으로 끌어올리고 있는 것이다. 이때 영화 속 세계가 아닌, '참말'(현실적 진실)이라는 생각을 관객들이 하게 됨은 물론이다.

　연기자들도 감동을 불러일으키는데 한몫하고 있다. '낙타는 따로 울지 않는다'에서도 열연했던 이혜숙의 여우주연상 수상은 노력한 만큼의 대가(代價)나 보상인 셈인데, 특히 겁탈장면이 일품이다. 그것은 카메라 워크와의 콤비네이션으로 돋보일 수 있는 것이지만, 눈동자 치뜨는(실제로 미군에 의해 강간당하는 것이 아닌데도) 이혜숙보다 한 지점 위에 놓여도 무방할 연기가 김보연·방은희에게서 발견된다. 이는 또 다른 즐거움이다. 두 배우 공히 우열을 가리기 힘들지만, 특히 김보연의 경우 TV에서 보던 고정된 이미지 때문에 가히 혁명적 변신이라 할 만하다. 그들이 역사의식 없는, 단순한 생물학적 양갈보라 하더라도 주로 미군들을 상대하는 실감나는 연기에서 민족적 비극이 절실히 환기되고 있기에 그렇다.

　대개 비극적 사극류에서 들어온, 가슴을 쥐어짜내는 김수철의 음악도 감동을 도와주고 있다. 특히 결말부분 언례와 두 양갈보가 헤어질 때 화면 가득히 깔리는 음악이 그렇다.

음악이 그렇듯 폭발될 가연성을 가지고 사람 마음 속을 파고들 수 있구나 하는 경험은 여간 새로운 게 아니다.

그렇다고 아쉬운 점이 전혀 없냐면 그렇지는 않다. 한국영화의 기본적 한계로 해결되어야 할 과제이긴 하지만, '점령군'으로서의 미군의 이미지를 극복하려고 애쓰지 않았나 하는 점이다. 피난길을 떠날 때의 구체적 전황(戰況)이 보다 급박하게 묘사되지 못한 점과 만식을 내레이터로 한 '장군봉 전설' 이야기가 긴밀한 구조로 연결되지 못한 것도 아쉽기는 마찬가지다. 이제 많은 한국 사람들이 영화를 봐줄 일만 남은 셈이다

치유하기 힘든 이 땅의 상처 '하얀전쟁'

우리영화 이야기를 묶은 책의 출판이 가시화(마침내 '우리영화 좀 봅시다'란 제목으로 1992년 12월 14일 나의 첫 영화평론집이 발간된다.)되면서 처음 본 영화가 '하얀전쟁'(영화포스터 표기에 따름, 1992년 7월 4일 개봉.)이다. 우리영화를 계속 보고 부지런히 쓰면서 출판을 염두에 둔 것은 사실이지만, 이렇게 빨리 현실로 다가올 줄 몰랐기 때문에 '하얀전쟁'을 보는 기분은 여느 때와 달랐다. 그것은 설레임이자 중압감이기도 했다.

내용이나 수준이 어쨌건 이미 5권의 책을 펴내면서도 영화에 대한 글만으로 다시 한 권을 선보이게 된다는 설레임은 사실상 또 다른 경험이었다. 그것도 우리영화만으로 엮어질 에세이 성격의 책이 과연 충무로의 기대를 충족시킬

지, 그리고 원래 의도처럼 외화중독에 걸려있는 무릇 관객들을 환기시킬 수 있을지 설레임은 바로 중압감으로 이어졌다.

그러나 우리영화를 보고 지금까지 썼던 것처럼 나는 그렇게 할 수밖에 없다. 둔재로서의 한계를 벗어날 수도 없거니와 조금 건방지게 말한다면 관객이나 독자들의 기호에 영합하는 베스트셀러 작가에 대한 꿈은 전혀 없기 때문이다. 그러고 보니 앞에서 얘기한 것은 다른 글과 마찬가지로 '장황한' 도입부가 된 셈이다.

이미 알려진 대로 '하얀전쟁'은 안정효의 동명소설을 '남부군'의 정지영 감독이 베트남 현지 촬영으로 연출한 영화이다. 그 무렵 흥행호조를 보여 영화계를 흥분시킨 '결혼이야기'·'장군의 아들3'·'시라소니' 들처럼 보도자료를 통해 너무 많이 알려져 영화를 보지 않고도 내용은 대충 짐작될 정도로 유명세를 탄 영화이기도 하다.

분명한 것은 '하얀전쟁'이 앞의 영화들과 크게 다르다는 점이다. 이미 '남부군' 등으로 정지영 감독의 메가폰 방향을 알 수 있었지만, 비극적 현대사의 하나인 월남전을 바로 우리의 시각에서 다루고 있어서다. '플래툰'·'디어헌터' 등 월남전을 다룬 외국영화들의 프리미엄 때문에 '하얀전쟁'에 관심이 쏠렸는지 자세히 알 수는 없지만, 어쨌거나 변화를 실감케 해주는 건 사실이다.

지금은 약간 수그러들었지만, 해외촬영이 영화제작의 하나의 유행이다시피한 때가 있었다. 미국·일본·스페인·프랑스·스웨덴·독일·브라질, 심지어 시베리아·알라스카까지 영화를 찍으러 갔고, 상영되었지만 대부분 관객들의 관심을 끌지 못했다. 속되게 말하면 본전도 못 건진 흥행참패 영화들에 비하면 '하얀전쟁'은 치유하기 힘든 이 땅의 상처를 공산 베트남에 가서 담아온 것이다. 적어도 해외촬영으로 성공할 수 있는 영화의 한 모형을 제시해준 셈이다.

그 상처는, 1980년대 이 땅의 일상현실 속에서라면 덧들이지 않아도 통증이 오는 그 상처는 한기주(안성기)와 변진수(이경영)의 참전병사들을 통해 전달된다. 더 정확히 말하면 내레이터 한 병장의 회상과 변 일병의 귀국 후 상황이 교차되면서 나타난다. 한 병장은 섹스가 안 될 정도의 월남전 상흔을 지닌 정신적 불구자이며 변 일병은 아예 살짝 미쳐 있다.

10년이 지난 현재 그들이 그렇게 될 수밖에 없었던 것은 대개 월남전 회상을 통해 설득력을 주려고 한다. 한 병장이 겪는 토굴에서의 공포와 무차별 난사, 민간인들을 죽이고 위장한 김문기 하사(독고영재)와 그를 죽이는 조태삼 상병(박홍근), 또 그것을 목격한 변 일병의 전쟁 증후군 현상들이 그것이다. 그런 장면들은 헬기의 굉음과 함께 역동성으로 화면을 꽉 메우지만, 그러나 뭔가 아쉬움이 느껴진다.

이른바 우리의 시각 때문인지 모르지만, 자중지란을 통한 전쟁의 공포와 무용성 부각이 왜인지 겉도는 것같아 하는 말이다. 원주민들의 "더러운 따이한 놈"이라든가, 한기주의 "전쟁을 체험해보고 싶은 건 허영"이라는 자조 섞인 탄식 따위도 겉돌기를 도와주는 장치들로 보인다. 물론 월남전 후유증을 갖고 있는 한기주가 1980년 '서울의 봄'에 놓이게 되는 장면의 극적인 효과를 무시할 수는 없다. 본질적으로 전쟁의 무용성에다가 그것이 일어날 수밖에 없는(또는 참전할 수밖에 없는) 실마리 제시로 최루탄과 화염병으로 상징되는 정치현실을 깨닫게 될 수도 있는 것이다.

그러나, 역시 이 땅의 젊은이들이 왜 무모한 대리전쟁에 끼어들 수밖에 없었는지에 대한 구체적 묘사가 없어 아쉬움을 떨쳐버릴 수가 없다. 심지어 한기주의 자조 섞인 탄식에 귀기울이다 보면 돈을 벌기 위해서 혹은 나라 안 복무 중 사고쳐서 월남전쟁에 자원할 소지마저 다분하다. 듣기로 그런 개인사적 경우가 아주 없었던 바도 아니지만, 지금 속속 밝혀지고 있듯 정권유지 차원에서 소위 파월이 자행되었음을 보다 명쾌하게 밝혔더라면 감독 말처럼 우리의 시각에서 월남전을 다룬 더 수준높은 영화가 되지 않았을까?

개인적으로 또 하나 아쉬웠던 것은 한기주가 변진수를 권총으로 쏘아죽이는 결말 장면이다. 어떤 평론가는 "정신이상자가 되어버린 변진수를 치유할 수 있는 길은 오직 방아쇠를 당기는 일이라는 한기주의 행동"이 감동적이라고 말하고 있지만, 오히려 주제의식이 약화되는 '하얀전쟁'의 한계로 보인다. 참전용사 한기주의 몫도 아닐 뿐더러 그로 인해 월남전 후유증을 깨끗이 정리하겠다는 조급한 의지가 엿보이기 때문이다.

역사를 다루는 영화는 그저 보여주기만 하면 된다. 환기 정서가 관객의 몫임은 물론이다. 역사를 재해석하려는 시도는 좋지만, 해결하거나 재단해서는 안 된다. 정신이상의 상태에서 변진수는 지향없는 발길을, 으레 그랬던 것처럼 서

둘러 돌리고 한기주는 애절하게 그를 부르며 뒤쫓는 결말이 오히려 '하얀전쟁'이 노린 전쟁의 무용성, 그 괴물에 할퀴고 찢긴 비극적 개인사를 훨씬 인상깊게 했을 터이다.

한편 월남전 참전단체들의 삭제요구(중앙일보, 1992.7.11 참조)에 당연하지만 의연하게 대처한 정지영 감독의 용기와 신념은 또 다른 감동으로 받아들여진다. 무릇 예술을 이해 못하는 일부 몰지각한 사람들이 정권보다 더 큰 압력단체가 되어 우리영화 발전을 저해하는 것을 왕왕 보아왔거니와 조태삼 상병의 김문기 하사 살해장면 등이 잘렸더라면 아주 엉터리가 될 뻔했음을 전개과정에서 확인할 수 있어서다.

뼈 있는 자아성찰의 '헐리우드 키드의 생애'

대한극장에서 1994년 7월 16일 상영예정이던 정지영 감독의 '헐리우드 키드의 생애'(영화포스터 표기에 따름)가 2주일이 지난 7월 30일 개봉되었다. UIP 직배외화 '고인돌 가족'에 의해 참으로 맥없이 밀려났기 때문이다. 작년에도 오석근 감독의 '백한번째 프로포즈'가 중앙극장에서 상영 도중 직배외화 '쥬라기 공원'에 떠밀려 하차한 일이 있다. 지난해 최대의 흥행영화가 '쥬라기 공원'이 있었지만 '백한번째 프로포즈' 역시 우리 영화로선 관객동원 성적이 꽤 좋은 편이었다.

할리우드 직배영화 규모가 전 세계에서 6위인 나라, 그 이익 규모가 전 세계에서 2위인 서울을 '실제상황'으로 받아들여야 하는 현실에서라면 하긴 그것마저 감지덕지해야 할 판이다. 그렇게라도, 서울의 대형 개봉관은 고사하고 어떤 극장에서도 상영되지 못하는 것이 부인 못할 현실이니 일러 무엇하겠는가! 노상 하는 말이지만 정말 이러다간 일이 나도 크게 날 것임이 불을 보듯 뻔하다.

그것은 원칙적으로 영화인들의 몫이지만, 그러나 외화중독이라는 중증에 걸린 관객들을 질타해도 무방하다. 개봉관들이 외화에 60대 40(영화사 대 극장)의 수익분배율을 정해 놓은 반면 우리영화에는 50대 50을 적용하여 문턱을 높여 놓고 있는 것도 악조건임에 틀림없다. 말할 나위 없이 외국영화는 그만큼 흥행성이 높다는 이야기인데, 그것이 무얼 뜻하겠는가. 제 살 깎아 먹는 줄 모르는 이 땅의 관객들이 외화만을 즐겨보기 때문인 것이다.

참으로 가당찮은 일이다. 물론 국민의 문화욕구를 원천봉쇄하자는 악의적 속셈으로 그런 말을 하는 것은 아니다. 완성도 높은 외국영화는 얼마든지 봐도 좋다. 다만 우리영화보다 별반 나을 것이 없는, 그저 그렇고 그런 '같잖은' 영화들을 무조건 보지 말자고 주장하는 것일 뿐이다. 허드레격인 이야기가 너무 길어졌지만 그럴 만한 까닭이 있다. '헐리우드 키드의 생애'가 예정보다 늦게 상영되어야 할 만큼 형편없고 수준 낮은 영화는 결코 아니라서다.

그러니까 단지 우리영화라는 이유만으로 그렇듯 푸대접 받는 현실이 새삼 서글픈 것이다. 안정효 동명소설을 각색한 '헐리우드 키드의 생애'는 제목이 암시하는 것처럼 영화에 미친 두 남자의 이야기다. 옛 극장문화나 영화에 대한 추억이나 향수를 달래고자 '헐리우드 키드의 생애'를 만들지는 않았다고 정 감독이 연출의 변을 밝혔듯 영화라는 외래문화가 이 땅의 물질적·정신적 가난 속에서 빠져들었던 사람들을 얼마나 황폐화시켰는가를 담아내고 있다.

임병석(최민수)의 인생유전을 통해 그 점이 비교적 선명하게 전달되고 있다. 중학교 시절부터 영화에 미쳐 있던 '천재' 임병석은 작부와 살면서 시나리오를 쓴다. 그것이 윤명길(독고영재)에 의해 영화로 만들어져 대히트를 하지만, 그러나 그 영화는 할리우드 영화들의 교묘한 표절이었음이 밝혀진다. 결국 임병석은 자살한다.

일견 참으로 '더럽게' 풀린 한 영화광의 인생유전이지만, 그것의 상징성은 위에서 말한 대로 크고 의미심장하다. 외래문화의 이식-외세(外勢)에 의해 쇄국의 빗장이 열린 이 땅의 사정을 영화라는 상징물을 통해 고찰·반성해 보고 있는 셈이다. 물론 거기에는 영화만 있는 것이 아니다. 비록 한국 땅, 한국 사람으로 살고 있을망정 모든 것이 미국식이거나 일본식이 되어가는 이 땅의 문화현실이 거기에는 스며 있다. 요컨대 외래문화의 독과 꿀 두 요소 중 독에 초점을 맞춰 우리의 현실을 냉정하게 되짚어본 것이다.

따라서 '헐리우드 키드의 생애'는 과거지향적인, 추억에 대한 향수를 소환해내는 영화가 아니다. '헐리우드 키드의 생애'는 1960년대를 배경과 소재로 했을망정, 현실을 직시함으로써 과거나 현재보다 더 나은 미래를 추구한 영화이다. 어떤 생각이나 느낌을 갖는 건 관객의 자유지만, 그런 점에서 영화말고는 좋아할 그 무엇이 없던 시절, 누추한 극장의 추억조차도 아름답고 소중한 것으로 되살려보고 싶은 그런 마음으로 '헐리우드 키드의 생애'를 재서는 안 될 것이다.

당연히 '헐리우드 키드의 생애'는 "패배의 나르시즘이며, 절망의 판타지이고, 꿈 없는 세대의 꿈에 관한 60년대 방식의 노스텔지어"가 아니다. '헐리우드 키드의 생애'는 흘러가 버린 '서글픈 문화사'를 축으로 그것을 되풀이하지 말자는 뼈 있는 자아성찰의 영화인 것이다. 다만 문제는 역시 관객에 있다. 제작자(영화세상)가 부모의 집까지 저당잡혀가며 오로지 작품성 하나로 위안 삼아 완성한 것은 눈물겨운 일이지만, 그저 할리우드의 초특급 오락물이나 홍콩의 허황된 폭력영화들에 흥미를 느끼는 그 관객들이 문제인 것이다.

결국 '헐리우드 키드의 생애'는 우리 영화에 몰락이라는 위기감을 갖게 한 또 다른 주범- 그 관객들에 대한 선전포고의 영화인 셈이다. 먹는 것, 입는 것, 신는 것, 심지어 생각하는 것들까지 순수한 토종이 사라져가는 이 문화절멸의 시대에 '헐리우드 키드의 생애'의 '반란'이 과연 성공할 수 있을지 그 귀추가 주목된다.

<2023. 9. 30.>

양귀자 소설 3편
-소설집 '원미동 사람들'·장편소설 '희망'·'천년의 사랑'론-

　지금은 활동이 뜸하지만, 전주 출신의 양귀자 소설가는 한 시대를 풍미했던 베스트셀러 작가다. 가령 1995년 펴낸 장편소설 '천년의 사랑'은, 나무위키(2023.10.4.)에 따르면 출간 한 달 만인 그 해 9월, 바로 베스트셀러 종합 1위에 올라 5개월 동안 한 번도 1위 자리를 내놓지 않았다. 1995년~96년까지 총 200만부 이상이 팔려나갔다. 그 뒤로도 2년 가까이 베스트셀러 순위에서 내려오지 않았던 밀리언셀러로 많은 독자들의 사랑을 받았다.
　뿐만 아니라 이후 이어진 문화계의 '천년'과 '환생'의 열풍은 모두 소설 '천년의 사랑'이 일으킨 한 시대의 문화코드였음을 생각하면 이 소설의 의미가 한층 더 중요해진다는 게 나무위키 기록이다. 특히 소설 속 남자 주인공 성하상은 당시 수많은 여성들의 이상형으로 회자되기도 했다. 1996년에 '한겨레21'이 설문조사한 '대중문화 속 최고의 이상형(소설 부문)'에서 압도적인 표를 얻기까지 했을 정도다.
　'천년의 사랑'이 뜨던 무렵 양귀자는 어느 신문과의 인터뷰에서 말했다. "어느 소설이 왜 베스트셀러가 됐는지 분석하고 파헤치는 문학비평가들은 드문 것 같습니다. 문학의 엄숙주의라고나 할까요. 베스트셀러는 읽어보지도 않고 폄

하하는 분위기가 있습니다. 책이 잘 팔리면 대중추수주의라고 비난을 하지요. 그러나 베스트셀러가 된 책들은 그 시대의 독자와 정확히 교감을 하면서 독자들의 독서행위나 사고를 철저히 파악한 책들입니다. 그 시대의 흐름을 직시하면서 독자들이 느끼는 감동의 폭을 최대로 넓힌 책들만이 베스트셀러가 될 수 있습니다"(동아일보, 1995.10.22.)가 그것이다.

베스트셀러소설에 대한 평단의 홀대, 나아가 비평의 엄숙주의 내지 엘리트의식에 일침을 가한 말로 평론가들로선 뼈아프게 되새겨 볼 지적이 아닌가 싶다. 아무튼 '천년의 사랑' 이후 3년 만에 내놓은 장편소설 '모순'이 "종합베스트셀러 4개월 연속 1위"를 차지하기도 했다. 출판사측 신문광고에는 그것 말고도 "다시, 우리가 확인한 양귀자 소설의 힘!"이란 해드카피도 실려 있다. 판매부수가 궁금하여 출판사에 물었더니 정확한 건 잘 모른다면서도 20만 부 이상 빠져나간 것은 확실하다고 답했다. 발간 4개월 만에 1권짜리 장편소설이 20만 부라니, 그것도 특히 출판계가 직격탄을 맞은 IMF시대에.

여기서는 그의 소설집 '원미동 사람들'과 장편소설 '희망'·'천년의 사랑'을 좀 자세히 만나보기로 하자.

일상적 삶의 꼼꼼함 '원미동 사람들'

베스트셀러 작가 양귀자가 '뜨기' 시작한 것은 1987년 나온 '원미동 사람들'부터다. 그것이 점잖지 못한 표현이라면 문단의 주목을 받기 시작했다는 말로 바꿀 수도 있겠는데, 그 점은 1988년 유주현문학상을 받음으로써 설득력을 갖는다. 양귀자로선 1978년 월간 '문학사상'을 통해 등단한 이후 10년 만의 쾌거라 할만한 문학상 수상이다. 1992년 이상문학상 수상, 1995~96년 '천년의 사랑' 200만 부 돌파, 1996년 현대문학상 수상까지 그 주목은 계속 이어졌다.

그런 이력에서 읽을 수 있는 것은 양귀자의 작가적 궤적, 즉 소설 쓰기가 일정한 변화를 보여왔다는 사실이다. 이름깨나 있는 문학상 수상은 평단을 포함한 문단의 주목을 의미한다. '천년의 사랑'의 2백만 부를 넘는 판매부수는 대중적 인기를 가늠할 수 있다는 점에서 양귀자는 문학성과 대중성의 두 마리 토끼를 거머쥔, 소설가로서 하등 남 부러울 것 없는 위치에 우뚝 서게된 작가라 해도 무방하다.

그런 베스트셀러 작가 양귀자의 소설을 처음 읽은 것은 '원미동 사람들'이다. 소위 여류(女流)가 그려내는 디테일한 묘사에 익숙하지 못한 탓도 있지만 '읽을거리'가 폭주하는 현대에 살고 있는 생활인을 쉽게 포기할 수 없어서 그리 된 것이라 할까. 사실 작가 양귀자는 대학 동문이다. 비록 동문수학한 처지는 아니더라도 그가 매스컴을 타기 시작하면서 놀랍기도 하고 대견하기도 하여 눈여겨 오던 터였다. 그리고 작가로서의 성숙도가 어느 정도 차오르면 남다른 애정으로 깊이있는 글을 써보리라 벼르던 터였다.

'원미동 사람들'은 양귀자의 두 번째 소설집이다. 이제 작가생활 10년이고, 두 편의 작품집뿐이라 그의 문학적 성취를 운위하기에는 성급한 감이 없지 않으나 일련의 소설들이 주목받고 있는 것은 사실인 듯하다. 이 점은 작품 끝에 소개된 발표 잡지의 내력 등에서 충분히 증명되고 있다. '원미동 사람들'은 박태원의 '천변풍경' 이래 가장 훌륭한 세태소설의 하나로 일컬어지기도 한다. 경기도 부천시 원미동 23통 소재의 주민들이 겪는 일상적 삶의 애환이 연작 형식으로 집요하게 천착된 '원미동 사람들'에는 '멀고 아름다운 동네'를 포함, 11편의 단편소설이 실려 있다.

서울에서 멀리 떨어진 아름다운 동네 원미동으로 이사하면서부터 여러 일상적 삶이 내레이터의 관찰을 통해 드러난다. 땅을 최고로 아는 강노인의 고집이 있는가 하면('마지막 땅'), 지극히 선량한 사람이 폭력에 의해 맥없이 희생당하는 사회의 구조적 모순이 있고('원미동 시인'), 먹고 살기 위한 치열한 아귀다툼이 벌어지기도 한다('일용할 양식'). 또한 마모되어 가는 현실적 자신을 구원해 보려는 안간몸부림('찻집 여자')이 눈에 띄기도 한다.

그러나, 다분히 의도적이겠지만 일련의 양귀자 소설에서 얼른 발견되는 공통점은 그들이 한결같이 무기력한 사람들이라는 사실이다. 직장이 없거나 있어도 정상적이지 못한 그들을 무기력한 사람이라 불러도 좋을지 모르지만, 그들이 '비전'을 가지고 있지 않다는 점에서 '실존하는' 존재라기보다는 '생활하는' 사람임을 부인할 수 없어 보인다.

여기서 비전이란 저 이광수·심훈류의 교훈이 아니라 M·카간이 말한 바 "어떤 이상을 가지고 있어야만" 하는 것이다. 이 점은 앞으로 양귀자 소설의 과제가 되겠지만, 단지 보여줌으로 끝내는 사실주의자들에게 대단한 환기가 아닐 수 없다. 물론 평론가 홍정선의 지적처럼 "희망과 절망의 교차"를 통해 "우리 사회의 총체적 모습을 압축적으로 형식화하려는 시도"가 없는 것은 아니다. 소설의 시대성, 바꿔 말하면 시대 속 소설의 역할이 강력히 요청되는 작금의 시류(時流)에 그의 소설은 적당히 기능하기도 한다. 소설의 사회적 기능이다.

하지만 1970년대 작가들—황석영·윤흥길에게서 보는 대(對)역사적 세계인식의 결여가 흠인 것은 안타까운 일이다. 고정화된 현실을 진부할 정도로 포착, 밀도있게 형상화하면서도 소설이 책임져야 할 그것의 염원, 즉 역사인식이 담기지 않은 점은 '호흡'이 아닌 '숨쉬는' 걸로 만족해 하는 이 땅의 대다수 서민들 한숨과 일치한다. 소설이 시대의 반영이요 사회의 거울이라는 고전적 원론을 끌어들이지 않더라도 당대(當代)가 보여주는, 정치로부터 비롯되는 온갖 것들이 첨예하게 소설에 담겨야 한다면 양귀자 소설은 너무 트리비얼리즘에 집착하고 있는 듯한 인상을 준다.

굳이 역사주의를 고집하는 것은 아니지만, 양귀자 소설이 아쉽게 느껴지는 이유다. 노사분규를 다루고 있는 '지하 생활자'가 비극적 현실을 그리는데 성공적이나 맥없는 분규 타결로 드러낸 허점이라든가, '찻집 여자'에서의 마모되어 가는 현실적 자신을 구원해 보려는 안간몸부림에 대한 실패 따위는 그와 궤를 같이 하는 것이라 할 수 있다.

그러나 '원미동 사람들'이 유머러스한 문체와 빈틈없는 일상적 문장으로 박진감을 느끼게 하는 동시 세태소설이 그렇듯 시정(市井)의 잡다한 이야기를 산문적 허구로 그려낸 것은 정당하게 평가되어야 하리라 본다. 더불어 진한 공감대의 폭을 확산시켜 문학적 감동을 불러 일으킨다는 점도 마찬가지로 정당하게 평가받아야 할 것이다.

사정없이 재미있는 분단현실의 축도 '희망'

오래 전부터 벼르던 일을 이제야 이루게 되었다. 양귀자 소설들을 본격적으로 섭렵하기 위해 소설집 '귀머거리새'·'슬픔도 힘이 된다'와 장편소설 '희망'·'천년의 사랑'을 진즉 구해 놓았는데 그동안 일상생활의 무게에 짓눌려 있다가 이제서야 만날 수 있었다. 그러니까 지금까지 내가 읽은 양귀자 소설은 두 번째 소설집인 '원미동 사람들'이 전부였던 셈이다.

그러나 분명한 것은 양귀자가 바쁜 일상생활의 와중에서도 애써 시간을 쪼개 만나볼 가치가 충분한 소설가라는 사실이다. 적어도 나의 양귀자 읽기는 그런 인식에서 출발하고 있다. 그만큼 양귀자는 이른바 '잘 나가는' 소설가이지만 그렇다고 그것이 내 독서 의욕을 한껏 고취시켰던 전부는 아니다. 말할 나위 없이 베스트셀러라고 해서 그것이 꼭 훌륭한 문학성까지 겸비하고 있는 것만은 아니기 때문이다. 물론 '희망'을 읽고 난 후의 느낌이지만, 다시 말해 양귀자는 대중성과 문학성을 고루 갖춘 잘 나가는 작가인 것이다.

대중적 인지도 면에선 박범신이, 문단적 관심의 측면에선 윤흥길이 각각 커다란 위치를 차지하고 있지만, 원광대 국문과 출신으로서 양귀자보다 잘 나가는 사람이 있으면 나와 보라 할 만큼 그는 우리 시대에 우뚝 솟아 있는 작가라 할 만하다. 오히려 박범신과 윤흥길의 약점을 두루 충족시킨다는 점에서 양귀자야말로 명실상부한 잘 나가는 작가가 아닐까 하는 것이 나의 생각이다.

과연 양귀자 첫 장편소설 '희망'(전2권 1991)은 나의 그런 생각을 확실한 믿음으로 갖게 해주는데 모자람이 없는 작품이다. 다만 어느 일간지에서 작가가 밝힌 것처럼 1990년 처음 펴냈을 때의 '잘 가라 밤이여', 1년 만에 제목만 바꾼 '희망'이 각각 상업적으로 실패해 '오기로' 세 번째 출판을 했다는 저간의 사정은 나로선 얼른 이해되지 않는 대목이다. 그것은 혹 1995년 출간돼 반년 만에 1백만 부 넘게 팔렸다는 '천년의 사랑'을 생각해 보며 갖게된 작가의 욕심은 아니었을까.

어쨌거나 '희망'은 나성여관의 둘째아들 진우연을 1인칭 화자로 내세워 그가 여러 인물들을 만나게 함으로써 5공화국 말기 사회의 '현실적 진실'의 모습을 그려내고 있다. 출근해야 된다는 압박감 때문에 밤을 꼬박 새워가며 읽을 수는 없었지만, 우선 '희망'은 사정없이 재미있는 소설이다. 이때의 재미가 단순히 말초적 수준의 흥미 따위가 아님은 물론이다. 그만큼 소설 속에 흠뻑 빠져 들었던 것이다.

이제 한 물 간 듯 보이지만, 그러나 면면히 이어지는 역사의 줄기를 생각해 보자. 오히려 5·6공화국의 전직 대통령(사실은 이렇게 부르는 것마저 썩 마음에 내키지 않는 것이 나의 솔직한 심정이다.)들이 극악한 범죄자로 단죄되는, 그리하여 감옥에 갇히기도 했던 터라 '희망'의 세계는 제목에서처럼 희망적으로 보이며, 한동안 잊고 살았던 저 '탱크의 시대'로부터 우리가 자유로울 수 없음을 아프게 느끼도록 해준다. 그러면 이쯤해서 작품 속으로 직접 들어가보자.

"노동자들 뒷바라지 하는 거예요. 사실은 그들을 통해 내가 더 많이 배우고 있지만."
홍정미와 헤어져 돌아오면서 나는 아주 오랫동안 '노동자들 뒷바라지'가 무엇인지를 생각하고 또 생각하였다. 형의 세계와 홍정미의 세계가 같은 것이지만, 그 '노동자들 뒷바라지' 또한 운동의 한 영역일 것이었다.
거칠고 투쟁적인 세계로 안정지어 놓았던 형의 운동사전 속에 '뒷바라지' 같은 따습고 소극적인 용어도 들어 있었던가.
아니, 그보다는 홍정미처럼 명문대 출신의 잘 생긴 규수가 구로공단의 노동자들 뒷바라지를 해주며 저렇게 당당한 모습으로 살 수 있는 비결은 무엇일까. 언젠가 형이 그랬다. 아는 것은 곧 실천이라고. 행동이 따르지 않는 지식은 쓸모없는 생선대가리라고.
-하권 460쪽-

위 인용은 작중화자 내가 운동권 학생인 형과 동지를 겸한 애인 홍정미에 대해 느끼는 의아심 섞인 경외감의 한 대목이다. 까마득한 옛 일도 아니고 불과 10년 전에 벌어진 일련의 사건들이었음에 새삼 경악을 금치 못하게 되지만, 오늘의 이 '평화'가 도연과 같이 "아는 것은 곧 실천이라고. 행동이 따르지 않는 지식은 쓸모없는 생선대가리라고" 확신하는 행동주의자들의 목숨을 담보로 한 투쟁의 값진 선물이 었음을 생각하는 마음은 자못 숙연해질 수밖에 없다. 특히 고문기술자 임용출을 살해하는(미수로 그쳤지만) 도연의 소신에 찬 행동은 소설 속에선 그가 감옥에 갇힌 상태로 마무리되어 있지만, 정당한 응징으로서 불의와 독재에 대항하는 '역사성'을 획득하기에 충분하다. 어느덧 우리가 왜 소설을 읽어야 하는지 명쾌한 해답이 나온 셈이다.

그리고 도연과 같은 운동권 학생에 의해 고문기술자가 응징되는 서사구조는 '희망'에 사회적 무게감을 더해주기도 한다. 사실 고문기술자는 찌르레기 아저씨(강용우)에 의해 죽어야 될 사람이었다. 나 역시 그의 일기를 읽어본 작중화자 우연의 사유(思惟)를 따라 그리 되리라 생각하며 일종의 스릴감을 느끼며 책장을 넘겼다. 그것은 깜찍한 반전의 묘미를 살린 형식적 기법과는 별도로 사회사적 의미와 닿아있다. 말할 나위 없이 강용우의 살해 계획이 개인적·가정사적이라면 도연의 그것은 희망이 절벽인 시대의 더럽게 풀려나갈 수밖에 없는 공권력, 즉 정치적·사회적 명분을 축적해 놓고 있기 때문이다.

사회사적 의미는 운동권 학생인 도연외 그밖의 등장인물들의 개성있는 성격창조에서 총체성을 띠게 된다. 지금도 거의 그렇지만 소설의 시대적 배경인 5공화국 말기는 다름 아닌 분단현실의 온갖 모순들이 마치 악마구리 끓어대듯 분출되던 시기였다. 등장인물들이 때로는 날카롭게 또 때로는 콧등 시큰하게 그것들을 감당하고 있다. 두고온 북녘 땅에 대한 그리움으로 끝내 객사하는 10호실 노인, 천애 고아로 태어나 성실하게 살지만 있는 자들에게 노상 짓밟히기만 하는 강용우, 입시 위주의 교육부재 현실에 방황하는 삼수생 우연과 그 친구들, 정신적 가치관을 잃어버린 채 물질에 의해 타락해 가는 수련 등이 그들이다.

그것들을 분단현실의 온갖 모순이라 한다면 나만의 연원적(連原的) 생각일지 몰라도 분명한 것은 이 땅에서의 어떤 현실적 진실의 모습도 역사의 현재성과 떼어놓고 생각해 볼 수 없다는 점이다. 멀리 거슬러 올라갈 것도 없다. 가령 이 땅의 민주화를 수십 년 정도는 후퇴시켰을 저 12·12로 상징되는 신군부세력의 쿠데타 성공만 하더라도 드러난 바에 의하면 '그놈의' 국가안보 때문이었던 것이다. 그런 절벽 같은 시대가 있었기에 도연의 소신에 찬 행동은 이렇게 살아남게 된 나를 포함한 대다수 '중간자'들의 마비상태였던 지성과 양심 혹은 삶에 대한 본능적 욕구 따위를 강하게 후려치는 매서운 힘으로 다가온다.

이제 앞에서 말한 사정없이 재미있는 소설의 의미가 어느 정도 밝혀진 셈이다. 10호실 노인을 통해서는 당분간 숙제로 남게 될 통일문제를, 강용우를 통해서는 힘 없지만 성실하게 사는 노동자들의 생존문제를, 우연·보라 등을 통해서는 각종 개혁정책에도 불구하고 악순환이 되풀이되는 교육문제를, 수련을 통해서는 배금주의(拜金主義)의 만연으로 날로 황폐해져가는 인간성 상실문제를 짚어보되 그것들이 희망이라는 공통적 지향점을 추구하고 있다는 점에서 비전 제시와 함께 사회 환기라는 비판적 메시지를 주고 있다. 그것은 문학의 기능이자 힘이기도 할 터이다.

한편 멜로적 경향의 소설이 전혀 아니면서도 '희망'은 무릇 소설을 읽으며 감동을 받지 않으려고 애쓰는 평론가인 나에게 콧등 시큰한 정서를 안겨주었음도 고백해야겠다. 강용우 삶의 기록인 '40세의 노트'와 도연과 홍정미의 '투사'로서의 사랑, 또 우연과 보라의 설원에서의 짧은 입맞춤 등 소설 전편에서 받는 느낌이 그렇다. 특히 콧등 시큰한 감동적 대목은 우연과 꼬마 민구가 고아원에서 만나는 장면이다. 밤으로 상징되는 분단현실의 온갖 모순을 훌훌 털어버리고 보다 밝은 희망의 세계로 다가가려는 작가의식을 천진난만한 동심의 민구에게서 발견할 수 있어서다.

그렇다고 '희망'이 다 만족스러운 소설이냐 하면 그렇진 않다. 물론 이야기를 흥미롭게 이끌어 나가는 박진감 넘치는 문체와 등장인물간의 인과적 맥락이 자연스럽게 사건의 축을 이루는 튼실한 짜임, 그리고 개성있는 성격창조로 각 인물에 생명력을 불어 넣는 인물묘사 등이 문학적 비전을 뒷받침하고 있다. 그럴망정 내게는 누나의 가출 동기가 너무 약하게 그려져 생기는 미흡한 형상화와 장편소설의 문단 치곤 너무 자주 바뀌어 호흡이 끊기는 것 등이 아쉬움으로 남는다. 그런 아쉬움에도 불구하고 역시 분명한 사실은 장편소설 '희망'만으로도 양귀자가 잘 나가는 우리 시대의 작가라는 점을 인정할 수밖에 없다는 점이다. 그리고 그 사실에 어떤 단서도 달 수 없음을 새삼 깨닫게 되었다는 점이다.

상실시대의 소중한 사랑법 '천년의 사랑'

시간 죽이기를 필요로 할 만큼 심심한 일상생활도 아니어서 '때 아닌 웬 사랑타령?' 하며 주저하는 마음이었지만, 어차피 양귀자 소설 읽기를 작정한 바 있음을 떠올렸다. 게다가 발간 6개월 만에 무려 1백만 부가 팔렸다니 도대체 어떤 소설이길래 하는 궁금증이 일기도 하여 '천년의 사랑'을 만나 보았다.

그것은 나로선 일종의 모험이었다. 일금 만 이천 원의 금전적 손해는 접어두더라도 만에 하나 읽은 후 못볼 것을 보고만 것 같은 그런 느낌이 들면 시시껄렁한 연애소설 따위나 읽는 한심한 평론가의 자괴감을 무엇으로 감당할지가 문제였다. 다시 말해 '천년의 사랑'이 내 인생은 고사하고 정신건강에도 도움이 되지 못하면 어쩌지 하는 의구심을 산뜻하게 떨굴 수 없었으면서도 마침내 읽게 된 것이다.

그러나 나의 의구심은 피해망상증 환자의 그것이었다. 그만큼 '천년의 사랑'은 '건질' 것이 있는 재미난 연애소설이다. 사실 나는 연애소설 따위를 경멸하는 엄숙주의자는 아니다. 연애소설의 주요소인 사랑만 해도 우주창조의 원동력 내지 생명존속의 에너지 정도로 인식하고 있을 정도다. 나는 일생을 살아가면서 사랑같이 소중한 가치도 없다는 이른바 '사랑지상주의자'이기까지 하다.

다만, 무릇 통속적 연애소설이 그려내는 사랑에 대해 거부감을 갖고 있을 따름이다. 말초적이고 감각적인 섹스위주의 특성은 그만두더라도 노상 어떤 수단으로 매도되는 따위의 사랑에 그만 넌더리가 났기 때문이다. 그야말로 심금을 울리는, 그리하여 이미 현실에 찌들대로 찌든 내 몸과 마음을 깨끗하고 맑게 해 줄 그런 사랑의 연애소설이 아니었던 것이다.

그런 점에서 '천년의 사랑'은 매우 탁월한 연애소설로 읽힌다. 조선일보(1995.11.7.)에 따르면 실제로 독자들은 "남자 주인공이 요즘 남자치고는 드물게 순수하고 아름답다"거나 "몇몇 작가에게 보이는 무절제한 성묘사가 없어서 오히려 신선하고 읽기가 편했다"는 반응을 보인 것으로 알려졌다. 이쯤해서 작품 속으로 직접 들어가보자.

> 이 밤에 나는 당신 곁에 있을 것입니다. 당신은 아마 동쪽 방에서 자겠지요. 당신의 침상은 남쪽 창을 향해 길게 자리잡고 있을 것입니다. 내가 기도 속에서 보는 당신의 방은 그랬습니다. 나는 여기, 이 마루에서 하룻밤을 지새겠습니다. 제발 허락해주기를 바랍니다. 비록 문을 하나 사이에 두고 있지만, 단 하루라도 잠들어 있는 당신을 지키며 밤을 새우는 당신은 상상도 못할 만큼 내겐 행복입니다. 당신에게 여러 번 말했습니다만, 당신의 존재 자체가 나에겐 행복이니까요.
> -하권 143~144쪽-

기공(氣功)과 명상 등 동양의 신비스러운 선적(仙的) 분위기가 다소 낯설기는 하지만, 성하상을 통해 보여주는 오인희에 대한 위 인용문과 같은 사랑은 충분히 감탄할만하다. 거기에는 '희망'류의 치열한 분단 모순도 없고, '나는 소망한다 내게 금지된 것을'에서와 같은 1992년적 사회현실도 없다. 오로지 "이 깊고 깊은 산 속에서 오직 간절한 염원만으로 수백 킬로미터 떨어져 있는 그녀를 읽어내고 또 변화"시키는 사랑이 있을 뿐이다. 그리하여 마침내 오인희는 김진우와의 세속적 사랑에 실패하고, 만삭의 몸이 되어 성하상에게로 가고 있다.

  작가는 천 년 전에 수하치와 아힘사가 맺지 못한 사랑의 연장선에서 가능한 것이라고 이야기를 짜놓고 있지만 그것은 그리 중요하지 않다. 도대체 그럴 수 있는 일이냐를 따지는 것도 무의미하다. 중요하고 의미있는 것은 순수한 사랑, 그 자체다. 특히 난 지 2개월 만에 부모에게 버려진 후 '천사원'을 거쳐 홀로서기에 성공했지만, 김진우의 어머니로부터 받는 노골적 냉대를 포함한 모든 사회적 '벽'과 맞닥뜨려야 했던 오인희이기에 그 사랑은 나로서도 매우 신나고 값진 대상(代償)의 체험이었다.

  외로움을 마치 트레이드마크처럼 지니고 살아야 했던 오인희였기에, 살아 있는 모든 것들을 적으로 생각하며 살아야 했던 오인희였기에 성하상의 사랑은 훨씬 따뜻하고 매우 소중해 보인다. 있는 자 가진 자의 싸구려 동정심이 아닌, 영혼 깊숙한 곳으로부터의 감싸안음이기에 그렇다. 그런 사랑의 주동인물인 성하상의 이력도 서사구조상 꽤 의미심장하다.

  수재 집안의 아들로 고시공부를 하다 홀연 걷게 된 "영혼 속에 가라앉은 삶의 근원을 보고자 하는" 구도의 길. 성하상은 "제도가 빚어내는 오류와 인간에 대한 고정관념으로 아주 많은 영혼한테 지울 수 없는 상처를 남기기 십상일 것"이기에 사법고시를 포기한다. 그러니까 오인희와 성하성의 사랑은, 정확히 말하면 성하상의 오인희에 대한 무조건적 사랑은 작가가 의도했든 안했든 결코 하나가 될 수 없는 사회모순에 대한 화합이거나 최소한 그 시도라 할 수 있다.

그쯤되면 '천년의 사랑'은 단순한 연애소설만이 아니다. 설령 연애소설이라 해도 문학이 감당해야 할 사회적 기능을 착실히 수행하고 있다는 점에서 그 수준을 두 단계쯤 끌어올린 것으로 봐도 무방하다. 역시 강렬한 인상이 되어 남는 것은 그들의 사랑법이다. 아내가 이 글을 보면 이혼하자고 덤빌지도 모르겠거니와 사랑, 그 소중한 가치를 알고 있었으면서도 그런 사랑을 직접 해보지 못한 나로선 특히 그렇다.

나는 신문광고에 실린 28세의 어느 청년처럼 펑펑 울지는 않았지만, 말할 나위 없이 그 사랑은 현실을 투사한다. 아주 쉽게 사랑을 이루거나 가벼운 마음으로 즐기려는 모든 사람에게 말로 다 표현할 수 없는 사랑의 소중함을 깨우친다. 더 나아가 '인스턴트 러브'라는 신조어가 생겨난 지도 이미 오래된 세태에, 그리하여 참다운 사랑의 의미를 잃고 사는 이 상실시대에 소중한 사랑법을 제시하고 있는 것이다.

사랑이라는 어휘마저도 어색하게 여기던 내 무디어진 감성에도 '천년의 사랑'이 적지 않은 울림을 남긴 것은 그 때문이다. 마음 한편으로 말도 안 되는 말짱 거짓말이라고 여기면서도 결국은 오인희의 짧은 인생유전과 그녀를 운명적으로 거부할 수 없는 성하상의 소신에 찬 의식과 행동에 각각 안타까움과 경외감을 갖게 된 것 또한 그런 이유에서다. 요컨대 오인희와 성하상의 사랑에는 '사회적 힘'이 실려 있다. 그것은 소설가 양귀자의 힘이기도 하다.

그런데 그들의 사랑은 놀랍게도 그 흔해빠진 삼각구도 속에서 진가를 발휘한다. 작품의 흐름상으로 보면 김진우와의 사랑과 실패는, 이를테면 천 년의 사랑을 위한 사전 정지작업쯤 되는 셈이다. 그것만으로도 양귀자가 처음 쓴 본격 연애소설은 화려한 작가적 변신이라 할 만하다. 주어 생략의 간결한 문체가 주는 끌림과 함께 독특한 성격창조로 인해 심어지는 인물에 대한 강렬하고 매력적인 이미지, 기공과 명상 등 다소 황당한 사건을 끌어 들이면서도 시종 긴장감을 잃지 않게 하는 인과적 묘사 등이 통속적 삼각구도의 승화와 함께 양귀자 연애소설의 힘을 느끼게 한다.

그렇다고 불만이 전혀 없는 것은 아니다. 오인희의 죽음이 그렇다. 지금 우리가 사는 일상현실에도 갖가지 죽음이 있지만, 그리고 결말의 죽음을 위해 곳곳에 소설적 장치(복선)를 해 놓았지만, 그녀가 살아있음으로 해서 그들의 소중한 사랑법은 더욱 생명력을 얻을 수 있지 않았을까? 너무 아프게만 살다가 짧은 생을 마감한 오인희에 대한 안타까움과 지극한 애정 때문에 생긴 불만일지도 모르겠지만, 그것과는 별도로 결말의 죽음 처리가 너무 안이하고 통속적이라 아쉽다. 상실시대의 소중한 그 사랑마저 만사휴의(萬事休矣)로 만들어 버리는 '악재'의 죽음이어서다.

<2023. 10. 5.>

조세희와 '난장이가 쏘아올린 작은 공'

 2022년 12월 25일 조세희 소설가가 향년 80세로 우리 곁을 떠났다. 조세희 소설가는 2022년 4월 코로나19로 의식을 잃었고, 지병마저 악화돼 병마(病魔)를 끝내 떨쳐내지 못한 것으로 전해졌다. 문학인은 물론 각계각층 많은 이들의 애도 물결이 이어졌다. 눈길을 끄는 건 문재인 전 대통령을 비롯 주로 야권의 정치권 인사들이 애도에 동참했단 점이다.
 가령 2023년 1월 26일 문재인 전 대통령은 "조세희 선생님이 꿈꾼 세상은 여전히 우리 모두의 숙제로 남아있다"고 밝히면서 조 작가의 명복을 빌며 유가족을 위로했다. 문 전 대통령은 이날 오전 자신의 페이스북에서 "저를 비롯한 우리 세대는 '난쏘공'('난장이가 쏘아올린 작은 공'-인용자)을 읽으며 우리 사회의 불평등하고 비인간적인 모순을 직시하고, 약자들의 아픔에 공감하는 사회의식과 실천 의지를 키울 수 있었다"고 말했다.
 아울러 "'난쏘공'은 산업화와 개발 시대 저임금 노동자, 도시 빈민, 철거민들의 비참한 현실과 불평등을 치열한 문제의식으로 다루면서도, 환상적이라고 할 만큼 간결하고 아름다운 문장으로 읽는 사람들에게 가슴을 찌르는 공감과 감동을 준 우리 시대 최고의 소설"이라고 평가했다. 문 전 대통령은 "분노할 힘마저 부족한 시대를 살고 있다", "냉소주의는 우리의 적이 제일 좋아하는 것"이라고 하셨던 선생님의 말씀을 떠올린다고도 적었다.

이어 문 전 대통령은 "선생님이 소설을 쓰지 않고 '당대비평' 잡지를 만들던 시기 그 이유를 묻는 제 질문에, '이 시대에 소설 쓰기가 너무 힘들고 버거워서 쓸 수가 없다'며 고통스러워하시던 모습을 잊을 수 없다"고 했다. 그는 "코로나가 선생님의 생을 재촉했다니 더욱 가슴 아프다"며 "선생님의 명복을 빌며, 유가족에게 깊은 위로의 마음을 전한다"며 추모했다.

문 전 대통령 언급이 아니더라도 조세희 하면 가장 먼저, 그리고 강하게 떠오르는 소설은 1976년 발표작 「난장이가 쏘아올린 작은 공」이다. 1978년 같은 제목의 소설집 『난장이가 쏘아올린 작은 공』으로 발간되었고, 이는 조세희 소설가의 첫 소설집이기도 하다. 『난장이가 쏘아올린 작은 공』은 상업적으로도 대성공을 거둔 문학작품이라 할 수 있다. 한겨레(2022.12.26.)에 따르면 1978년 6월 문학과지성사에서 초판이 나온 『난장이가 쏘아올린 작은 공』은 1996년 100쇄를 넘겼다. 2000년 이성과힘으로 출판사를 옮겨 속간되어 2005년 12월에 200쇄를 돌파했다. 2007년 9월에는 발행 부수 100만을 넘어섰으며, 2017년에는 문학작품으로는 처음으로 300쇄를 찍었다. 대중의 기호에 영합한 상업 출판물이 100만부니 300쇄니를 넘어서는 경우는 드물지 않지만, 『난장이가 쏘아올린 작은 공』처럼 진지하고 심각한

문학작품이 100만부 넘게 팔리고 300쇄를 훌쩍 넘겨 계속 판을 찍는 것은 거의 선례가 없는 일이다. "올해(2022년-인용자) 7월까지 320쇄를 돌파했으며, 누적 발행 부수는 약 148만 부에 이른다"(시사뉴스, 2022.12.26.)는 기사도 있다.

한겨레는 "화가 백영수의 동화풍 그림을 표지에 실은 이 책은 말랑말랑해 보이는 외관과는 달리 한국 사회를 근저에서부터 뒤흔들고 폭파시킬 엄청난 파괴력을 내장하고 있었다. 엄혹하고 암울했던 유신 체제의 끝자락에 세상에 나온 이 책은 당시 여러 체제 비판적인 책들이 피하지 못한 금서의 운명을 용케도 피해 가며 숱한 독자들의 눈물과 분노를 끌어냈다. 대학가에서는 분단 문제를 다룬 최인훈 소설 <광장>과 함께 신입생들의 필독서로 자리 잡았으며, 2000년대에는 대학수학능력시험에도 출제되는 등 청소년 독자들에게도 널리 읽혔다"(앞의 한겨레)고 전한다.

최근 새로운 소식이 전해지기도 했다. 한겨레(2024.2.19.)가 단독이라며 보도한 기사 내용을 정리해보면 다음과 같다. '난장이가 쏘아올린 작은 공'('난쏘공')이 이달 인쇄 150만부를 돌파했다. 1978년 6월 문학과지성사에서 초판이 출간된 뒤 46년 만의 일이다. 100만부를 기록한 2007년 9월로부터 17년째가 된다.

2000년 7월부터 '난쏘공'을 내고 있는 출판사 '이성과힘'은 이달 개정판(소설의 배경을 상기시키는 표지를 새 판형에 앉혔고, 일부 단어와 문장을 지금 표기법에 맞춰 다듬었다.)을 내며 "지난 1월말 324쇄를 모두 판매하고, 이달 325쇄

5천부를 새로 찍어 누적 출간 150만부를 기록했다"며 "다음주부터 서점 등에서 판매될 예정"이라고 밝혔다.

150만부를 기록한 국내 순문학 작품들이 없지 않지만, '난쏘공'은 소외와 빈곤을 주제로 하면서도, 대중매체를 통한 홍보나 이벤트 없이 꾸준히 대중과 만나왔다는 특징이 있다. 이에 1996년 100쇄, 2005년 200쇄, 2017년 300쇄를 기록했고, 근래까지도 한해 5천~7천부가 판매되었던 것으로 전해진다.

조중협 이성과힘 대표는 2월 16일 한겨레에 "150만부에 이른 다른 작품들 사례도 살펴보았는데, 특별한 마케팅 없이 이렇게 지속적으로 판매가 된 경우는 보기 어려웠다는 점에서 이 책의 문학적, 사회적 가치가 있다"고 밝혔다. 한편 2023년 12월 타계 1주기를 맞아 출간을 추진해왔던 조 작가의 미발표작 '하얀 저고리'가 독자들과 만나기까지는 더 시간이 소요될 것으로 보인다.

조 작가는 2000년 개정판 서두에서 "나의 '난장이 연작'은 발간 뒤 몇 번의 위기를 맞았지만 내가 처음 다짐했던 대로 '죽지 않고' 살아 독자들에게 전해졌다. 이 작품은 그동안 이어져 온 독자들에 의하여 완성에 다가가고 있다는 것을 나는 느낀다. (…) 그러나 지난 일을 이야기하며 나는 아직도 마음이 무겁기만 하다. 혁명이 필요할 때 우리는 혁명을 겪지 못했다. 그래서 우리는 자라지 못하고 있다"고 썼다. 역설적이게도 '난쏘공'이 더는 읽히지 않는 시대를 작가가 갈구한 배경이다.

여기서는 내가 수학능력시험 수험생 및 문학적 교양을 갈

망하는 이들을 위해 오래 전 펴낸 '한국현대소설110선'(신아출판사, 2002.1.10.)에 수록했던 조세희편을 통해 추모와 함께 그의 문학적 업적을 되새겨본다. 읽기 순서는 그의 생애와 대표작이라 할 '난장이가 쏘아올린 작은 공'에 대한 줄거리 및 감상 길잡이가 될 것이다.

조세희(1942~2022)

경기도 가평군 출생, 세 살 때 부친이 세상을 뜨지만 한학자였던 할아버지 밑에서 비교적 풍족하게 자람. 초등학교 5학년 때 서울로 이사하여 중·고를 마치고 서라벌예술대학 문예창작과에 입학, 졸업 후 경희대 국문과에 편입한다.

1965년 경향신문 신춘문예에 단편 「돛대 없는 장선」이 당선됨. 경희대학교 국문과를 졸업하지만, 어머니마저 암으로 세상을 달리함. 이후 10년간 침묵을 지키며 작품활동을 중단함. 작가 말에 의하면 어머니가 돌아가신 후부터 '나는 고아다'라는 기분과 함께 경제적 궁핍, 생활의 어려움을 체험했고, 70년부터 시작한 직장생활도 혹사당한다는 생각이 들 정도였음.

1975년 난장이 연작 첫 작품 「칼날」 발표, 1976년 여기에서 이야기할 「난장이가 쏘아올린 작은 공」을 발표하고, 1978년 난장이 연작 12편을 묶어 첫 소설집 『난장이가 쏘아올린 작은 공』을 펴냄. 1979년 동인문학상 수상기념작품집 『난장이 마을의 유리병정』을 펴낸 후 절필을 선언함.

1981년 단편을 발표하지만 다시 2년여 침묵하다 1983년 중편소설 『시간여행』, 단편 「어린 왕자」 등을 묶어 소설집

『시간여행』을 펴냄. 이에 대해 작가는 1981년 일간스포츠와의 인터뷰에서 "글을 쓸 수 없었다, 많은 경험을 쌓았다. 몇 가지 얻기도 했고, 몇 가지 잃기도 했고, 심리적으로 위축되기도 했다"며 심경의 일단을 내비친 바 있다.

또한 삼성출판사 발행 『제3세대한국문학』 권2 조세희편의 '작가와의 대화'에서는 "이 땅의 환경은 좋은 글을 쓸 수 있는 많은 작가를 사장해 왔습니다. 생활로 인한 침식도 있을테고요. 이런 것들이 그동안 내게 작용한 것"이라고 밝혀 거듭된 절필선언 내지 부진한 창작이 시대상황과 무관치 않음을 내비치기도 했다. 그후 사진산문집인 『침묵의 뿌리』를 내고, 소설집 『풀밭에서』, 장편소설 『하얀 저고리』 등을 펴냈다.

어쨌거나 '난장이'로 대표되는 조세희 작품세계 내지 문학은 1970년대 문학을 논의할 때 절대 빠질 수 없는 절대적 존재가치가 있다 해도 시비걸 사람은 아마 없을 것이다. 특히 평론가 김병익·김윤식 들이 강조해 마지않은 '특이한 문체의 미학'은 조세희 문학이 추구한 1970년대 노동의 현장 내지 열악한 노동자 현실을 담보하는 데 큰 힘이 되고 있다.

난장이가 쏘아올린 작은 공(1976년)

줄거리

나는 조각마루 끝에 앉아 아침식사를 하고 있는 어머니에게 '철거계고장'을 내민다. 어머니는 식사를 중단한 채 기어코 올 것이 왔다고 말한다. 나는 집에서 나와 '행복동' 주민들이 자기의 의견들을 말하고 있는 골목길을 지나 동사무소로 간다. 나는 동사무소 바깥 게시판에 적혀 있는 공고문을 읽는다. 거기에는 아파트 입주 절차와 입주를 포기할 경우 받을 수 있는 이주 보조금 액수들이 적혀 있다.

그러나 나의 가족은 입주권은 있어도 아파트로 옮겨갈 돈이 없다. 결국 나의 가족은 다른 행복동 주민들처럼 시에서 주겠다는 이주 보조금보다 돈을 더 얹어주는 거간꾼들에게 입주권을 팔고 만다. 마침내 '행정대집행법'에 의해 집은 가볍게 헐린다.

그 동안 난장이 아버지가 온갖 궂은 일을 하면서 근근이 생활을 해왔지만 그마저 병들어 자리에 눕게 된다. 장남인 영수와 어머니는 인쇄소 제본공장에 나가고 동생들인 영호와 영희는 학교를 그만둔다. 거간꾼들에게 입주권을 판 돈은 명희 어머니에게 전셋값을 갚고 나니 거의 남는 게 없다.

영희는 집을 나가 승용차를 타고 왔던 투기업자의 사무실에서 일하는 한편 그와 동거생활을 한다. 순결 따위는 영희에게 문제가 아니다. 영희는 투기업자의 얼굴에 마취를 하고 가방속에 있던 입주권과 돈을 가지고 행복동 동사무소로 향한다.

서류 신청을 마친 영희는 가족을 찾기 위해 신애 아주머니를 찾아 간다. 영희는 아버지가 벽돌공장 굴뚝 속에 떨어져 죽은 걸 알고 슬퍼운다. 그리고 큰오빠 영수에게 말한다.

"아버지를 난장이라고 부르는 악당은 죽여버려."

감상 길잡이

조세희의 대표작일 뿐아니라 한국현대소설사에 우뚝 솟은 문학작품 중 하나인 「난장이가 쏘아올린 작은 공」은 12편의 연작소설 중 4번째 것으로 1976년에 발표되었다. 1978년 같은 이름의 소설집 『난장이가 쏘아올린 작은 공』으로 발간됐다. 1979년에는 『토지』(박경리)·『사람의 아들』(이문열)과 함께 베스트셀러가 되기도 했다. 초판 이래 45만부가 팔려나갔으니 교과서에 실린 순수문학치고는 대단한 판매기록이다.

여러분은 이런 사실에 대해 다소 의아해할 것이다. 「난장이가 쏘아올린 작은 공」은, 우선 너무 재미가 없기 때문이다. 1970년대 산업화 과정에서 점차 소외되지도 않을 것이다. 아직 부모의 영향 아래 있는 여러분들이 직접 체험해보지 못해서가 아니라 일단 소설이 너무 어려워서이다.

시점만 해도 그렇다. 자세히 들여다보면 3장으로 이루어진 소설의 화자가 각각이다. 1장에선 장남인 영수, 2장에선 그의 남동생 영호, 3장에선 영희가 각각 화자로 등장하는 아주 독특한 형식의 소설인 것이다. 이렇듯 시점의 이동을 통한 등장인물의 내면심리 포착 등이 문학적 성취도 면에서 뛰어난 경지를 보여준 것이라 평가받을망정 여러분 입장에선 전혀 낯선 기분이어서 재미가 없을 수밖에.

그러나 소설을 재미로만 읽는 것은 아니다. 재미까지 있으면 그야말로 금상첨화이겠지만, 소설의 문학사적 가치나 의의상 읽어야 할 때도 있다. 사실 이 땅에서 1970년대는 일제 침략기나 6·25처럼 대단히 중요한 문학적 배경이다.

김원일의 「어둠의 혼」이 추구하는 세계와는 또 다른 경제발전(흔히 '개발독재시대'라 말하기도 한다.) 및 그에 따른 음습한 그늘이 드리워진 때이기 때문이다.

다시 말해 이른바 '한강의 기적'을 이루면서 먹고 사는 수준이 엄청 좋아졌지만, 그것을 있게 한 근로자들에 대한 적정량의 분배가 이루어지지 않음으로써 자본주의 사회의 극도로 모순된 구조상을 드러낸 것이다. 「난장이가 쏘아올린 작은 공」은 난장이 일가의 처참한 삶의 모습을 통해 상대적 빈곤과 인간소외 현상을 극명하게 드러내 사회적 파장과 함께 많은 독자의 시선을 끌게 된 것이다.

자, 그래도 여러분은 재미없는 소설이라고 푸념만 할 것인가?

<2024. 3. 3.>

분단현실과 시대정신
-김영현소설집 '깊은 강은 멀리 흐른다'론-

1.

'깊은 강은 멀리 흐른다'의 김영현 소설가 부음(訃音) 소식이 전해졌다. 한겨레(2025.5.12.)를 보니 2025년 5월 9일 "한때 진보문학의 산실로서의 실천문학사를 이끌었던 김영현 작가"가 우리 곁을 떠났다. 향년 70세다. 100세 시대라는 요즘 기준으로 보면 아직 젊은 나이다. 나랑 동갑이기도 한 나이로 세상을 일찍 떠 안타까움을 더해준다. 먼저 명복을 빈다. 그의 생애를 일별하는데 유익하게 보여 한겨레 기사를 중심으로 자세히 살펴본다.

김영현은 1955년 경상남도 창녕에서 '시골 한의사' 부친의 10남매 자녀 중 아홉 번째로 태어났다. 서울대 철학과 재학 중 학생 운동으로 옥고(獄苦)를 치렀다. 1978년 긴급조치 9호 위반을 이유로 갇힌 18개월이 단편 '벌레'의 배경이 됐다. 김 작가는 군 복무 시절 5·18 광주민중항쟁이 터지자, 보안대에 끌려가 또 고문당했다. 고인(故人)의 말대로 "사회정의를 실천하려 감옥에 가고 고문도 당하면서 공동체적 삶이 나의 전부였을 때"였다.

철학자 윤구병(82)의 주선으로 출판사가 소설가 김영현의 첫 직장이 됐다. 퇴근 뒤 회사에서 쓴 소설이 문단에 김영현을 각인시킨 1984년 데뷔작 '깊은 강은 멀리 흐른다'이다. 앞서 대학 3년 때(1976년) 처음 쓴 소설('닭'-인용자)로 학보사 주최 대학문학상을 받은 바 있기도 하다. 또 다른 연보(한국소설문학대계87. 동아출판사. 1995)에 따르면 대학 3년 때 인문대 교지 '지향' 창설 멤버로 참가했다. 사회과학 심포지엄에 참가하면서 의식이 급변하기 시작했다. 4학년때인 1977년 10월 심포지엄 사건으로 구속되기까지 했다.

작가가 된 사회운동가는 장르와 사유(思惟)의 경계를 넘나들길 주저하지 않는다. 김영현은 1990년대 문학의 정체성 논쟁을 촉발한 소설집 '깊은 강은 멀리 흐른다' 외 '해남 가는 길'·'그리고 아무 말도 하지 않았다'·'라일락 향기', 장편소설 '풋사랑'·'폭설', 추리소설 기법의 '낯선 사람들', 시소설 '짜라투스트라의 사랑', 시집 '겨울바다'·'남해엽서', 산문집 '나쓰메 소세키를 읽는 밤', 기행문 '서역의 달은 서쪽으로 흘러간다', 철학 산문집 '죽음에 관한 유쾌한 명상'·'그래, 흘러가는 시간을 어쩌자고' 등을 남겼다.

김영현은 1980년 군부독재 치하에서 이문구·고은·박태순·송기원·이시영 등이 주도해 창립한 실천문학사의 대표이사로 1997년 취임했다. 10여 년 재임 동안 작가 박완서의 '아주 오래된 농담', 현기영의 '지상에 오래된 숟가락 하나', 장 코르미에의 '체 게바라 평전' 등을 출간했다. 1980년대 군부의 탄압과 1990년대 문학의 위기를 견디며 일군 실천문학 제2의 전성기였다. 하지만 탄압이, 위기가 더 길다. '긴급조치 9호 위반' 혐의에 대한 무죄 판결(재심)을 35년 만인 2

013년 받은 고인은 한국작가회의 부이사장을 맡던 2014년 박근혜 정부의 '문화계 블랙리스트'에 오르기도 했다.

고인은 "문학은 자기 당대의 삶을 기록해 내는 것"이라며 "문학이 다양해지고 풍부해지는 건 좋다고 본다. 작가가 자기 색깔대로 노래하는 것도 좋다. 그러나 중심은 지켜야 한다. 리얼리즘이 있고서 다양성을 지켜야 한다"고 언론 인터뷰에서 강조한 바 있다. 여기서는 김영현소설집 '깊은 강은 멀리 흐른다'에 수록된 12편의 단편소설들을 구체적으로 살펴보고자 한다. 단, 김 작가 별세 이후 새로 쓴 글은 아니다. 추모의 마음으로 오래 전 쓴 글을 새롭게 다듬은 것임을 밝혀둔다.

2.

학살로 시작된 80년대는 거센 탄압과 그에 맞선 뜨거운 저항의 연속이었다. 군사작전을 방불케하는 대대적인 진압으로 벌써 수 차례 기록적인 인원을 구속하였다.

위 인용은 1984년 창비 신작 소설집에 '깊은 강은 멀리 흐른다'를 발표하면서 작가활동을 시작한 김영현의 소설 '그 해 겨울로 날아간 비행기'의 한 대목이다. 굳이 서두에 이 글을 인용한 것은 김영현의 첫 소설집인 '깊은 강은 멀리 흐른다'(1990)에 드러난 작품세계를 살펴보는데 유익한 단서가 될 것 같아서다. 하필 문학의 역사주의적 기능을 강조하는 것은 경계해야 할 일이지만, 어차피 그 본령이 '인간구원'에 있다면 사회조직의 한 구성원이 되어 있는 개인적 삶의 갖가지 유형은 어떤 식으로든 현실과 관련될 수밖에 없을 것이다.

그러나 불행하게도 이 땅의 사회현실 즉 분단현실은 통시적으로 폭력시대임을 부인할 수 없다. 해방 이후 급속한 사회변동과 이데올로기 대립의 양극화 현상을 겪고, 5·16, 12·12로 이어진 분단체제 속의 이 땅의 민주화는 '한국식'이란 한계를 안아온 것이 저간의 사정이다. 특히 1980년 5월 저 '광주'로부터 심화된 '파쇼군사독재정권'은 기본적 삶의 갖가지 기형아들을 양산하고 있다. 최루탄과 화염병으로 상징되는 공권력과 반(反)정부투쟁의 두 극점은 "모든 것은 항상 진보하고 변화한다"는 헤겔의 변증법적 역사관이 허위인지를 새삼 묻게 한다. 어디 그뿐인가. 연일 파업과 그에 강력히 대처하는 공권력 투입이 우리가 맞닥뜨리고 있는 사회현실이라 해도 과언이 아니다.

김영현의 소설들은 바로 이런 터전 위에 기초하고 있다. 작가가 자연인일 때 '운동권'이기도 했던 이력은 폭력시대를 서정적 문체와 '중간자'의식의 논리로 냉철하게 파헤치는 임철우의 그것과 비교되기도 한다. 그들의 관심이 이 땅의 첨예한 사회현실에 머물러 있음은 공통적이다. 작가의 이런 관심은 매우 온당한 것으로 보인다. 김영현소설집 '깊은 강은 멀리 흐른다'에 실린 12편의 단편소설이 정도의 차이는 있지만, 대개 첨예한 사회현실을 다루고 있어서다.

먼저 '멀고먼 해후'를 만나보자. 이 소설은 검사의 심문에 대한 진술로 짜여져 있다. "타협의 선까지 와있던 조건들은

모조리 철회되었고 회사측은 오히려 노조 자체를 불법화시
켜버릴 낌새"인 상황에 대처하기 위해 노조위원장인 준호가
과격한 방법을 생각해낸다. 조합원이지만 암환자로 선고받
은 순범을 희생양으로 쓰려 한 것이다. 비도덕적인 이런 방
법을 취하려 한 것은 "그의 죽음이 얼어붙은 사람들의 가슴
에 불길을 붙여줄 거"라고 믿기 때문이다. 그런데 죽음을
눈앞에 둔 순범은 감정의 기복을 겪다가 결국 거절하고 만
다. 상황은 역전된다. 준호가 순범의 분신 자결에 실패할 경
우 주려고 한 약을 먹고 죽어버린 것이다. 준호의 자살은,
이를테면 개죽음인 셈이다. 그럴망정 아래와 같은 그의 절
규는 의미심장하다.

"우린 벌레가 아니야! 우린 기계도 아니야! 매일매일
강간을 당하고 가랑잎처럼 희망도 없이 쫓겨다닐 수는
없어. 내가 어떻게 죽는지 잘 보라구. 적을 죽일 수 없을
때…."

그런데 여기서 간과해선 안될 것이 있다. "그의 죽음이
얼어붙은 사람들의 가슴에 불길을 붙여줄 거"라는 확신 내
지 인식이 그것이다. 앞에서 잠깐 중간자란 말을 한 바 있
는데, '얼어붙은 사람들'이란 누구인가? 전체 문맥으로 볼
때 가해자를 뜻하는 것은 아니다. 똑같이 피해자들이면서도
"누구도 먼저 말을 꺼내지 않았"던 사람들이다. 나는 그들
을 중간자로 부르는데, 어떤 일에서건 침묵하는 다수의 무
리라 할 수 있다. 이를 기회주의 또는 회색분자로 매도해선

깊은 강은 멀리 흐른다 209

안된다는 전제 아래 묻는다. 그렇다면 그들은 왜 침묵하는 것인가? 가령 저 '광주의 5월'에서도, 10년이 지난 오늘 최루탄과 '백골단' 만행의 현장에서 왜 그들은 폭발하지 않는 것인가?

민족의 선험적(先驗的) 피해의식의 현실 안주라고 하기엔 무릇 혁명의 발발에서 보듯 그 소지가 미흡한 까닭은 아닐까? 이 소설은 바로 그러한 문제제기에서 반짝 빛나고 있다. 이런 단정은 김영현이 '작가후기'에서 밝힌, "인간과 역사에 대한 근본적인 물음을 끊임없이 제기하지 않으면 자칫 우리의 운동이 전술 개발에만 치우치는 기능주의나 천박한 운동속물주의로 흐를 가능성이 많다"는 말에서 밑받침되기도 한다.

이 말은, 운동권에서 볼 때 달갑지 않게 들릴 이 말은 김영현의 '일선에서의 후퇴'를 어쩔 수 없이 자인하고 들어가는 뉘앙스를 풍기지만, 그러나 작가적 위치를 염두에 둘 때 당연한 것이기도 하다. 사회현실이 첨예하기 이를 데 없는데도 한가하게 순수주의만 고집해서도 안되겠지만, 문학이 '운동'이 아닌 이상 격렬한 투쟁지향의 작품 역시 작가로서 경계해야 할 대상이라서다. 요컨대 문학은 그 본령인 인간구원을 착실히 수행하는 것이어야 한다는 얘기다.

노조 탄압을 다룬 건 아니지만, 일본인 사장의 회사에서 사표를 내고마는 태수의 긍정적 세계관을 그린 '달맞이꽃', 역시 일본인의 현지처로 있는 미꼬 엄마를 어린 화자의 시선으로 관찰(이 점은 김주영의 장편소설 '아들의 겨울'을 강하게 연상시킨다.)하여 삶의 진실된 가치를 매우 시니컬하게 그려 산뜻 명료한 인상을 주는 '코', 작가이자 운동권인 화자 '그'가 시골에 내려가 서울(도시)에서의 치열한 사회현실적 모습과 '그'에 대응하는 지식인 단체의 위상(허실)을 점검해보는 '포도나무집 풍경' 등도 대략 그같은 맥락에서 쓰여진 걸로 이해되는 작품들이다.

반면 '벌레'·'엄마의 발톱'은 앞의 소설들이 정공법을 쓰고 있는데 비해 우회적인 완곡한 표현으로 사회현실의 이면(裏面)을 보여준다. 임철우의 단편소설 '사산하는 여름'을 연상시킬 정도의 알레고리 기법으로 참신한 느낌마저 안겨주는 '벌레'는 카프카의 '변신'을 원용하면서 사회의 구조적 모순이란 폭력이 얼마나 없는 사람들을 소외시키는가를 극명하게 보여준다. 그러면서도 작가는 "말하지 않는 것이 백 배나 천 배나 더 좋은 약이다"라는 사실을 진술하고 있다. 평론가 김명인이 밝힌 "사회변혁운동의 정서를 단순한 주장이 아니라 예술적 형식으로 승화해내는 탁월한 재능을 가진 작가"임을 밑받침하고 있다.

'엄마의 발톱'은 "하루종일 자취방에서 뒹굴다가 때가 되면 밥해 먹고 가끔 여기저기 출판사에 들러 번역거리라도 없나 하고서 살피다가 어쩌다 공술이라도 얻어 걸치는 날이면 세상 고민은 자기 혼자서 다 하는 놈처럼 허풍을 쳐대는" 작중 화자의 일견 무기력해 보이는 일상적 삶의 모습을 그리고 있다. 김영현이 운동권 이면의 디테일한 묘사에 뛰어난 작가임을 알게 해준다. 즉 혈연과 이데올로기 사이에서 방황하고 갈등하는, 그러나 확실한 '투사'의 모습을 그리고 있어서다.

여기서도 그 갈등의 근본 원인이 무엇인지는 다만 문제제기적 형태를 취하고 있어 눈길을 끈다. 이 말이 의문형으로 끝나버리고 만다는 것은, 물론 아니다. 리얼리즘 소설의 미학인 어떤 여운은, 따뜻하면서도 긍정적인 작가의식에 힘입어 영혼의 깊은 울림으로 와닿는다. 첨예한 이 땅의 사회현실은 '목격자'·'별'·'그해 겨울로 날아간 비행기'에서도 예외없이 드러난다.

그 발상법부터가 대단히 참신한 '목격자'는 '역사는 현재와 과거의 끊임없는 대화'라는 E·H 카의 역사인식을 토대로 한 듯 미묘한 사건을 공시적인 그물망으로 포착, 소설 읽는 즐거움을 안기고 있다. 작중 화자인 '나'는 김구 암살범이다. 종신형을 선고받지만, 드라큐라와 같은 권력의 비호를 받으며 구차한 목숨을 연명해간다. 그러던 어느 날 정말 우연하게도 '나'는 시체유기 현장을 목격하게 된다. 그것이 단순한 일반범죄가 아님을 눈치챈다. 운동권 학생의 의혹에 찬 죽음이다. '나'는, "그것은 어둠 속에서 반짝이는 한 점의 빛이었다. 이 비굴하고 초라하고 반역적인 생애를 가진 늙은이로 하여금 역사의 빛 속으로 나오도록 이끄는 손짓"임을 깨달으며 눈물을 흘린다.

'별' 역시 이와 비슷한 서사구조를 취하고 있다. 삼청교육대생 한 명이 탈출한다. 그는 영등포구치소에서 만난 적이 있던 소매치기범이다. 화자인 '나'는 시위로 구속·수감되었다가 징집을 당해 복무하고 있는 중이었다. 초비상이 걸리고, 사살해도 좋다는 명령이 떨어진다. 시국사범들이 수용된 이중 공간의 묘사가 절실한 추체험으로 와닿는다.(무슨 말인지 의아해 할 독자가 있을 것 같아 부기한다. 1977년 폭력사범으로 서대문구치소에 미결수로 달포간 수감된 나의 체험을 말한 것이다.) '나'는 생각한다. 그가 잡히지 않기를. 그 이유는 아래 인용과 같다.

> 그것은 그의 탈출일 뿐만 아니라 갇혀있는 사람들의 탈출이기도 했다. 그리고 그 도전은 반드시 이겨내야 할 승부였다. 왜냐하면 그 도전에는 어느 누구도 빼앗을 수 없는 자유라는 이름이 걸려 있기 때문이었다.

"학살로 시작된 80년대는 거센 탄압과 그에 맞선 뜨거운 저항의 연속이었"던 시대였으니만큼 두 대칭 축의 갈등 구조가 김영현 소설의 기본 공간임은 틀림없어 보인다. 그리하여 끊임없이 가해지는 폭력으로부터 벗어나려는 피해자 군상의 몸부림이 서정적 문체와 함께 긍정적으로 그려지고 있지만, 그러나 이 대목은 주의를 요한다. 이미 국회 청문회 등을 통해 어느 정도 확인된 바 있듯 삼청교육대가 5공 비리의 한몫을 차지하는 것은 무고하고 선량한 시민들의 부당 입소 때문이다. 다시 말해 "절망적인 폭력 앞에 선 연약하고 외로운 한 인간"이 작가가 설정한 소매치기범은 아니어야 한다는 얘기다.

무엇보다도 폭력이 날카로운 이빨을 드러내는 것은 형사범에 적용되는 논리가 아닐 터이다. 예컨대 순수한 학생운동을 좌경세력 또는 용공행위 등으로 매도하는 공권력 행사의 경우에 통용 내지 적용되는 개념이란 얘기다. 범죄사회학에서 말하는 사회의 구조적 모순에 힘입어, 또는 정치적 도덕성 결핍으로 인한 범죄였다 하더라도 소매치기범인 그가 '한국식 민주주의'의 야만시대에 곧잘 희생양이 되곤 하던 '민중'일 수는 없겠기에 하는 말이다.

물론 이런 인식은 '그해 겨울로 날아간 비행기'에서 교정되어 있기도 하다. '그해 겨울로 날아간 비행기'는 노조 투쟁으로 지명수배된 인하가 불법 연행되어 주변 사람들이 찾아나서는 과정을 그린다. 그걸 통해 김근태씨 고문사건 등을 폭로하는 이 소설엔 "강도, 강간범, 살인자 등의 사진과 나란히 곳곳의 벽에 붙어 있었다"는 진술이 들어있어 그것을 불식시키고 있는 것이다.

그러나 첨예한 사회현실을 다루고 있다는 점에서 김영현의 관심이 무엇인지를 아는 것은 그리 어려운 일이 아니다. 그것은 부당하게 핍박받는 폭력의 희생자들에 대한 따뜻한 관심이요, 그 배후에 숨어 조종하는 '진범'들에 대한 예술적 저항이다. 이 소설의 마지막 문장, "찢어진 구름 사이로 별 하나가 떠올랐다"가 지닌 언어의 함축성이 그것을 웅변한다. 이는 김영현 소설의 매우 탁월한 성과로 여겨진다.

한편 김영현의 사회현실은 이 땅의 영원한 숙제인 분단조국의 연원적 비극성과도 맞물려 있다. 이복형제인 만기와 기호의 서로 다른 삶의 모습과 아버지의 죽음을 통해 전 세대의 비극이 전이되고 있음을 보여준 '깊은 강은 멀리 흐른다', 이 소설의 연작 성격을 갖는 '저 깊푸른 강'이 그런 작품들이다. 여기서 분명한 것은 평론가 김윤식(1936~2018)이 임철우를 말하며 사용한 '아버지의 발견'이 앙버팀으로 끈끈하게 흐르고 있다는 사실이다.

아버지의 발견이란 무엇인가? 그것은 전쟁 미체험세대들이 6·25에 접근하는 문학적인 한 방식이다. 즉 이데올로기의 희생물이었던 아버지 세대의 여러 징후들을 간접체험으로써 아직도 현재진행형인, 그리하여 원천적 폭력의 빌미로 작용되는 6·25에 대한 인식을 새롭게 하는 것이다. 물론 그 새로움이란 분단문학의 극복을 의미한다.

'불울음소리'도 그런 맥락에서 쓰여진 작품이다. 강 교수와 시골에 내려간 촬영조수 '나'의 시점으로 전개되는 이 소설은 "드디어 마을로 넘어가는 고개에서 우리는 아직도 뭉실뭉실 피어오르는 연기와 살이 썩어가는 것 같은 고약한 냄새와 어쩐지 찡해지는 분위기"를 그려내고 있다. 이미 조정래나 김원일 등의 소설을 통해 익숙해진 '거창양민학살사건'이 강 교수의 아버지 회상을 통해 재현된다. 속속 밝혀지는 한국현대사의 이면들이 갖는 문학사적 의미는 말할 나위 없이 냉전체제의 분단이데올로기 극복에 있을 것이다. 문제는 그것이 지나간 것이 아니라 지금까지 계속된다는 데 있다.

"간단합니다. 그것은 단지 흘러간 아버지시대의 불이 아니라 바로 우리 시대의 대낮에, 도시의 한가운데서 다시 벌겋게 되살아난 그런 종류의 불이라는 것입니다. 절망과 분노로 뒤범벅이 되어있는 불 말입니다."

거창양민학살사건을 세월의 간극에도 불구하고 저 '광주학살'로 연관시키는 김영현의 사회현실에 대한 역사인식은 매우 신뢰스럽지만, 그러나 반드시 경계해야 할 것이 있다. 여러 통일 논의에서 보듯 45년 일당 독재의 북쪽 정권에 대한 성토(聲討)는 거의 없으면서 남쪽 정부에게만 가해지는 비판, 나아가 비난은 문학의 총체성 획득에 필경 실패하고 만다는 점이다. 앞에서도 잠깐 말했듯 문학은 운동이 아니다. 그 점이 김영현의 첫 소설집 '깊은 강은 멀리 흐른다'를 관류(貫流)하는 기본적 속성의 하나로 확인되고 있음은 작가를 위해서나 독자들을 위해 여간 다행스러운 일이 아닐 수 없다.

3.

김영현의 첨예한 사회현실에 대한 관심은 궁극적으로 시대정신(spirit of the time)을 목표로 출발하고 있다. 시대정신이란 무엇인가? 여기서 시대란 정치·사회·문화·경제·교육 등 삶의 전반을 포괄하는 총체적 개념이다. 원천적으로 정치의 민주화가 이루어지지 않은 이 땅에서의 시대정신은, 따라서 첨예하고 치열할 수밖에 없다. 특히 분단체제가 빚어내는 온갖 유형의 폭력, 그 시대에 살고 있는 이 땅의 민중들로선 김영현의 사회현실을 통한 시대정신 구현에 관심을 가질 수밖에 없다. 그것은 한스콘의 지적대로 "대다수 사람들의 마음에 스며들고, 또 구성원 전원에게 스며들고 있다고 주장하는 하나의 정신상태"인 민족주의에도 맞아떨어지는 정신적 에너지가 아닐까 한다.

<2025. 5. 19.>

제3부

김애란현상의 사회성 『두근두근 내 인생』 · 218

비극적 역사와 인간주의 · 231
-김성종대하소설 『여명의 눈동자』론-

분단극복의지로서의 역사인식 · 246
-조정래대하소설 『태백산맥』론-

역사재현의 리얼함과 민중의식 · 273
-김주영대하역사소설 『객주』론-

우중소설과 순수문학 · 301
-최인호장편소설 '불새' · '제4의 제국' · '낯익은 타인들의 도시'론-

남는 것 있는 장르문학 · 341
-정유정장편소설 '7년의 밤'론-

사랑 통한 길 찾기 · 353
-한승원장편소설 '항항포포'론-

역사공간과 여성성 · 364
-최명희대하소설 『혼불』론-

김애란현상의 사회성 『두근두근 내 인생』

1.

조선일보(2011.12.17)와 한겨레(2011.12.31)신문이 선정한 '2011 올해의 책 10권'에는 김애란의 장편소설 『두근두근 내 인생』이 나란히 들어 있다. 보수와 진보를 표방하는, 그래서 사이가 결코 좋다고 할 수 없는 두 신문에 『두근두근 내 인생』이 공통으로 들어 있어 신기하다는 느낌마저 준다. 정유정의 『7년의 밤』도 김애란과 같은 경우인데, 가령 곽노현 서울 교육감의 벌금형 선고와 함께 이루어진 직무 복귀를 예로 들어보자. 똑같은 사건인데도 두 신문의 사설(2012.1.20)은 "2억 준 교육감은 벌금, 받은 박 교수는 징역 3년"(조선일보)과 "직무 복귀한 곽 교육감, 공약 이행에 매진하라"(한겨레)로 극명한 차이를 보이고 있다. 보수냐 진보냐에 따라 같은 사안이라도 영 다른 시각을 갖게되어 있는 사회인 셈이다. 정치·경제·역사·문학 등 모든 분야가 나뉘어 있으니 어찌 신기한 일이 아니겠는가.

어쨌든 그것은 그만큼 『두근두근 내 인생』의 문학적 선전이 두드러졌다는 의미로 받아들여도 될 것 같다. 사실은 출간(2011.6.20) 무렵만 해도 나로선 별로 관심을 두지 않았던 『두근두근 내 인생』이었다. 내가 『두근두근 내 인생』에 비상한 관심을 갖기 시작한 것은 "6월 출간된 이래 출판인회의 베스트셀러 6위에 올라 있다. 석 달째 삼위권에 머물며 15만부 넘게 팔렸다. 올해 나온 신간 소설들 중에서 가장 많이 팔렸다"(한겨레, 2011.9.20)는 신문 보도를 접하고부터이다. 신문은 『두근두근 내 인생』도 "조만간 극장에서 만날 것이 확실시된다"고 전하고 있다.

『엄마를 부탁해』(신경숙)·『도가니』(공지영)·『완득이』(김려령)에 이은 또 하나의 신드롬이 탄생할 조짐인 것이다. 특히 『도가니』·『완득이』가 영화로 대박을 터뜨리면서 거둔 판매신화가 『두근두근 내 인생』에 대한 궁금증과 기대감을 동시에 안겨준 셈이라고나 할까. 앞의 조선일보에 따르면 『두근두근 내 인생』은 2011년말 20만 부 가깝게 팔렸다. 2011년 4월 『베스트셀러 30년』을 펴낸 한기호 한국출판마케팅연구소장은 『두근두근 내 인생』이 "지금 추세라면 50만 부 정도까지 팔릴 것으로 본다"(한겨레, 2011.9.6)고 전망하기도 했다.

그런데 위에서 말한 4권의 소설이 모두 한 군데 출판사(창비) 책이라는 점이 흥미를 끈다. 출간 시점이 서로 다른데도 같은 시기에 한 출판사의 4권의 소설이 쌍끌이 대박을 터뜨린 것은 흔치 않은 일이다. 『엄마를 부탁해』(2008)의 세계화 바람, 『도가니』(2009)·『완득이』(2008)의 영화로서의 흥행몰이 등이 일단 그 이유가 될 것이다. 그렇다면 『두근두근 내 인생』은? 일단 "창비가 다른 출판사보다 더 시대와 사회현상을 출판에 반영하는 편집 방향을 추진해온 덕분"(한겨레, 2011.9.20)이라고 창비 돌풍의 배경을 분석한 출판평론가 백원근의 주장이 답이 될 듯하다.

2.

 1980년생인 김애란은 '중고신인'이라 할 수 있다. 2002년 제1회대산대학문학상 수상과 함께 그 작품을 2003년 창작과비평 봄호에 발표하면서 작가가 됐기 때문이다. 소설집 『달려라, 아비』와 『침이 고인다』를 상재했지만, 장편소설은 『두근두근 내 인생』이 처음이다. 신경숙·공지영 등도 있어 소설로만 '고작' 20여 만 부 팔려나간 것을 '김애란현상'이라 말해도 될지 모르겠지만, 『두근두근 내 인생』의 시대의식 내지 사회성 구현만큼은 확실해 보인다. 유령 혹은 괴물과도 같은 사회와의 촘촘한 매개가 김애란현상의 핵심인 셈이다.

 『두근두근 내 인생』은 3살 때 아프기 시작해 17살이 된, 신체 나이 80세의 조로증 환자 이야기다. 화자인 나는 17세때 자신을 낳은 아빠(한대수)와 엄마(최미라)에게 보여줄 이야기(소설)를 써내려 간다. 나는 눈이 멀고, 결국 죽게되지만, 그 과정에서 아빠·엄마의 이력과 외가풍경, 방송출연, 이서하와 장씨할아버지(덕수) 이야기 등이 펼쳐진다. 끊임없이 독서를 했다곤 하나 초등학교 반 년 정도 다닌 것에 불과한 '나'의 시선으로 펼쳐지는 이야기들이다. 심지어 태아의 시점으로 풀어내는 이야기들도 있어 '이거, 김애란현상 소설 맞아?'하는 의구심을 자아낸다.

소설에서 시점은 중요한 요소이다. 고대소설 아닌 현대소설은 작가가 화자 뒤로 꼭꼭 숨기 마련인데, 그것이 안되어 있어서다. 예컨대 17세 소년이 '동심원의 너비'(11쪽)를, 뱃속아이가 "그 아득한 천구(天球) 위로"(40쪽) 따위를 운운하는 것은 연목구어나 다름없는 짓이다. 원천적이면서도 기초적 문제인 시점에서의 불편함을 잊어버리거나 잠시 접어둔다면 이 소설이 단순한 불치병 환자의 감상적이거나 의지적인 '인간승리기'만은 아님을 금세 알 수 있다. 작품 전편에 비교적 명징하게 깔려 있는 뒤틀린, 그러면서도 어김없이 진행되고 있는 치열한 사회현실에 대한 비판이 그것이다.

열여덟. 모르는 게 많지만 뜻밖에 아는 것도 많은 나이. 아버지는 이것이 기회란 걸 알았다. 하지만 좀 두렵기도 했다. 생전 장사란 걸 해본 적 없고, 자신도 없는데다, 이번에야말로 장인이 자기에게 진짜 어른이 되길 요구하는 것 같아서였다. 진짜 어른. 그런 게 어떤 건지 알 수 없어도, 심지어는 오랫동안 그런 대우를 받고 싶었으면서도, 아버지는 자신이 그걸 진심으로 원한 적이 한번도 없다는 걸 깨달았다. 아버지는 인생이 뭔지 몰랐다. 하지만 어른이란 단어에서 어쩐지 지독한 냄새가 난다는 건 알았다. 그건 단순히 피로나 권력, 또는 타락의 냄새가 아니었다. 얼마 전까지만 해도 막연히 그럴 거라 예상했는데, 막상 그 입구에 서고 보니 꼭 그런 것만도 아니었다. 아버지가 어른이란 말 속에서 본능적으로 감지한 것, 그것은 다름 아닌 외로움의 냄새였다. 말만 들어

도 단어 주위에 어두운 자장이 이는 게 한번 빨려들어가
면 다시는 헤어날 수 없을 것만 같은 무엇이었다.

-67쪽-

　인용부터 했는데, 우선 서사 구조부터가 그렇다. 조로증 환자라는 심각한 작중 분위기에 자칫 묻혀버릴 수 있지만, 기실 '10대 부모'라는, 일견 충격적이면서도 끔찍한 '원죄' 이야기로 소설이 이루어져 있다. 미혼모는 실재(實在)해도 '10대 부모'가 아일 낳아 기르는 가정은 이 사회에 거의 없다는 점에서 지독한 현실 변주인 셈이다. 아일 낳아 진짜 어른이 됐지만 아빠 대수는, 그러나 위 인용문에서 보듯 지독한 냄새를 맡는다. '다름 아닌 외로움의 냄새'를 어른이란 단어에서 맡는 것이다. '준비 안된 어른'에 대한 역설이다.
　10대 부모에 대한 연원을 거슬러 올라가보면 거기서도 묵직한 비판의식과 만나게 된다. 무엇보다도 학교현실이 그것이다. 일단 체육고 태권도 선수였던 대수는 심판 판정에 불복, 이단 옆차기를 날려 정학당한다. 대수는 "선배들의 연이은 구타와 기합이 싫었"(333쪽)다. 미라는 "자기가 잘할 수 있는 건 따로 있는데, 왜 엉뚱한 데 힘을 기울여야 하"(330쪽)는지 알 수 없다. 미라의 경우 입시지옥 현실에서 예술고를 못가게 한 아버지의 잘못이 더 크지만, 가출은 이미 정해진 순서다. 그들의 계곡에서의 만남이 이루어진 배경이다. 10대 부모 탄생에 대한 당위성으로 읽히는 대목이기도 하다. 그들 둘만의 개인적인 문제가 아님을 부각시키려는 작가의 의도가 역력히 묻어난다. 34, 100쪽 등에서 보는 미

혼모로서의 당당한 모습에서도 확인된다.

학교현실 비판은 거기서 그치지 않는다. 학교를 가고 싶다는 나의 말에 작가 누나는 말한다. "그렇게 괜찮은 데 아니야"(131쪽)라고. 짧은 대답이지만, 그리고 "나는 작가 누나에게 학교와 관련된 무슨 안 좋은 추억이 있나"(131쪽) 하며 개인적 일로 돌리려는 모습도 읽히지만, 전체 맥락에서 비판적 메시지라고 보는 게 맞다. 그 점은 대호관광단지 조성에 따른 선물공세, 공사장 인부들 부상과 사망처리 같은 데서도 마찬가지다. 그외 3살 이후 아이들의 말 안듣기(70쪽), 폭주족으로 비롯된 장씨 할아버지의 젊은 애들 혐오(205, 212쪽) 등 비판을 통한 사회성이 예사롭지 않다.

평론가 강유정은 「지금 여기의 비극, 당신의 고통」(세계의 문학, 2011 가을호)이라는 글에서 "조로증은 이 시대에 대한 일종의 상징이며 (…) 너무 일찍 늙어버린 세상이 바로 김애란이 보는 우리 사회"(한겨레, 2011.9.6)라고 주장했다. 또 한기호 소장은 "지금의 젊은 세대가 아비로 대표되는 의지할 만한 어른이 없는 것은 물론 오히려 아비를 걱정해주는 단계로 와 있다는 것을 김애란의 소설이 잘 보여 준다"(앞의 한겨레)고 말했다. 한 마디로 말세라는 얘기인데, 일정 부분 맞는 주장이다. 조기 명퇴, 청년 실업, 고물가 등 치열한 사회현실을 떠올려 보면 그렇다. 영화, 가요 등 문화계에서의 조로현상은 또 어떻던가!

10대 부모를 죄인시하기보다 당당하게 그린 것은 그 때문인지도 모른다. 위 인용문에서 보듯 어른에 대한 경계와 불신도 그 지점에서 빛을 발한다. 늙어감에 대한 인식도 마찬가지다. 늙는다는 건 자연스런 현상일 뿐이다. "나이는 몸으로만 먹는게 아니니까"(300쪽) 어른값을 해야 비로소 어른이다. 이를테면 조로증 환자 나를 통해 가치전도의 혼란에 빠져든 이 사회를 맹렬히 꼬집고 있는 셈이다. 그러면서도 나는 젊어지는 꿈을 꾼다. 반복되는 '트램펄린' 꿈이다. 시한부 인생인 줄 알면서 갖는 살고자 하는 욕망, 그것이 '나'만의 것은 아니기에 무겁고 진지하게 다가온다.

그렇다면 그것이 김애란 현상의 전부일까? 물론 아니다. 『두근두근 내 인생』에는 무겁고 진지한 이야기를 결코 부담되지 않게 읽게하는 힘이 있다. 우선 현실감이다. 도시 이면 도로에서 주차하는 어려움, 공원 속 흡연하는 중학생 등 구체적 주변 묘사라든가 10대 청소년 심리묘사를 통한 박진감이 그렇다. 우리가 익숙하게 경험했거나 하고 있는 사회 현상 묘사는 조로증 환자의 특수한 주인공이 결코 혼자가 아님을 깨닫게 한다. 우리가 미처 깨닫지 못하고 있던 것들에 대한 새로운 해석도 강점이다. 예컨대 아이 낳는 이유에 대해 "자기가 기억하지 못하는 생을 다시 살고 싶어서"(79쪽)가 그렇다.

뭔가 좀 미진한가? 그럼 하나 더 부연해보자. 미라가 10대 부모가 되어 만난 한수미에게 푸념하는 힘든 집안 일중 물 한 잔 먹기 절차가 그것이다. "물 끓여야지, 식혀야지, 주전자 씻어 놔야지, 물병 소독해야지, 병에다 다시 물 담아야지, 냉장고에 넣어야지……"(83쪽)를 읽으면서 퍼뜩 깨닫게 되지 않는가? 그냥 무의식적으로 마시는 보리차에 그런 복잡한 절차가 있음을. 그 일을 하는 주부라든가 도우미라면 알까 사람 대부분이 깨닫지 못하고 사는 것들, 이런 일상의 사회성은 유머러스한 표현, 참신한 비유, 묘사의 문학적 문장에 의해 더욱 빛을 발한다. 잠깐 작품 속으로 직접 들어가보자.

아버지는 우릴 보고 어깨를 으쓱한 뒤, 현관문을 딸깍 열었다. 장씨 할아버지는 다짜고짜 거실로 들어서며 숨을 헐떡였다. 그러고는 충격을 받은 듯한 태도로 내게 물었다.
"아름아, 방송 봤니?"
나는 얼떨떨한 얼굴로 답했다.
"네."
장씨 할아버지는 자리에 털썩 주저앉으며 재차 물었다.
"정말? 정말 봤어?"
어머니가 미간을 찌푸리며 물었다.
"왜 그러세요 할아버지?"
그러자 장씨 할아버지는 머리를 감싸안은 채 절망적인 표정으로 중얼거렸다.
"내가 안 나와……"

-174쪽-

위 인용문은 병원비 마련을 위해 촬영에 응한 TV프로 「이웃에게 희망을」이 끝난 직후 벌어진 일의 일부이다. 문 밖에서 다급한 노크소리가 들려 나를 비롯한 아빠·엄마는 깜짝 놀란다. 아버지가 경계하듯 소리치며 문을 열어보니 장씨 할아버지다. 그리고 인용문 내용이 이어진다. 할아버지가 충격을 받은 듯한 태도로 "방송 봤냐?"고 묻던 기세와 달리 자기가 TV에 안 나왔다고 말하기 위해 그렇듯 쫓아온 것임을 알 수 있다. 촬영 때 자신도 이야길 주고 받았는데, 왜 방송에서 안 나왔냐고 따진 것이다. 절로 박장대소가 터져나오는 유머이다.

이런 유머 감각은 어쩌다 있는 것이 아니다. 썰렁한 개그처럼 파열음을 내지도 않는다. 뭔가 심각하고 음울해질라치면 어느새 스며들어 소설의 분위기를 압도한다. 참신한 표현도 만만치 않은 강점이다. 몇 개만 직접 옮겨 보자. "마을의 경기는 비싼 영양제를 맞은 환자처럼"(21쪽), "가위로 오린 듯 네모난 햇빛"(149쪽), "문득 걸음을 멈추고 봐도 될 만큼 멋진 노을"(162쪽), "화투판을 뒤엎듯 신경질을 냈다"(210쪽) 등이다. 얼마든지 그런 예를 들 수 있는데, 신인일수록 선배들에 비해 참신한 표현의 소설을 쓰고 있음은 매우 고무적인 일이다. 앞에서 말했듯 현실감 넘치는 주변 상황을 비롯 자연·인물 등 묘사의 문학적 문장도 이 작가에 대한 믿음을 충족시킨다.

그래도 아쉬움은 남는다. 먼저 이서하가 36세 남자였다는 사실을 인지한 나의 무덤덤한 반응이다. 병원에 있을 때 볼 수는 없어도 그가 왔음을 알고 다시 이서하에게 편지를 쓰는 등 파국을 받아들이지 않으려는 모습으로 그리려 한 듯하지만, 좀 아쉬운 대목이다. 서하를 좋아해, "이 세상도 덩달아 좋아지면 어쩌나 하는 걱정 때문에"(188쪽) 친구 사귀는데 아주 많은 어려움을 겪은 '나'여서 하는 말이다. 그냥 무덤덤하거나 포기하지 않고, 그만큼의 상실감이 그려졌어야 내용상 결구에 맞아떨어질 것이다.

하나의 전개기법으로 내세운 듯한데, 잦은 도치법 사용도 아쉽긴 마찬가지다. 도치법 원래의 기능을 벗어나 있어서다. 도치법은 어쩌다 사용해야 원래 기능인 강조의 효과를 극대화할 수 있는 수사법이다. 수시로 쓰이다보니 강조는커녕 읽는 호흡이 불안정해지는 등 오히려 독서에 방해요인으로 작용하고 있다. 신경숙·공지영 등 선배들에 비해 덜한 편이지만 간간이 나타나는 1페이지가 훌쩍 넘는 너무 긴 문단도 아쉽다. 다음 소설에선 좀 더 세심한 주의가 필요해 보인다.

끝으로 지적할 사항은 아쉬움을 넘어 짜증나는 것들이다. 같은 출판사에서 펴낸 공지영 소설 『도가니』에서도 발견한 바 있는데, 이런 오류는 작가에게 돌아갈 몫은 아니라 여겨진다. 바로 된소리 표기로 인한 오류가 그것이다. 쎄트(21쪽), 쎅스(27쪽), 메씨지(32·48·180·187·217쪽), 에쎄이(53·56·176쪽), 팬씨(65쪽), 포털싸이트(73·250쪽), 카쎄트(122쪽), 썬글라스(125·149·289쪽), 헤드쎄트(141쪽), 싸이트(178·218쪽), 싸인(237·259쪽), 싸운드트랙(245쪽), 씨나리오(280쪽) 따위 등이다. 하나같이 된소리(ㅆ) 아닌 예사소리(ㅅ)로 표기해야 하는 것들이 '단체로' 오류에 빠져 있다. 혹 출판사 기계가 그 무렵 반역이라도 저질렀나?

3.

평론가 백낙청은 어느 인터뷰에서 "요즘 평론가들은 글을 너무 어렵게 씁니다. 비평가의 권위는 전문적인 식견에서 나오는 것이 아니라 '중요한 독자의 한 사람'이라는 입장에서 나오는 것이"(서울신문, 2011.5.26)라고 말했다. 그것은 "남들과 색다른 얘기를 해야만 하고 자기만 아는 얘기를 작가에게 일깨워줘야 한다는 식의 우월의식으로 인해 빚어진 결과"라고 진단했다. 또 "독자들끼리 나누는 얘기와 같은 평론에 오히려 작가들이 귀를 기울일 수 밖에 없다"고 덧붙이기도 했다. 이 땅의 대표적인 영문학자이자 비평계의 거목중 한 명인 그의 발언이라 다소 놀랍지만, 나로선 전적으로 공감하는 옳은 지적이라 생각한다.

　궁극적으로 비평은 독자들이 작품을 제대로 독해하는데 친절한 안내서가 되어야 한다고 믿는다. 평론가들이 글을 어렵게 쓰지 않아야 할 이유이다. 일반 독자들이 읽고 무슨 말인지 도통 모를 비평은 그야말로 '그들만의 리그'일 뿐이다. 나로선 비평을 읽으면서 가끔 '과연 이 글을 쓴 이는 이게 무슨 말인지 알까?' 하는 의구심이 들 때가 있다. 무릇 독자들이 그런 느낌을 받는 비평이라면 그 글이 대상으로 한 작품론은 이미 물 건너간 꼴이 아닌가? 나는 어떤 비평에서도 그런 글이 안되게 나름 신경을 써가며 임해왔다고 '자부'하는데, 독자들도 그렇게 생각할지는 미지수다. 이 글 역시 그렇다.

　지금까지 발간 6개월 만에 20여 만 부가 팔린 『두근두근 내 인생』을, 김애란 현상이라 규정짓고 주로 사회성 측면에서 논의해 보았다. 30을 갓 넘긴 젊은 작가, 그것도 이제

처녀작 장편소설이라는 점에서 『두근두근 내 인생』에 대한 반향은 놀랍다. 청소년 소설이라 장르가 겹치지 않는 『완득이』 못지 않을 기세다. 알려진 대로 2008년 출간된 『완득이』는 500만 관객동원 영화로서의 대박과 함께 다시 독자의 관심을 끌어 50만 부 판매를 훌쩍 넘긴 바 있다. 50만 부 판매를 이미 예상한 전문가도 있듯 『두근두근 내 인생』의 파괴력이 어디까지일지, 관심거리가 됨직하다.

영화나 소설의 흥행 성공에 '입소문'이 존재하는 건 분명해 보인다. 아무리 많은 돈을 써가며 광고해도 입소문을 잘못 타면 쪽박차기 십상인 것이 현실이다. 300억 가까이 들여 한국영화사상 최고의 제작비라는 수식어가 따라붙는 「마이웨이」의 흥행 참패가 단적인 예다. 「액션보다 감동 치중해 부진」(경향신문, 2012.1.5) 따위 신문 리뷰 등이 입소문의 진앙지일 법하다. 『두근두근 내 인생』은 심지어 KTX 고속열차마저 지나쳐 버린 정차역을 향해 후진하는 이 역주행시대의 치열한 사회현실을 은근 슬쩍 꼬집고 있다.

물론 그것만이 전부는 아니다. 사회성을 제대로 구현시키는 문학적 장치들이 동시에 작동하고 있다. 이른바 술술 읽히게 하는 힘이다. 유머러스한 표현, 참신한 비유, 자연 및 주변상황의 현실감, 심리묘사의 구체성 등이 그것이다. 나로서 아쉬운 것은 책을 읽으며 간간이 부딪치게 되는 너무 긴 문단이지만, 여러 선배 작가들의 소설에 비하면 짜증날 정도는 아니다. 17세 소년의 신체 나이 80세인 조로증 환자라든가 단순한 10대 미혼모가 아니라 '부모'라는 독특한 제재도 그렇고, 『두근두근 내 인생』은 한겨레신문 '올해의 책

10권'(2011.12.31)에서 말한 대로 "새로운 이야기꾼의 탄생을 알린 수작!"임에 틀림없다.

<'원광문학' 제12호, 2015.4.20.>

비극적 역사와 인간주의
-김성종 대하소설 『여명의 눈동자』론-

1. 역사와 대하소설

"평론가들은 무식합니다. 그런 사람들의 평가를 받고 싶지 않아요. 아예 읽어보지도 않은 채 상업소설이니 어떠니 하니까. 나는 눈 하나 깜빡하지 않았어요. 내 인생 내가 사는 겁니다."

'한국 추리소설의 대부' 김성종이 최근 '인터뷰- 최보식이 만난 사람(조선일보, 2015.6.8)에서 한 말이다. 바야흐로 추리소설의 계절이 다가오고 있어 추리문학관이 있는 부산에 내려가 진행한 인터뷰인지 알 길 없으나 김성종의 위의 말에는 평단에 대한 심한 불신감이 배어 있다. 필자 역시 평론가이지만, 그의 말에 전적으로 동의한다. 특히『여명의 눈동자』(전10권)에 대한 논의가 거의 없는 것은 평단의 직무 유기라 해도 과언이 아니다. 일단 300만 권쯤 팔린 베스트셀러를 나몰라라해선 안 되는데다가 비극적 역사를 제재로 한 대하소설로 봐도 손색 없는 작품이기 때문이다.

비극적 역사를 제재로 한 문학은 일제침략기였던 1930년대에 유행한 역사소설 이래 문학의 한 장르를 이룰 만큼 대하소설이라는 응용된 형태로 많이 있어 왔다. 조정래의『태백산맥』『아리랑』『한강』을 비롯하여 박경리의 『토지』, 이병주의 『지리산』 등이 그렇다. 고 김종학 PD가 연출한 TV 드라마로도 유명해진 김성종의 『여명의 눈동자』 역시 그것들 가운데 하나이다. 1975년 10월부터 1981년 3월까지 5년 6개월 동안 일간스포츠에 연재되고, 그 해에 10권의 단행본으로 출간된 『여명의 눈동자』를 읽은 것은 그 비극성 때문이다.

차라리 생각하고 싶지도 않은 일제침략-해방-한국전쟁에 이르기까지의 역사적 공간을 현재라는 문학적 시간에 담아냄으로써 거둔 성과, 즉 메시지가 과연 무엇일까 하는 의문이 비극성과 맞물려 종내 떠나지 않은 것이다. 이 글은, 이를테면 그 의문에 대한 답을 채우기 위해 쓰여지는 셈이다. 단, 지난 5월 펴낸 장세진평론집 『한국대하역사소설론』에 수록된 『여명의 눈동자』론을 잡지 청탁(분량)에 맞춰 개작한 글임을 미리 밝혀둔다.

2. 비극적 역사 혹은 사랑

『여명의 눈동자』는 일제침략 말기인 1944년부터 한국전쟁이 소강상태에 빠진 1951년까지를 시간적 배경으로 하고 있다. 『태백산맥』(1948~1953년) 등 그때를 배경으로 한 소설이 없지 않지만, 그러나 『여명의 눈동자』가 보다 강한 충격으로 와닿는 것은 군국주의 일본의 광신적 만행, 특히 널리 알려지지 않은 역사적 만행들을 비교적 자세하게 그려내고 있기 때문이다. 그 비극성에도 불구하고 한 할머니의 체험고백으로 비로소 실상이 밝혀진 정신대 이야기를 비롯해, 영화 『마루타』에 의해 보다 '시각화'된 생체실험, 그리고 전 인류가 충분히 가공할만한 세균전 등이 그것이다. 그 외 패전에 임박한 일본군(가장 전형적 인물로 작가는 오오에를 창조해 놓고 있다.)의 만행―살상과 윤간 등이 처절할 정도로 그려지고 있다. 그것은 말할 나위 없이 전쟁으로부터 비롯되었으며, 강요된 비극적 역사의 한 축을 이룬다.

당대를 살다간 수많은 사람들이 그 중심에 있지만, 세 명 정도가 주요인물이다. 최대치·윤여옥·장하림이 그들이다. 그들은 강요된 엄청난 역사의 소용돌이에 휘말려든 당대의 가장 전형적 인물들이다. 그들이 온몸으로 부딪치며 살아야 했던 삶 자체가 바로 역사적 의미임은 물론이다. 그만큼 그들의 삶은 역사적 진실과 밀착해 있는 셈이다. 먼저 최대치를 만나보자. 최대치는 북경대학 재학중 학도병으로 끌려간다. 강요된 역사가 시작된 것이다. "다른 사람 밑에서 일하는 것을 본능적으로 싫어하고 있었던" 대치이지만, 오오에라는 일본군 오장에 의해 그 인간이 철저히 파괴되어 간다. 작가는 그 서막을 다음과 같이 그리고 있다.

> 대치는 할 수 없다는 것을 느꼈다. 그들 중국인을 내려다 보았다. 중국인은 눈을 크게 뜬 채 올려다보고 있었다. 공포의 빛이 역연했다. 그러나 여전히 입은 굳게 다물고 있었다. <u>이건 내 죄가 아니다. 나를 원망할 필요는 없다. 나도 살아야 하니까 할 수 없다. 나는 살아야 한다. 미운 것은 왜놈들이다. 특히 오오에 이놈이야말</u>

<u>로…….</u> 대치는 눈을 감았다. 그리고 총검을 높이 들어올
렸다가 중국인의 가슴을 향하여 그것을 푹 내려찍었다.
(밑줄 표시는 인용자)

-1권 41~42쪽-

위 인용은 대치가 학도병이 된 이후 처음 살인(민간인을 죽이므로)을 하는 장면이다. 인용 행간에서 인간적 고뇌를 읽을 수 있는 것은 어렵지 않은 일이다. "분노와 함께 사람을 찔러 죽였다는 사실이 머리를 어지럽혔"지만, 이후 최대치는 부녀자 윤간, 살인 등의 만행도 서슴지 않는 인간이 되어간다. 대치는 "나는 왜놈이 되어가고 있다. 그러나 그래서는 안된다. 나는 조선인이다"라고 느끼면서도 어느덧 가장 잔인한 인간으로 '활약'하게 되는 것이다.

그런데 거기서 유의해야 할 것이 있다. 밑줄 부분의 대치 생각이다. 특히 '나는 살아야 한다'고 다짐하는 장면은 이 소설의 중심을 관류하는 큰 줄기임에 유의해야 한다. 물론 내가 살기 위해서 남을 죽여야 한다는 논리가 윤리적으로 부담이 없는 것은 아니다. 다만 전쟁으로 인한 강요된 역사였기에 대치의 그런 생각과 행위가 용납될 수 있을 뿐이다. 오오에를 돌로 쳐 죽이고(대치도 한쪽 눈을 잃는다.), 그 간을 씹어먹은 것도 결국 살기 위한 몸부림일 수밖에 없다. 일견 실존주의적이기까지 한 극한상황 속에서의 그런 몸짓은 해방 이후 요인 암살과 테러, 심지어 아내인 여옥까지 쏴 죽이는 것으로 이어지고 있다.

부끄럽지만 일제침략기라는 비극적 역사는 최대치를 공산

주의자로 만들어내는 훌륭한 토양이었던 것이다. 최대치는 오로지 살아야 한다는 그의 의지대로 죽음의 땅 미얀마와 중국 접경지대에서도 살아난다. 공산주의자 김기문에 의해서다. 대장간 집안의 아들로 태어나 거의 독학하여 북경대학을 다니며 레닌을 접하긴 했지만, 아직 '낭만적' 수준에 머물러 있던 그가 생명의 은인인 김기문의 사주에 의해 철저한 공산주의자로 변신하게 되는 것이다. 강요된 역사가 기어코 제국주의 타도의 기치를 내건 공산주의라는 이데올로기의 사생아를 낳은 셈이다. 거기에도 물론 비극적 역사가 난산(難産)한 교묘한 논리가 스며있다.

가령 2권 69쪽 등 김기문의 이야기에 대치는 가슴이 설레이는 것을 느낀다. 자신의 운명이 변하고 있음을 깨닫기까지 한다. 일제 침략이 없었더라면 이 땅에 공산주의의 그림자도 얼씬거리지 않았을 것이라는 생각이 우리의 '피에로' 대치에 의해 굳어지는 대목이다. 어쨌거나 최대치는 해방조국에 입성하여 과거의 혁혁한 투쟁경력을 인정받게 되고, 이른바 혁명전사로 변신한다. 이를테면 결코 인간 위에 선행할 수 없는 이데올로기의 처참한 노예가 된 셈이다.

혁명전사로서의 최대치는 가일층 독자를 전율케 하는 인물이 되어간다. 이데올로기의 화신으로서 피도 눈물도 없는 최대치의 모습이야말로 이 땅의 비극적 역사가 맞닥뜨려야 할 또 하나의 자화상이기 때문이다. 해방공간에서의 첨예한 좌·우 대립— 대구의 10월, 제주의 4월, 여수·순천의 10월 등과 직·간접적으로 관련을 맺고 있는 최대치의 혁명전사로서의 모습은 급기야 일제침략기보다도 더 참혹하고 우매스러운 한국전쟁에 이르러 극치를 이룬다. 특히 연합군의 인천상륙으로 퇴로가 끊겨 빨치산이 된 최대치의 죽기 직전 모습은 참으로 뭉클한 여운까지도 남겨 놓고 있다. 그것은 다름 아닌 비극미다.

그렇다면 최대치는 과연 강요된 역사의 희생물인가? 변증법적 역사발전의 원리를 신봉한다면 원칙적으로 그렇다고 할 수 있다. 일제 침략이 그의 의지와는 상관없이 사람을 죽이게 만들고, 결국 공산주의자로 변신하게 한 것을 살펴 봐도 그렇다. 그런 점에서 『여명의 눈동자』를 대하소설이라 할 수 있으며 최대치라는 캐릭터도 문학적으로 성공한 듯 보인다. 말 없는 역사를 문학에 끌어들이는 의도도 그 어름에서 비로소 확인이 된 셈이다. 최대치의 삶과 죽음이야말로 국가 없이 역사를 이어와야 했던 이 땅의 연원적 비극성의 한 모형을 클로즈업시키는 데 부족함이 없어서다.

아이러니컬하게도 그것은 최대치가 악착스럽게 추구한 삶에 대한 집착으로 인해 복합적 성격의 소유자이거나 모순된 인물이라는 데서 비롯된다. 다시 말해 최대치는 강요된 역사에 의해 인간성이 파괴된 짐승 같은 인간이지만 진정 공산주의자는 아니라는 것이다. 이 소설이 쓰여지던 시대의 정치적 상황을 고려해야겠지만, 빨치산을 미화시키고 있는 『태백산맥』은 물론 결국 반공 이데올로기의 승리로 끝나는 『지리산』의 경우마저 파르티잔(공산주의자)이 그렇게 살려고 몸부림치지 않고 있는 것에서도 얼른 비교되는 '문학적 진실'이다. 이 소설이 강요된 역사의 비극성을 일깨우려는 나머지 너무 극적 흥미에 치중하지 않았는가 하는 조심스런 진단이 내려지는 이유이기도 하다. 이런 점은 윤여옥에 대한 묘사에서도 다소간 엿볼 수 있는 이 소설의 최대 약점이다.

전 10권의 『여명의 눈동자』는 윤여옥이 겪는 정신대 이야기로 시작되고 있다. 물론 대하소설에서의 서두의 기능이 단편소설같지는 않겠지만, 『여명의 눈동자』의 문학성을 약화시키는 편집자적 해설, 특히 여옥의 죽음 뒤에 다소 장황하게 이어지고 있는 편집자적 해설은 작가의 그녀에 대한 애정의 깊이를 측정하는데 도움이 되는 한 단면이다. 이런 징후는 표제인 『여명의 눈동자』가 스파이 윤여옥의 암호명이라는 데서도 단적으로 증명되고 있다. 그만큼 윤여옥은 역사적 인물인 셈이다. 앞서 만나본 최대치가 강요된 역사와 이데올로기에 이끌렸지만, 결국 적극적이고 도전적인 그의 성격으로 인해 희생물이 된 인물형이라면 윤여옥은 다분히 '여자적'인 이유로 그 못지 않은 삶과 죽음을 맞이하고 있는 것이 다른 점이라고 할 수 있다.

윤여옥의 삶과 죽음 역시 비극적 역사를 모태로 하고 있다. 최대치의 삶과 죽음에 비해 여옥의 그것은 이중적 갈등 구조로 짜여 있다. 여옥은, 이를테면 비극적 역사와 이데올로기라는 날카로운 양날을 짊어진 여자인 셈이다. 여기서 비극적 역사는 말할 나위 없이 정신대지만, 그러나 이데올로기는 사랑이다. 물론 이때의 사랑은 다분히 순애보적인데, 유의해야 할 것이 있다. 최대치가 공산주의자임을 알고도 남편으로 받아들이고 있는 그 사랑은 비극적 역사의 피해의식 내지 수용의지에 기초해 있다는 점이다.

여옥에게 거창한 정치의식 따위는 없다. 그녀가 OSS 훈련을 받고, 첩보원이 되는 것은 오직 고향에 가기 위해서라고 할 수 있다. 정신대로부터 미군첩보원, 공산당 스파이에 이르기까지 파란만장한 인생이 어린 그녀의 몫이지만 여옥은 최대치처럼 '왜놈'들을 저주하거나 원망하지도 않는다. 오히려 그녀는 비극적 역사의 피해를 수용하려는 의지마저 보이고 있다. 강요된 정신대 체험으로 파괴되어버린 일상적 여인으로서의 길을 걷기 위해 공산주의자인 최대치와 결혼하고, 급기야 스파이 노릇까지 하게 되는 서사구조가 그런 확신을 도와주고 있는 셈이다.

그런데 역설적으로 정신대를 겪지 않았다면, 그리하여 쓰레기 같은 육신이 되지 않았다면 공산주의자 대치 따위를 사랑할 리가 없다는 해석이 가능해진다. 그러니까 여옥의 대치에 대한 사랑은 언필칭 운명적이라기보다 역사적이라고 하는 편이 옳다. 그 역사적 사랑은 재판정에서 "우리가 겪어야 했던 치욕과 고통의 역사, 그 역사의 수레바퀴에 가장 처참하게 짓밟힌 희생자가 바로 여기 서 있는 피고 윤여옥"이라는 변호인의 주의·환기를 이끌어내지만, 결국 최종심에서조차 사형선고라는 최고형이 확정됨으로써 비극미를 고조시키고 있다. 전쟁 발발로 풀려나긴 하지만, 윤여옥에 대한 사형선고는 이 땅의 비극적 역사의 아이러니임과 동시에 무거운 톤으로 독자들을 질타하는 힘이 있다.

여옥의 삶과 죽음이 더욱 비극미로 치닫고 있는 것은, 그러나 그녀의 강요된 역사에 대한 수용의지가 무참히 좌절되는 데서 찾을 수 있다. 그것의 구체적 양상은 고장난명(孤

掌難鳴)의 사랑으로 나타난다. 스파이짓까지 하면서 걷고자 한 평범한 여인의 길— 즉 사랑이 결국 그 손(최대치)에 의해 좌절되고 있는 것이다. 출옥 이후 대치를 저주하고 절연도 하지만, 기어이 그 손에 죽고마는 여옥의 최후는 처참하면서도 장엄하기 이를데 없다. 자신의 목숨을 부지하기 위해 아내를 쏘아 죽이는 대치(결국 그도 자결하지만)의 모습과는 또 다른 비극적 역사의 한 자화상인 셈이다. 거기에 극적 흥미라는 함정이 있음은 유감스런 일이다. 독자들은 비극적 역사의 현재화가 안겨주는 신선하지만 당연한 충격에 분노와 전율을 느끼게 된다. 그러나 당대로선 배운 여자 윤여옥의 사랑과 간첩행위, 장하림과의 삼각관계 등이 너무 극적 흥미 위주로 묘사되지 않았는가 하는 점을 아쉬워 할 것이다.

3. 인간주의— 영원한 반공?

이제 장하림을 만날 차례이다. 세 인물 중에서 유일하게 살아남는 장하림이 만나는 비극적 역사 역시 만만치 않다. 가즈꼬라는 일본여자(과부)와의 불륜이 꼬투리가 잡혀 전장에 끌려가는 동경제대생 장하림은 731방역급수부대 및 세균전의 전진기지 사이판에서 '죠센징' 위생병으로 비극적 역사와 부딪치게 된다. 최대치와 윤여옥이 맞닥뜨린 비극적 역사의 현장보다 더 가공할 일본군의 만행이 그를 기다리고 있지만, 그러나 장하림의 경우 비교적 적극적 행보의 자유의지가 있는 인물로 보인다. 그것은 어쩔 수 없이 비극적 역사의 다른 모습이자 이 소설의 주제의식과 맞물려 있는 것이기도 하다.
　장하림의 운명이 바뀌는 것은 미군의 사이판 함락에 의해서다. 이같은 행적에서 읽을 수 있는 것은 일제침략기 때 살려고 한 적극적 몸짓말고는 장하림 역시 자신의 의지와 상관없이 비극적 역사의 가장자리로 휩쓸렸다는 점이다. 일본 여자와 정을 통할 만큼 민족정신이나 조국애가 결여된 장하림이 해방 이후 역사적 인물로 무게를 더해가는 것은, 이를테면 전생의 승자인 미군(아얄티) 때문이다. 최대치가 공산주의자 김기문을 극적인 순간에 만난 것이나 장하림이 민족주의자 아얄티(유대인)의 권유에 의해 미군정 정보국 요원으로 변신하는 모습은 그래서 비극적 역사의 다른 두 모습일 수밖에 없다. 미군 또는 미국 역시 해방조국의 이데올로기 대립을 부추긴 상대로서 지금까지도 이 땅의 비극적 역사에 깊이 관련되어 있는 사실이 그것을 뒷받침해 준다.
　단지 해방조국만을 꿈꿔온 장하림은 이데올로기의 하수인이 되어간다. 대학생이면서도 공산주의가 무엇인지 몰랐던 장하림은 미정보요원으로 활동하면서, 그리고 전쟁중 좌익세력에게 죽임까지 당할 뻔하자 완벽하게 한쪽 이데올로기의 추종자가 되어가는 것이다. 남로당원을 체포하고 평양에 잠입, 스파이 노릇도 감당하는 장하림의 그것은, 그러나 반공주의라기보다 '인간주의'라고 해야 옳다. 인간주의란 말할 나위 없이 모든 것의 중심은 인간이 되어야 한다는 생각이다. 어떤 이데올로기를 위해서 인간이 파괴될 수 없음은 물론이다. 무엇보다도 인간주의의 가치는 모든 이데올로기보다 상위개념에 있다는 점이다. 따라서 인간주의에는 흑과 백의 이분법적 구분이 없다. 장하림의 생각이 그렇다. 아래 인용을 보자.

"지금이 어느 때라고 적을 믿으십니까?"
"이런 때라고 못 믿을 건 없지. 그리고 영원한 적이란 없는거야. 적이기 이전에 인간이란 점에서는 모두 똑같아."
모두가 아무래도 이해가 안 간다는 듯 그를 바라봤다.
―7권 117쪽-

위 인용은 4·3사건이 터진 제주도에 내려온 하림이 생포한 적을 풀어주고 부하와 주고 받는 대화이다. 그 목적이 최대치 앞으로 쓴 편지를 전달케 하는 데 있기는 하지만, 이런 모습은 얼마든지 찾아 볼 수 있다. 가령 평양에서 붙들려 고문을 받고 결국 배신하는 부하를 전혀 미워하지 않는 것도 그 중 하나이다. 그의 인간주의는, 그러나 여옥과의 관계에서 더욱 빛을 발하고 있다. 하림과 여옥의 관계는 한마디로 간추리기 힘들 만큼 특수하다. 대치와 여옥의 관계가 역사적이었다면 하림과 여옥의 관계는 운명적이었다고 표현할 수 있을 만큼 아주 기구하다. 얼핏 남자의 순애보를 보는 듯하지만 이성간의 사랑으로만 규정하기에는 자꾸 아쉬움이 남는 그런 관계이다.

소설을 잘 읽히게 하는 요인 중 하나인 그 사랑 이상의 관계는 사이판에서부터 시작된다. 정신대로 끌려온 어리디

어린 조선처녀가 임신한 것을 보고 하림은 동족으로서의 연민을 느낀다. 가즈꼬와의 관계로 보아 원래 여자에게 친절하고 호의적인(아이러니컬하게도 이것이 그의 인간주의의 튼튼한 동앗줄이 되고 있음을 시인할 수밖에 없게 한다.) 하림의 여옥에 대한 태도는, 그러나 OSS요원이 되어 잠입한 식민조국에서 보다 명확해진다. 그녀 역시 OSS요원이 되어 하림과 접선, 공동작전을 펼치는 것이다.

그것은 해방공간을 거치고 전쟁을 통해 더욱 아름답게 승화된다. 남쪽의 정보가 샌다는 사실을 부하에게 듣고 어느새 여옥을 의심하는 자신을 질타함은 물론 체포 직전의 대치에게 정보를 제공하는 일도 서슴지 않는다. 심지어 여옥의 간첩행위가 드러나 군복을 벗게 되어도 하림은 그녀의 감형을 위해 동분서주하고 있다. 좌익에게 테러를 당함과 동시에 철저한 반공주의자—공비토벌대 지휘관이 되어서도 마찬가지이다. 자칫 탐미주의자라는 혐의마저 안겨주는 하림의 여옥에 대한 태도는, 그러나 이 소설의 주제의식과 맞물린 것임에 유의해야 한다. 가령 여옥의 죽음 뒤 "사람답게 한번 살아보지 못하고 살육과 파괴만을 일삼아 온 광신자" 대치를 용서하는 장면에서 독자들은 그것을 확인하게 된다.

이어 하림은 완전히 장님이 되어 처참해진 대치에게 권총을 주며 죽을 수 있도록 도와주고 있다. 비로소 비극적 역사가 마감된 것이다. 그러나 그것은 소설의 대미일 뿐이다. 지금 노인이 되어 어디쯤에선가 살고 있을 법한 하림의 인간주의는 '영원한 반공'이라는 혐의와 함께 인간은 과연 무엇인가 하는 질문의 가장자리에 놓이게 된다. 그런 점에서 하림의 생존은 퍽 상징적이다. 공산주의와의 온갖 각축전 끝에 세워진 이 땅의 '자유민주주의'가 결국 반공이데올로기의 승리가 되고만 하림의 인간주의를 기초로 하고 있어서다. 이 문맥에서 독자들이 읽어야 할 것은, 그러나 강요된 통한(痛恨)의 역사가 아니다. 이데올로기의 우월성도 아니다. 누가 뭐래도 역사의 주체인 민족이다. 그 민족의 못남과 어리석음을 읽어야 한다. 그리고 깨달아야 한다. 그런 민족이라면 내일도 비극적 역사를 되풀이할 수밖에 없음을.

4. 문학성과 통속성

필자는 지금까지 최대치·윤여옥·장하림 등 주요인물의 행적을 통해 그들이 감당해야 했던 비극적 역사가 갖는 파장의 모습을 주로 살펴보았다. 그들 세 사람의 역사적 내지 운명적 관계가 소설의 뼈대이긴 하지만, 여러 살집들이 환기하는 비극적 역사 또한 만만치 않다. 예컨대 정신대원 봉순을 사랑한 권동진, 좌·우익을 초월한 민족주의자 윤홍철(여옥의 아버지), 공산주의의 미망을 깨닫고 동생을 탈출시키는 장경림, 일제의 고문을 받는 하림의 어머니, 기아와 질병의 웅(여옥의 둘째아들), 그리고 무수한 사람들의 죽음이 그것이다. 그들의 삶과 죽음은 대치·여옥·하림의 그것과 함께 비극적 역사의 문학적 형상화가 왜 있어야 하는가에 값하는 소중한 감동의 스펙트럼이 아닐 수 없다. 미국의 사회학자 W 밀스도 말했듯 역사적인 사회구조 속의 그들은 인간자유의 한계와 진의, 더 나아가 역사의 오류(즉 비극적 역사)를 바로잡으려는 문학에 등장함으로써 영원히 살아 있는 것이다.

이런 문학성과는 달리 『여명의 눈동자』가 거느리고 있는 통속성에 대한 이야기로 이 글을 마무리지어야 하겠다. 필자는 원칙적으로 문학은 읽혀야 한다고 생각한다. '갑 속에 든 칼'은 칼로써 아무 쓸모가 없기 때문이다. 그러나 읽혀야 한다고 해서 대중소설을 무조건 문학의 범주에 넣자는 것은 아니다. 『태백산맥』처럼 빛나는 주제의식과 읽히는 이야기적 요소가 있는 소설이면 금상첨화일텐데 대부분 그렇지 못하기 때문이다.

이제 앞에서 아주 피상적으로 말한 극적 흥미와 관련하여 통속성을 살펴보자. 이 소설이 읽히는 것은 김성종 특유의 화법— 예컨대 사랑과 애증, 섹스와 첩보 등과 같은 이야기의 극적 구조 때문이다. 이와 관련, 반문의 여지는 많다. 당시로선 배운 여자에 속했던 윤여옥의 사랑과 간첩행위들이 아무런 감정의 기복 없이 가능했을까. 최대치의 일련의 행동거지가 강요된 역사라는 이름 아래 그렇게까지 이루어질 수 있었을까 하는 것 등이 그렇다.

또한 여옥의 아버지를 찾기 위한 공산당 점령지역인 연안행과 원폭투하 직전 적지(일본)의 단신 잠입, 그리고 일본군의 광신적 만행이 아닌 각종 섹스 등이 박진감을 얻기는 어려울 것이다. 그런 것들은 전지적 작가시점의 대하소설이라 할지라도 지나친 편집자적 해설에 의존한 서술방식과 함께 이 소설의 최대 약점이라 할 수 있다. 물론 쓰여진 시대의 정치·사회적 상황을 고려해야겠지만 새롭게 조명되고 있는, 묻혀버린 현대사에 대한 전근대적 시각과 반공이데올로기의 은근한 고무 등도 비극적 역사를 현재화한 문학성과 상관없이 다소 아쉬운 점이다.

<'문학도시' 제149호, 2015.7.27.>

분단극복의지로서의 역사인식

-조정래대하소설『태백산맥』론-

1. 역사의 문학적 형상화

현재란 미래의 지름길이면서도 과거를 출발점으로 삼는다. 오늘 우리가 거느리는 삶이 현재라면 어제가 모두 과거임은 두말할 나위도 없다. 더러 과거지향이 노인의 사고방식이라고 일축하기도 하지만 결코 그래선 안된다. 왜냐하면 과거란 현재 생성의 중요한 모티브이기 때문이다. 특히 소설의 경우, 과거의식의 객관적 검증을 통해 현재성에 대한 환기가 이루어진다 함은 오히려 새삼스럽다. 또 그것은 소설의 기능이자 임무이기도 할 터이다. 저간의 우리 소설들이 이 땅의 반만 년 유구하다는 역사 내지 역사의식에 천착하는 것만 보아도 자연스럽게 입증되는 사실이 아닐까 한다.

역사 없는 민족이란 존재할 수 없지만, 그러나 이 땅의 역사는 곧 '치욕'이었음을 부인할 수 없는 것이 안타깝게도 엄연한 사실이다. 멀리는 신라가 당(唐)을 끌어들여 이룩한 언필칭 삼국통일로부터 가깝게는 12·12사태의 총성으로 시작된 제5공화국 파쇼정권에 이르기까지 역사가 피멍으로 얼룩져 있음을 역사학자가 아니라도 쉽게 알 수 있는 것은 당연히 오늘 우리의 삶과 무관하지 않기 때문이다. 다시 말하면 소설이 역사의식에 관심을 갖는 것은 사실(史實)이 드러내는 역사적 진실의 명증성보다는 그를 통한 현실적 진실의 구현으로 문학의 본령인 '인간구원'에 값하려 하기 때문이다. 따라서 이 소설이 역사교과서일 수는 없으며, 작가의 능력에 따라 기록된 역사의 냉혹함을 객관적 엄정함으로 인식, 동시대인의 현재적 삶의 방법에 어떤 비전이 되어야 할 것이다.

더욱이 모든 불행의 원천적 씨앗인 분단시대에 살고 있는 이 땅의 작가들에게 그것은 하나의 '계시'일 수도 있다. 한 시대가 마감되면 여러 가지 자리매김이 이루어지겠지만, 특히 1980년대 중·후반기에 일기 시작한 일련의 민주화운동은 이 땅에 미만해 있는 분단현실에 대한 극복의지의 양상으로 전개된 바 있다. 비록 국가보안법 등 개폐를 요하는 법률이 그대로 존속하고 수많은 양심수들이 감옥에 갇혀 있다 하더라도, 민중이 역사의 주체라는 사관이 팽배일로에 있고, 통일을 열망하는 민족의 숙원이 몇몇 인사의 현실적인 평양행으로 나타나는 등의 시류와 함께 소설도 이왕의 분단의식에서 진일보한 세계에 이르렀다고 보는 게 온당할 것이다.

1983년 '현대문학' 9월호부터 연재를 시작, 1989년 '한국문학' 11월호 마무리에 이어 같은 해 전 10권의 단행본으로 완간(한길사)된 조정래의 『태백산맥』은, 앞의 논의에 가장 잘 맞아떨어지는 소설처럼 보인다. 문학이 왜곡되어 있거나 은폐되어 있는 역사적 진실의 현재화를 통해 역사와 사회과학이 말하지 못한 진실을 밝혀 인간구원에 기여하는 것일 때 『태백산맥』에 대한 그런 작업이 만족할만한 성과를 거둔 것처럼 보이지는 않는다. 신문·잡지 등의 매스컴에서 다룬 다이제스트식 평문에 비해 본격적 접근은 매우 미미한 걸로 보이는 것이다. 따라서 이 글은 이제까지 있어온 『태백산맥』에 대한 중간평가에서의 미흡함을 보충하는, 완간 후의 작업인 셈이다.

2. 땅의 수탈과 정치부재 현실

『태백산맥』은 1948년 10월, 작가의 표현대로 여순사건으로부터 1953년 7월 휴전까지 약 5년 동안의 역사적 공간을 시간적 배경으로 하고 있다. 공간적 배경은 전라남도 벌교·보성과 지리산 일대이다. 주인공은 대하소설이니만큼 따로 없다. 이 말은 약 200명의 등장인물들이 모두 주인공이라는 뜻이다. 요컨대 그 시대에 살아 있었음직한 각계 각층의 사람들이 모두 주인공이라는 말이다. 즉 머슴·소작인·무당 등의 민중들, 군인·경찰·국회의원 등 관·정가의 인물들, 지식인·종교인·지주 등과 어린아이들에 이르기까지 수없이 많은 인물들이 전지적 작가시점에 의해 부각된다. 이런 인물유형은 그 성격창조의 성공과 함께 이 소설에 매우 중요한 인자(因子)로 작용한다. 왜냐하면 그들이야말로 당대를 산 모든 인물들의 망라적 성격을 띠고 있기 때문이다. 그리고 서로 대립된 그들의 삶이야말로 사회현실의 총체적 형상화에 기여할 수 있기 때문이다.

그들을 세 유형으로 나누는 것은, 따라서 매우 자연스럽다. 이른바 '빨갱이'들과 극우세력, 그리고 '중간자' 계층이 바로 그것이다. 여기서 빨갱이는 우리가 이미 알고 있는 부류 이상의 의미망에 포착되어 있다. 작가 말대로 "그들의 인간적·사회적 복원을 시도했고, 독자는 작가가 의도하는 복원작업을 객관적 사실로 받아들여서 그들이 실질적으로 복원이 되었다 생각"되기 때문이다. 오늘날에도 자연스럽게 만날 수 있는 반공성향의 극우세력은 말할 나위 없고, 중간자는 필자가 임철우를 논의하는 지면에서 이미 개념 정립을 해본 바 있지만 오해를 막기 위해 짚고 넘어가야겠다. 중간자가 기회주의자·회색분자라는 뜻으로 사용한 말이 아니어서다. 이 말은 소수의 가해자와 다소의 피해자 사이에 놓인 다수의 침묵하는 사람들이라는 뜻이다. 요컨대 빨갱이도 극우도 아닌, 이념을 초월한 다만 '인간'일 뿐이며 궁극적으로 역사의 주체가 되는 분자들인 셈이다.

이런 분류는 분단의식이 관통하고 있는 지금까지도 낯설지 않지만, 작가가 많은 애정을 쏟고 있는 유형은 뒤틀린 역사의 소용돌이 속에서 핍박받으며 벗어나려고 몸부림치는 민중들이다. 작가의 이런 태도는 당시의 혼란상을 구체적으로 그려내는 박진감 넘치는 묘사에 그대로 드러나고 있다. 분단문학사 제1기라 할 8·15해방부터 6·25전쟁까지의 5년간은 극단적으로 말해 6·25 배태기간이라고 할 만큼 정치·사회적으로 혼란한 시대였음은 우리가 이미 아는 바와 같다. 해방이 되었지만 "대대로 이어진 소작농의 비애와 운명을 씹었"어야 했으며, "대를 물리는 가난"이 이어지기는 마찬가지였다. 봉건왕조 시대로부터 일제침략기를 거쳐 드디어 해방이 되었는데도 민중들 삶에는 어떠한 변화도 일어나지 않은 것이다. 아니 오히려 해방심리에 편승한 의식으로 볼 때 핍박이 더욱 가중된 것이다. 그 이유는 자명하다. 민중들 삶의 영원한 터전인 땅이 아직도 해방되지 않았기 때문이다. 이런 인식은 '깨어난 의식'의 전형적 지식인인 염상진에 의해 다음과 같이 드러난다.

> "봐라 양반들이란 것들은 그 많은 백성들의 피를 빨며 배를 불리다가 나라를 빼앗겼고, 다시 일본놈들과 작당해서 일본놈들의 보호를 받으며 같은 민족을 짐승 취급하고 있다. 일본놈들보다 더 나쁜 놈들이 그놈들인지 모른다. 일본놈들을 이 땅에서 몰아내고 지주놈들을 없애는 것은 한 몫에 해야 될 일이다."
>
> -1권 44쪽-

심지어 36년간이나 이 강토를 유린했던 "일본놈들보다 더 나쁜 놈들이 그놈들인지 모른다"는 염상진의 이같은 강변(强辯)에서 우리는 이 땅에서의 반공극우세력의 경직된 지배체제사고를 읽음과 동시에 분단이라는 민족비극의 연원성이 결코 제국주의 열강들에게 있는 것만은 아님을 암시받는다. 즉 분단내인론이다.(이에 대해선 뒤에 더 얘기한다.) 일본제국주의의 침략은 다방면에 걸쳐 철저하게 자행되었지만, 특히 이 땅의 8할 이상을 차지하고 있는 농민, 즉 민중들의 생활 터전인 땅에 대한 수탈은 봉건왕조시대의 계급사회로 누적된 원천적 불행을 야기시킨 요인이 될 것이다. 토지수탈은 땅을 하늘처럼 여기는 민중들에겐 목숨을 빼앗긴 것이나 마찬가지인 셈이다. 그런 '일본놈'들인데도 그들보다 '지주놈'들을 더 나쁘다고 성토하는 것이다. 실제로 그나마 소작을 빼앗겨 분심 끝에 지주인 서운상을 낫으로 찌른 강동기나 염상구에게 겁탈당한 후 자살하려다가 살아난 외서댁이 빨치산으로 '화려한' 변신을 함으로써 염상진의 논리는 구체적으로 뒷받침되기도 한다.

그런데 염상진은 남로당 보성군책이며 일정 때부터 적색농민운동을 주도했고, 투옥된 경력이 있는가 하면 전쟁이 터지자 빨치산(도당총사령부 부사령관) 투쟁을 벌이다가 끝내 자폭하고 마는 인물이다. 염상진은, 이를테면 공산주의자였던 것이다. 공산주의란 무엇인가? 이에 대한 정의를 한마디로 내리기는 어렵겠지만, 분명한 것은 없는 자들(프롤레타리아)을 위한다는 사실이다. 가진 자들로부터 당하는 온갖 착취에서 벗어나 '인민해방'을 시킨다는 것이다. 가령 인간사회의 역사에 큰 획을 그은 볼셰비키혁명이 일어난 배경을 생각해보면 이해가 빠를 것이다. 예컨대 민중을 착취하는 차르의 러시아가 어떻게 무너졌는지, 인민해방의 기치를 내건 공산주의가 기존의 질서체계를 얼마나 빠른 속도로 깨부수며 퍼져나갔는지를 생각해보면 될 것이다.

염상진의 위와 같은 인식은, 따라서 일말의 타당성이 있다는 데에 문제의 심각성이 내재한다. 동시에 작가의 탈이데올로기적 자세(바로 인간주의인데, 뒤에 얘기한다.)를 엿볼 수 있는 실마리가 되기도 한다. 도도히 흐르는 역사라는 물줄기를 바라보는 객관적 엄정주의는 모든 작가에게 자연스럽게 요구되는 것이기도 하지만, 분단 이후 거의 반세기 동안 반공이데올로기에 길들여진 이 땅의 사고체계의 경직성을 새삼 환기시켜주기도 한다. 영원히 계속될 줄 알았던 '대일본제국주의'의 패망은 미국의 패권주의와 소련의 팽창주의 등 국제적 성격의 분단외인론을 가능하게 하지만, 그러나 여기서 중요한 것은 그것이 새로운 '점령'으로 민중들에게 인식되고 있다는 사실이다. 바꿔 말하면 이 땅은 해방과 동시에 공산주의의 부식과 전쟁이 일어날 분단적 여러 정황을 배태하고 있었던 것이다.

"참말로 순사가 들었다 허먼 몽딩이 찜질 당헐 소리지만 서방님 앞이니께 허는디, 사람들이 왜째서 공산당 하는지 아시요? 나라에서는 농지개혁헌다고 말대포만 펑펑 쏴질렀지 차일피일 밀치기만 허지. 지주는 지주대로 고런 짓거리허지. 가난허고 무식헌 것들이 믿고 의지헐 디 읎는 판에 빨갱이 시상되면 지주 다 쳐 읎애고 그 전답 노놔준다는디 공산당 안헐 사람 워디 있겄는가요. 못헐 말로 나라가 공산당 맹글고, 지주들이 빨갱이 맹근당께요."

-1권 144쪽-

비교적 덜 착취당한 민중의 하나인 김범우집 머슴 문서방, 사상이 무엇인지 전혀 모르는 문서방의 이같은 함성은 "민중으로서 위선적 정치 현실에 대한 통렬한 비판이었고,

최소한의 생존권을 요구하고 있는 정당한 발언"으로써 지식인들의 그것보다 훨씬 체험적이고 투명하다. 박해를 받으면서도 왜 그런 삶을 살아야 했는지, 이 함성은 그 이유를 구체적으로 밝혀준다. 역사에 가정법이란 있을 수 없지만, 일제침략이 없었더라면 이 땅에서 공산주의는 아예 그림자도 얼씬거리지 못했을지도 모를 일이다.

그러나 해방 직후 이 땅의 상황은 앞의 인용문에서 보는 것처럼 공산주의 혁명이 일어날 토양적 배경을 너무 많이 거느리고 있었다. '따뜻한 가슴과 냉철한 머리'의 혁명가 염상진과 조계산지구 정치위원 안창민, 안창민과 산 속에서 결혼식을 올리는 이지숙 등 깨어난 의식의 지식인들이 주도한 '인민해방'이 머슴, 소작인 등 많은 '인민'들로부터 지지와 환영을 받고 있음은, 따라서 매우 자연스럽고 당연한 현상일 것이다. 그렇지 않겠는가! 계급없는 사회를 만들고 부자도 없고 찢어지게 가난한 사람도 없는 세상을 만든다는데, 핍박받으며 먹고 살기 어려운 민중들로써 누가 마다할 것인가.

"기질적으로 피의 농도가 짙고, 환경적으로 불만요인이 많고, 태생적으로 자학성이 강한" 하대치는 작가가 애정을 듬뿍 쏟아 그려낸 민중유형의 대표적 인물이다. 염상진과 뜻을 같이하는 심복 부하로 제10권 끝부분에서 그의 무덤에 나타나 참배한 뒤, 광막한 어둠 속으로 표연히 사라지는 하대치의 그런 삶은 일련의 빨치산들과 함께 일단 절박하고 처절한 생존상황으로부터 비롯된 것이라 해도 무방하다. 4년여를 끌다가 농지개혁법이 드디어 공포되자 그들이 "통행

금지도 잊고 당산나무 아래서 꽹과리치며 춤추고 노래불렀"
던 것도 그 때문이다.

그러나 그 내용이 유상몰수 유상분배임을 알자 소작인들
은 일제히 반발한다. "옛날 옛적 임금이 다시리든 때에도
백성 읎는 나라가 읎다고 혔는디, 민주주의다 뭐시다 험스
로 선거헐 적에는 우리 위해 간이라도 빼줄디끼 허든 눔덜
이 국회의원 되고 나서는 우리럴 똥친 작대기로 취급헌 것
잉께, 그 눔덜부텀 다 때레죽여야 써"라고 절규하는 그들
민중들 함성에서 우리는 자연스럽게 정치가 무엇 때문에 있
어야 하는지를 떠올리게 된다.

이 땅의 모든 불행의 원천일 수도 있는 일본제국주의의
침탈은, 그러나 '다스려졌기' 때문에 논의할 수 없는 한계를
수용하면서 해방 직후의 정치를 생각해볼 수 있을 것이다.
해방공간의 정치부재는 많은 민중들에게 급기야 "요리 험한
시상일 바에야 일정때가 훨썩 나았제"라는 때 아닌 향수를
심어준다. 해방 후 친일파 숙청문제와 맞물려 있는 이런 정
치상황을 작가는 정권의 정통성 문제와 관련하여 가장 매력
적 인물의 하나인 민족주의자 심재모의 입을 빌려 다음과
같이 진단한다.

"임만수, 똑똑히 들어! 네놈이 일본 말단 순사질이나
형사질을 해먹다가 해방이 되고나서도 아무런 처벌도 받
지 않고 다시 복직되어 토벌대장 노릇을 해먹으니, 나도
네놈 같은 관동군 출신쯤으로 뵈는가? 정신 똑바로 차
려. 난 독립군 출신은 못 되지만, 학병 출신이다. 글줄이

나 쓴다는 놈들은 '영광스런 성전(聖戰)에 기쁨으로 참전하자'고 선동해대고, 너 같은 놈들은 덩달아 한 명이라도 더 전쟁터로 내몰려고 혈안이 되어 날뛰었던 바로 그 학병 출신이야. 내가 왜 군대에 투신한 줄 아는가! 위로는 친일 지주계급들이 뭉쳐지고, 아래로는 네놈 같은 민족반역자들이 모여 권력조직 칠팔 할을 장악했으니 이 나라 장래를 좌시할 수가 없었던 것이다.

지금이 어느 때라고, 반란세력을 진압하고 민심을 수습해야 할 임무를 띤 토벌대가 여관잠을 자고 여관밥을 먹어? 너 같은 놈들은 해방이 되자마자 한 놈도 남김없이 감옥에 처넣었어야 돼. 그리고 엄정한 재판을 거쳐 형량을 정하고, 그 기간을 강제노동으로 채우게 했어야 돼. 네놈들이 그런 속죄기간을 거치지 않았기 때문에 네놈들이 저지른 죄가 얼마나 큰지 깨닫지 못했고, 더구나 다시 권력조직에 포함되고 말았으니 모두가 네놈처럼 안하무인의 짓을 하는 것이야."

-3권 81쪽-

인용이 다소 길어졌지만 이같은 심재모의 진술은 작가의 역사인식이 어느 지점에 와 있는지를 웅변하는 것이다. 정치라는 것이 궁극적으로 '인간'을 통해 존립가치가 생긴다 할 때, 그리고 오늘 이 땅에서 벌어지고 있는 분단현실적 온갖 모순을 실감할 때 이런 역사인식은 분단극복의지 차원에서 매우 소중하며 이 소설에 영원한 생명력을 갖게 하는 요인이 된다. 전편에 걸쳐 전개되는 좌천과 구속 등 순탄치 못한 심재모의 군인생활은 그 반증인 셈이다. 그러나 이런 정치부재에 대한 민중들의 원혐은 관동군 출신이고 어떤 수를 써서라도 장군이 되겠다는 극우출세주의자의 전형적인 인물이며 보성·벌교지구계엄사령관 심재모의 후임자인 백남식 중위에게서도 터져나와 총체성을 획득하고 있음에 유념해야 한다. "공산당을 이기려면 공산당보다 더 좋은 법을 만들어야지 그게 뭐야"라고 불만을 터뜨린 백남식의 이같은 속마음은 거창양민학살사건의 '전공'으로 승진, 보성·벌교지구 3대 계엄사령관이 되는 양효석 대위 등에게서도 마찬가지로 드러난다.

이런 의식은, 역설적으로 '민족반역자'로 누명을 쓴 채 죽어간 수없이 많은 빨치산들의 혁명적 투쟁에 당위성을 부여하는, 그리하여 이제까지 반공이데올로기 속에 가려 제 빛을 내지 못한 역사적 진실에 대한 새로운 인식이 된다. 특히 제4부에서 빨치산투쟁을 역사발전의 한 동력으로 그려냄으로써 일찍이 레닌이 말한 "일반적으로 역사는, 특히 혁명의 역사는 항상 가장 우수한 정당과 또 가장 선구적인 계급이, 가장 계급의식이 투철한 전위들이 상상하는 것보다 훨씬 풍성하고 다채로우며 복잡하고 활기차고 미묘한 법"이라는 주장을 연상시키기도 한다.

가령 한때 국민학교 교사이다가 '국민보도연맹' 사건과 관련하여 사표를 쓰고 서울로 공부하러 간 김범우집에서 기식하던 손승호가 전쟁과 함께 결국 빨치산으로 변신하여 느끼는 '신선한 감동'이나 많은 입산자들이 '왜 목숨 아까워하지 않고 싸움에 나서는지를 가슴 뜨겁게 알게 되는 이지숙의 생각이 그런 것들이다. 요컨대 땅의 수탈로 비롯된 민중들 삶의 핍박은 정치부재의 당대 현실로 더욱 가중되어 필연 공산주의의 부식을 초래한 역사적 상황의 박진감 넘치는 형상화인 것이다.

　그런데 여기서 간과해선 안될 중요한 것이 있다. 그것은 이 소설이 그려내고 있는 민중들의 핍진한 삶과 왜곡되거나 은폐된 역사적 진실의 세계를 박진감 넘치게 해주는 데 상당히 기여한 전라도 고유의 사투리 및 입담센 욕설이다. 작가는 동학혁명과 소작쟁의, 그리고 민중항쟁 등이 왜 끊임없이 전라도 땅에서 일어났는가 의문을 제기하고 그로 인해 『태백산맥』을 쓸 수 있었고, 나아가 전라도 출신이 아니면 그런 글을 쓸 수 없었을 것이라고 못박는다. 착취당하는 민중들의 삶과 그 항쟁사를 담은 또 하나의 빼어난 대하소설 『타오르는 강』(전7권, 문순태)에서도 보듯 전라도는 70퍼센트 이상이 산인 반도 중에서도 기름진 평야지대로 이루어진 곳이다. 대대로 농업생산사회인 이 땅의 70퍼센트 이상의 식량이 경작되는 전라도에서의 수탈은, 따라서 다른 어떤 지역보다도 고통일 수밖에 없었다. 그런 고통을 참는 데까지 참는다 해도 어떤 '결정적 계기'가 주어질 때 민중의 힘은 유감없이 함성으로 터지곤 했던 것이다. 바로 그때 사투리로 대표되는 언어는 억눌린 민중들의 얼과 혼이 스민, 더 나아가 한(恨)이 서린 것으로 무한한 폭발력을 발휘하는 힘이다. 그러면 실제로 전라도 사투리가 어떤 것인지, 그 속에 낀 욕설이 어떤 것인지 만나보자.

　　"지길, 나는 또 무슨 소린가 혓소. 촌놈이라고 시퍼보는(무시하는) 줄 알고 속이 불끈혔지라. 쪼깐 들어봇씨요. 나도 일본놈 뱃때지에 칼질허고 내빼갖고 뜬구름맹키로 사방천지 떠돔시로 서울 물도 쪼깐 묵어봤구만이라. 헌디, 서울말 고것이 워디 붕알단 남자덜이 헐 말입디여? 고 간사시럽고 방정맞고, 출싹거리는 말이 워디가 좋다고 배우겄습디여. 서울 말에 비허면 전라도 말이 을매나 좋소. 묵직허고 듬직허고 심지고…….
　　말나온 짐에 한마디 더 혀야 쓰것는디. 대장님이 몰라서 허는 소리제, 전라도 말맹키로 유식허고 찰지고 맛나고 한시럽고 헌 말이 팔도에 워디 있습디여."

-2권 186쪽-

　형인 염상진과 달리 무식하고 불한당이면서 시세에 영합하는 부류의 전형적 인물인 염상구가 서울 출신 임만수의 "서울말 할 줄 모르느냐"는 질문에 대한 답으로 강조하는 위같은 전라도 말의 우월성은 오리지널 사투리 구사임과 동시에 언어가 무엇인지를 일깨우는 실례(實例)가 되는 것이다. 1980년대 말 감옥에서 『태백산맥』을 읽었다는 고은 시인이 그 감칠맛나는 사투리 구사에 대해 이미 감탄한 바 있지만, 전라도가 고향인 필자로서는 그 완벽함에 동의하지 않을 수가 없다. 특히 시골무지렁이들일수록 완벽하게 구사되는 사투리가 그들 고향인 전라도에 대한 애착에서 우러나온 것임은 물론이다. 무식하고 윤리의식이나 국가관 등 올바른 가치관이 없는 염상구를 비롯하여 온갖 착취를 당하면서도 순박한 삶을 꾸려나가고자 하는 민중들이 구사하는 전라도 사투리는 한의 언표(言表)이자 생존의 원동력인 셈이다. 또한 "뼈빠지게 농사지어 지주한테 다 뺏기고, 배곯고 헐벗고 사는 억울함과 분함을 욕으로라도 풀어야 그나마 살아갈 수 있"었기에, 욕설은 이 땅의 대다수 민중들 삶의 애오라지 원천적 힘이었던 것이다. 다른 작가들이 전라도 사투리를 구사할 때 하나의 전범이 될 그것은, 실제로 서울 남편에게 전라도 아내가 구박받던 설움(?)을 완전히 씻어준 진풍경스런, 작가가 들려주는 어떤 일화의 단적인 예에서 보듯 괄목할만한 것이다.

한편 '민족분단의 역사에 대한 문학적 재인식'이라는 기본테제 때문에 매몰되어버린 빨치산들에 대한 묘사 부분이 객관적 엄정주의로 일관했는지는 일말의 의문으로 남는다. 예컨대 전 7권의 『지리산』(이병주)에서 박태영이 공산주의의 허상을 전쟁무용론과 관련하여 인식해나가는 것과는 달리 염상진을 비롯한 지식인 혁명가들에겐 추호도 그게 없다. 특히 휴전 성립과 함께 북쪽의 지원중단, 패전책임 등의 이유로 김일성파에게 대거 숙청당한 박헌영 등 남로당파의 궤멸소식을 접하면서도 '인민해방'을 위한 빨치산투쟁이 요지부동인 것은, 거의 반세기 동안 공산당 일당독재체제의 북쪽 정권에 대한 성토는 전혀 없으면서 남쪽의 자유당정권에만 비판의 화살을 쏘아대는 편향성과 맞물린다.

여기서 우리는 하나의 의문을 던지지 않을 수 없게 된다. 인민해방이란 과격한 살상행위를 통해서만 가능한 것인가? 비록 그들이 반공이데올로기를 표방한 극우 이승만정권의 희생물이요, 역사의 이단자들이었다 하더라도 "당은 어떤 경우에도 당원이나 전사들을 억울하게 만들지 않"는다는 김범준의, 이해룡의 물음에 대한 답변은 역시 아전인수격일 수밖에 없다. 역사발전의 한 법칙으로 인민해방이 순리라면 그에 대한 책임은 빨치산들의 몫이 아니다. 그것은 반도의 허리를 자른, 분단내인론적 입장에서라면 위정자들에게 돌아가야 할 몫일 것이다. 어쨌든 역사는 영웅이라 자처하는 극소수에 의해 장식되었으니까. 이런 시각은, 그러나 작가가 집요하게 천착해내는 민족분단의 비극적 역사인식의 총체성에 기여할 탈이데올로기의 '인간주의'에 의해 극복되고 있다.

3. 탈이데올로기의 인간주의와 민족주의

아리스토텔레스 이래 인간은 만물의 영장임을 믿어왔지만 그리고 믿고 있지만, "인간의 역사는 탐욕을 채우기 위해 지혜를 악용해가며 인간끼리 살육을 되풀이해온 기록에 불과"할 뿐이다. 요컨대 인간은 유일하게 하늘의 뜻을 거역한 존재로서 인간이기 때문에 스스로 족쇄라는 고리에 걸려 인간으로서 몸부림치는 것이다. 그래서 "인간은 제도속의 동물이고, 그 울타리 안에서 의식적이든 무의식적이든 습관을 익히게 되고, 좋든 싫든 생존을 유지하게 되어 있었다"는 염상진의 인간론도 설득력 있게 들린다. 염상진이 공산주의자가 된 것은 "인간의 인간다운 삶의 길을 위"해서였고, 이지숙이 생각하는 혁명의 본질도 "인간으로부터의 해방이며, 진정한 인도주의의 완성이다. 확고한 의식도, 열렬한 투쟁도, 모두 혁명에 이르는 과정의 수단으로써 필요할 뿐이다.

그러므로 선행되고 바탕을 이루어야 하는 건 인간에 대한 불변의 사랑과 긍정"이었다. 과연 그러한가? 이에 대한 답의 실마리로 아래 인용을 먼저 보자.

> 나는 이즘이라는 것이 정치지향적 인간들이 만들어낸 허상이라는 것을 뒤늦게 깨달았소. 변증법도, 유물론도, 봉건주의도, 공산주의도, 민주주의도 모두 정치지향적인 인간들이 만들어낸 이기적인 지배도구일 뿐이오. 봉건왕조를 타도하고 세운 공산주의나 민주주의 사회가 도대체 절대다수 인간의 삶을 위해 한 것이 뭐가 있소. 그것들은 새로운 구속일 뿐이고, 인간의 본질적 문제는 하나도 해결한 것이 없소. 공산주의나 민주주의는 이십세기의 인간들이, 지배본능이 강한 인간들이 윤색해낸 정치 연극의 각본일 뿐이오.
> 그런데 그것들을 절대적 존재로 신봉하게 되면 그만큼 인간들을 불행하게 만들게 될 것이오. 인간은 인간이 만든 기계가 아니오. 인간이 인간을 장담하는 것처럼 어리석음을 범하는 일은 없소. 나는 다만 인간이고 싶을 뿐이오.
>
> -2권 154쪽-

일견 무정부주의자로 보이는 손승호의 이같은 인식은 어떤 이데올로기도 인간을 선행할 수 없다는 인간주의의 표본이 된다. 그리고『태백산맥』전 10권을 관통하는 탈이데올로기로서의 역사적 재구성의 관건이 되기도 하는 것이다. 물론 탈이데올로기로서의 인간주의 지향은 세계를 지배하고 있는 두 체제, 민주주의와 공산주의에 대한 구체적인 접근을 통해서 이루어진다. 두 이데올로기 모두 인간을 위해서라는 주제가 확고하지만, 그러나 공산주의는 인간을 위한다는 구실로 인간을 버리는 것이었다. 최근 독일이 통일되고, 동유럽의 공산국가들이 앞다투어 민주화되는 등 일련의 움직임은 공산주의의 허구성을 어느 정도 반증한 셈이지만, 해방 직후 이 땅에서의 그것은 단지 인간을 폭력의 대상으로 삼는 것일 뿐이었다. 염상진이 지주들 논을 빼앗아서 소작인들한테 나눠준다는 말을 주인인 김범우에게서 확인한 문서방이 "그 사람덜 사람 마구잽이로 쥑이는 행투 봉께로 고런 인심쓸 것 같덜 않고"라는 말은 그가 무지한 기층민중이라는 점에서 의미심장하다. 또 염상진이 논을 분배하는 방법을 역시 김범우로부터 쉽게 설명들은 문서방은 주저없이 "고건 공염불이여. 시상 사는 이치를 몰라서 허는 소리제. 내 터밭 배추가 쥔 밭배추보담 속살이 더 여물게 차는 이치가 먼디"라며 공산주의를 일축한다.

문서방류의 이런 사고방식은 깨어난 의식의 염상진·안창민·이지숙 들과 상당한 괴리감이 있는 게 사실이지만, 인생이 유·무식으로 척도되는 게 아니고 어떤 진실에 대한 접근도나 고통을 얼마나 아느냐로 정의내릴 수 있는 것이라면 공산주의는 스스로의 모순에 부딪칠 수밖에 없는 한계를 드러낸다. 가령 똑같이 분배받는 공산주의식 경제원칙이 능력에 따라 차등분배되는 민주주의의 자본주의 방식 그것을 앞지를 수 있겠는가? 책임의식은 물론이지만 똑같은 몫을 받을 뿐인데 누가 남들보다 더 많이 일을 하겠는가? 각자 다른 개성을 뚜렷이 가진 인간으로서는 애시당초 얘깃거리도 되지 않는, 이를테면 환상인 것이다.

여기서 중요한 것은, 그러나 공산주의 신봉자들의 인민해방을 위한 투쟁의 역사가 정당하게 평가받지 못한, 이 땅에서의 분단의식의 경직성을 환기시키고 있다는 점이다. 이것은 작가의 통일에 중점을 둔, 그리하여 "감정을 완전히 배제하고, 잘잘못을 따져봐야 서로 용서할 수 있고 화해를 할 수 있기 때문"이라는 작가의식에 근거한 것으로써 주로 이데올로기의 대립갈등에서 민족분단을 그려낸 이왕의 소설보다 진일보한 일면을 보여주고 있다. 따라서 분단극복의지로서의 역사인식에 값하는 것이다.

우리가 여기서 경계해야 할 것은 앞장에서도 잠깐 얘기가 되었지만, 빨치산들의 인간적·사회적 복원을 위한 나머지 혹시 너무 미화되거나 너무 편향적 시선으로 그들을 그리고 있지 않느냐 하는 점이다. "인간은 인간이 만든 기계가 아"니라는 관점에서 보면 빨치산들이 보여주는 획일적이고 일사불란한 협동과 화합된 모습은 인간을 초월하는, 결코 인간적일 수 없는 모습으로 여겨진다. 특히 '역사투쟁'을 알리는 토론회 중 두 번째 대원의 다음과 같은 발언에서 그 일단의 예를 찾아볼 수 있다.

"나가 지금꺼정 시물 여섯 해릴 살았는디, 그중에서 입산투쟁험시로 산 삼 년이 질로 존 시상이었소. 니나 나나 다 차등 읎이 동무로 살고, 묵어도 항꾼에 묵고 굶어도 항꾼에 굶음서 공평허니 살고, 웬수덜헌테 총 쏨스

로 배짱으로 살었응께 요보담 더 재미있고 더 재미지고
존 시상얼 워디 가서 또 살아보겄소. 한가지 한이 있다
면, 요런 시상얼 살아서 못 맹글고 가는 것이제라."
-10권 260쪽-

 죽기로 작정하고 하는 말이라하더라도, 그리고 입산하기 전의 '나쁜 세상'에 대한 대비효과를 어느 정도 거두고 있다 하더라도, 이런 인식은 각자 다른 개성을 지닌 인간으로 볼 때 '기계적'이지 않느냐는 인상을 강하게 풍긴다. 지리산 속에서의 극한적인 추위와 굶주림 등 생물학적 조건은 물론이고 피붙이나 처자에 대한 그리움 등이 아예 거세되어버린 극한상황에서의 일개 대원에 불과한 빨치산의 이같은 의지는 이미 인간 이상의 것이다. 특히 "웬수덜헌테 총쏨스로"의 그 원수들이 다름 아닌 같은 민족임을 생각할 때 더욱 그렇다.
 그러나 이런 묘사는 민족분단의 연원적 비극성과 맞물려 있는 동시에 반공이데올로기정권에만 잔혹성이 있는 것이 아님을 환기시켜주는 분단극복의지의 역사인식으로 지적되어야 한다. 역사적 진실의 총체적 획득을 통해 분단문학의 새 지평이 열린다 함은, 따라서 아이러니컬하지만 빨치산들의 인간 이상의 초인적 힘에 의해 비로소 가능한 것임을 알아야 한다. 그것은, 물론 이미 이동하가 적절히 지적한 바 있지만 어떤 당파적 편견에도 물들지 아니하고 인간답게 살려고 하는 모든 몸부림 극우반공주의자들이나 맹렬 빨치산들의 모든 몸부림을 이해하고 감싸려는 인간주의라는 사상

적 배경을 기반으로 하는 것이다.

그렇다면 공산주의의 반대편에 서 있는 민주주의는 과연 그 '인간'을 위한 것인가? 민주주의체제 자체는 인간을 위해 출발하고 있지만, 그러나 이 땅에서의 그것은 그렇지 못한 것으로 작가는 파악하고 있는 듯이 보인다. 앞에 인용한 손승호의 웅변이나 국민방위군사건, 거창양민학살사건 등의 진술을 통해 드러난 바 있지만, 그것은 필연 '정치'와 뗄 수 없는 함수관계를 갖고 있기 때문이다. 정치의 민주화가 모든 것을 선진화시키는 무기임을, 우리는 많은 후진성 독재국가들을 통해 알고 있거니와 이 땅도 예외는 아니다.

지금이라고 해서 획기적으로 달라진 것도 없어 보이지만, 특히 36년간의 일제침략기가 끝난 해방과 전쟁 전후의 정치·사회적 상황은 민주주의라는 것이 유행어처럼 떠돌 뿐 아예 그 구호조차 무색할 지경이었음을 누구나 알고 있다. 앞에서도 잠깐 말했지만 해방이 또 다른 점령으로 인식되는 현상은, 따라서 자연스럽기까지 하다. 그것은 나라에 대한 불신의 함성으로 나타나고, 미국이 제국주의임을 환기시켜 준다. 그리고 다수의 민중이 겪어야 하는 한(恨)에서 비롯되는 것임을 알 수 있다.

"니기미 씨펄눔에 것, 있는 놈덜만 편역드는 나라는 나라도 아니고, 미국 눔덜도 알고보면 우리 웬수여. 민주주의가 만인평등이라고 떠들어대 쌓등 마, 도적눔덜, 순 그짓말이여."

-4권 278쪽-

우리는 여기서 민주주의의 허상을 보게 됨과 동시에 공산주의가 깨어난 의식의 민중들을 통해 확산되고 있는 역사적 공간과 만나게 된다. 결국 민주주의라는 정치형태도 인간주의에 선행될 수 없다는 것이다. 바로 그 점이 해방전후사를 형상화한 『태백산맥』의 숨은 의도가 될 터이다. 앞에서도 잠깐 말했지만 작가는 객관적 엄정주의의 시선으로 두 이데올로기의 주역-우익도 좌익도 아닌, 단지 '인간'으로서만 파악하고 그리고자 했을 뿐이다. 그리고 그들이 생존권을 박탈당한 채 기아에 허덕이는 삶의 전면적 모습을 묘사하여 비극적 총체성을 꾀하되 용서와 화합의 의미를 애써 내세우기도 한다.

이런 인간주의는 일본제국주의가 패퇴의 길을 걷자 전승국의 미국이 '해방군'이라는 이름으로 이 땅에 입성하면서 대원군 이래 소강상태에 있던 미국과의 관계가 급진전된 것과 맞물려 필연 민족주의를 도출한다. 이때의 민족주의가 강대국에 대항하는 약소국가의 독립을 의미하는 것과 달리, 가령 나치독일이 독일 민족의 우월성을 주장하는데 이용한 그런 따위가 아님은 물론이다.

알다시피 우리 민족은 해방 직후부터 3년 동안을 미군정하에 있었다. 단독정부수립과 함께 미군이 철수했지만 그것은 잠깐이었다. 한국전쟁이 발발하자 미군은 유엔군의 대부분 구성원으로 재차 입성한다. 그들이 세계평화수호를 위해 참전한 줄 알았는데 그게 아니다. 공산주의의 부식을 막기 위한 전략상 목적 때문이었던 것이다. 특히 8권 38~64쪽에 전개된 미국에 대한 시선은 여러 반미소설들과 함께 학생들의 미문화원점거 같은 시국사건들이 왜 일어나는지를 더욱 명료하게 해주는 바 있다.

작가의 이런 인식은, 물론 민중들의 핍박받는 삶이 해방 후에도 아무런 진전이 없자 생겨난 것이다. '천황폐하'의 일본을 무니뜨린 미국이니까, 만민평등을 내세우는 민주주의를 오래 전에 성취한 미국이니까 '해방군'으로서 새 시대를 열어주리라 믿었던 이 땅의 민중들 가슴에 또 다른 한을 심어준 것이다. 가슴에 새겨두면서도 언젠가 폭발할 수 있는 가연성을 잠재한 한은 말할 나위 없이 삶의 힘이었고, 나아가 혁명의 원동력이 되었던 것이다. 강동기를 비롯, 김복동·마삼수 등이 마름 허출세에게 마구잡이 대들고 결국 빨치산이 되는 모습 등에서 해방군이 무엇인지를 단적으로 엿볼 수 있을 것이다.

어쨌거나 이런 인식은 이론적으로 무장한 지식인의 시각을 통해서 더욱 치열하게 드러난다. 전쟁이 터지자 결국 해방일보사 기자로서 공산주의가 되는 이학송은 "이건 김일성이나 공산당 입장에서가 아니라 역사의 입장"임을 강하게 전제하면서 "이승만정권이야말로 반민주적이고 반민중적인 양키들의 모조정권"이라고 준열하게 공박하는데, 역사적 진실이 증명하듯 터무니없는 소리가 아니다. 그는 또 5권 178~179쪽에서 보듯 해방 직후에 친일파의 대대적 숙청과 동시에 농민들이 그토록 갈망하던 농지개혁을 신속히 단행함으로써 국가의 틀을 마련하지 못하고 미군의 점령하에 안주했다며 언성을 높인다.

그런 그가 공산주의로 전신해야 했던 것은, 중간자를 자처하던 김범우나 손승호의 변신같이 "일만 터지면 그 누구에게도 방관을 용납하거나 중립을 허용하는게 아"닌 전쟁 때문이기도 하지만, "온통 사바사바에 빽이면 안 통하는 일이 없고, 미운 놈은 빨갱이로 몰아치면 깨끗하게 제거되고, 이건 볼장 다본 세상", 이를테면 미국이 개입된 정치부재의 현실로부터였다.

  그렇다고 작가가 분단의 책임을 미국에 전적으로 전가(轉嫁)하는 것은 아니다. 외세를 배제한 채 민족 내부에 잠재된 갈등요인을 세 유형의 등장인물들을 통해 전개하고 있는 데서 보듯 미국은, 다만 역사있는 민족으로부터 진정한 민족주의를 도출해내기 위해 필요한 한 인자에 불과할 뿐이다. 이로써 6·25와 분단을 강대국의 이데올로기에 휩싸인 대리전쟁의 개념으로 파악함으로써 우리 스스로의 역할을 무화(無化)시켰던 냉전시대의 인식으로는 민족분단의 본질적인 원인분석에 접근할 수 없는 것이 작가의 역사관임을 알 수 있다. 이를테면 분단내인론을 통해 국제적으로 국가의 자주설을, 국내적으로 개인의 자각이 존중되어야 할 민족주의로 환치하는데 그 의도가 있다 할 것이다. 작가에 의하면 분단의 책임은 궁극적으로 우리의 몫이다. 다소 길지만 이학송의 진술을 들어보자.

  "이 사람아, 그런 소리 쉽게 하지 말라니까. 그런 생각이야말로 무책임한 책임전가야. 뭘 좀 안다는 사람들이 힘 하나 안들이고 그런 소리하며 편안해 하는 걸 보면 난 울화통이 터져 못견디겠어. 똑같은 발상으로, 분단도 강대국 책임이다, 하고 앉았는데 다 넋나간 작자들이야. 미국놈들이나 소련놈들이나 다 우리 땅 집어삼키려고 들어온 도둑놈들인데, 도둑놈들이 무슨 책임을 지느냐 그 말이야. 책임이야 주인한테 있는거지. 아까 말한 대로 우리가 해방되자마자 친일반역자들을 모조리 말살했어봐. 미국이고 소련이고 자기네들 뜻대로 못했어. 민족이 이미 한덩어리가 된 데다가, 속으로 붙어먹고 싶은 자들이라도 잘못 붙어먹었다간 친일반역자처럼 또 죽어가야 한다는 걸 아는데 누가 감히 붙어먹겠나 말야. 추종 세력이 없는데 그놈들이라고 도리가 없는 일 아닌가. 목적을 포기하고 물러가야 하고, 우린 떳떳한 자주독립국가를 세우는거지."

-5권 179~180쪽-

비록 '환상적 당위론'이라는 질책의 또 다른 목소리가 민기홍으로부터 터져나오긴 하지만 이 얼마나 명쾌한 논조인가! 이는, 역설적으로 하나인 민족을 땅의 허리와 함께 갈라놓았으니 당해도 싸다는 준엄한 심판인 동시에 이 소설의 중요한 모티브에 값하는 것이다. 분단은, 이를테면 민족주의의 성숙한 결집이 없는 우리 모두의 책임이라는 것이다. 말할 것도 없이 이런 태도는 분단극복의지로서의 역사인식의 소산이다. 8권 279~280쪽에 드러난 김범준의 시점을 통한 민족주의 도출도 마찬가지 맥락으로 이 소설에 값진 의미와 소중한 가치를 부여해 준다. 인간의 삶 자체가 거역할 수 없는 역사이고, 민족이 흐르는 물줄기-한줄기로 흐르다가 막히면 여러 갈래로 흩어지면서도 다시 만나 하나로 흐르고

마는 물줄기와 같은 것이라면 어떤 외적 여건이라 하더라도 인간과 인간 사이의 좀더 나은 인간관계를 가질 수 있는 민족주의는 바로 우리의 몫이어야 하겠기에 하는 말이다.

이는 곧 역사적 삶의 현재화를 통해 다시는 지난 날의 어리석음을 되풀이하지 말자는 현실적 삶에 대한 객관적 세계화가 될 것이다. 얼핏 김범우・서민영・심재모・손승호・이학송 등 중간자 내지 민족주의자들을 전면에 부각시키고 있는 것 같지만 그렇지 않다. 그들이 지닌 관념적이고 투철한 이론적 삶들은 오히려 같은 지식인이지만 빨치산인 염상진・안창민・김범준과 하대치・천점바구・강동식・외서댁 등의 기층민중들이 왜 그런 삶과 죽음을 택해야 했던가 하는 구체적이고 실천적 삶의 모습을 드러내는데 필요한, 나아가 문학적 총체성에 한몫하는 것일 뿐이다.

4. 통일문학에 대한 가능성

지금까지 필자는 삶의 영원한 터전인 땅을 수탈당한 민중들의 고통과 함성을 정치부재의 당대 현실과 관련하여 『태백산맥』을 살펴보았다. 그리고 그들의 구체적이고 실천적인 삶의 모습을 두 이데올로기 체제와 연관시켜 결국 '인간'보다 선행하는 것은 없다는 인간주의의 관점에서 부러진 허리 잇기의 민족주의가 작품 속에 어떻게 스며있는가를 살펴보았다. 어차피 소설이 역사적 삶의 현재화를 통해 현실적 삶에 어떤 비전을 제시함으로써 인간구원을 본령으로 하는 것이라면 『태백산맥』은 우선 그 탁월한 역사인식이 대단히 큰

만족을 안겨준다. 가령 민족분단을 보는 시각의 다양화를 예로 들어보자. 과연 이 땅의 분단이 자국의 이익을 추구한 국수주의적 열강들의 책임인가? 그렇지 않다면, 그것이 남북 모두의 책임이라면 그런 시각은 왜 필요한 것인가? 『태백산맥』은 매몰되어버린 해방공간과 전쟁이 초래한 휴지기(休止期)의 역사적 진실을 언제나 착취당하게 마련인 기층민중들의 구체적인 삶의 모습을 통해 그 질문에 답하고 있다.

그것이 분단극복의지로서의 뛰어난 역사인식이다. 이것은 무엇이겠는가? 피차에 잘못했으니 서로 반성하고, 원래 그랬던 것처럼 하나가 되자는 것이다. 분단문학에 관한 이왕의 논의에서 확인되듯 동족간의 적개심은 이제 그만 부추기자는 것이다. 그런 점에서 빨치산들에 대한 묘사가 너무 미화되지 않았는가, 분명 책임은 서로 져야하는데 그것이 이승만정권의 단독범죄로만 치부되고 있지는 않는가 하는 다소의 불만을 갖게 하면서도 가히 '통일문학'에 대한 가능성이 열렸다는 느낌을 떨칠 수 없게 한다. 저간의 분단문학이 정치의 분단고착화 의지만큼 반통일적이었음을 시인할 수밖에 없을 때 그런 느낌은 더욱 절실해진다. 더욱이 신데탕트 기류를 타고 통일에 대한 욕구가 날로 거세어지는 오늘, 분단으로 인해 야기되는 모든 원천적 불행이 이 땅에 계속되는 오늘 『태백산맥』은 문학으로서의 영원한 생명력을 얻을 것이다.

『태백산맥』에서 여러 가지 의미화를 발견, 정리하는 것은, 따라서 이 글의 즐거운 마무리가 된다. 여기서 의미화란 작품 속에 숨어 있어 겉으로 쉽게 드러나지 않는 것을 인식하는 행위인데 첫째, 이 땅의 어줍잖은 현대사의 의미에 대한 정확하고 투철한 역사인식이다. 둘째, 저 신라가 당을 끌어들인 이래 끊임없었던 외세의 침탈에 대응하는 민족주의적 자세이다. 셋째, 민족분단의 비극적 연원성에 대한 깨달음으로 비롯된 남북의 동질성 회복에의 접근이다. 넷째, 누가 뭐래도 이제 역사의 주체는 국가 구성원의 절대다수인 민중이라는 사실의 환기이다. 다만 명심해야 할 것은 이 모든 의미화는 작가의 객관적 엄정주의의 시각으로 문학적 총체성 획득이 이루어질 때 비로소 가능하다는 점이다.

<'전북문단' 제75호, 2015.8.1.>

역사재현의 리얼함과 민중의식
―김주영 대하역사소설 『객주』론―

1. 턱없이 부족한 연구사

최근 『토지』·『임꺽정』·『태백산맥』·『아리랑』에 관한 연구서 내지 평론모음집이 잇달아 출간된 바 있다. 『토지와 박경리문학』(『토지를 읽는다』도 있다.), 『벽초 홍명희와 임꺽정의 연구자료』, 『태백산맥 다시 읽기』, 『아리랑 연구』 등이 그것이다. 그 소설들의 판권을 쥔 출판사에서 별로 돈이 될 것 같지도 않은 그런 단행본을 펴낸 이면을 읽는 일은 자못 흥미롭다. 문학 발전에 대한 순수한 열정과 의지를 접어둔다면 거기에 똬리를 틀고 있는 것은 그런 일을 해낸다는 자부심이 아니라 그만큼 소설들이 팔렸고, 앞으로도 꾸준히 팔릴 것이라는 '자만심'일 수 있기 때문이다. 그것이 자부심이든 자만심이든 분명한 사실은 『토지』·『태백산맥』·『아리랑』들이 평단의 주목과 함께 일반 독자에게도 크게 어필된, 이 땅의 자랑스럽고 대단한 소설임에 틀림없다고 말해도 별반 시비할 사람이 없을 것이란 점이다.

그 지점에 올려놓지 않으면 서운해할 또 다른 소설들이 있다. 『장길산』·『객주』 등이 그것이다. 그 외에도 『여명의 눈동자』·『빙벽』·『타오르는 강』·『녹두장군』 등이 더 있지만 평단의 주목을 받지 못했거나(『여명의 눈동자』・『빙벽』) 일반 독자에게 크게 어필되지 못한(『타오르는 강』・『빙벽』) 이유로 앞의 소설들 같지는 않다. 요컨대『장길산』・『객주』 역시 평단의 주목과 함께 상업적으로도 성공한 소설로서 그동안 분량이 긴 역사소설(논란이 있을 것이라 생각되지만 여기서는 편의상 '대하역사소설'이라 해두자.)들이 독서시장을 꽉 잡았거나 부분적으로 큰 영향력을 행사해온 셈인데, 우리의 관심 대상인『객주』에 대한 이야기부터 들어보자.

> 이제 신문연재를 마치고 단행본으로도 마지막 권을 내게 된『객주』는 지금 대단원에 이르러 있는 황석영의『장길산』, 박경리의『토지』와 더불어 한국의 역사소설사에서 중요한 위치를 차지할 작품이라고 생각된다. 다른 한편으로 이 소설은, 공무원이나 중산층 이상의 특정 계층이 독자의 주류를 이루고 있는 것으로 알려져 있으며 또 요즘과 같은 상업주의적인 풍토 속에서 한 일간지에 그토록 오래 연재될 수 있었고 텔레비전에서도 장기간 방영되고 있다는 점으로 미루어 볼 때 그 인기가 대단하다는 것을 알 수 있다.

위 인용은『객주』제9권 말미에 실린 김종철의 작품해설「역사소설의 재미와 민중생활의 재현」(창작과비평사, 1984) 중 한 대목이다. 그로부터 12년이 지났는데도 연구서 내지 평론모음집 한 권 나오지 않은 것은『토지』・『태백산맥』・『아리랑』에 비하면 참으로 '해괴한' 일이 아닐 수 없다. 필자의 과문 때문인지도 모르지만 똑같이 연구서 한 권 없는『장길산』과 비교해보아도 『객주』에 대한 논의는 미미한 실정이다. 하기야 『녹두장군』만 빼고 앞에 거론한 소설들을 모두 읽어본 필자로서도 어찌된 일인지 이제야 『객주』를 본격적으로 만나고 있으니 저간의 사정을 거칠게나마 짐작해볼 수 있겠다.

이제 이 글을 쓰기 위해 필자가 만나본 『객주』에 관한 글은 다음과 같다. 앞의 김종철 글 외에도 김치수의 「민중적 삶의 구체성」(『문학과 비평의 구조』, 문학과지성사, 1984), 이동하의 「객주론」(동서문학 1991년 겨울호), 정호웅의 「70년대 역사소설의 성취와 문제점」(『반영과 지향』, 세계사, 1995), 황광수의 「과거의 재생과 현재적 삶의 완성」(백낙청・염무웅 편, 『한국문학의 현단계2』, 창작과비평사, 1983) 등이다. 그리고 본격평론은 아니지만 김시태의 「역사와 민중생활의 재현」(『문학과 삶의 성찰』, 이우출판사, 1984)과 미처 읽어보지 못한 진형준의 「격랑 속의 체제내적 인간들」이 더 있는데, 『객주』의 '명성'에 비하면 뜻밖에도 턱없이 부족한 연구사인 것이다.

그렇다고 그 점을 구체적으로 따지려는 것이 이 글의 목적이냐 하면 그렇지는 않다. 다시 말해 평단의 미미한 조명이 『객주』의 문학적 성과와 모종의 관련이 있는지를 밝히려는 것이 이 글의 핀트는 아니라는 이야기다. 다만, 이 글을 쓰려고 보니 연재 시작은 『토지』(1969년 8월)나 『장길산』(1974년 9월)보다 늦지만, 단행본 완간은 그것들보다 빨리 이루어진 『객주』에 대한 집중조명이 생각보다 너무 안되어 있음을 발견하게 되어 허두로 삼았을 뿐이다. 일제침략기 때의 작품인 『임꺽정』에 대한 조명이 이런저런 사정으로 최근에야 활발해진 점을 감안해보면 『토지』·『장길산』에 이어 사실상 세 번째로 민중을 주인공으로 내세운 대하역사소설 『객주』인데 그런 문학사적 의의에 부응하지 못하고 있는 셈이다. 다시 한 번 필자의 게으름과 과문을 경계하고 들어가거니와 여기서는 이왕의 글들을 꼼꼼히 읽어보고 『객주』의 문학적 공과를 따져보려 한다. 그러는 가운데 이왕의 글들에 대한 필자의 견해가 드러남은 말할 나위 없겠거니와 미흡한 대로나마 이 글이 부족한 『객주』론에 한몫되길 기대해본다.

2. 전혀 새로운 소재, 보부상 이야기

1979년 6월 1일부터 1984년 2월 29일까지 서울신문에 연재되고 한 달 후 창작과비평사에서 9권짜리 단행본으로 완간된 대하역사소설 『객주』는 제목에서 암시되듯 조선조 말 떠돌이 등짐장수인 보부상 이야기다. 명시적으로 시간적 배경이 나타나 있지는 않지만, 1882년의 임오군란을 정점으로 한 앞뒤 몇 년간이다. 김종철은 1878년부터 소설이 시작되고 있다고 말하지만, 또 손경목과 황광수는 1878년부터 1885년에 걸친 시기라고 말하고 있지만 임오군란, 원산포 개항 등 역사적 사건을 근거로 그 시기를 알 수 있을 뿐이다. 소설의 대미에선 천봉삼 구출만이 집중적으로 그려져 어느 때까지인지 확연하게 알 수가 없다. 뒤에서 다시 이야기하겠지만, 이는 단행본으로 9권이나 되는 대하역사소설을 창작하는 태도가 아니라 여겨진다. 아무리 보부상 이야기일지라도 그들의 존재가치가 당대의 정치사회 현실과 별개인 채 빛을 발할 수는 없기 때문이다. 그것이 아니더라도 일반 독자의 순탄한 독서를 위한 '서비스' 차원에서 명시적인 시간적 배경이 제시되었너라면 좋을 뻔했다.

어쨌거나 보부상이 대하역사소설의 주요인물로 등장한 것은 『객주』가 처음이다. 사실상 민중을 주인공으로 내세운 첫 작품인 『임꺽정』을 비롯하여 『토지』・『장길산』・『타오르는 강』 등 조선왕조를 배경으로 한 일련의 대하역사소설들은 백정・농민・광대・머슴 등을 주요인물로 내세워 이른바 민중소설로서의 가치를 드높이긴 했을망정 보부상이라는 특정계층이 전면에 등장, 부각된 소설은 『객주』가 처음인 것이다. 물론 『토지』의 경우 딱히 농민 등 민중만을 주인공으로 하고 있지 않지만, 그래서 민중소설로서의 기치 운운에 이론이 제기될 수 있지만, 하물며 일제침략기부터 1960년대까지 왕성하게 활동한 박종화 등에서 보는 궁중 중심의 역사소설은 더 말할 나위가 없겠다.

그 점은 김치수의 글에서 이미 강조된 바 있다. "특히 『객주』는 소재라는 측면에서 볼 때 보부상의 생활을 다룬 최초의 소설이라는 특색을 지니고 있다. 물론 소재 자체가 작품의 질을 결정하는 것은 아니지만, 조선왕조 후기에 왕조의 경제체제에서 중요한 역할을 담당했던 보부상의 생활을 재현시켜보고자 하는 작가의 의도는 새로운 작품을 쓰고자 하는 창조적 정신의 표현에 다름 아닌 것이다"(김치수, 앞의 책, 125쪽)라는 지적이 그것이다. 주요 보부상으로 천봉삼·조성준·길소개·이용익·선돌이 등을 들 수 있다. 물론 길소개와 이용익처럼 양반 또는 관료로 변신하는 경우도 있지만, 작가가 가장 애정을 쏟고 있는 천봉삼이나 조성준, 그리고 도중에 죽음을 맞는 최돌이·석가·선돌이 등 보부상 이야기가 전편을 관류하고 있다. 이 땅에서의 대하역사소설의 소재영역을 확대했음이 분명해지는 대목이다. 이쯤해서 작품 속으로 직접 들어가보자.

　　도부꾼(도부꾼)들은 너나할것없이 그 처지가 불우하여 동병상련(同病相憐)으로 객고(客苦)를 달램에 유무상통(有無相通)하여 혈육지간보다 질긴 정분을 가지고 간담상조(肝膽相照)하고 환난상구(患難相救)하는 정분으로 응어리진다. 살아서는 서로 의탁(依託)하고 병 얻어 타관에서 객사하면 십시일반하여 장사(葬事)지내고 슬피 울어주니 사해지내(四海之內)가 형제(兄弟)란 말은 이를 두고 하는 말이다. 손위는 형이라 깍듯하고 손아래는 거침없이 동생이라 부르며 동무(同務)의 부모에 대해서는 숙질간(叔姪間)이나 마찬가지로 대(待)하게 된다. 심지어 객주(客主)에 들른 도부꾼이 병들었을 때, 축객을 하였다 하면 그 객주가 장문을 당했다. 그러한 도리를 알고 있는 천봉삼은 주막 술청에서 만난 늙은 도부꾼의 말 한마디가 뼛골을 쑤시고 드는 듯한 아픔으로 들려와 여간 거북스럽지가 않았다.
　　　　　　　　　　　　　　　　-1권 121쪽-

대하역사소설치고 비극적 역사를 다루지 않은 것이 없고,

바로 과거사이기 때문에 현지답사라든가 자료섭렵 등이야 필수적이겠는데 『객주』 또한 예외가 아니다. 따라서 창작의 기본사항 내지 선결조건인 그것을 여러 평자들이 애써 강조한 것처럼 침소봉대할 까닭이 없지만, 분명한 것은 위 인용문에서 보듯 소설의 주요인물이며 구심점을 이루는 보부상 및 보부상의 세계가 매우 '리얼하게' 그려지고 있다는 점이다. 물론 필자가 그 방면에 문외한인데다가 별도의 공부마저 병행되지 않은 터라 매우 조심스럽긴 하지만, 위 인용문을 보면 가히 천착의 경지를 보여주는 보부상의 세계라 할 수 있다. 그뿐이 아니다. 보부상에 관한 여러 가지가 전편에 걸쳐 묘사되고 있는데, 신표발급(1권 57쪽), 유형 내지 종류(1권 151쪽), 징벌(2권 160, 168쪽), 환의(換衣) 등의 풍습(2권 204쪽), 사발통문(3권 32~33쪽), 활약상(5권 21쪽), 조직체계(5권 63~64쪽), 정부정책인 보부상 보호령(5권, 198쪽), 율(7권 132쪽), 행수의 위상(9권 28쪽) 등이 그것이다.

물론 대개는 전지적 작가시점의 해설적 방법에 의해 그려지는 그것들로 보부상 세계를 리얼하게 재현했다고 말하기는 어렵다. 보부상에 대한 그런 역사적 천착이 그들과 그들이 맞닥뜨리는 여러 계층의 다양한 인물들과의 맥락관계를 유지하면서 소설 속에 자연스럽게 녹아 있어 리얼한 것이다. 말할 나위 없이 그것은 천봉삼·조성준 등 보부상들의 행적을 통해 규명될 수밖에 없다. 보부상은 떠돌이 등짐장수를 말하는데, 과연 그들의 발길이 닿는 곳은 거의 전국을 망라하고 있다. 『객주』의 공간적 배경인데, 보부상의 떠돎은 이미 '미친' 역사의 사회사적 여러 모습을 역동적으로 보여줄 것을 예고하고 있는 셈이다. 그 점에 대해선 "그들의 삶이 지니는 떠돎의 형식은 『객주』가 조선조 말엽의 한 사회집단을 돌출시켜 조명한 소설이면서 당시 사회의 생활과 풍속에 대한 가히 박물학적인 편람의 모습도 아울러 갖는 데 결정적인 기여를 하는 셈"(앞의 글, 96쪽)이라는 손경목의 지적이 기억해둘 만하다.

3. 사회화된 보부상의 현재성

그렇다면 그들의 떠돎은 과연 어떠했는가? 전 9권의 『객주』는 3부로 구성되어 있다. 제1부 외장(外場) 3권, 제2부 경상(京商) 3권, 제3부 상도(商盜) 3권이 그것이다. 각각의 소제목을 꼼꼼히 들여다보면 대략 내용이 짐작된다. 강경의 거상 김학준의 농간으로 재산과 아내를 뺏긴 송파 쇠살주 조성준의 복수로 이야기가 시작되는데, 천봉삼과 최돌이, 그리고 엑스트라인 깍정이 두 명이 가담되어 있다. 깍정이들에게 전대를 뺏긴 그들은 강경에서 만나기로 하고 헤어진다. 이후 봉삼은 석가·매월이·선돌이와 만나고, 서울의 거상 신석주의 하수인인 조순득에게 잡힌 선돌이 구출작전(다름 아닌 납치)중 그 딸 조소사와도 만나게 된다.

한편 조성준은 이용익·길소개와 함께 김학준 응징에 돌입한다. 납치를 하지만 김학준의 첩이며 천봉삼 누나인 천소례에 의해 오히려 역습을 당한다. 김학준을 구출해온 천소례는, 그러나 그를 독살하여 조성준에게 살인혐의가 돌아가게 하고, 이른바 사발통문이 돌려진다. 또 길소개는 김학준의 일가붙이인 김몽돌의 아내인 운천댁을 겁간하여 대동한 채 조성준이 받을 돈을 가로채 달아나고, 천봉삼과 선돌이는 천소례를 보쌈하여 바다에 던진다. 제1부의 주요내용인데, 다시 작품 속으로 직접 들어가보자.

경기지경 송파 쇠전거리에 목을 달고 연명하던 쇠살주나 쇠장수들은 김학준의 발호(跋扈)와 농간에 숱한 재물과 계집을 발리지 않은 자가 없었다. 항거하는 장사치들이 있으면 수하것들을 풀어 무릿매로 물고를 내거나 관아의 아전들과 야합하여 송사를 만들어 기어코 칼을 씌웠다. 많은 백성들이 무고로 횡액을 당하고 심지어 보잘 것 없는 가산이나 장토를 빼앗긴 자가 십 수 명에 달하였으며 그 언걸로 귀양간 사람도 없지 않았다. 그로 하여 김가가 이재발신(以財發身)하였으나 원성이 저자에 널리고 하늘에 닿은 것을 알고 솔권하여 강경으로 행적을 감춘 것이었다. 그러나 김학준인들 전사에 저지른 적악을 목숨 다하기 전에는 잊을 리가 없었고 원한을 가진 자들이 언젠가는 자기를 수탐해내고야말 것도 염두에 두었으리라.

-2권 90~91쪽-

1부까지 그들의 행동은 한 마디로 거칠 것이 없다. 보부상이 원래 그런 무리인가 하는 의구심마저 안겨줄 만큼 거침없고 몰이성적인 행동이지만, 그러나 거기에는 위 인용에서 보는 것 같은 악덕환경의 시대적 상황이 게재되어 있다.

보부상의 떠돎을 복수와 정한의 동기에서 찾고 있는 손경목의 주장에 동의한다 해도 그것이 단순히 개인적 원혐일 수만은 없는, 그리하여 시대적 의미와 역사적 무게를 분명히 하는 대목이기도 하다. 왜냐하면 상리(商利)에 일찍 눈뜬 명색 양반인 김학준의 위 인용과 같은 횡포가 이미 조성준이라는 한 개인의 복수로 끝날 차원의 것이 아니기 때문이다.

물론 그렇다고 개인의 복수가 정당화될 수 있는지 하는 문제는 별도로 논의되어야 할 부분이지만, 분명한 것은 김학준의 그런 모습은 역사성과 현재성을 동시에 지니고 있다는 점이다. 다시 말해 조성준이 개인적으로 복수를 해야 할 만큼 법과 정의는 허울일 뿐인 시대였으며, 비단 그 '미친' 역사의 시대뿐 아니라 오늘날에도 그대로 적용될 수 있는 문제라는 것이다.

제1부의 제목 외장(外場)처럼 주로 지방의 여러 장들을 돌아다니며 물건을 매매하는 한편 김학준을 징치한 보부상 행적은 제2부에선 대부분 서울로 그 무대가 옮겨진다. 그 동안 최돌이를 죽인 석가가 천봉삼의 '권고사직'에 의해 자진하여 죽고, 김학준에 대한 응징과 그를 독살한 천소례를 수장시키는 등 뒤에 이야기하게 될 '섹스미학'을 빼곤 전반적으로 음울하고 잔혹한 분위기와 행적 등은 서울에서도 그대로 이어진다. 제2부를 거치면서 특히 천봉삼의 보부상 대행수로서의 입신은 양반과 관료사회를 질타하고 망국지변을 향해 치닫는 시대의 위정자들에 대한 함성과 응징으로 점차 사회화되어간다. 보부상이라는 역사재현의 리얼함이 가일층 강화되어가고 있는 셈이다.

제2부에서는 서울로 도망온 길소개가 선혜청 당상 김보현과 난세라 하여 과거시험을 보지 않고 그 집의 식객 노릇을 하는 유필호를 만나 양반으로 깜짝 변신해 있다. 천봉삼 역시 서울로 올라와 권력과도 줄을 댄 거상 신석주와 그 첩이자 자신의 첫사랑인 조소사를 만나고 있다. 자식을 두려는 신석주의 계략으로 하룻밤일망정 천봉삼은 조소사와 합방을 하고, 세곡선 선인행수가 되어 군산포구로 갔다가 거기서 조성준을 만나기도 한다. 여기서도 역시 길소개가 송만치를 죽이는 등 제1부에서와는 다른 살인이 저질러지지만, 무대가 서울인 만큼 김보현·민겸호 등 고위관리 및 척족이 등장한다.

제3부에서는 임오군란을 기점으로 천봉삼의 입지가 더욱 분명해진다. 흥선대원군의 아들에게 거사자금을 뒷대는가 하면 민씨 세력과 등을 지게 되고, 결국 원산포에서 쇠살주 아닌 미곡상으로 왜상 및 그 일당(밀매꾼)들을 징치한 것 때문에 구속·수감되어 사형집행일만을 기다리는 처지가 되지만 제1부 1권에서부터 천봉삼일 짝사랑해온, 이제 진령군이라는 나랏무당이 된 매월이와 민중전의 비호를 받아 정치적으로 기반을 잡은 이용익의 도움을 얻어 목숨을 구하기에 이른다. 거기까지 진행되는 동안 특히 천봉삼은 이미 예사 뜨내기 장돌림이 아님이 확연해진다. 이쯤해서 다시 작품 속으로 들어가보자.

    유필호가 그 말엔 대꾸도 않고 맞은편 천봉삼에게 묻기를,

"자넨 일찍이 외방의 보부상으로 입신하여 잔뼈가 굵었다면서?"

"그렇소이다."

"그렇다면 외방의 명문세족들의 탐학이며 아전들의 농간에 어지간히 농락들을 당했것다?"

"때로는 그들에게 당하였습니다만 때로는 결당하여 그들을 징치하기도 하였소. 이는 나라의 제도가 상인과 공장들을 업수이 여기고 마름집의 상노처럼 부리고자 하기 때문입니다. 나라의 재용이란 농사와 상업의 흥하고 망하는데 근본이 매달린데도 불구하고, 고리삭은 선비들이 조정을 틀어잡고도 위엄과 위세로 상인과 공장들과 양민에게서 탐학하고 주구할 것만 노리고 있으니 이는 분명 망조가 아닙니까."

<중략>

"외방의 저자나 돌던 일개 보부상의 지체로 감히 나라 일을 나무라고 조정 대신을 능멸하는 위인을 일찍이 상종해본 적이 없네. 그러고도 일신이 무사히 살아남을 작정을 하였던가?"

"사람이 한 번 나서 두 번 죽지 않습니다. 제가 일개 뜨내기 상인배였다하나 보고 듣던 것이 세렴(稅斂)과 탐학에 쫓기는 양민과 유민들뿐이었으니, 올곧은 사내로 가슴에 굳은 살이 박히지 않을 리가 있겠습니까. 그럼에도 외방의 수령들이 진휼하는 정책은 쓰지 않을 뿐 아니라 도적이 봉기하면 그들이 도적이기 이전에 백성이었음을 무시하고 오직 잡아서 족치기만 하니, 백성들은 고향을 버리고 유랑할 생각만 하고 있는 것이오."

"그렇다면 자넨 나라 일로 상심을 하고 있다는 뜻인

가?"

-4권 238~239쪽-

　가운데 일부를 생략했는데도 인용이 다소 길어진 듯하지만, 천봉삼이 보여주는 이같은 현실인식은 소설이 끝날 때까지 그의 행적의 심리적 원동력이 되고 있다. 천봉삼의 진술처럼 세렴과 탐학에 쫓기는 양민과 유민들의 도탄에 빠진 생활상이 그렇듯 실감나게 그려지지 않아 아쉽긴 하지만, 『객주』의 창작의도와 주제의식이 어디에 있는지를 가늠케 해주는 대목이 아닐 수 없다. 앞의 평자들이 다소 소홀히 다루거나 아예 관심을 두지 않은 정치적 악덕환경하에서의 보부상의 사회사적 의미가 환기되는 대목인 것이다.
　다시 말해 천봉삼을 주축으로 한 보부상들의 떠돎은 조선조 말엽 사회의 풍속사적 재현과 함께 그 뒤에 있을 동학혁명 등 민중봉기의 착실한 사전정지작업이라는 의미가 부여된다는 것이다. 따라서 제1부에서 다분히 개인적 복수 차원에서 출발한 그들의 떠돎은 이제 위정자 등 기득권세력에 대한 응징으로 나타나고, 제3부의 쌀을 잠매하는 미곡상과 왜상에 대한 징치는 그 결정판이라 할만하다. 헤겔이 말한, 이른바 '세계사적 개인'으로서의 입지를 충분히 획득함과 동시에 보부상을 정점으로 한 시대 및 생활상이 역사재현의 리얼함에 값하고 있는 셈이다.

4. 재미있는 육담과 섹스미학

그런 주제의식 내지 메시지는 작가의 푸짐하고 걸쭉한 입담에 의해 재미있게 구현되고 있다. 이제 이야기 방향을 틀어 '재미적' 요소에 접근해보자. 특히 김종철이 그 점에 대해 지면을 많이 할애하고 있거니와 『객주』는 매우 재미있는 소설이다. '재미있는'이란 관형사는, 필자가 이미 여러 지면에서도 강조해온 바이지만 소설의 운명과 관련하여 중요한 요소이자 개념이다. 쉽게 말해 우선 재미가 있어 독자들에게 읽힐 수 있고 그런 다음이라야 감동이라는 문학적 성과를 거둘 수 있다는 것이다.

물론 그렇다면 재미없는 소설은 문학이 아니냐는 반론에 부딪칠 수도 있겠지만, 그리하여 상업적으로 실패한 대다수 순수문학의 문학적 위상 내지 가치가 송두리째 흔들리는 일에 혼란을 부를 수도 있겠지만, 여기서 재미란 단순히 통속적 흥미만을 의미하지 않음에 유념해야 할 줄 안다. 요컨대 재미란 독자들이 '미치도록' 소설 속에 빠지게 하는 힘, 그러고도 한동안 그 진폭의 무게에서 냉큼 헤어나오지 못하게 하는 깊은 울림의 감동과 동음이의어에 다름 아니다.

김주영의 경우는, 그 뒤 조정래도 『태백산맥』과 『아리랑』 등에서 그 위력을 유감없이 발휘한 바 있지만, 뭐니뭐니해도 걸쭉한 육담과 무릇 대중소설에서 감각적이고 말초적으로 묘사해내는 최인호·김홍신·박범신 등이 부러워할만한 섹스묘사 등이 재미의 상당 부분을 차지하고 있다. 여기서 『객주』에 국한하지 않고 김주영의 경우라고 한 것은 그의 다른 소설들에서도 거의 예외없이 그 점이 두드러지고 있기 때문이다. 『객주』는 각 권의 뒤에 낱말풀이를 해놓아야 할 정도로 많은 우리 고유어들과 함께 질펀한 육담, 그리고 "지나간 세대는 물론이고 현존하는 작가들 가운데서 그처럼 에로티시즘의 표현에 능란한 사람을 찾아보기는 힘들 것 같다"(『객주』9권, 308쪽)고 김종철이 감탄한 섹스묘사가 전편의 분위기를 압도하고 있다. 백문이 불여일견이다. 직접 만나보자.

　　후회해보았자 죽은 자식 자지 까보기였고(1권, 37쪽)
　　오줌줄기가 서방질하다가 들킨 년 모양으로 대중없이 질금거렸다.(1권, 76쪽)
　　"예끼, 이 엠병 삼년에 땀 못 흘리고 뒈질 놈, 개숫물에 뜬 개똥같은 놈."(1권, 154쪽)
　　옴 덕에 보지 긁는다더니(1권, 169쪽)
　　대중없는 수캐 앉을 때마다 좆자랑이더라고(4권, 55쪽)

위에서 보듯 '놈', '년'은 예사로 쓰이고, 심지어 남녀의 성기를 원색적으로 사용한 육두문자가 거침없이 지문과 대화 속에 들어 있다. 위 인용은 그야말로 몇 개의 예에 불과할 뿐이다. 단행본 9권에 걸쳐 방대하게 쓰여 있는 이같은 고유어로 된 육담은, 그러나 단순한 욕설이 아니라 그 이상의 의미를 갖는데 문학적 가치가 있다. 이미 필자가 『태백산맥』을 다룬 글에서 지적한 바 있듯이 이른바 욕설의 시대상황 내지 사회학적 고찰을 해보면 그 점은 명백해진다. 앞에서 잠깐 말했듯 『객주』가 배경으로 하고 있는 것은 썩다 못해 미쳐버린 역사의 비극적 시대이다. 안동 김씨의 장기

집권이 무너지고 양광(佯狂)의 시절을 살았던 흥선대원군이 집권을 했지만 서구열강의 침략에는 속수무책이었다.

　게다가 민중전의 대원군에 대한 파워게임의 전리물로 고종 친정(親政)이 본격화되지만 오히려 외세를 이 땅에 끌어들이는 결과를 낳았고, 그 와중에 죽어나는 것은 결국 위정자들을 잘못 만난 민중이었다. 이후 외세(일본제국주의)의 침략이 가속화되면서 생명력의 근원이라 할 땅을 빼앗긴 이 땅의 힘 없는 민중의 분노와 함성은 여러 대하역사소설에서 보는 바와 같거니와 욕설은, 요샛말로 하면 그들의 스트레스 해소용이라는 기능을 하는 셈이다.

　오히려 보부상의 경우는 빼앗길 땅도 없는 원래 떠돌이들이라 농민 같은 민중과는 또 다른 근성을 가지고 있음도 주목해야 할 대목이다. 하기야 애써 시대상황적 고찰이 아니더라도 일반적 심리 내지 생리현상을 들이대도 그럴 듯하다. 욕설을 매개로 한 육담은 뭔가 답답하거나 무슨 일이 잘되지 않을 때, 그것도 아니면 화가 날 때 지금도 대다수 평범한 시민들 입에서 불쑥불쑥 튀어나오는 스트레스 해소책인 셈이다. 내친김에 본격적인 대화체도 한 대목 직접 만나보자.

　　"이 염불 빠진 년, 내가 그 말을 곧이들을 줄 알았느냐?"
　　"이녁이 갈 길이나 가슈."
　　"이 년, 봉삼이는 어느 절벽에다 굴렸느냐?"
　　"그것도 발 달린 짐승인데 내가 민다고 수이 굴러 떨

어지겠수?"

"이 년, 이제 보니까 니좆 내 몰라 하는 식 아녀?"

"에이구, 그놈의 연장타령 이제 그만둬요. 그놈 연장사단으로 신세망친 년이오."

"그럼 이 년아, 아랫녘 팔아서 팔자 고칠 작심이었더냐?"

"입정 놀리는 것하고 잔망스런 체수하고는……, 걸판지게 맞아떨어지우."

-1권 165쪽-

동패인 석가에게 살해되는 최돌이와 나랏무당 진령군 매월이가 아직 '야인'으로 있을 때 대거리하는 장면이다. '푸짐한' 그런 육담을 소설 곳곳에서 만날 수 있다. 그리고 남녀노소, 신분차이를 가리지 않고 종횡무진으로 나타난다. 하긴 양반 등 기득권층의 대화에서는 거의 찾아볼 수 없고, 장사치와 들병이, 도부꾼과 도부꾼, 차인행수와 노비, 또 차인행수와 기생, 대장쟁이와 그의 아내 등 대개 가진 것이라곤 '불알 두 쪽'과 '밑엣것'만 있는 피지배계층의 입을 통해 터져나오는 공통점이 있다. 작가가 후기에서 "우리말 서술의 화석화(化石化) 현상에 대한 염려도 이 소설에는 포함되어 있다"(『객주』 9권, 299쪽)고 밝힌 데서도 짐작되듯 매우 의도적이고 각고의 노력 끝에 재생한 것이라 하겠다.

너무 호흡이 가쁜 듯하니 줄을 바꿔 작가의 말을 조금 더 들어보자. "이 소설에 기술되는 문장이 지적이거나 논리적이라기보다는 감정적이고 즉흥적이고 충동적인 어휘, 그리고 마모되거나 퇴화해버린 언어들을 굳이 골라 가창적(歌唱的) 서정성을 꾀하려 했던 연유가 거기에 있고 사고적인 것보다 미각적인 어휘를 굳이 찾아 쓰게 된 연유도 그 당시 사람들의 생활감정에 보다 밀착되어서 시민 역사를 바라보고자 한 것에 연유한다"(『객주』 9권 299쪽)가 그것이다.

이미 황광수가 "김주영이 조선조의 언어를 풍부하게 되살려 내고 있다는 것은 국어학상의 문제라기보다는 옛사람들의 일상언어와 표현법을 활용하여 그들의 삶을 심층적으로 파고들어가 그들과 함께 호흡하고 있다는 것을 뜻한다"(백낙청・염무웅편, 앞의 책, 248쪽)고 말한 바 있지만, 거기에 토착언어의 시대사적 의미와 사회심리학적 가치가 부가됨은 물론이다. 읽기에 재미를 주는 육담은, 이를테면 미친 시대에 대한 응전력으로서의 해한(解恨)에 다름 아닌 것이다.

그 점은 섹스묘사도 예외가 아니다. 이것 역시 김주영의 또 다른 소설에서도 거의 마찬가지인데, 논자들도 대체적으로 긍정적 평가를 하고 있다. 손경목은 "성묘사의 경우 인물들의 생명력을 반영하면서 소설에 활기를 보태주는 다른 일면"(앞의 글, 97쪽)임을 지적했다. 이동하는 민중의 시각과 민중의 언어라는 관점에서 성의 문제를 바라보며 옹호론을 펴고 있다. 그렇듯 논의거리가 될 만큼 『객주』에는 섹스 장면이 많은 부분을 차지하고 있다. 자칫 외설적이라는 혐의에서 자유로울 수 없을 정도로 많이 나오는데 특히 전반부가 그렇다. 가령 1권의 75쪽, 142쪽, 221쪽과 2권의 226쪽, 그리고 4권의 250쪽 등을 예로 들 수 있겠다. 그것들이 재미의 일차적 요인임은 말할 나위가 없겠거니와 앞에서 말한 육담과 전체적 분위기가 잘 맞아 떨어지면서 그 이상의 의미를 갖는다는데 『객주』의 '섹스미학'이 있다. 우선 작품을 만나보자.

"먹고 마시는 섭생만이 사람의 도리만은 아닙니다. 대저 살인하고 방화하고 싸움질하는 빌미가 계집으로 연유되는 일이 많지 않습니까. 살아가는 형편이 옹색하면 할수록 색정은 더한 법입니다. 색념에 상승이 되어 미친 놈은 약사여래가 환생을 하신다하여도 고치지 못합니다."
-6권 230쪽-

인용은 천봉삼이 일행과 여관에서 자다가 때 아닌 소동이 생겨 앞의 곰배를 깨우자 일어난 곰배가 천봉삼에게 하는 소리이다. 때 아닌 소동이란 건너방에서 동성애로 인해 벌어진 두 사내의 대거리를 말하는데, 곰배의 위같은 말은 음미해볼 만하다. 인간본연의 섹스문제야 이효석 이래 이 땅의 소설에서도 추구해온 하나의 과제가 되었지만 "살아가는 형편이 옹색하면 할수록 색정은 더한 법"이라는 작가 인식은 특히 눈여겨볼 대목이다. 이른바 원초적 본능에다가 대저 똥구멍 찢어지게 가난하게 살던 시절의 대가족(보통 9남매, 10남매인 것을 생각해보자.)에서도 시사받을 수 있지 않은가. 거기에 대해 지배계층인 양반들이 자랑스럽게 신주 모시듯 하는 유교윤리의 제도적 모순을 비판하는 대목에 이르러선 그것이 단순한 욕욕(肉慾)이 아님이 명백해진다. 역시 백문이 불여일견이다.

"반명의 여자란 기탄없이 속내를 밝힐 수도 없는 한낱 꼭두각시에 불과합니다. 도포짜리들이란 부부간의 합환에도 의식(儀式)에 얽매이기 일쑤요 외람됨을 꾸짖기 일쑤이니 대중없이 찾아대는 율과 도리로 자연 양기는 쇠하고 체통만이 하늘에 닿게 됩니다. 대저 부부지간이란 때로는 고상하고 때로는 음탕한 점도 있으니 서로가 각석하게 굴 것이 못되지 않습니까. 만약 그런 눈치를 조금이라도 보였다간 소박맞기 다반사이니 날이 새면 질 때까지 외나무다리를 건너는 형국으로 살아갈 뿐입니다."

-2권 254쪽-

인용은 길소개에게 겁간을 당하고, 그를 따라 도주한, 그리하여 결국은 본부(本夫)인 김몽돌에게 납치되어 자진(自盡)으로 삶을 마감하는 운천댁이 길소개를 향해 하는 말이다. 유교윤리로 보아서는 겁간 당시 혀 깨물고 죽어야 마땅하지만 어찌보면 합리화 같은 이런 소리를 양반의 입을 통해 하고 있음은 흥미를 더해줌과 동시에 의미심장한 메시지가 아닐 수 없다. 유교윤리의 비인간적인 제도의 모순을 비판하는데 그치지 않고 과도기적 사회의 혼란상을 극명하게 드러내보인다는 것이다.

말할 나위 없이 운천댁의 말에 맞장구를 치며 양반 성토에 열을 올린 길소개가 애써 양반이 된 것(매관매직의 뒤틀린 사회현실)도 혼란과 과도기 사회의 한 단면 묘사에 다름 아니지만, 어쨌거나 『객주』에서의 섹스는 '천부인권적' 인간 본성에다가 핍진한 민중현실, 그리고 뒤틀린 역사적 진실을 드러내는데 매우 중요한 요소로 기능하는 셈이다.

5. 민중의식 －그러나 아쉬운 형식미와 총체성

  그렇다고 『객주』를 읽는 재미가 우리 고유어의 육담과 섹스미학에만 있는 것은 아니다. 오히려 우리 고유어의 빈번한 사용, 가히 우리 말의 보고(寶庫)로 일컬어지는 토속적 어휘들은 이른바 신세대 독자들에게는 짜증과 거부감, 심지어 독서포기까지 갖게 할 부담도 있는 것이 사실이다. 그럼에도 불구하고 『객주』가 재미있는 것은 보부상들의 애증이 각 권마다 교직되어 있는 한편 평자들이 지적한 대로 각종 물화 매매현장, 사당패놀이, 무당의 굿장면, 보부상이나 왈짜들의 대거리, 그리고 징벌 모습, 살인 등은 물론이려니와 아전 및 관료의 횡포에 시달리는 피지배계층의 죽지 못해 사는 삶의 리얼한 묘사가 그것이다. 또한 하찮은 신분, 그러니까 피지배계층인 보부상 천봉삼이 보여주는 인간됨과 양반비판, 그리고 그것 못지않은 응징과 나라 위하는 애국심 등이 은근히 통쾌한 정서를 갖게 하는 심리작용도 한몫할 터이다.
  그것을 민중의식이라 불러도 시비할 사람은 없을 것이다. 이 글의 서두에서도 잠깐 말했지만 『객주』가 연재를 거쳐 완간된 시점을 감안해보면 특히 그 점은 아무리 강조되어도 지나치지 않다. 서슬 시퍼렇던 유신정권 말기, 그리고 단죄받은, 유신 뺨치는 제5공화국 초·중반기에 보부상을 전면에 내세워 왕조시대의 뒤틀리다 못해 미쳐버린 시대상황을 그려낸 것은 '민중소설'로서의 문학사적 가치가 자리매김되어도 무방하리라 본다. 일제침략기 때인 1930년대 박종화 등이 암울했던 조선왕조의 정정(政情)을 배경으로 쓴 역사소설이 민족정신을 고취하려 했던 의도와 같은 맥락이라는 점에서 그러하다.

그렇게 보면 소설의 대미도 김종철이 아쉽게 생각한 것처럼 결코 '미약한 결말'이라고 할 수 없다. 왜냐하면 천봉삼 구출로 끝나는 대미는 대하역사소설의 새로운 형식이자 민중의식의 확산을 암시한 작가의 의도적 계산에 의한 장치라는 해석이 가능해지기 때문이다. 역사적으로 죽는 게 마땅하겠지만 소설적으로 살아 있는 천봉삼은 그가 지닌 민중, 핍박받으면서도 저항하는 민중이라는 상징성에 빛나는 다분히 메시아적 인물이기 때문에 더욱 그렇다.

그러나 지금까지 말해온 여러 강점과 미덕에도 불구하고 『객주』를 읽는 동안 아쉬움도 만만치 않았음을 밝혀 이 글의 마무리로 가름해야겠다. 필자가 아는 한 지금까지도 전혀 새로운 소재인 보부상 이야기를 이미 17년 전에 끌어들였고, 사회화된 보부상 이야기 속에 당대의 문화나 풍속 등 민중생활상을 리얼하게 재현해냈고, 무엇보다도 재미있는 육담과 섹스미학으로 일반 독자들의 접근을 쉽게 했고, 결국은 민중의식의 확산을 통해 이후 문단에 민중을 주인공으로 한 대하역사소설의 흐름을 선도한 『객주』인데도, 그리고 말로 다하지 못할 어려움- 자료섭렵과 현지답사를 거쳐 5년 만에 완성을 본 『객주』인데도 불만 섞인 아쉬움이 생기는 것이다. 작품을 만나본 지 꽤 되었으니 우선 아래 인용부터 보자.

"그런 말 하지 마셔요."

"그런 말 하지말라니 내가 너를 두고 농을 하고 있는 것 같으냐? 아니면 묻는 말이 자발없이 보이느냐?"

"세상에 나를 업어와서 뭣에다 쓰려나하고 두고 보려고 그랬습니다."

"계집아이가 간릉스럽기 이를데 없구나. 내가 무섭지 않느냐?"

"댁도 짐승 아닌 사람인데 무서워할 까닭이 뭐 있어요? 설마 사람이 사람을 해칠까요."

"너 지금 몇 살이나 되느냐?"

계집애는 그때서야 다시 한 번 힐끗 최가를 훔쳐보았다. 최가가 은근히 손을 내밀어 계집애의 손목을 잡으니 당초에는 가만 있는 듯하더니 느닷없이 손목을 홱 뿌리치면서 내뱉는 말이,

"근력이 어떤지는 모르겠소만 남의 편발 처녀 손목은 왜 잡소. 인가가 없는 외진 곳이라고 함부로 될 성부르오."

-1권 268~269쪽-

위 인용은 선돌이를 구하기 위해 천봉삼이 조순득 딸(조소사)을 납치할 때 교전비 월이는 최가가 잡아왔는데, 잡혀와서 두 사람이 주고 받는 수작 중 일부이다. 여기서 발견되는 아쉬움은 두 가지다. 백정 딸이며 댕기머리인 월이가 내지르는 청산유수의 말솜씨하고 신분에 구애됨없이 두 사람 공히 쓰고 있는 표준어가 그것이다. 작가가 이미 "업혀 온 계집애치고는 대답이 야금받았고 조금도 겁을 내거나 주

눅이 든 형국이 아니었다"고 엄호하고 있기는 하지만, 현실적이거나 상식적으로 납득되지 않는 부분이다.

물론 작가의 성격창조에 따라 그런 인물형이 나올 수는 있을 것이다. 그리고 월이가 최가와 결혼한 후 남편이 죽고 우여곡절 끝에 시동생이나 다름없는, 그러나 『객주』의 사실상 주인공인 천봉삼과 부부가 되는 인물형이기에 그런 비범함 내지 대범함이 어느 정도 설득력을 지닐 수는 있을 것이다.

문제는 등장인물 대부분이 '말 못해 죽은 귀신'은 없다할 정도로 변설에 능한 데 있다. 이미 정호웅이 3권 90쪽을 인용하면서 "어려운 한자어가 자유 자재로 동원되는 이 도저한 변설이 무식한 보부상의 입에서 쏟아지고 있는데, 이는 19세기 후반을 살았던 보부상 선돌이란 역사적 존재의 것이 아니라 20세기 후반의 지식인 김주영의 언어이다"(정호웅, 앞의 책, 59쪽)라고 비판한 것과 또 다른 문제이다.

특히 엑스트라로 등장하는 과부나 처녀 등 신분의 귀천과 배움의 많고 적음을 막론하고 종횡무진으로 펼쳐지는 여자들의 걸쭉한 입담은 아무리 망조가 든 과도기적 사회였다 하더라도 리얼리티를 갖기는 어려워 보인다. 뿐만 아니라 인물에 대한 개성이 약화되어 독창적이고 변별성있는 성격창조로 기억되지 않는 아쉬움이 남는다.

전편에 걸쳐 사용하는 세련된 언어(표준어)도 그들의 신분으로 볼 때 아쉽기는 마찬가지다. 이는 『객주』에서 뿐 아니라 종래의 역사소설에서부터 논란거리가 되어온 문제지만, 그 시대의 언어를 정확하게 재현하기는 사실상 불가능하다는 점에서 면죄부가 주어지긴 한다. 그렇더라도 최소한 경상도나 전라도 등의 방언쯤으로(물론 그 지역 출신임을 전제로 해서다.) 대신했더라면 더 감칠 맛나는 문학적 성과를 거둘 수 있지 않았을까.(예컨대 『토지』나 『태백산맥』등을 보라.).

또 하나 아쉬운 점은 인물의 우연성이다. 황광수는 "주인공들의 수와 복잡한 사건들과의 불균형은 그 자체의 문제로만 끝나지 않고 인물의 우연한 상면을 빈발하게 하는 요인으로 작용하고 있다"(백낙청·염무웅편, 앞의 책, 250쪽)고 지적했거니와 그들 보부상들이 인과적으로 긴밀하게 연결되지 않고 느닷없이 또는 오다가다 나타나거나 만나는 공통점이 있다. 가령 소설 첫머리엔 조성준·천봉삼·최돌이가 엑스트라인 깍정이들과 나타나는데, 그들의 '끈끈한' 관계에 대한 내력이 없다.

그뿐이 아니다. 그들이 깍정이들에게 전대를 털리고 강경에서 만나기로 한 채 헤어지는데, 어느덧 천봉삼은 석가·매월이·선돌이와 동행이고, 조성준은 이용익·길소개와 함께 있다. 물론 석가와 매월이의 등장은 천봉삼 일행의 행적과 어느 정도 인과적 구성의 사건전개 속에 놓여 있긴 하지만, 선돌이라든가 조성준이 동행하는 이용익·길소개는 글자 그대로 오다가다 만나 질긴 은원(恩怨)의 관계를 유지하고 있다. 그들이 기본적으로 뿌리가 뽑힌 자들이고 가정의 안락함과는 다른 세계를 사는 뜨내기 장돌림이라 하더라도 그런 우연성은 필연 주요인물의 행적이 긴밀하게 이어지지 못하는 스토리나 사건의 치밀한 구성에 장애가 되기에 아쉬운 것이다.

인물의 우연성과 적극 관련되는 것은 아니라 하더라도 전지적 작가시점에 따른 문제점도 필자로선 불만스런 대목이다. 물론 단행본 9권 분량의 장편소설이니 전지적 작가시점을 취할 수밖에 없긴 하지만, 일종의 횡포나 다름없는 편집자적 해설은 작가가 조금만 신경쓰면 아쉽게 느껴지지 않을 수도 있다는 점에서 불만스럽다. 가령 제2권에서 이용익은 아직 천소례를 모르고 있는데도 "용익은 예상했던 대로 김학준의 비첩인 천소례라는 계집에게 뒷덜미가 단단히 잡혀 있다는 것을 깨달았다"(114~115쪽)라고 해설하는 것을 예로 들 수 있겠다.

그나마 다행인 것은 그런 부분이 그렇게 많지 않다는 점이지만, 전지적 작가시점은 자연스럽게 사건의 우연성도 수반한다. 가령 신석주가 아들을 두려고 짐짓 꾸민 천봉삼과 조소사의 '이층집', 길소개에 대한 용서, 매월이와의 화합, 천소례의 살아남(천봉삼과 선돌이가 보쌈하여 수장시킨 바 있다.) 및 천봉삼과의 해후, 그리고 조성준과의 백년해로 등이 그런 것들이다. 그중 매월이와의 화합은 그것이 사랑심리라는 점(그러나 이것도 지극히 낭만적 전개이다.)에서 그런 대로 설득력과 리얼리티를 주지만 나머지 것들은 마치 고대소설에서나 보는 전지적 작가시점의 전횡이 아닐 수 없다. 그것들이 천봉삼 구출이라는 대미와의 연장선에서 의도된 장치라 하더라도 오히려 신석주의 애첩 조소사를 넘본 천봉삼은 죽기 직전까지 온갖 고초를 당하고, 길소개를 전형적 악한으로 남기고, 천소례는 남동생인 천봉삼에 의해 죽는 사건전개가 훨씬 강하게 비극미를 불러일으켰을 것이다.

그러나 뭐니뭐니해도 『객주』에서 가장 아쉬운 점은 총체성 미흡이다. 이미 김종철은 "동학과 천주교 신도들의 동태가 전혀 나타나지 않은 것도 납득할 수 없는 점"(앞의 책, 317쪽)이라고, 정호웅은 "민중이 역사주체임을 강조하려는 의도가 지나쳐 지식인의 긍정적 기능에 대한 고려가 거의 없다는 점"(앞의 책, 57쪽)을 각각 들어 그 점을 지적해놓고 있거니와 작가의 그런 메스는, 좀 심하게 말하면 가히 편집광적이라 할만하다. 앞에서 잠깐 말한 대로 당대의 정치·사회적 악덕환경과 맞닥뜨리는 가운데 보부상의 존재가치가 빛을 발할 뿐아니라 가해자와 피해자, 그리고 '중간자'의 생활상이 똑같은 비중으로 그려질 때 비로소 사회적 총체성이 획득될 수 있고 그때서야 문학적 성과도 거둘 수 있기 때문이다.

지배계층으로선 거의 유일하게 큰 비중을 차지하고 있는 유필호의 부정적 이미지는 정호웅의 자세한 지적에서 보는 바와 같다. 그 연장선에서 아쉬운 점은 보부상 행동반경의 사건전개에다가 가해자에 대한 묘사가 너무 부족하고 미약하다는 것이다. 물론 민중전을 비롯하여 민겸호·민영익 등 민씨일파가 등장하고 있음도 사실이지만, 그러나 이왕의 전지적 작가시점을 통해 그들의 입장이나 시각 등이 적극 옹호되지 않았다는 점(오히려 그들은 민중의 적으로 그려졌을 뿐이다.)에서 작가의 편향적 시선을 너무 노골적으로 드러내고 있어 불만스럽고 아쉬운 것이다. 새삼스런 말이지만 진정한 민중소설이란 민중들의 핍진한 생활상을 리얼하게 그려냈다고 해서 되는 것은 아니다. 그것이 참다운 민중소설이 되기 위해서는 그들의 핍진이 왜 생겼는가에 대한 지배계층의 폭압이 현대적 의미에서의 리얼리즘으로 형상화되고, 그런 균제미 속에서 얻어지는 총체성 획득이 필요할 것이다.

에필로그

1984년 5월 발간된 김주영대하역사소설 『객주』(전9권)는 2013년 9월 전 10권으로 재출간된 데 이어 2015년 9월 23일부터 36부작 KBS TV드라마로 방송되고 있다. 지난 봄 상재한 『한국대하역사소설론』에 실린 작품이지만 굳이 여기에 수록하는 이유이다.

<'표현' 제62호, 2015.11.20.>

우중소설과 순수문학
-최인호장편소설 '불새'·'제4의 제국'·
'낯익은 타인들의 도시'론-

1. 도시적 감수성, 지다

소설깨나 읽은 사람치고 작가 최인호(1945~2013)를 모르는 이도 있을까. 그렇다. 고교 2학년이던 1963년 한국일보 신춘문예에서 가작 당선해 세상을 놀라게 했던 최인호가 등단 50주년이 되는 2013년 9월 25일 68세의 젊은 나이로 영면했다. 1967년 '견습환자'가 조선일보 신춘문예에 당선된 후 본격적 작품 활동을 펼친 최인호는 저 악명높은 10월 유신 전후 신문에 연재되었던 '별들의 고향'을 비롯 '깊고 푸른 밤'·'불새' 등이 말하듯 베스트셀러 소설가로서 그 이름을 떨쳤다.

동아일보(2011.7.14)와의 인터뷰에서 최인호는 자신의 소설세계에 대해 말했다. 내 문학 인생의 제1기는 데뷔해서 1980년대 중반까지다. 제2기는 1987년 가톨릭에 귀의하여 2008년 암에 걸리기까지다. 그리고 제3기는 '낯익은 타인들의 도시'로부터 시작하려 한다는 것이 그 요지이다. 1970, 80년대 도시적 감수성을 기반으로 많은 독자들을 열광케 했던 일련의 현대소설들이 제1기에 해당하는 작품들이다.

제2기는 '잃어버린 왕국'·'해신'·'제4의 제국'·'상도' 같은 역사소설과 '유림'·'길 없는 길' 등 종교소설들을 쓴 시기라 할 수 있다.

그 사이 작가에겐 엄청난 변화가 있었다. 2008년 침샘암 진단을 받은 것. 그러니까 암과의 투병 와중에 신작소설 '낯익은 타인들의 도시'를 펴낸 것이다. 책 앞머리에 실린 '작가의 말'에 의하면 두 달 걸려 쓴 '낯익은 타인들의 도시'는 "누군가의 청탁으로 이루어진 작품이 아닌 스스로의 열망으로 쓴 최초의 장편소설"이다. 또 "오래 전부터 꿈꿔왔던 체질 개선 후의 첫 작품이"기도 하다. 많은 역사소설을 쓰면서 '타인의 방'이나 '술꾼'과 같은 제1기 현대소설의 세계로 돌아가고 싶어했는데, 그 소망을 이룬 작품이라는 설명이다.

그런 작가의 암투병과 작품에 대한 의의가 일반 독자들에게 얼마나 영향을 미쳤는지 자세히 알 수는 없지만, 시장의 반응은 뜨거웠다. 출간 한 달 만에 11만 부가 팔려나갔고(동아일보, 2011.6.27), 20만 부 판매 돌파를 앞두고 잇달아 독자와의 만남을 갖기도 했다. 마침내 '낯익은 타인들의 도시'는 '2011동리문학상' 수상작으로 선정되었다. '박경리문학상'의 1억 5천만 원을 빼고, 내가 알기론 문학상 상금 7천만 원은 최고 액수인 동리문학상 수상이다. 수상 소식을 전한 동아일보(2011.10.17)에서 작가 스스로 밝힌 '낯익은 타인들의 도시' 판매부수는 23만 부다.

그런 최인호가 그로부터 채 2년이 안돼 우리 곁을 영원히 떠난 것이다. 여기서는 작가 스스로 말한 제1~3기의 소설세계에서 각 1편씩을 추려 최인호 소설세계를 살펴보려 한다. '불새'(전3권)·'제4의 제국'(전3권)·'낯익은 타인들의 도시'가 그것이다. 단 '불새'는 1989년 박범신·김홍신 소설과 함께 살펴본 '우중소설의 문학적 위상'이라는 글에서 최인호 부분만 따로 떼어 새롭게 정리한 것이다. '제4의 제국' 역시 2006년 발표한 것을 다듬은 글임을 밝혀둔다.

2. '불새', 우중소설의 문학적 위상

1) 1970년대 사회의 의미

우리에게 1970년대는 실로 격변의 시대였다. 독재자의 장기집권 음모의 표출인 소위 유신헌법이 어떤 법보다도 위세를 떨쳤는가하면 적어도 현대정치사의 한 분수령일 수 있는 10·26사태가 그 시대의 종언을 고하기까지 다양한 변화가 서서히 일어나고 있었다. 그중 경제 급성장으로 빚어진 산업화 물결은 인구의 도시집중 현상을 초래했을 뿐만 아니라 많은 근로자 대중을 양산하였고 빈부의 격차를 가중시켰다.

이런 사회적 변화의 파장(波長)은 문화면에서도 예외가 아니었다. 특히 문학은 이른바 '1970년대 작가'를 배출해내기에 이르렀다. 최인호·황석영·김주영 등으로 대표되는 이들 1970년대 작가들은 사회적 변화에 힘입어 전시대와는 다르게 드러난 여러 징후들을 소설 속에 담고 있었다. 평론가 김병익에 의하면 "실존주의적이라 할 전시대적 주제성을 안고 있는가하면 노동과 공해라는 당연한 문제에 파고들기도 하고 극히 날렵하고 감각적인 문장을 구사했는가 하면

둔중하고 엄격하게 절제하는 문체를 만들기도 하며 콩트의 양식으로 산뜻한 독후감을 안겨주는가 하면 대하역사소설로 한 시대의 전모를 밝히려는 야심을 노골적으로 드러내기도 한"(문학과 상상력. 문학과지성사. 1979. 90쪽) 것이다.

그러나 무엇보다도 중요한 것은 1970년대 작가들의 작품 세계 속에 이제껏 낯설었던 혹은 도외시되었던 여러 부류-작부·창녀·양공주·떠돌이 근로자 등 산업사회가 빚어낸 필연적인 소외계층이 주인공으로 등장하고 있었다는 점이다. 물론 1920년대부터 발아하기 시작한 리얼리즘계열의 소설에서 궁핍한 주인공을 얼마든지 만날 수 있다. 1950년대 6·25가 남겨준 문화이식의 소설적 수용에서 '양공주'들을 볼 수 있었던 것도 사실이지만, 그것이 일제침략기와 전쟁이 가져다 준 원치 않는 변화였음에 비해 1970년대는 정부의 성장일변도 경제정책의 부산물이라는 점에서 엄청난 차이가 있음을 간과해서는 안될 줄 안다.

특히 중요한 것은 경제성장의 변화가 가져다준 폐해였다. 먹고 사는 문제가 어느 정도 해결되니까 인간의 욕심이 무변대이듯 욕구는 온갖 소비지향적 태세로 진입해버렸다. 소위 문화공간의 향락적 추구에 열을 올린 나머지 가치관이 전도되는 느낌마저 없지 않았다. 각종 매스커뮤니케이션은 마치 고기가 물을 만난 듯 욕구에 불을 당겼으며, 밀폐된 정치의 연장은 그나마 편승의 기회를 톡톡히 제공하고 있었다. 서구식 시민사회가 원만하게 형성되지 않은 채로 발전된 경제는 상대적으로 정신적인 빈곤을 안겨줘 기형적 문화를 창출해내는데 여념이 없었다.

이런 시류(時流) 속에 대중소설 내지 통속소설의 기생적 창출은 오히려 당연한 감마저 없지 않다. 1972년 9월 5일부터 1973년 9월 9일까지 조선일보에 연재된 최인호의 '별들의 고향'을 출발로 지금에 이르기까지 광범한 독자층을 형성하며 이른바 베스트셀러소설로서 '문필가는 배고프다'는 속설을 완전히 뒤엎은 일련의 대중소설 내지 통속소설은 과연 어떤 것이길래 그렇듯 잘 팔리는 걸까? 독자 없는 문학이 결코 본래의 기능을 다한다고 할 수 없듯 많은 독자의 전폭적인 호응(구매행위)만이 문학이라고 할 수는 없다.

여기서 한 가지 분명하게 확인되는 것은 그 소설들이 평론가들의 눈에는 마치 의붓자식처럼 비쳐지고 있다는 점이다. 그도 그럴 것이 소위 문제작가에 대한 그들의 시선과 소위 인기작가에 대한 그것은 실로 엄청난 차이를 드러내고 있음이 저간의 사정이다. 그들은 대충 잘 팔린다는 것부터가 못마땅한 듯하다. 독서인구의 저조율이 선진국에 비해 월등한 현실을 감안하고, 고상한 취미와 지적 체통을 중시한 양반의 후예들인 그들의 시각이 '상것'과 야합하지 않으려는 속성은 굳이 대중소설에 대한 서구식 비관론과 미국식 낙관론을 끌어들이지 않더라도 일견 정당한 것처럼 보인다.

평론가 권영민의 "통속적인 소설들이란 대체로 건강한 사랑의 문제나 깊이있는 인간운명의 탐색을 거부하며, 현존하고 있는 사회질서나 권위에 대한 진정한 도전을 포기한다. 폭력이 정의처럼 위장되고 부도덕한 애정행각이 사랑의 가면을 쓰고 나타난다. 무엇보다도 문학작품으로서의 졸렬함을 전혀 면하지 못하고 있는 잡스러운 언어의 횡포를 늘어

놓기 일쑤다. 독자들은 이런 소설의 한가운데에 빠져들어, 주인공의 행동에 자기 자신의 모습을 투영해보고 위안을 삼으며, 자신이 돌아보아야 할 시간을 소설의 주인공을 생각하는 시간으로 허비해버리는 것이다"(소설의 시대를 위하여. 이우출판사. 1983. 196쪽)라는 대중소설 내지 통속소설-잘 팔리는 '인간시장'(김홍신) 등에 대한 준열한 공박은 작품에 대한 구체적인 분석이 없었다는 점에서 아쉬움을 주지만, '우중소설(愚衆小說)'이라 부를 수 있는 당위성을 마련하는데 어느 정도 기여한 것처럼 보인다.

대중이 이 시대를 살고 있는 대다수의 사람들이라면 '우중'은 그런 대중을 토대로, 특히 유신체제 등 변칙적인 정권에서 철저히 통제된 집단을 뜻한다. 요컨대 정치의 민주화가 모든 것을 선진화시키는 무기라는 전제 위에 결코 민주주의일 수 없는 정치적 관심을 소비지향적이고 향락적인 문화로 이식시켜 '정치는 우리가 할테니 너희들은 신경쓰지 말고 실컷 놀아라' 하는 것과 같은 식이다.

필자는 이 글에서 지금껏 불리워온 대중소설 내지 통속소설, 혹은 상업주의소설들을 통칭하여 '우중소설'이라 이름지어 사용하려 한다. 그것의 발달 배경을 '대중의 우중화현상' 등 사회사적 측면에서 살펴본 다음 최인호의 소설 '불새'(전 3권)를 구체적으로 분석하여 '우중소설의 문학적 위상'은 가능한가를 밝혀보려 한다.

2) 대중의 우중화현상

현대가 대중사회임은 사회학자 거개의 일치된 견해인 듯하다. 그 전단계였던 17, 8세기의 시민사회가 이루어진 역사적 배경이 계몽철학에 있다면 대중사회는 대중에 의해 지배되는 사회이다. 대중이란 오르데가 Y 가세트의 정의처럼 "오히려 내적인 연관을 가지고 어떤 공통성에 의해서 외적인 자극과 열정이나 희망에 쉽게 유기적인 관계에서 반응하는 인간의 무리를 의미"(김주연편. 대중문학과 민중문학. 민음사. 1985. 35쪽 재인용)한다. 또 칼 만하임의 표현대로 "문화적으로나 정치적으로나 세련이 안된 다수"(강현두. 대중문화의 이론. 민음사. 1984. 61쪽 재인용)이기도 하다. 요컨대 대중은 전시대의 고급문화(high culture)의 주역이던 일부 엘리트 내지 귀족층에 상대되는 개념이며, 산업화와 민주주의가 발생하는 과정에서 자연스럽게 생겨난 이 시대 대다수의 사람이다.

여기서 대다수라는 것은 우리 모두가 아니라는 뜻이다. 대다수에 끼지 못하는 소수계층- 예컨대 권력층, 재벌 등이 열외임은 물론이다. 특히 우리같이 산뜻한 민주주의를 구가하지 못하고 있는 사회에서 그 구분은 중시되어야 할 필요가 있다. 왜냐하면 대중은 곧잘 우중으로 전락하는 속성을 개념 형성때부터 지니고 있었기 때문이다. 보수주의나 초기 대중연구자들의 시각처럼 "대중은 열등한 심성을 가진 존재로 볼 뿐 아니라 충동적·격앙적·망동적·피암시적 존재로서 언제나 비이성적 행동을 일으킬 폭중(暴衆)·우중(愚衆)으로"(강현두 앞의 책. 60쪽) 간주하기 때문이다.

그러나 여기서 중요한 것은 사회학자들의 대중을 우중으

로 간주하는 시각이 아니다. 중요한 것은 실질적으로 대중을 우중화시키는 대중문화의 부정적인 기능이다. 대중문화의 총아로 이미 자리굳힘을 한 텔레비전이나 신문·잡지 등의 매스컴은 정치적 상황과 연계하여 한껏 선량할 수 있는 대중을 무지몽매한 우중으로 타락시키고 있음을, 우리는 산업화 이후의 한국 사회 속에서 수차례 목격해온 바 있다. 대중사회가 사치와 허영욕구의 시장, 새로운 것에 대한 집착욕 등 과시적 소비(conspicuous consumption) 지향으로 흐르고 있음은 사실 심각한 문제가 아닐 수 없다. 모든 예술문화가 다 그렇겠지만 특히 문학의 경우, 앞에서 권영민이 지적한 것처럼 그 폐해를 통감하지 않을 수 없다.

  필자가 저간의 대중소설 등을 우중소설이라 이름붙인 이유가 거기에 있다. 그것은 문학성 결여 등 여러 지엽적인 문제는 고사하고 숫제 대중의 눈을 멀게 하고 귀를 먹게 한다는 문제의 심각성을 안은 채 독버섯이 부식하듯 파고든다. 그 결과, 백프로 그렇다고 단정할 수는 없지만 현실을 올바르게 직시하지 못하고 가치관의 전도마저 가져오는 불행한 현상들을 도처에 쏟아내고 있다. 여기에 당대(contemparrvy)의 정치상황이 한몫하고 있음은 알려진 바와 같다. 아니, 앞에서 얘기한 대로 정치의 민주화가 모든 것을 선진화시키는 무기라면 한몫이 아니라 오히려 주도하고 있음을 어렵지 않게 알 수 있다. 그러나 칼 야스퍼스의 진단처럼 "대중사회의 정치적 지배는 결코 대중들의 눈에 띄지않게 되어 있"(김주연 앞의 책. 44쪽)는 특징이 있기 때문 보이지 않는 손에 의해서 대부분 선량한 대중들은 점차 사리판단의 예지를 잃는 우중이 되어가는 것이다.

　최인호 장편소설 '별들의 고향'은 비근한 예가 될 것이다. 이 소설이 연재되던 시기는 저 악명높은 10월 유신 발발 전후였다. 언론자유가 위축되는 대신 언론의 상업주의가 정부의 돈독한 배려 속에 날로 강화되었다. 독자는 텔레비전 뉴스를 불신하면서 차라리 잊고 살자는 때 아닌 체념을 극히 말초적 자극제로 받아들이곤 했다. 그런 점에서 김종철의 '상업주의소설론'(김병걸·채광석 편. 80년대 대표평론선 1. 지양사. 1985. 참조)은 매우 소중한 전거(典據)를 마련하고 있다.

　1980년대도 크게 예외는 아닌 것처럼 보인다. 1980년 소위 '서울의 봄'의 실패가 주는 정치적 소용돌이는 1970년대보다 더 했으면 더했지 결코 나아질 수 없는 토양이었다. 오히려 제5공화국 출범때 제정되었던 소위 '언론기본법'은 각종 언로(言路)를 차단하고 상업주의로의 편승을 부채질한 인상을 준다. 고전도 아닌 일련의 1970년대 우중소설들이 재출간되는 이상현상도 그와 관련 퍽 시사적이란 느낌을 안긴다.

　그러나 대통령 직선제선거 등의 시류(時流)에서도 볼 수 있듯 일련의 민주화는 우중들의 눈을 비로소 뜨게해 준 듯하여 그나마 다행한 일이다. 결국 대중의 수준이 높아지면 우중소설도 설 땅을 잃게 되거나 최소한 수준 향상이 자동적으로 이루어질 것이다. 그러한 결론적인 가설을 대전제로 작품 분석에 들어가보자.

　굳이 최인호 소설을 대상으로 삼은 것은 그가 소위 인기

작가이자 이 시대를 대표할만한 우중소설들을 써냈기 때문이다. 우선 분명히 짚고 넘어가야 할 것은 신문연재소설이라 하여 그 범위 안에 국한시키지 않았다는 사실이다. 다소 원론적이긴 하지만 이 땅의 장편소설이 대개 신문을 주요 발표무대로 해왔기 때문에, 그리고 그중에서도 여러 훌륭한 작품을 발견할 수 있기 때문에 신문소설=우중소설의 등식은 곤란하다는 것이다.

또 이 글이 대중소설과 통속소설의 상이점을 규명하여 개념 정리를 목표로 하지 않기 때문, 그리고 그것들을 포괄하여 우중소설이라는 명칭을 나름대로 사용하기 때문 신문연재소설 이외의 것도 포함될 수 있다. 그런 점에서 1979년 조선일보에 연재되어 1980년 단행본으로 발간된 최인호의 '불새'(전3권)를 택했다. 그리고 논지의 이해를 돕기 위해 도시적 감수성, 불식된 사랑, 비현실적 진실성 등의 소제목으로 나누었음을 미리 밝혀둔다.

3) 도시적 감수성

1970년대 이래 우리 소설의 한 특징은 배경의 도시화다. 물론 그 이전에도 도시를 배경으로 한 소설이 없었던 건 아니다. 가령 1960년대로 대표되는 '광장'(최인훈)과 '서울, 1964년 겨울'(김승옥)의 세계만 해도 그렇다. 1970년대의 도시는, 그러나 전시대의 그것과는 전혀 다른 얼굴을 가지고 있다. 요컨대 산업사회로 인한 경제발달은 인구의 도시집중화를 가속화시켰고, 이른바 도시문화를 형성하는데 여념이 없었다. "이제 거대화된 도시는 바로 우리들의 삶의 상황 그 자체이며, 현실적인 삶의 문제가 압축되고 있는 동시에 당대문학의 가장 중요한 주제나 이미지, 상징 그리고 삶의 배경적인 지도가 된 것"(이재선. 도시소설, 도시공간의 문학. 소설문학 1987년 5월호)이다.

이런 현상은 1970년대를 풍미한 여러 소설에 예외없이 나타나고 있다. 특히 우중소설은 한결같이 도시를 배경으로 한다. 그러나 도시는 샨데리아 불빛의 휘황찬란한 불야성 따위 낭만적인 곳만은 아니다. 음양이 있듯 고도의 물질적 풍요 속에는 소비지향의 한탕주의와 출세 위주의 가치관 상실 등 여러 사생아들의 비열한 눈이 번득이고 있다. 도시는, 다이아나 페스타 멕코믹에 의하면 "불행의 저장소요, 고난과 좌절로서 보여지며 또한 항상 재생적인 희망으로 보여진다. 도시는 인간의 우행을 반사하며, 영원의 배경에 대한 인간의 무의함을 조소"(이재선 앞의 글에서 재인용)하는 곳이다.

예컨대 괴물 같은 도시로 아무런 준비도 못한 채 뛰어들었던 도엽(박범신 소설 '풀잎처럼 눕다'의 주인공)은 한 마리 불나방이었다. 죽을 줄 알면서도 불을 찾아 뛰어드는 불나방을 '불새'에서도 만날 수 있다. 1년 남짓의 감옥생활을 빼놓고는 비교적 도시의 호화로움 속에서 포근할 수 있었던 영후는 도엽과는 다른 도시의 제물이다. 미친 여자의 사생아로 신부 손에 의해 양육되던 영후는 성당에 불을 지르고 도시의 숲, 그 음습한 곳에서 기생하다가 제벌 2세인 민섭을 만난다. 민섭의 교통사고로 대리복역한 후 영후는 비로소 도시적 속성에 빠져 그 마각을 서서히 드러내기 시작한다. 이를테면 도시는 온갖 비정상적인 화신을 만들어내는 온상인 셈이다.

그러나 아쉬운 것은 괴물 같은 도시 때문 각종 비정상적 인물이 탄생된다는 심증을 가지면서도 그걸 뒷받침할 수 있는 확증이 발견되지 않는다는 사실이다. 우중소설의 가장 큰 단점중 하나이기도 한 인물의 비정형성은 소설의 성격창조(characterization)와는 상관없이 조금 모자란 듯한 인물(ironic mode)로 일관되어 있는 특징을 드러낸다. 이때 주의할 것은 그들이 김유정의 소설에서 만나는 액션에 의한 모자라는 인물이 아니라는 점이다. 그들은 하나같이 정신적 불구자들이며, 비윤리적·반도덕적인 인물들이다.

　"내버려둬라. 미란인 기분좋게 술을 마셨다. 더 마시게 내버려둬라."
　"아빠가… 내 아빠가 아니라면 내가 연애걸어드릴 거에요. 아빠처럼 매력있는 남자는 본 적이 없어요."
　"난 미란이 너처럼 매력적인 여자는 본 적이 없다."
　"헬로, 다알링."
　비틀거리며 미란이 강회장 앞으로 걸어갔다. 미란이 강회장의 이마에 입을 맞추었다.
　"잘 한다."
　오여사가 보다못해 한 마디 했다.
　"집안 꼴 잘 돼간다. 더구나 현주 앞에서."
　"재미있어요. 어머니."
　현주가 진심으로 말을 받았다.

"아주 재미있는 걸요, 어머니."
"늬아버진 내 남자지. 미란이 늬남잔 아니다. 아무리 딸이라지만 남의 유부남 이마에 키스하면 기분좋을 게 뭐냐."

-'불새' 1권-

인용이 조금 길어졌지만 아버지와 어머니, 그리고 딸 사이에서 벌어지고 있는 이런 대화가 아주 개방된 가정의 단란하고 평화스러운 정경이라고 여겨지지는 않는다. 그뿐이 아니다. 주인공이라 할 수 있는 영후의 출생이나 민섭의 성격 등 정상적인 것은 하나도 없어 보인다. 미란은 성녀(순결한 여자)로 묘사되고, 민섭의 성기를 손에 쥐고도 깔깔대며 웃는, 결코 예사롭지 않은 여자이다. 더욱이 그들 "가족의 만남은 매우 오랜만이며, 어려운 일"이다.

여기서 분명한 것은 그들에겐 그럴만한 이유도, 근거도 없다는 사실이다. 그것이 개인사적 범주이기보다는 사회사적 의미일 때 설득력이 더 생김은 말할 나위 없다. 요컨대 그 흔한 6·25라든가 일제침략기는 고사하고 유신치하의 숨가쁜 어떤 시대적 정황도 세팅되어 있지 않다는 데에 문제의 심각성이 있는 것이다. 정치적 외풍이 컸던 시대였음을 감안한다면 하다못해 우리가 살고 있는 끈끈한 어떤 모습도 천착하지 않은 점이 독자를 호도할 강한 인자(因子)로 작용한다. 그것은 좋은 말로 피안의 세계이다. 때문 독자들은 아편에 취하듯 정신적 몽환을 체험하며 몰입하게 된다. 그런 몰입은 우중소설의 감각적인 섹스 묘사에서 한층 배가 될 소지를 안고 있다.

4) 불식된 사랑

먼저 그들의 섹스는 사랑을 기초로 하지 않는 점을 지적할 수 있다. 물론 여기서 사랑이란 정신과 육체의 원만한 조화로 다져지는 '인간적 사랑'을 의미한다. 그리하여 저 괴테의 말처럼 "모든 모순을 제거시키고 천지를 창조할 수 있는 어떤 힘"이 된다. 그것은, 그러나 바이탈리즘에 입각한 D·H 로렌스적 사랑이든가 휴머니즘을 고창하는 톨스토이적 사랑이든지 하다못해 싫어도 지켜야 할 도리밖에 없었던 춘향식 사랑도 아니다. 그것은 다만 성기가 다른 이성지합(異性之合)일 뿐이다. 말초신경만을 자극하는, 만족을 줄 생각도 없으면서 잔뜩 부풀려놓기만 하는 전시효과적 섹스일 따름이다.

  혀를 그녀의 입안에 밀어넣고 영후는 미끈거리는 민물고기와 같은 혀를 맞부딪쳤다. 생선 비린내가 풍겨왔다. 여인의 혀가 늪을 헤엄쳐 나와 영후의 이빨을 가만히 두드렸다.
  여인의 목이 서서히 부러졌다. 그 목 위에 영후는 입술을 들이대었다.
  여인이 몸을 활처럼 휘었다. 무어라고 여인이 중얼거렸다. 그 소리는 잠꼬대처럼 들려왔다. 여인의 등허리에 손을 돌려 지퍼를 벗겨내리고 영후는 마른 어깨 위에 걸

린 소매를 이빨로 밀어냈다.<중략>

　브래지어를 걸치지 않은 여인의 젖가슴이 목덜미 아래에 매달려 있었다. 탄력이 느껴지지 않았다. 흘러내리다 굳은 촛농처럼 젖가슴은 다소 흩어져 있었다. 씹다 벽에 붙인 껌과 같은 젖꼭지가 마른 젖가슴 위에 나란히 붙어 있었다. 그곳을 영후는 찾아 씹었다.

-'불새' 1권-

　인용문은 영후가 자수하기 전날 밤 술집에서 돈 주고 산 여자와의 정사장면이다. 거의 이런 식이다. 일견 여체를 신성시하는 것같이도 보이지만, 섹스에 대한 본질적인 이해와 그것을 뒷받침할 수 있는 어떤 배경도 제시되지 않았다는 점에서 올바른 사랑관에 혼란을 가져올 위기를 다분히 내포한다. 아이러니칼하게도 섹스는 음모를 위한 수단, 목적 달성을 위한 도구로 사용되는 추악한 것으로 전락하는데서 한껏 '재미'를 더해주고 있다.

　"미친 소리 하지마."
　영후는 은영의 얼굴을 두 손으로 받쳐들어 앞으로 잡아당겼다. 영후는 은영의 입술 위에 자신의 입술을 난폭하게 부딪쳤다.
　은영의 몸은 반항할 겨를없이 영후의 품 속에 안겨들었다. 영후는 은영의 몸을 침대 위에 쓰러뜨렸다.

-'불새' 2권-

　그것은 다름 아닌 폭력이다. 위 인용문은 우중소설에 어김없이 등장하는 폭력의 한 대목이다. 가령 TV에서 강간하는 장면을 보았다고 하자. 나쁜 짓하는 것은 차치하고 우선 야릇한 기분이 드는 경험을 비단 청소년들만이 하는 것은 아닐 터이다. 성(性)은 보호할 가치도, 숨겨둘 내밀함도 없는 이른바 '상품'일 뿐이다. 그런 세태의 단면과 맞닥뜨리는 것은 그만두고 의식의 최면화 상태에서 겪는 어리석음의 체험은 우중소설의 한 속성일 수밖에 없다. 민섭은 별장에서 개(달타냥)를 풀어 영후를 상해시킬 때도 현주와 격렬한 정사를 벌이고 있다. 도구화된 섹스인 것이다.

5) 비현실적 진실성

우리가 고단하게 사는 일상 현실이라고 해서 죽음이 없지는 않지만, 결국 주인공을 죽이는 결말은 단적인 예일 것이다. 출세와 야망을 위해서 혹은 사랑을 위해서 누이동생을 범하고 애인을 빼앗는 영후의 죽음은, 그러나 매우 환상적이다.

영후는 이제 떠나야 한다고 생각했다. 이곳에 더 머물 수가 없음을 그는 잘 알고 있었다. 이곳에 머무르려 한다면 방황하는 영혼이 되어, 산 사람 곁을 떠나지 않고 그들의 곁을 끊임없이 맴돌며, 간혹 그들을 괴롭히는 미친 영혼으로 남아있게 될 것을 그는 잘 알고 있었다. 떠나야 한다는 마음이 든 순간 그의 영혼은 천천히 떠올랐다. 그의 몸은 나무 위로 솟구쳐 올라 잔디밭을 내려다

보며 별장의 붉은 지붕 위를 날아올라 천천히 멀어져가고 있었다.
　다시는 돌아오지 못할 지상의 세계는 요염한 햇살 속에 타오르고 있었다. 단 한 번의 만남이, 그녀의 사랑이 그의 방황하던 영혼을 진혼(鎭魂)시켰음을 영후는 느꼈다.
-'불새' 3권-

　죽음은 끝이다. 모든 걸 용서할 수 있다. 묻어둘 수도 있다. 따라서 영후의 죽음은 그가 저지른 온갖 잘못을 속죄하는 당연한 의식이며, '불새'의 세계를 와해시키는 청신호가 된다. 중요한 것은, 그러나 영후같이 살면 결국 죽는다는 결구의 인식이 아니다. 중요한 것은, 무릇 독자들이 죽음을 안중에 두지 않는 영후와 같은 삶을 동경하는 의식구조의 확산에 있다. 1970년대를 휩쓴 여러 우중소설들의 주인공이 한결같이 죽음을 맞이하는 것과 긴밀하게 연관되는 이런 죽음은 한국소설의 한 숙제이기도 하다. '있는 일'의 세계처럼 보이게 하지 않는 한계를 드러내기 때문이다.
　여기서 간과할 수 없는 것은 애오라지 대리만족(vicarious gratification)은 할 수도 있겠다는 사실이다. '영웅'의 등장이 그것이다. 그러나 대중사회가 영웅을 필요로 하는 것은 많은 스포츠와 연예계 스타들을 통해서도 알 수 있듯 대중문화가 모든 문화를 동질화시키는 것 역시 알려진 이론이다. 요컨대 우중소설은 때 아닌 영웅들을 출연시킴으로써 단순한 흥미와 자극은 물론 저질의 늪에 빠져들 수 있는 함정을 파놓는다. 황광수의 "무미건조한 생활 속에서 자신의 나약함을 부지불식간에 느낄 수밖에 없는 이들은 영웅적인 인물들의 기상천외한 행동에 몰입되어 순간적으로나마 자신의 무력감에서 해방될 수는 있다. 그러나 이러한 해방감은 문제의 근본적인 해결에서 비롯된 것이 아니므로, 그들의 나약한 소시민 근성을 근본적으로 치료해줄 수는 없는 것이"(삶과 역사적 진실성. 한국문학의 현단계1. 창작과비평사. 1982. 133쪽)라는 지적은 꽤 적절한 것으로 받아들여진다.

결국 영웅탄생은 하잘 것 없는 대중을 우중으로 만들기에 충분하다. 나 대신 활약해주는 '영웅'에 의하여 이성 마비와 판단 미숙의 어리석음을 짊어질 것은 명약관화한 일이다. 그런 영웅은 글자 그대로 영웅일 따름이지 대중사회의 보편적인 대중은 아니다. 앞에서도 말했듯 도시를 배경으로 펼쳐지는 각종 섹스무비(無比)와 폭력의 세계, 그리고 종국엔 죽음으로 귀결되는 세계가 우리의 일상세계는 아니라는 것이다. 원한과 복수, 출세와 야망 등이 인간감정의 한 지류는 될 수 있을지언정 대중사회의 대중이 공감하는 무릇 정서는 아닌 것이다. 따라서 대중을 상대로 하는 대중소설 내지 상업주의소설은 무릇 대중을 어리석게 만드는 우중소설이 될 수밖에 없다.

6) 감동 혹은 문학성

그렇다면 우중소설은 감동이 없는 단순한 이야기의 나열일 뿐인가? 때문 문학성이 없고, 문학이 될 수 없는가? 이에 대한 대답을 구하기 위해서는 저간의 대중소설에 관한 시비를 살펴보는 작업이 선행되어야 할 것 같다. 사실 대중소설 혹은 통속소설이 1970년대에 갑자기 생겨난 것은 아니다. 신문학발달과 더불어 생겨났다. 정한숙에 의하면 "영광스럽지 못한 뜻에서의 대중소설로 명명되기는 1930년대부터이"(대중소설론. 고내인문론집. 1976)다.

그러나 일제 강점기라는 특수한 상황 속에서의 대중소설이 1970년대의 소위 베스트셀러소설로서의 상업주의소설과 궤를 같이 할 수는 없다. 일제침략기나 유신시대라는 정치적 상황은 대동소이할지 몰라도 사회적 변화의 폭이 엄청나게 다양하고 크기 때문이다. 요컨대 1970년대의 대중이란 개념은 일제시대의 피지배민중과 전혀 별개이며, 시장점유율 및 전파방법, 매스미디어 등의 면에서 확실한 차이를 드러내고 있다는 것이다.

1977년 염무웅의 "오늘의 소비문화와 상업주의 문화는 인간정신에 대해 비할 바 없이 파괴적으로 작용하며 〈…〉 우리 소설문학이 부딪치고 있는 가장 심각한 위협중의 하나임이 분명하다."(민중시대의 문학. 창작과비평사. 1979. 323쪽)는 상업주의 문학에 대한 공격도 그런 맥락에서 이해될 수 있으리라 여겨진다.

불합리한 사회구조, 부조리한 정치상황 등이 우중소설을 양산했다는 것은 앞에서도 얘기한 바 있지만, 곽광수의 "상품이 잘 팔린다는 것은 그만큼 거짓된다는 말과도 같다"(위장 잘된 저질이 인기높다. 조선일보, 1980.6.20)는 공격은 그런 대로 이해가 된다. 왜냐하면 우중소설들이 그려내는 세계는 결코 '진실된 비진실의 세계'가 아니기 때문이다.

오히려 그 세계는 허무맹랑하고 환상적이기까지 하다. 그래서 김이연의 "작가는 냄새나고 더러운 한 인간의 삶을, 비참하고 끔찍한 한 사건을 보여주기 위하여 사탕과 같은 묘사, 캡슐과 같은 용기를 이용한다"(작가는 많은 독자를 원한다. 조선일보,1980.7.6)는 주장은 일견 그럴 듯해 보인다. "사탕과 같은 묘사, 캡슐과 같은 용기"가 여러 우중소설에서 예외없이 드러나고 있거니와 그것들이 문학으로서의 기능을 충실히 하는지 또 뒷받침을 실속있게 하는지가 최대의 관건이 될 터이다.

우리는 여기서 엄숙히 시인해야 한다. 섹스와 폭력이 난무하고, 원한과 복수, 출세와 야망 따위가 주요 제재인 소설은 읽히는 재미가 있다는 것과 그 재미가 감동과는 다르다는 점을. 그리고 그것은 무릇 대중을 사고(思考)의 백지상태로 만들어 우중이 되게 한다는 것을. 하지만 그 전달방법을 떠나 무엇인가 담고자하며, 그것은 흔히 전달방법에 의해 가리워지고 만다는 것을 발견할 수 있다. 실제로 우중소설이라는 멍에를 뒤집어쓰지 않고도 많은 독자를 확보하고 있는 황석영의 '장길산', 김주영의 '객주', 이문열의 여러 소설들을 만나볼 수 있다.

문제는 정치적 불안정 속의 상업주의 언론에 편승한 작가의 야합과 산업사회 이후 꾸준히 부식되어가는 인스턴트 사고방식의 독자들 수준이 얼마만큼 향상되느냐에 있다. 어쩌면 그것은 경제성장과 더불어 과학이 발달하고 문화가 발전할수록 반대급부적으로 생겨난 불치의 병일지도 모른다. 분명한 것은 고매한 문학정신만을 이상으로 하는 우리나라 문학적 지식층의 지나친 결벽주의이다. 그 결벽주의가 양반적 결기임에는 틀림없지만, 우중소설의 문학적 위상을 가늠할 척도임도 알아야 할 것이다. 한편으론 최인호·박범신·김홍신 들의 유려한 문장과 감각적이면서도 광범위한 상상력 등이 문학의 호재(好材)이면서도 그렇듯 우중소설로 매도당하는 현실은 결코 바람직해 보이지 않는다. 문학발전이나 자본주의 사회의 다양하고 폭넓은 인식을 위해서다.

3. '제4의 제국', 역사적 충격과 국민적 카타르시스

말 그대로 불볕 더위 속에서 최인호장편소설 '제4의 제국'(전3권)을 흥미진진하게 읽었다. 우리나라 소설가로는 거의 유일하게 고교생으로 신춘문예에 뽑혀 '천재작가'로서의 가능성을 보였던 최인호의 소설을 읽은 건 오랜만이었지만, 나로선 '주몽'·'연개소문'과 같은 TV드라마 보기의 연장선이라 할 수 있는 독서였다.

'주몽'의 경우 시청률 40%를 오락가락하는 인기드라마이다. 그리고 시청률 40%는 나 같은 중년의 남자들이 TV를 봐야 나올 수 있는 수치라는 것이 정설이다. 물론 때 아닌 부여나 고구려 등 삼국시대를 배경으로 한 사극 열풍이 거센 데는 그만한 까닭이 있다. 벌써 여러 해 전, 온 나라를 떠들썩하게 했던 중국의 소위 '동북공정'이 그 연원이랄 수 있다.

동북공정은 고구려를 포함해 고조선·부여·발해 등의 역사가 중국사라는 억지를 사실화시키려는 중국의 '역사왜곡

사업'이다. 중국 정부는 이를 위해 5년간 무려 3조 원을 투입하는 것으로 알려졌다. 광개토대왕과 장수왕, 연개소문과 을지문덕 장군을 생생히 기억하는 우리로선 어안이 벙벙할 따름이지만, 하긴 어디 중국뿐이랴!

지난 8월 15일 고이즈미 총리가 야스쿠니 신사참배를 공식 강행해 전국민적 분노를 불러 일으켰던 일본의 역사왜곡도 만만치 않다. 일본은 지금도 틈만 나면 독도를 자기네 땅이라고 우기고 있다. 그런가하면 2001년엔 우리의 강력한 항의에도 불구하고 끝내 한국관련 부분이 왜곡된 역사교과서를 채택하고 말았다.

1) 오리무중의 가야 역사

'제4의 제국'이 TV드라마들처럼 그런 이웃 나라의 역사왜곡에 대한 대응에서 비롯되었는지 알 수는 없지만, 역사적 화두를 던지고 있는 건 분명하다. 지금까지 많이 알려지지 않은 가야국에 대한 역사탐험이 그것이다. 사실은 내가 배우고 기억하는 우리의 고대국가는 고구려·백제·신라 3국의 정립시대였다. 그리고 신라가 당나라를 끌어들여 반쪽통일을 한 후 고려, 조선으로 왕조가 이어졌다는 정도이다.

그 동안 역사소설이나 TV드라마 등이 앞다퉈 다뤄온 소재나 시대배경도 대부분 조선시대였다. 그러다가 2000년 후삼국시대의 '태조 왕건'을 시작으로 2005년 '신돈'까지 고려시대를 그렸다. 급기야 TV드라마의 시대배경으로 부여·고구려가 등장했지만, 가야는 아직 '오리무중'이었다. 자연

가야는 학자나 전문가들에게만 관심의 대상인 미개척지 내지 불모지였던 것이다.

최인호 역시 "제4의 제국 가야의 비극은 고구려와 백제 그리고 신라와 달리 눈으로 가시화된 문화유산이 전혀 없다는 사실이다"(제3권 20쪽)며 그 점을 분명히 하고 있다. 또 "가야의 건국신화가 기록된 것은 고려 충렬왕 때의 승려인 일연의 ≪삼국유사≫가 유일하다"(제3권 21쪽)며 국민의 관심에서 비켜선 가야의 역사를 설명하고 있다.

일단 그 점에서도 '제4의 제국'은 커다란 의미가 있는 소설로 받아들여진다. 어디까지나 소설은 소설일 뿐이지만, 제13호 고분에서 출토된 6점의 '파형동기'를 단서로 하여 '수수께끼의 왕국'으로 불리워지는 가야의 역사에 가일층 접근하고 있어서다. 예컨대 서기 400년 고구려 광개토대왕이 5만의 군사를 파병해 신라를 도운 역사적 사실은 요지부동이지만, 그 원정의 결과는 그야말로 쇼킹하다.

필자로선 지금까지 생각해본 적조차 없는 금관가야의 멸망 및 일본으로의 민족대이동이 그렇다. 민족대이동은, 그러나 단순히 피난살이의 이주가 아니다. 그들은 그곳의 원주민을 정복하고 실질적으로 일본을 건국하는 세력이 된다. '인덕천황'과 '응신천황릉', 학문의 신 '스가하라', '하세기'(가야토기 중에서도 최고의 명품)제작의 신기술, 세계 최고의 무덤을 조영할 수 있는 토목공사 등이 그것이다.

역사적 충격은 그뿐이 아니다. 반도의 남쪽 끝자락에 위치한 보잘 것 없는 나라인 가야가 사실은 북방의 기마민족(부여)에 의해 건국되었다는 사실이 그렇다. 이 점은 일본인에가미 교수가 발표한 논문 '기마민족설'에도 나타난다. "일본을 건국한 것은 천황을 중심으로 한 천손족의 선택받은 민족이 아니라 북방에서부터 기마민족이 가야를 거쳐 일본의 규슈(九州)로 진출한 후 긴키(近畿)지방으로 들어와 일본열도를 정복하고 나라를 세운 것"(제1권 44쪽)이라는 주장이 그것이다.

그렇다면 일본은? 이제까지 백제의 아직기나 왕인 박사가 일본에 문물을 전달한 것 정도만 알고 있었던 나의 역사인식을 180도 뒤집는 이같은 가야국의 정체성의 비밀을 접하는 마음은 온통 소름이 끼칠 만큼 경악스럽다. 또한 나의 역사에 대한 무지가 이토록 참담하게 느껴진 적도 없다. 아울러 일제의 식민지전쟁 이후 가속화된 일본의 역사왜곡에도 그저 성명서나 시위 따위로만 대응한 우리의 소극적 자세가 부끄러워 견딜 길이 없기도 하다.

2) 역사는 말이 없지만…

'그러나 그 역사적 사실을 지우고 없애버린 것은 천년의 세월이 아닙니다. 세월과는 전혀 무관합니다. 그것은 바로 나를 비롯한 우리입니다. 우리 것인데도 우리 것인지도 모르고, 우리 것인데도 찾지 않으며, 우리 것인데도 제대로 보존하지 못하는 바로 우리의 게으름 때문입니다.'

-제2권 160쪽-

위 인용문은 화자 '나'가 무령대왕의 출생지 확인을 위해 간 '가당도'에서 안내를 맡은 야마다 노인에게 말하려다 마음속으로만 부르짖은 말이다. 우선 백제 무령대왕이 일본에서 태어났다는 역사적 접근이 새롭게 와 닿는다. 1971년 발굴된 무령대왕릉 관목의 재질이 일본에서만 자라는 '금송'인 점 등이 사실에 대한 개연성을 높여 주지만, 그것이 중요한 문제는 아니라는 것이다.

보다 중요한 것은 위 인용문에서 보는 주제의식의 느낌이고 반성이다. '제4의 제국' 전편을 관통하는 이같은 의식은 우리가 과연 역사있는 민족인가를 되묻게 한다. 말할 나위 없이 역사 없는 민족은 존재하지 않는다. 역사는 이미 지나간 것이라 말이 없지만, 현재의 동인(動因)이며 미래를 여는 열쇠이기 때문이다. 나아가 역사는 민족의 뿌리를 캐내는데 없어서는 안될 밑둥이기도 하다.

그런 점에서 이웃나라인 중국이나 일본의 '역사찾기' 내지 '역사가꾸기'는 당연해 보인다. 문제는 반만 년 유구한 역사의 단일민족 어쩌구 해대는 이 땅의 역사 깔아뭉개기이다. 의도적인 깔아뭉개기까지는 아닐지라도 정부가 역사에 무심한 건 사실이다. 단적인 예로 제7차교육과정에서의 국사 푸대접을 들 수 있다. 고교의 경우 1학년때 조선후기까지만 필수과목으로 배운다. 근·현대사 부분은 2학년때 선택과목으로 배운다. 세상에, 국사를 선택으로 배우는 나라가 어디에 또 있을까?

그리고 보면 중국이나 일본의 역사왜곡에 빌미를 주는 것도 우리 스스로이지 싶다. 한국이 세계 10대 경제대국 운운

하는 기사를 본 것 같은데, 역사인식과 비교해보면 말짱 거짓말이 아닌가 생각된다. 먹고 사는 일이 다급한 후진국도 아닌데 그렇듯 역사를 소홀히 하고 있으니 말이다. 아무리 먹고 살기 어려워도 역사를 내팽개쳐선 안된다. 오히려 그럴수록 역사는 소중한 반면교사의 자산으로 삼아야 한다.

비극적 역사의 경우가 특히 그렇다. 내가 '태백산맥'·'아리랑'·'한강'·'토지'·'객주'·'장길산'·'불의 제전' 같은 대하소설 내지 대하역사소설들을 즐겨 읽은 것도 그런 이유에서다. 박제가 된 역사라 말이 없지만, 그것을 통해 '현실적 진실'을 깨우치고 미래의 삶을 새롭게 설계할 수 있기에 소설로서의 의미와 가치, 그리고 그 중요성은 백 번, 천 번 강조해도 지나치지 않다. '제4의 제국' 역시 곳곳에서 역사의 중요성을 환기하고 있다. 예컨대 제1권 264~265쪽, 제2권 43쪽, 제3권 21, 78, 110쪽 등이다.

한편 비극적 역사를 다루는 소설가들이 그렇듯 최인호 역시 국내고분은 물론이고 일본·인도 등지의 현지답사를 통해 소설에 박진감을 불어 넣고 있다. 간혹 신화적 이야기가 가미되어 일견 황당하게 느껴지기도 하지만, 전반적으로 흥미진진하게 읽을만한 긴장감과 함께 리얼리티를 살려내 '역시 최인호'라는 느낌을 준다. 그런 과정에서 수과하욕(1권 209쪽)·비육지탄(1권 217쪽)·낙양지귀(2권 27쪽) 같은 고사성어, '종묘'(1권 174쪽)·'기인'(1권 214쪽)·'토표'(2권 56쪽)·'귀도'(3권 118쪽) 등의 제도, '훼기습속'(1권 148쪽)·'순장'(1권 149쪽) 따위 풍습외에도 일본인의 기질이나 자연 등을 아는 재미가 쏠쏠하여 과외의 소득이라 할만하다.

노출박물관을 나왔을 때는 어느새 하오의 햇볕이 뉘엿 뉘엿 기울고 있었다. 아직 석양은 아니었지만 저녁으로 가는 노을은 목욕를 준비하듯 조금씩 옷을 벗고 있었다.
-제1권 150쪽-

그뿐이 아니다. 위 인용문에서 보듯 묘사체의 감각적 문장은 그가 이런저런 베스트셀러 소설에서 보여준 '최인호표' 식이라 읽는 재미를 더해준다. 그와 더불어 '그렇다면' 같은 단어 하나를 한 문단(한 줄)으로 잡아 생각을 이어 나가는 표현방식이 돋보인다. 자칫 지루할 수도 있는 역사 소재의 긴 이야기 호흡을 조절하고 선명하게 각인시키는 효과를 거두는 독특하면서도 세련된 전개기법이어서다.

3) 그러나 남는 아쉬움

그러나 막상 '제4의 제국'을 단숨에 읽으면서도 나로선 걸림돌이 있음을 깨닫게 되었다. 우선 감감적이면서도 세련된 문장에 비해 문단의 들쭉날쭉함이 그것이다. 지면사정상 여기에 직접 옮겨 적을 수 없음이 안타깝지만, 너무 짧은 문단은 곳곳에서 발견된다. 김원일의 '불의 제전'(전7권)에서처럼 그 길이가 단행본 기준 한 페이지가 넘는 것도 그렇지만, 고작 두 줄이나 한두 개 문장을 단위로 바뀌어 버리는 문단은 문제다. 장편소설이 일정량 유지해야 할 독서의 호흡이 끊겨 정독의 방해 요인으로 작용하기 때문이다.

'~것이다'의 빈번한 사용도 아쉽기는 마찬가지다. '~것이다'는 앞 문장의 의미를 명확하게 하여 강조해주는 기능을 갖고 있다. 당연히 어쩌다 한번 사용되어야 문맥이 매끄러워진다. 그런데도 한 문장 바로 다음, 또는 한 문장 걸러 '~것이다'라는 서술격 조사를 여러 곳에서 사용하고 있어 단숨에 읽는데 걸림돌이 되고 있다. '~것이다'가 나오면 다시 한 번 앞 말의 의미를 살펴보게 되고 그러는 가운데 읽는 재미는 멀리 달아나버리곤 하는 것이다.

그러나 '제4의 제국'이 아쉬움을 주는 것은, 무엇보다도 왜 이제야 이런 소설을 만나게 되었는가 하는 점이다. 알고 보니 고구려·백제·신라·가야는 같은 뿌리의 동족인데도 서로를 치기 위해 외세를 끌어들인 역사를 남겨놓고 있다. 그것이 비록 '땅 따먹기' 시대의 불가피한 선택이라 할지라도, 오늘 우리가 깨닫는 말 없는 역사의 의미는 더없이 소중한 것이기에 이제서야 '제4의 제국'을 만난 아쉬움이 크다 할밖에.

설사 소설에 펼쳐진 가야에 대한 역사적 사건들이 작가의 상상력을 동원한 허구에 불과할지라도 '제4의 제국'이 독자에게 안긴 카타르시스라든가 대리만족의 체험은 결코 과소평가될 수 없다. 수년 전 한국이 일본에게 핵무기 공격을 하는 내용의 장편소설 '무궁화꽃이 피었습니다'(김진명)가 그랬듯 '제4의 제국' 역시 연이은 탄성과 함께 '국민적' 카타르시스를 안겨주는 소설이라 해도 될 성싶다. 다름아니라 가야국 역사의 비밀을 통해 저 일본의 빈약한 뿌리를 볼 수 있기 때문이다.

4. '낯익은 타인들의 도시', 또 다른 나의 발견

1) 자아분열의 세계

'낯익은 타인들의 도시'는 한 마디로 K가 사흘 동안 또 다른 K가 되어 겪는, 다소 헷갈리는 이야기다. 동아일보(2011.7. 14) 인터뷰를 보면 "익숙한 일상에서 길을 잃은 남자의 사흘간 기록이란 내용이 자칫 난해할 수 있는데, 이런 뜨거운 반응을 기대했는지"라는 질문이 있다. 작가의 답엔 "정말 고마운 일, 큰 위안이자 기쁨" 같은 인사치례만 있을 뿐이다. '자칫 난해할 수 있는데'에 대한 명확한 답이 적시되지 않은 것이다. 그러고 보면 독자의 뜨거운 반응은, 일견 이상한 일이다. '엄마를 부탁해'(신경숙)의 카타르시스나 '도가니'(공지영)의 공분(公憤)을 자아낼 만큼 술술 읽히는 '재미있는' 소설은 아니기 때문이다.
　그것은 '별들의 고향'이나 '불새', 그리고 '깊고 푸른 밤' 같은 '우중소설'(앞에 있듯 통속소설·대중소설·상업주의소설 따위를 총칭하며 내가 사용한 용어다. 물론 이 우중소설은 지금의 '장르소설'이란 용어가 보편화되기 훨씬 이전에 쓴 것이다.)에서 볼 수 있던 세계가 아니다. 작가의 말대로, 그리고 책 말미에 실린 발문(오정희·김연수)의 지적대로 '타인의 방'류의 작품세계 연장선임을 알 수 있다. 일단 연재 따위 독자를 의식하지 않고 작가 스스로 쓰고 싶어 자발적으로 쓴 전작 장편소설, 최인호 문학 제3기의 성공을 알린 신호탄이라 해도 크게 무리는 아닐 성싶다. 이쯤해서 작품 속으로 직접 들어가보자.

    변기 물을 내리고 돌아서는 순간 K는 소스라치게 놀랐다. 맞은편 거울 속에 벌거벗은 사람이 우뚝 서 있었다. 그 사람이 다름 아닌 K의 모습이 투영된 자신이라는 사실을 깨닫는 데 K는 필요 이상의 시간을 소비하였다. 거울 속 사람이 자신이 아니라 타인처럼 느껴졌기 때문이다. 물끄러미 거울 속의 모습을 보고 있는 동안 놀란 것도 무리가 아니라는 생각이 들었다. 거울 속 사람은 실오라기 하나 걸치지 않은 완전한 나신이었다. 한 번도 잠옷을 걸치지 않은 나체로 잠들어본 적이 없는 K로서는 뜻밖의 낯선 모습이었다. K는 거울 속의 벌거벗은 모습을 타인처럼 유심히 바라보다가 자신도 모르게 물어 말하였다.
    "당신 누구야, 누군데 거기 숨어 있어."
    K의 목소리는 공명을 일으키며 메아리처럼 울려 퍼졌다. 그 질문의 내용이 너무나 희극적이어서 K는 자신의 질문에 스스로 대답하며 크게 웃었다.
    "그야 나지, 누구긴 누구야. 흐읷흐읷 흐흐흐."

-20~21쪽-

    K가 거울에 비친 제 모습을 타인처럼 느끼고 있는 내용의 위 인용문은, 일단 독자를 아연 긴장시키는 효과가 있다. 장차 전개될 사건을 암시하는 훌륭한 복선이기도 하다. 자연스레 이상의 시 '거울'이 스쳐간다. 어느 날 갑자기 주인공이 벌레로 변해버리는 카프카의 '변신'도 생각난다. 요컨

대 현대인에게는 나 아닌 또 다른 나가 존재한다는 것이다. 이른바 자아분열이다. 여러 이유가 제시되지만, 분명한 '주범' 하나는 산업화시대의 기계주의 또는 배금주의다. 니체가 갈파한 현대인이 앓고 있는 두 가지 질병, 자기 자신을 잃어버린 것과 그것을 모르는 질병도 그와 무관치 않다. 고등동물인 인간에게는 본능이나 물질보다 정신의 문제가 더 위협적이라는 얘기다.

 과연 K는 소설이 진행되는 3일 동안 나 아닌 또 다른 나를 겪는다. 조금 난해할 수 있는 이야기, 언뜻 이해되지 않는 세계가 펼쳐지는 것이다. 우선 사물이다. "K는 미혼의 청년시절부터 사용해온 'V'라는 브랜드의 스킨만을 고집해왔"(24쪽)는데, 오늘 보니 Y로 바뀌어 있다. 다음 날엔 X, 또 그 다음날엔 D로 변해 있다. 사람의 경우, 아내가 아내 같지 않고 딸도 그렇다. 옛 매형 P교수는 에오니즘(여장남자)에 빠져 있다. 그중 압권은 친구나 KJS에게 느끼는 정욕이다. 장인이 P교수와 이혼한 누나랑 재혼해 매부가 되어 있는 건 그 결정판이라 할만하다.

 썩 이해되지 않는 또 다른 나가 겪는 세계는, 그러나 도시적 감수성과 지독스러울 만큼 리얼한 일상 묘사로 인해 현실감을 획득하고 있다. 최인호에게 도시적 감수성이란 다분히 생물학적인 인간의 모습을 말한다. 고교 동창인 정신과 의사 H와 불륜에 빠져있는 간호사의 K에 대한 추파, 짙은 선팅으로 인해 간이나 콩팥 등 장기를 불법 적출해내는 것인지도 모른다고 생각하는 카섹스, 카페에서 K를 향한 여자의 교태와, 남들 시선 따위는 아랑곳하지 않는 어느 남녀의 애무, 성인방, 창녀촌 풍경들이 그것이다. 이때 유의할 것은 354쪽에서 보듯 진짜 아내와의 격렬한 섹스 말고는 제1기의 소설에서처럼 '진하게' 묘사된 '이층집' 장면이 없다는 점이다.

응당 그것들은 독자의 시선을 사로잡는 재미의 요체로 작동한다. 이를테면 자아분열이라는 꽤 철학적이거나 정신의학적 이야기 전개에 질겁하면서도 한편으론 흥미를 느끼며 그 세계에 빠져들고 있는 셈이다. 주변 묘사의 일상성과의 묘한 조화도 또 다른 나로 인해 빚어진 뒤죽박죽 세계를 희석시키는 힘을 발휘한다. 가령 창녀촌 골목 입구 큰 거리 건너편에선 "재개발을 반대하는 철거민들이 시위를 벌이고 있었고, 이를 막는 전투 경찰들과 대치하고 있었다. 여기저기서 화염병이 나뒹굴었다. 경찰들이 발사한 최루탄으로 일대는 아수라장을 이루고 있었다"(209~310쪽) 같은 리얼한 일상 묘사를 예로 들 수 있겠다.

그럴망정 또 다른 나가 겪는 세계는 건강하거나 온전한 것이 아니다. '섀도 박스'(55쪽)와 '강박증'(57쪽)이 슬쩍 비치더니 아니나다를까 매트릭스(126쪽), 정신적 해리(解離)현상(139쪽), 카프그라 증후군(145쪽), 공황장애(146쪽), 도플갱어(327쪽) 등 낯선 용어들이 소설 끝날 때까지 숨 가쁘게 이어지고 있어서다. 영화 덕분에 '매트릭스'나 일부 연예인에게 나타났다는 '공황장애' 정도만이 낯익을까, 그 외는 모두 질병을 나타내는 전문용어들로써 대중일반에겐 낯설기 그지없는 것들이다. 요컨대 또 다른 나의 발견은 현대사회 어느 귀퉁이에 똬릴 틀고 있는 정신적 질병에 관한 문제 제기인 것이다.

그것들은 또 다른 나에 대한 당위성이라는 원군이기도 하다. 예컨대 "불안신경이 갑자기 발작하는 증세"(146쪽)인 공황장애라든가 "독일어로, 이중으로 돌아다니는 사람이라는 뜻이다. 분열된 또 다른 자기 자신의 생령(生靈)을 보는 심령현상"(327쪽)인 도플 갱어이기 때문이다. 나 아닌 또 다른 나가 나의 의지와 상관없이 설쳐대며 '지랄을 하니' 그야말로 미치고 팔짝 뛸 일이다. 그래서일까. 소설에선 많은 것들이 부정적으로 그려진다. 처제의 결혼식 장면(77쪽)이라든가 누나의 외양 묘사(219쪽)가 그렇다. 심지어 "'아멘'은 '안아줘'라는 소리로 들렸고, '찬미 예수'는 '아이 좋아'의 교태로, '아버지'는 '여보'의 감창(酣暢)으로 느껴"(285~286쪽)지기까지 한다.

발문에서 소설가 오정희는 "이 소설이 현대인의 분열된 자아를 그린 심리소설이나 판타지를 넘어서는 것은, 우리 소설 전통에서는 흔치 않았던 신에 대한 사유, 죄와 윤리에 대한 집요한 물음이 있기 때문이다"(381쪽)고 말했다. 전편을 관통할 만큼 집요하지는 않지만, 신의 존재나 복음의 전당이라 할 성당(교회)에서 행해지는 미사와 회개에 대해 부정 내지 회의적 시각이 엿보이는 것은 사실이다. 그렇더라도 그것은 하나됨의 영성을 얻기 위한, 또 다른 나의 뒤틀리거나 잘못된 모습도 '나의 탓'이라는 깨달음을 얻고자 하는 소정의 수순일 뿐이다.

'내 탓이요, 내 탓이요, 내 큰 탓이로소이다.'

모든 죄가 남의 탓이 아닌 바로 내 자신이 선택한 것이며, 그러므로 그 책임은 내게 있다는 인민재판식의 공개 사죄문이었다. K의 몸에서 전율이 흘렀다. 그렇다. 이 모든 죄의식은 세일러문의 탓도 아니고 누이인 JS의 탓도 아니다. 오직 나의 탓이다.
메아 쿨파 Mea Culps.
라틴어로 '나의 잘못'을 뜻하는 이 단어는 K가 어머니를 따라 성당을 드나들었을 때 사제들이 사용하던 라틴어의 한 구절이었다. 그 무렵, 사제들은 신자들을 정면으로 보지 않고 십자가상이 있는 벽쪽을 바라보며 처음부터 끝까지 라틴어로 된 제례문을 외웠다.
"메아 쿨파, 메아 쿨파, 메아 막시마 쿨파(내 잘못을 통하여, 내 잘못을 통하여, 나의 가장 중대한 잘못을 통하여 고백하나이다)."

-294~295쪽-

위 인용문에서 보는 '메아 쿨파'는, 결국 K_2와의 대질로 종결된다. 진짜 아내와 격렬한 섹스를 치른 후 K는 월요일 일상으로 귀환한다. 잠시 뒤죽박죽된 또 다른 나의 세계에서 먹고 살기 위한 몸짓의 출근 상태로 돌아온 나는 그 동안 보고 겪었던 가짜들과 작별한다. 소설가 김연수는 발문에서 "현실은 언제든 그처럼 붕괴될 수 있다는 점, 그게 바로 진실이다"고 전제한 후 "모든 것과 작별한 뒤에야 우리는 본래의 자신으로 돌아갈 수 있다는 것. 이 소설이 너무나 무겁게 읽히고, 그럼에도 머릿속에서 떠나지 않는 이유"(394쪽)라고 말한다. 다소 혼란스러운 또 다른 나의 이야기였을망정 이 소설이 기억 속에 남는 건 맞다.

  그 과정에서 이미 많은 부조리의 파편이나 잔상들이 드러났음은 물론이다. 바람피우는 아내를 시도 때도 없이 미친년이라 욕해대면서도 자신 역시 불륜에 빠져있는 H라든가 한때 영화배우이자 텔런트였던 누나의 이혼과 재혼에 따른 폭식증 환자로의 변모 및 아들의 교통사고사, 누나의 옛 남편 P교수의 여장남자 즐기기 등이 그렇다. 이런 가계사적 말고도 "입으로는 정의를 부르짖으며 행동으로는 부패와 뇌물과 타락과 위선과 구제불능의 권위와 야합하는 지식인들의 이중성"(312쪽) 따위 부조리도 또 다른 나의 낯설지만, 낯익은 세계가 거둬들인 수확이라 할만하다.

2) 그러나 뭔가 미진한

  그러나 그게 다는 아니다. 우선, 기본적으로 뒤죽박죽 서사구조라 하더라도 작품내적 리얼리티 문제다. 결혼한 지 15년된 K가 총각시절부터 썼다는 스킨로션 V는 또 다른 나의 세계를 보여주는 장치로 보이지만, 필자의 경험상 실제에선 없다고 해야 맞다. 유행에 따라서든 상술에 의해서든 또는 그 두 가지 이유에서든 이내 단종시키고 신제품을 출시하는 것이 업계 현실이기 때문이다. 또 하나 중요한 장치인 휴대폰 분실과정이 매끄럽지 못하다. 잃어버려 돌려받는 건 뚜렷한데, 그 원인행위가 인과적 결과로 드러나있지 않아서다. H가 권유한 대로 누나를 만나긴 하는데, 그 결과 역시 뭔가 미진함을 남긴다.

제 1~3부의 첫 부분을 동어 반복하여 강한 끌림을 주는 '구성의 기술'과 달리 문장이나 문단이 주는 아쉬움도 있다. 특히 1문장의 1문단 사용이 너무 잦아 아연 긴장된 독자의 마음상태를 깨버리는 것이 그렇다. '제4의 제국'에서처럼 '~것이다'의 잦은 사용은 없지만, 부분적으로 조사 중복 사용으로 어색한 문장이 아쉬움을 준다. 가령 "의식적인 접착제로 강제로 이어 붙인 후"(18쪽), "그 장면을 떠올릴 때마다 눈물이 흘렀던 기억이 있다"(114쪽), "소프라노의 음색으로 벽으로 가려져 있어"(285쪽) 등을 보면 각각 '~로', '~이', '~으로' 따위 조사가 연이어 사용되고 있다. 이런 어색한 문장은 문맥 파악이 더뎌지고, 독서의 흐름을 끊게 된다.

문단은 전반적으로 정제되어 있으나 그렇지 못한 경우도 있어 아쉬움을 준다. 예컨대 244, 262쪽을 살펴보자. 형식문단은 말할 나위 없고, 내용문단으로 가늠해보아도 분리되어선 안될 곳인데, 두 줄짜리 독립된 문단이 되어 있다. 어색한 문장이 그렇듯 들쭉날쭉한 문단 역시 독서의 호흡을 불규칙하게 만든다. 이런 문단은 1~3부 동어 반복된 1문장 1문단이 작가의 의도적 배치일 수 있다는 점과 아무런 연결고리를 찾을 수 없는, 그야말로 오류라 생각된다. 그 외 대화중 여러 곳에서 물음표가 없어 주는 혼란이라든가 "앤티크한 골동품"(210쪽)이나 아예 영어 원문 사용 따위 현학적 표현도 나로선 좀 불만스럽다.

이미 앞에서 이 소설이 작가의 암투병 와중에 쓴 것이라 밝힌 바 있다. 작가는 조정래·김훈 등과 함께 직접 펜으로 작품을 쓴다. 펜으로 쓴 이 소설이 발간된 과정은 눈물겹기까지 하다. 보도(동아일보, 2011.8.10)에 따르면 출판사 직원을 작업실로 불러 원고를 읽어주며 치게 했다. 간간이 제대로 옮기고 있는지 살폈고, 교정도 봤다. 작업은 일주일 동안 계속됐다. "2008년 침샘암 발병 후 장시간 말을 하기 어려운 그가 힘겹게 친필로 쓰고 읽는 고통을 감내한 것"이다. 그렇더라도 '적인(힌)'(107쪽), '편이여(어)서'(219쪽), '따듯(뜻)한'(351쪽), '내려가야 하였(했)다'(369쪽) 같은 오타는 순전 출판사의 성의 부족 때문이 아닌가 한다.

띄어쓰기도 예외가 아니다. 하긴 한글띄어쓰기 규정만큼 복잡하고 헷갈리는 것도 없긴 하다. 애써 그걸 지적하는 이 글 역시 띄어쓰기 오류로부터 자유롭지 못할 수도 있다. 그럴망정 기본적 띄어쓰기 오류는 지적되고 수정되어야 한다. 한글띄어쓰기사전(조영희, 신아출판사, 2003)에 따르면 '한마디'는 띄어쓰게 되어 있다. 그런데 65쪽에서 '한마디'로 붙여 표기한 후 여러 군데서 그대로 사용하고 있다. '한자리'(86쪽), '한순간'(327쪽)도 각각 '한'을 뒷말과 띄어써야 한다. 다만 '출세하다'의 뜻일 경우 '한자리하다'로 붙여 쓴다. '한자리할 사람 같다'도 '한자리'하고 붙여 쓴다. 그 외 '10년만'(192쪽)은 '만'을 앞 말과 띄어야 하고(193쪽의 '10여 년 만에'는 맞게 되었다.), '또 다시'(195, 237쪽)는 '또다시'로 붙여 써야 맞다.

하나의 장이 아쉬운 점 모음이 되어 버렸지만, 소설가 최인호가 스스로 제3기 문학세계의 신호탄으로 쏘아올린 '낯익은 타인들의 도시'는, 앞에서 살펴본 대로 꽤 새로운 소설이다. 도시적 감수성을 기반으로 그려낸 일련의 현대소설이나 여러 역사소설들과 작품세계를 달리 하고 있어서다. 전작 소설들, 작가 말대로 독자를 의식하고 쓴 소설들과 같은 점이 있다면 '낯익은 타인들의 도시' 역시 '가볍게' 베스트셀러가 되었다는 사실이다. 바로 문단에서, 출판시장에서 볼 수 있는 최인호의 힘이다. 오래오래 건강하여 다음 작품이 나오길 기대하는 이유이다.

5. 에필로그

그러나 그 기대는 2년도 안돼 무너지고 말았다. 그렇다. 이제 우중소설과 순수문학의 세계를 넘나들던 소설가 최인호는 가고 없다. 정부에서 은관문화훈장을 추서한 데서도 알 수 있듯 이제 최인호의 작가적 위상은 재정립되어야 한다는 것이 나의 생각이다. 말할 나위 없이 최인호가 써낸 일련의 우중소설들도 그 시대를 풍미했던 한 아이콘으로 각광받은 문학이기 때문이다. 가령 1973년 출간한 첫 장편소설 '별들의 고향'은 한국문학사상 최초로 100만 부를 돌파한 베스트셀러다. 1974년 개봉된 동명의 영화(감독 이장호) 역시 서울 관객 46만 명을 넘기는 등 돌풍을 일으켰다. 그때의 100만 부나 관객 46만 명이 지금과 같은 수치가 아님은 말할 나위 없다.

최인호의 작가적 위상이 재정립되어야 하는 이유는, 무엇보다도 해리포터 시리즈를 떠올려보면 빠른 이해와 공감에 가속도가 붙을 것이라 생각한다. 조앤 롤링의 원작소설(전7권)을 영화로 만든 해리포터 시리즈가 대장정을 마친 건

2011년 7월이다. 마지막 편 '해리포터와 죽음의 성물2'가 2011년 7월 13일 개봉된 것. 2001년 1편인 '해리포터와 마법사의 돌'이 개봉되었으니 자그마치 10년 동안이다. 그새 해리포터 시리즈는 전 세계를 들었다 놨다 할 정도로 인기였다.

우선 1997년 첫 출간된 원작소설은 성서 다음으로 많이 팔린 책이 되었다. 67개 언어로 번역되었고, 200여 나라에서 출간되었다. 모두 4억 부 넘게 팔린 것으로 알려졌다. 영화 역시 한겨레(2011.7.13) 신문에 따르면 "지난 7편의 시리즈가 전 세계에서 약 64억 달러(약 7조 원)의 흥행 수익을 거뒀고, 국내 관객만 2,410만여 명을 모았다"는 통계이다.

하지만 이것은 마지막 편인 '해리포터와 죽음의 성물2' 이전까지의 기록이다. 마지막 편 국내 관객이 440만 270명이니 8편 모두 합친 숫자는 4,850만 270명이 된다. 당연히 국내를 비롯 전 세계적 흥행 수익도 7조 원을 훨씬 웃도는, 그야말로 신기원을 이룩한 영화라 할 수 있다. 그런데 한두 편 정도만 본 사람조차 알 수 있듯 작품은 말도 안 되는 아동용 판타지일 뿐이다. 영화는 원래 대중문화이니 그렇다쳐도 소설이 전 세계적으로 그런 대접을 받은 건 곱씹어 볼 일이다.

말도 안 되는 아동용 판타지는 되고 호스티스가 등장하는 성인용 대중소설은 문학이 아니라면 자던 소도 웃을 일 아닌가? 또한 일반대중과 따로 노는 평단의 엄숙주의가 인식의 변화를 가져야 할 것이 있다. 바로 시대상황이다. '10월 유신'과 '서울의 봄'으로 상징되는 1970, 80년대는 일제침략기 못지 않은 엄혹한 시절이었다. 그런 시대 작가에겐 두 가지 길이 있다. 순응과 저항이 그것이다. 최인호가 쓴 일련의 우중소설들은 순응에 속한다. 최인호가 쓴 일련의 우중소설들은, 이를테면 그 당시 사회의 또 다른 이면 들춰내기인 셈이다. 그리고 그것들은 일반대중으로부터 열렬히 환영받았다. 문단이나 평단이 그 점을 간과한 것이다.

 물론 위에서 살펴본 3편 7권의 소설만으로 최인호의 소설세계를 온전히 자리매김했다고 할 수는 없을 것이다. 그럴망정 그가 어떤 작품 활동을 50년 동안 해왔는지 개괄적 정리는 되었지 싶다. 이를 통해 최인호 소설세계 분석에 대한 단초 내지 시발점은 마련되지 않았을까 생각해본다. 어쨌든 장례미사에 참석한 영화배우 안성기의 말처럼 누구나 다 왔다 가는 것이지만, 70도 안된 최인호의 우리 곁 떠나기는 너무 이르다. 그런 생각이 떠나지 않는다.

<'교원문학' 창간호, 2016.6.15.>

남는 것 있는 장르문학
―정유정장편소설 '7년의 밤'론―

1.

사실은 '7년의 밤'(은행나무) 처음 출간(2011.3.23) 때만 해도 그런 장편소설이 있는 줄 몰랐다. 내가 '7년의 밤'을 알게된 것은 "'3無 소설가' 정유정 돌풍"이란 제목의 조선일보(2011.5.30) 기사를 통해서였다. 작가명성, 정식 문학공부, 수도권과 인연 등 3가지가 골고루 없는 정유정의 '7년의 밤'이 한국작가 소설 중 판매 1위라는 내용의 기사였다. 출간 두 달 만에 팔린 부수는 7만 부다. 물론 그 정도로 집필 계획이 서고, 목하 독서에 들어간 것은 아니다.' 그후로도 잊어버릴만하면 '올 상반기 최대 이슈가 된 책'(스포츠서울, 2011.7.23) 같은 '7년의 밤' 소식을 접할 수 있었다.

마침내 논조가 극명하게 다른 한겨레(2011.12.31) 신문과 조선일보(2011.12.17)의 '2011 올해의 책 10권'에 '7년의 밤'이 동시에 선정된 것을 보고 '그래? 그럼 한 번 읽어봐야지' 하는 마음이 여름 백사장 모닥불처럼 확 일었다. 조선일보는 선정 이유에 대해 "베스트셀러이기 때문이 아니다"라고 밝혔다. 이유인즉 "'7년의 밤'이 돌파한 것은 사회적·문학적 편견, 본격문학과 대중문학은 반드시 분리되어야 할

삼쌍둥이라는 문학적 오해, 작가는 평론가나 언론의 화려한 스포트라이트를 받지 않으면 성공하기 어렵다는 사회적 통념을 깨트린 모범사례"인 때문이다.

한겨레는 한 술 더 뜬다. '2012 이들을 주목하라 소설가 정유정'(한겨레, 2012.1.9)을 통해 '2011 올해의 책'에서 보인 '정유정 띄우기'를 이어가고 있어서다. 기사는 출판인 모임 '책을 만드는 사람들'이 '7년의 밤'을 대상 수상작으로 골랐다는 내용도 포함하고 있다. "순문학과 장르문학의 경계를 허물고 독자들을 한국소설 쪽으로 끌어왔다는 점이 높은 평가를 받"은 이유이다. 그뿐이 아니다. "'7년의 밤'이 불러일으킨 반응이 너무도 폭발적이어서 그는 한동안 전화와 인터넷도 끊고 잠적해야 했을 정도였다"고 말한다. 이 기사가 밝힌 '7년의 밤'의 판매 부수는 21만 부다.

21만 부라! 참 의아스런 일이다. '고작' 21만 부에 그렇듯 언론의 집중 조명을 받았으니 말이다. 생각해보라. 2011년엔 그 이전 출간된 '엄마를 부탁해'·'도가니'·'완득이'가 다시 현상을 일으킨 바 있다. 새로 선보인 '두근두근 내 인생'의 기세 역시 '7년의 밤'에 결코 뒤지지 않는 하나의 현상이었다. 그런 '와중에' 정유정이 확실히 '뜬' 것은? 2003년 세계청소년문학상, 2009년 세계문학상 수상 등 결코 무시할 수 없는 이력에도 불구하고 그 동안 발돋움하지 못했던 무명의 설움을 한 방에 날려버린 '7년의 밤'을 꼼꼼히 읽고, 그 답을 찾아보자.

2.

그런데 본격 논의에 앞서 굳이 살펴볼 것이 있다. 앞의 언론 조명에서 거론된 본격문학과 대중문학, 또는 순문학과 장르문학이 그것이다. 본격문학과 순문학은 유의어로 본격소설, 순수소설이다. 그에 반해 대중문학이나 장르문학은 대중소설, 통속소설, 상업(주의)소설, 장르소설을 일컫는다. 한 마디로 독자의 흥미는 끌지만, 읽고나면 남는 것이 별로 없는 소설을 말한다. 장르소설이란 용어가 보편화되기 전 나는 그것들을 '우중소설'이라 규정한 후 최인호·박범신·김홍신의 일련의 소설들을 분석한 바 있다. '우중소설의 문학적 위상'(장세진, 역사현실과 문학, 신아출판사, 1992)을 통해서다.

이른바 장르소설이란 용어가 기존의 대중소설 등과 특별히 구분되는 것은 내용에 판타지가 추가된 점이 아닐까 한다. '해리 포터'시리즈·'반지의 제왕'·'다빈치 코드' 등 바다 건너 밀려들어온 '외세'에 편승, 이 땅에서도 덩달아 장르소설 어쩌고 한 것이 아닌가 생각되는 이유이다. 어쨌든 '인간시장'(김홍신)·'무궁화꽃이 피었습니다'(김진명)처럼 수백 만에서 1천만 부 이상 판매된 대중소설들이지만, 문단(평단)의 반응은 싸늘했다. 그 점은 2012년 지금도 거의 변함없어 보인다. 흥미로운 것은 본격소설과 상업소설의 중간을 '중간소설'로 규정한 평론가 문흥술의 주장이다. 중간소설은, 요컨대 "문학의 예술적 기능과 오락적 기능을 모두 품고 있음을 의미한다"(서울신문, 2011.4.2)는 것이다.

일단 중간소설(middlebrow fiction)이란 용어는 그럴 듯해 보인다. 현대소설이 일정 부분 판타지, 팩션(사실+허구), 칙릿(젊은 여성을 뜻하는 조어)의 경향으로 흘러가는 것이

현실이기 때문이다. 단적인 예로 순수소설만을 써온 70대 원로작가 한승원마저 '항항포포' 같은 연애소설을 써내고 있지 않은가! 그러나 "중간소설은 결코 소설이 될 수 없다"(앞의 서울신문)는 문흥술의 주장은 선뜻 공감되지 않는다. 아이에게서도 배울 것이 있는 법이다. 하물며 완전 대중소설도 아니고 중간소설에서 건질 것이 전혀 없겠는가 하는 의문과 곧바로 충돌하고 있어서다. 당연히 그 건질 것을 찾아내는 일은 비평의 몫이기도 할 터이다.

왜 중간소설 타령을 했는지, 그 이유가 드러난 셈이다. 요컨대 '7년의 밤'은 중간소설이고, 판매부수 못지않게 그냥 '같잖은' 대중소설이 아니라는 것이다. 무려 520쪽(단행본 2권 분량)에 달하는 '7년의 밤'은 한 마디로 본의 아니게 교통사고를 낸 한 남자(최현수)의 잘못 풀린 인생 이야기다. 현수의 인생유전이 스릴러 형식인 것은 강렬한 인상의 캐릭터 오영제 때문이다. 일상생활에서 흔히 벌어지는 교통사고 가해자의 삶을 배신한, 픽션의 힘이라고나 할까. 오영제는 제 딸을 죽인 최현수에 대한 개인적 복수를 기획하고, 하나씩 실현해나간다. 과연 추리소설, 그러니까 대중소설에서 볼 수 있는 서사구조와 다를 바 없다. 이쯤해서 작품 속으로 들어가보자.

> 술이 아니면 쓸쓸하고 무서운 그 순간을 견디기 힘들었다. 자신이 불모의 대지에 홀로 서 있는 오두막 같았다. 은주가 "서원 아빠, 무슨 일 있어?"하고 물으면, 철퍽 무릎을 꿇고 모든 걸 얘기해버릴 것만 같았다. "나 어떻게 할까"라고 물을 것만 같았다. "확 죽어버려" 하

면, 죽을 수도 있을 것 같았다. 자수하라면, 할 수 없었다. 서원이 아빠를 살인자로 기억하는 건 죽음보다 끔찍한 일이었다. 최서원이란 이름 뒤에 붙을 '살인범의 아들'이란 딱지가 죽음보다 무서웠다. 다 같이 죽자고 하면…… 그런 건 상상조차 하고 싶지 않았다. 시도 때도 없이 나타나 자신을 아빠라고 부르는 여자아이와 싸우는 게 나았다. 어린 시절, "현수야" 하고 부르던 우물 속 목소리와 싸웠듯이. 그러므로 버텨야 했다. 시간이, 시간이 다 해결할 것이다.

-217~218쪽-

 그럴망정 위 인용문에서 보듯 '7년의 밤'은 분명한 문학적 가치를 추구하고 있다. 인용문은 최현수의 괴로운 심정의 일단을 엿볼 수 있는 대목 중 하나이다. 본의 아니게 교통사고를 내고, 아직 죽지 않은 피해자를 죽여 수장까지 시키지만 죄책감마저 없는 건 아니다. 그 벌로 "죽을 수도 있을 것 같았"지만, 그러나 자수는 할 수 없다. 바로 아들 서원 때문이다. "살인범의 아들이란 딱지가 죽음보다 무서웠"던 현수의 부정(父情)이기에 오영제를 또다시 죽일 수 있었다. 물론 오영제는 살아난다. 그는 현수 아내인 강은주를 죽인 데 이어 서원과, 보호자격인 안승환을 죽이려 한다.
 그런 내용을 따라가다 보면 열두 살 서원에 핀트가 맞춰져 있음을 알게 된다. 그것은 현수가 의지를 갖고 할 수 있는 유일한 일이기도 하다. 거기서 생각해볼 것이 잘못된 조합이다. 현수는 연하남이다. 은주는 동생 영주의 미팅에 대타로 나갔다가 3살 아래인 현수와 만났고, 4개월 만에 결혼까지 하게 된다. 결혼은 서원이 생기는 바람에 어쩔 수 없이 급하게 한 것이다. 야구선수였던 현수는 왼팔 마비증상 등으로 야구계를 떠나야 했다. 그렇게되고 보니 최현수는 사회 부적응 환자다. 은주는 "자기 인생의 최대 과오가 최현수와 결혼한 일이라고 자인"(243쪽)하기에 이른다. 잘못된 만남이 최악의 결과를 낳는다는 인생의 진리를 깨우치는 것이라 할 수 있다.

그런 '찌질남'의 마냥 꼬이기만 하는 인생 이야기가 아연 활기를 띄는 것은 오영제 때문이다. 가히 '희대의 변태'라 할만한 오영제는 아주 훌륭한 반동인물이다. 오영제도 현수처럼 자식사랑이 지극하다. 다만 범위와 방식이 다를 뿐이다. 현수가 아들에게만 집착했다면 오영제는 딸에다가 아내까지 아우르고 있다. 그 방식은 '교정'을 통한 '제 자리에 있기'로 요약할 수 있다. 가령 오영제 뜻대로 되어 있지 않거나 하지 않으면 가차없이 폭력에 들어가는 식이다. 열두 살 세령이 최현수 차에 치인 것도 제 아빠인 오영제의 폭력을 피해 달아나던 와중에 벌어진 일이다.

오영제가 얼마나 극악한 캐릭터인지, 독자들은 이미 살인자 최현수와 현실적 삶의 억척 또순이 강은주 따위는 잊어버릴 정도다. 물론 그것들이 극악한 캐릭터의 힘만으로 이루어지는 것은 아니다. 바로 문장의 힘이다. "문장은 평이하고 범박(凡博)하지만"(조선일보, 2011.5.30)보다도 오히려 "『7년의 밤』이 주는 매혹은 뭐니뭐니해도 문장이다. 작가는 스타카토로 끊어 쳤다가 접속사로 유장하게 받아 올리는 식으로 언어의 기술을 유려하게 구사한다"(중앙일보, 2011.7. 2)가 더 끌린다. 이 소설의 문장은 결코 평범하지 않다. 스릴러의 형식도 한몫하지만, 문장은 지금의 상황을 숨죽여 지켜보게 한다. 다음 장면을 궁금하게 만든다. 정식으로 문학공부를 한 바 없다는 작가의 문장이고 보면 참으로 놀라운 일이 아닐 수 없다.

 '완득이'나 '두근두근 내 인생'이 그렇듯 이들 소설이 구사하는 단문의 간결체 문장은 무릇 선배 작가들을 뛰어 넘는다. '7년의 밤'의 경우 짧은 호흡으로 전개되는 스릴러 형식이니 호랑이가 날개를 단 격이다. 거기에 유머감각과 함께 참신한 표현이 수두룩하다. "한 번 잡으면 중간에 화장실을 다녀온다거나 스마트폰을 만지작거리는 따위의 일상과 섞이는 게 꺼려질 정도"(앞의 중앙일보)나 "500쪽이 넘는 방대한 분량인데도, '밥'과 '잠'을 자발적으로 포기하게 만드는 괴력을 지녔다"(바로 앞의 조선일보)라는 리뷰가 결코 과장이 아닌 이유이다. 소설을 읽으며 감동받지 않으려고 애쓰는 평론가조차 자신도 모르게 그런 경험을 하게 된다. 그야말로 괴력이다.

 우선 참신한 표현부터 몇 개 뽑아보자. "내 몰골이 내 처지를 일러바쳤을 것이다"(22쪽), "바다에 수갑을 채울 수는 없는 노릇이니까"(38쪽), "내 갈비뼈 밑에 찔러 넣은 세상의 칼이었다"(42쪽), "거미줄을 치우겠다고 전기톱을 휘두른 꼴이었다"(75쪽), "그에게는 상추텃밭 같은 계좌였다"(141쪽), "샤워꼭지처럼 땀을 흘려대는 덩치가"(187쪽), "뙤약볕 아래서 배부른 암탉처럼 졸면서"(207쪽), "변기뚜껑 같은 손을 부들부들 떨면서"(241쪽), "자신 같은 인간 하나쯤은 통째 삶아 먹고 이도 쑤시지 않을 것 같았다"(261쪽), "허리가 시청건물만큼이나 뻣뻣했다"(439쪽) 등 얼마든지 찾아볼 수 있다. 짧은 호흡의 간결체 문장과 유머감각은 별도 인용문을 통해 알아보자.

 현수는 고개를 끄덕였다. 승환은 버드와이저를 들어 보였다.
 "좋아하는 거 어떻게 아셨어요?"
 "자네 책상에서 두어 번 본 거 같아서."
 이번엔 승환이 고개를 끄덕였다.
 "아, 예."
 어색한 침묵이 찾아왔다. 승환은 달빛이 흐르는 세령봉 기슭을 내려다보며 맥주를 마셨다. 현수는 말머리를 찾느라 안간힘을 썼다.
 "자넨 왜 여기 와 있나?"
 "팀장님이 올라오라고 하셨잖아요."
 "아니. 그런 얘기가 아니고……."
 현수는 당황했다. 어떻게 해야 원하는 이야기를 들을 수 있을지, 감이 잡히지 않았다.
 "그러니까 내 얘기는……"

-321쪽-

 위 인용문은 끝내 그 이야긴 꺼내지 못하지만, 현수가 자신의 살인 목격자인 승환에게 그 진위를 파악하고자 만난 장면 중 한 대목이다. 대화가 많이 섞이긴 했지만, 문장의 힘을 확인하는데 부족함은 없어 보인다. 짧은 호흡의 간결체 문장과 유머감각, 그리고 비유를 통한 참신한 표현 못지 않게 문학적 가치를 받쳐주는 것은 촘촘한 구성이다. '두근두근 내 인생'에서 보는 소설 속 소설쓰기의 액자식 구성과, '엄마를 부탁해'에서 구사된 바 있는 1인칭 나와 3인칭 승환 등의 혼합시점이 독서에 대한 집중력을 요구하긴 하지만, 마치 정예 단편소설 같은 암시와 복선은 '7년의 밤'이 520쪽에 달하는 길고 지루한 그냥 이야기가 아님을 웅변한다.

가령 60쪽에 보면 소설의 무대를 "수목원이라기보다는 중세 영주의 영지 같은 곳이었다"고 말한다. 또 박주임을 통해 세령호에 대해 "난 저 호수가 기분 나빠"(63쪽)라고 말한다. 아니나다를까 거기에서 세상의 말대로 '세령호의 재앙'이 벌어진다. 마티즈와 BMW는 각각 최현수와 오영제 차다. 현수가 교통사고를 낸 날, 세령휴게소 부근에서 BMW가 마티즈를 추월해 지나간다. 오영제에겐 앞 차창 안에서 웃는 해골, 서원이 노천 게임기에서 뽑아 현수에게 준 마스코트를 본 기억이 남아 있다. 우연한 일은 필연적 사건으로 승화되어간다. 오영제가 세령의 죽음이 교통사고였음을 밝히는 결정적 단서로 작동되고 있어서다.

오영제가 7년 전 최현수 손에 죽었다 해놓고, 살아 있으면서 '7년 전쟁'을 이어가는 반전 역시 특기할만하다. 과거와 현재가 뒤섞여 다소 혼란을 주긴 하지만, 나(서원)와 승환을 어디 한 군데 정착 못하게, 여기저기 떠돌게 만드는 오영제의 '기획 범죄' 실행하기가 스릴러로서 묘미를 안겨주고 있어서다. "≪7년의 밤≫은 강력한 전사로서의 그녀가 가진 역량을 총체적으로 보여준 '결정판'처럼 읽힌다. 사실과 진실 사이에 내장된 다양한 인간 군상과 인간 본질을 이만큼 생생하고 역동적인 이야기로 결집해내는 것은 문단의 '아마존'이 아니고선 성취하기 어려운 일이다"(책 뒷표지 표사)는 박범신의 언급이 그냥 '덕담'은 아닌 이유이다.

그러나 나로선 아쉬운 점도 더러 있다. "집에 가는 길에 안길에 들러볼 테니까"(358쪽)에서 보듯 조사 '~에'의 연속 사용으로 인한 어색한 문장이 그것이다. 대부분 정제되어 술술 읽히는 독서에 방해되지 않는 것과 달리 372쪽 등에서 보듯 너무 긴 문단도 아쉽다. 또 후덥지근(393쪽, 후텁지근) 따위 명백한 오류 외에도 띄어쓰기에서 고개를 갸웃하게 하는 표기를 발견할 수 있다. '한글띄어쓰기사전'(조영희, 신아출판사, 2003)에 의하면 '꿈같은'(29쪽), '한마디'(173, 514쪽), '한구석'(277쪽)의 '같은'과 '한'은 띄어써야 한다. '아니나 다를까'(108쪽)는 붙여 써야 한다. 그 외 '가르친바'(43쪽), '일인바'(60쪽)의 '바'는 의존명사로 앞 말과 띄어 쓰는 걸로 알고 있다. 또 '아닌듯 했다'(44쪽)는 '아닌 듯했다'가 맞는 표기 아닌가?

3.

결말은 해피엔딩이다. 고대소설의 그것처럼 100년 동안 잘 먹고 잘 사는 해피엔딩이 아니다. '기획 범죄'를 자행한 오영제가 뜻을 이루지 못해서 해피엔딩이다. 오영제는 승환과의 마지막 대결에서 "옆구리를 두 번 걷어차인 뒤 사지를 길게 뻗고 드러누"(496쪽)워버린다. 그 길로 살인미수, 폭행, 납치감금, 의료법위반혐의로 체포돼 그들의 '7년 전쟁'은 끝난다. 죽지 않고 체포로 끝났다는 점에서 속편의 가능성도 열어둔 셈이지만, 오영제의 몰락은 최현수의 사형집행과 또 다른 의미로 다가온다. 희대의 변태인 오영제가 재력가, 의사 등 소위 사회지도층 인사이기 때문이다.

그 점은 아동학대에 관대한 이 땅의 법률과 제도, 혼전 임신 세태, 춥고 배고픈 소설쓰기에 대한 인식, 위정자들의 대형 범죄에 대한 축소 내지 은폐 풍조 등 여러 가지를 생각하게 만든다. 나아가 불가사의한 우리 인생에서 진정한 행복이 무엇인지 깨닫게 한다. 결국은 최현수나 오영제의 비극은 집착에서 비롯된 것이라 할 수 있다. 가족사랑의 참다운 정의가 무엇인지 일깨우는 지점이다. "꿈도, 욕망도, 삶의 의미도 다 잃어버렸지만……서원이가 있었거든. 그 아이는 내 삶에 마지막 남은 공이야"(377쪽)라는 절규에서 보듯 부정(父情)은 그냥 부정(父情)이 아니다. 그런 집착의 그늘에서 크고 자라는 아이가 건강한 성인이 될 수 없음은 자명하다.

오영제의 가족에 대한 집착은 최현수의 그것과 또 다르다. 변태 내지 기행이 대세인데다가 이 자본주의 세상에서도 돈의 위력만으로 안 되는 무엇이 있음을 분명히 하고 있기 때문이다. 자식과 아내 길들이기가 그렇고, 범죄도 예외가 아니다. 대중일반의 입장에서 얼마나 통쾌한 일격인가? 바로 그것이다. 장대한 서사에 디테일한 묘사, 그리고 은연중 99%의 아무 힘없는 독자들을 카타르시스시키는 결구까지. 이쯤되고 보면 '중간소설은 소설이 될 수 없다'는 주장은 가설 혹은 허구가 된 셈이라 해도 지나치지 않을 성싶다. 말할 나위 없이 그것만으로 '7년의 밤'이 남는 것 있는 장르문학의 대열에 끼는 건 아니다.

  무엇보다도 '7년의 밤'의 강점은 문장이다. 문장은 그렇듯 단순한 이야기를 문학으로 끌어올리는 원천이다. 문학상에 두 번 당선되었다곤 하나 정유정이 사실상 스타작가로 '등극'한 것도 문장의 힘이라 할 수 있다. 독자 없는 순수소설보다 오히려 팬들이 열광하는 중간소설이 문학적 가치를 가일층 달성할 수 있다. 주제의식 등 문학의 예술적 기능만 갖고 있으면 뭐하나, 사람들이 읽지 않으면 그딴 건 갑속에 든 칼일 뿐인데. '7년의 밤'은 지독한 편견에 빠져 여류소설을 읽지 않던 나로선 '완득이'·'두근두근 내 인생'에 이어 또 다른 경험을 하게한 소설이기도 하다.

  방대한 서사에서의 아쉬움은 약한 비중으로 처리된 강은주다. 강은주는 최현수의 아내이면서 그로 하여금 예측할 수 없는 운명에 빠져들게 한 아주 중요한 캐릭터다. "살아 있는 모든 것은 압박의 운명을 짊어진 존재였다. 생존을 위협하는 것은 피 터지게 싸워 거꾸러뜨려야 마땅했다"(224쪽)는 그녀의 '사는 법'이야말로 이 소설이 의도한 것일 수 있다는 점에서 그렇다. 아들인 서원의 시점으로 일정량 이야기가 전개되는데도 오영제에게 죽임을 당한 후 아무런 후속적 이야기가 없어서 하는 말이다.

〈'문맥' 제47호, 2016.12.28.〉

사랑 통한 길 찾기

-한승원장편소설 '항항포포'론-

1.

'아제아제 바라아제'를 아는가? '아제아제 바라아제'는 1986년 '씨받이'로 베니스영화제 여우주연상을 수상한 '월드스타' 강수연이 삭발을 감행, 주연한 영화이다. 1989년 상영되었고, 감독은 가히 한국영화계의 전설이 된 임권택이다. 임권택 감독은 이 영화로 1989년 대종상 최우수작품상을 수상했다. 강수연은 '아제아제 바라아제'로 1990년 모스크바국제영화제 여우주연상을 차지했다. 필자는 이 영화에 대해 "근본적으로 우리가 갈 수 없는 '저 높은 곳'을 향한 인간의 숙명적 가치에 대한 새삼스런 '환기'인 셈이다"(장세진, 우리영화 좀 봅시다, 실록출판사, 1992)라고 말한 바 있다.

여는 글부터 웬 영화타령이냐고? 화제의 영화 '아제아제 바라아제'가 한승원 원작소설(1984년 '불교사상'에 연재 후 1985년 단행본 출간)이기 때문이다. 최재봉 한겨레 문학전문기자는 한승원에 대해 "영화로 만들어지면서 베스트셀러가 된 〈아제아제 바라아제〉를 비롯해 책들의 판매가 순조로웠다. 문학적으로 확고한 자기세계를 구축했다는 평가도 얻었다. 그런데 그 모든 것을 뒤로하고 귀향을 택한 것"(한겨레, 2011.10.22)이라고 말했다. 얼마 전 박범신이 정년퇴직(명지대교수) 후 고향인 논산으로 낙향했지만, 한승원은 이미 1997년에 그 일을 해냈다.

  1939년생인 한승원은 1966년 신아일보 신춘문예에 '가증스런 바다'가 입선되어 소설가로 등단했다. 1968년 대한일보에 '목선'이 당선되면서 소설가로서 왕성한 작품활동을 하게 된다. 2011년 3월 '항항포포'(현대문학 발행)까지 80권 넘는 소설, 동화, 산문집 등을 펴냈다. '작가는 작품으로 말할 뿐이다'를 몸소 실천해온 다산(多産)의 소설가인 셈이다. 내가 '항항포포'에 관심을 가진 것은, 그러나 그 때문만은 아니다. '항항포포'가, 비유하자면 순수소설을 써온 한승원의 화려한 외출쯤 되는 연애소설로 소개되고 있어서다. 요컨대 '제3세대한국문학'(삼성출판사), '우리시대 우리작가'(동아출판사) 같은 한국문학전집에서 만나던 한승원의 연애소설이 과연 어떨지 되게 궁금했던 것이다.

2.

  범박하게 말하면 연애소설은 그냥 남녀간 사랑 이야기라고 할 수 있다. 거기에 적당히 말초신경의 자극적 인자(因子)들이 섞여 오감(五感)을 짜릿하게 하는 뭐 그딴 것이 연애소설이다. 독자는 제법 시간 가는 줄 모르게 독서에 빠져들고, 때로는 안타까움이나 공감을 느끼며 소설 속 주인공과 일체가 되기도 한다. 그러면서도 다 읽고 나면 뭔가 헝클어져 있던 것이 깔끔하게 정리되지 않는, '한 개'도 남는

게 없는 멍한 상태가 된다. 이를테면 읽을 때는 재미있을망 정 읽고나면 가슴 속에 묵직하게 자리잡는 게 없는 것이 연 애소설인 셈이다.

그렇게 보면 '항항포포'는 단순한 연애소설이 아니다. 우 선 소연과의 사랑은 과거의 일이고, 참회가 현재진행형으로 펼쳐지기 때문이다. 60세의 베스트셀러 작가 임종산은 "스 스로를 자기의 서재에 갇혀 사는 무기수라고 생각"(17쪽)하 며 열흘 일정으로 집을 나선다. 흑산도행 카페리호가 종점 에 도착하여 내리는데, 호묘연이 아는 체한다. 이후 그녀와 여행을 함께 한다. 여행을 하는 것은 자궁경부암으로 29세 에 죽은 애인 소연과의 추억을 떠올리며 참회하기 위해서 다. 묘연은 남편(윤창일)을 피해 도망쳐나온 중이다. 따라서 여행은 묘연 남편의 추적을 받으며 계속된다. 결국 잡혀 집 으로 가지만, 남편은 교통사고로 죽는다. 묘연이 종산에게 보내온 편지를 통해서다.

그런데 여행지가 장난이 아니다. 흑산도-완도-제주도-목 포-해남-진도-완도-강진-장흥-보성-순천만-여수-거문도·백도-녹동-선유도-간월도-소야도-남해-울릉도로 이어지는 여행이다. 빼어난 기행소설이라 할만한데, 여행지의 공통점 은 항구나 포구 등 바다를 끼고 있다는 점이다. 하긴 오래 전부터 바다는 한승원의 문학적 고향이기도 하다. 평론가 권영민은 "바다를 대상으로 하여 그 무한한 생명의 충동을 한승원만큼 감동적으로 그려낸 작가가 드물고, 남도의 고향 을 한승원만큼 가슴치는 한으로 풀어헤친 경우도 찾아보기 힘들다"(우리시대 우리작가, 한승원작품해설 '토속적 공간과

恨의 세계', 동아출판사, 1987.3.1)며 그 점을 분명히 했다.

그것이 무려 30년 전 지적인데도 이 소설 말미에 있는 '작가의 말'을 보면 변함 없음을 알게 된다. "바다는 내가 평생 동안 풀어야 할 철학적인 명제이"(369쪽)기에 '항항포포'인 것이다. 항항포포가 일본의 '포포진진'을 번역한 '우리 땅 구석구석'이란 뜻이지만, 바다와 관계를 맺고 있는 항구와 포구, 그리고 섬들인 것은 앞서 말한 여행 코스에서도 확인된다. 과거의 여자 소연도 그렇고, 현재 동행하고 있는 묘연 역시 해녀의 딸이라는 공통점이 있다. 베스트셀러가 된 소설 제목도 '바다에서의 밤참'이다.

"살아 있는 한 내내 죄의식에 사로잡혀 살아야 하겠네요."
"그 아이한테 내가 할 수 있는 일은, 그 아이가 쓰고 싶어하다가 쓰지 못한 그 소설들을 써주는 일이었어요. 그래서 소설을 한 편 썼는데 그게 영화로 만들어졌어요. 원작료를 듬뿍 받았어요. 그런데, 죽어간 그 아이의 아픈 사랑과 순백의 영혼을 팔아 나 혼자만 호의호식하고 있는 것 같고, '나 살고 있는 이게 무어냐' 죄 짓고 나서. 서재에 파묻혀 거짓 글쓰기에만 몰두하는 내 인생이 알곡 떨어내고 난 지푸라기처럼 푸석푸석하게 느껴져서 이렇게 길을 나섰어요. 나 지금, 그 아이하고 함께 다녔던 그 바닷가 마을, 그 항구들, 포구들, 함께 먹었던 음식들을 먹으면서 참회 여행을 하고 있는 거예요."
-288쪽-

인용부터 했는데, 위에서 보듯 '바다에서의 밤참'은 소연과의 사랑을 그린 연애소설이고 영화로도 만들어졌다. 그 소설이 베스트셀러로 각광을 받자 임종산은 참회에 빠져든다. 소연과의 사랑이 과거의 일일망정 그것을 줄기차게 참회하는 바다 여행길이기에 단순한 연애소설이 아닌 것이다. 위 인용문과 같은 참회의식은 소설 곳곳에 드리워져 있다. 미스광주 진 출신인 묘연과 여러 날을 같이 자면서 육욕적 본능을 애써 자제하는 것도 소연 때문이다. 어린 나이에 죽어간 소연을 생각하니 묘연과의 '이층집'은 절대 있어선 안 될 일이라는 자의식인 셈이다.

그렇듯 참회를 담보하는 것이라면 사랑은 이미 사랑이 아니다. 뭔가 달작지근하면서도 달뜬 기분으로 '항항포포'를 읽은 독자라면 일견 실망했을 법하다. 소설 곳곳에 넘쳐나는 박학다식도 그렇다. 앞에서 기행소설이라 말했듯 소설에는 여행지마다의 유래 또는 역사가 제법 장황하게 펼쳐진다. 가령 해남하면 고산 윤선도 하는 식이다. 추사 김정희·정약전·정약용·김우진·윤심덕·유치환·구상·이성부·원효대사·무학대사·나폴레옹·카잔차키스와 불경 내지 부처, 주역, 유학과 불교, 거문도사건, 소야도(소정방 어른의 섬), '페스트'·'채털리 부인의 사랑'·'백경'·'매기의 추억' 등 문학·역사·종교·미술 등 가히 전방위적 박학다식이다. 그 외 각종 생선(회) 등에 대한 별미의 미각적 흥취가 있다.

소설가가 되려는 소연에게는 유익한 공부일지 몰라도 멋진 한 편의 연애소설을 기대한 독자들에겐 방해가 되는 박학다식이라 할 수 있다. 박학다식은, 이를테면 연애소설로서 마이너스 요소인 셈이다. 그럼에도 눈이 번쩍 뜨이는 것이 있다. 예컨대 "손은 성스러움과 위대함과 속된 탐욕과 추함을 다 갖추고 있지. 손으로 움켜쥐고, 손가락 끝으로 만지고 더듬고, 손가락 끝으로 쑤신다"(221쪽)는 '손의 기능론'이 그것이다. 그 다음 페이지로 계속되는 손과 관련된 무수한 언어들 예시엔 저절로 찬탄을 보내게 된다. 특히 "그녀의 손을 애무하며 말을"(222쪽) 한 것이라 더욱 그렇다.

이렇듯 기억에 남는 것이 많아 결코 단순한 연애소설일 수 없는 '항항포포'의 또 다른 미덕은 참신한 표현이다. "선생님, 저 주워가지고 가세요"(13쪽), "불이 너무 밝으면 저는 피부가 아파요"(70쪽)처럼 연애소설의 분위기를 한껏 고조시키는 표현이 그렇다. "법의 빗방울들 사이사이를"(45쪽), "요염하게 까져버린 황금색의 산나리 꽃 몇 송이가 데면데면하게 웃고 있었다"(48쪽), "그 지퍼가 열릴 때, 바다는 간지럼 먹은 여자처럼 하얗게 웃어댔다"(195쪽), "바다와 마을에는 어둠이 깔려 있었고, 가로등들이 눈을 부릅뜨고들 있었다"(335쪽)같이 비유적 표현들도 마찬가지다.

이런 표현들은 간결한 문장, 문학적 묘사와 함께 한승원 소설의 건재함을 증거한다. 32년간 대학에서 소설을 강의해 온 김병욱은 "묘사가 뛰어나지 못하면 훌륭한 작가로 치부하지 않는다. 그런데 한승원은 자연묘사와 인물묘사가 모두 뛰어나다. 이것은 그가 천성적으로 소설가의 자질을 타고났기 때문일 것이다. 〈항항포포〉에서도 묘사의 탁월함은 변하지 않았다"(참회의 길과 자유의 길, 수필과비평, 2011.11.1)

며 그 점을 뒷받침하고 있다. 그것이 어디 천성적이기만 하겠는가? 전남 장흥의 해산토굴, "득량만 펼쳐진 언덕집서 '글도깨비'와 종일 뒹굴"(앞의 한겨레)기 때문 그럴 것이다.

물론 연애소설다운 분위기가 전혀 없는 것은 아니다. "시는 사람이 쓰는 것이 아니고, 안타까운 사랑과 그리움이 쓴다"(253쪽)는 절절함에 배인 일련의 사랑행각이 그렇다. 주근깨에다가 작은 체구라는 콤플렉스가 있는 소연을 5년 동안이나 사귄 절실함이 크게 와닿지 않아 아쉽긴 하지만, 정작 박진감 넘치는 '이층집' 장면의 구체적이면서도 밀도 짙은 묘사가 배제돼 불만이긴 하지만, 제2장에서 본격적으로 펼쳐지는 소연과의 사랑은 "그가 일흔이 넘은 나이에 단단히 마음먹고 시도한 문학적 변신"(동아일보, 2011.3.11)임을 실감케 한다.

특히 무릎 꿇고 소연에게 꽃 바치는 모습이나 여행 후 귀가했다가 다음 날 아침 일찍 모텔로 온 소연에게 "아이고, 잘했다. 너 없는 동안, 나 상사병을 앓고 있었는데"(252쪽)라며 반색하는 종산의 유치찬란함에서 그 점을 확인할 수 있다. 일견 소연과의 사랑이 반드시 과거의 일만은 아닌 것처럼 여겨질 수 있지만, 그녀와의 추억을 더듬어가는 바다여행이 분명한 길찾기라는 점에서 일종의 통과의례로 보이기도 한다. 그렇다면 아내에게 "나 길을 잃어버렸어. 한 열흘 동안 돌아다니면서 그 길을 찾아가지고 올게"(17쪽)라며 나선 길찾기는 성공했나? 잠깐 작품부터 직접 만나보자.

"제 소설이란 것은 아무것도 아니란 생각이 들 때가

많아요. 저는 살아가면서 늘 길을 잃어버리는데, 잃어버린 길을 찾는 방법으로 소설 쓰기를 동원합니다. 그런데 길을 찾았다 싶어 자세히 살피면 제대로 된 길이 아니곤 해요."
"그럼 지금도 길을 잃었고, 그리하여 잃어버린 그 길을 찾아가고 있는 셈이네요?"
"딴은 그렇습니다."
"제가 제 길을 찾아달라고 주문하고 있는데, 그렇다면 장님 보고 길 안내를 해달라고 하고 있는 셈이네요."
"그러고보니 그러네요."
"따라다니면서 선생님의 길 찾는 방법을 좀 배워야겠어요."

-87쪽-

위 인용문에는 '참회여행'의 또 다른 의미가 스며있어 보인다. 작가로서의 반성이 그것이다. 사실 소연과의 사랑에도 이런 점은 수시로 똬리 틀고 있음을 확인할 수 있다. 가령 소연에게 왜 소록도까지 와서 고된 일을 하냐고 물으니 그녀는 서슴없이 "그 이야기 소설로 쓰려고요"(290쪽)라고 대답한다. 체험을 쌓기 위해서인 것이다. 여기서 소연이 종산을 사랑한 것도 소설쓰기용 체험인가라는 의문은 당연하다. 다시 말해 무릇 문학도에 대한 경고성 메시지인 것이다. 소설 창작을 위한 체험은 일부러 쌓는 것이 아니다. 오늘이 지나 내일이 오면 그 오늘은 자연스레 체험이 되는 그런 것이어야 한다.
결국 종산의 소연에 대한 자책은 그런 음모로부터 자유롭지 못한 데서 온 베스트셀러 작가로서의 성찰인 셈이다. "이제는 참으로 깊이 침잠하여 절대 고독을 이겨내며 새로운 삶을 모색해야 한다. 그것이 그가 찾은 새 길이었다"(359~360쪽)에서 그 점을 엿볼 수 있다. 바야흐로 길 찾기는 성공한 셈이 된다. 묘연과 끝내 육체적으로 엮이지 않고, 그녀의 길이 종산의 길과 다르다며 잡혀가게 놔둔 것도 그런 이유에서라고 할 수 있다. 묘연은 숭어잡기에서 자유와 행복을 느끼는, 그냥 평범한 일상인일 뿐이니까.

3.

최근 자본주의가 다시 각광을 받고 있는 경향이다. 황석영의 '낯익은 세상', 조정래의 '허수아비 춤', 박범신의 '비즈니스' 등은 자본주의가 필연적으로 노출할 수밖에 없는 부익부빈익빈 내지 '개 같은 현실'에 주목한 성과물이라 할 수 있다. 그래서일까. '힝힝포포'에도 자본주의가 스며 있다. "자본주의 세상에서 살아가는 소설가의 삶 역시 칼 위에서 춤추기이다"(120쪽) 등이 그것이다. 작가의 현실적 체험이 묻어난 듯하지만, 그러나 독자가 공감하기에는 역부족으로 보인다. 너무 피상적 접근의, 마치 양념처럼 슬슬 뿌려져 있어서다.

그보다 아쉬운 점은 따로 있다. 김병욱은 앞의 글에서 이 소설에 리얼리즘의 잣대를 들이대지말라 했지만 작품내적 리얼리티는 있어야 한다는 것이 나의 생각이다. 가장 큰 아쉬움은 소연이 세 번씩이나 한 낙태 수술이다. 현실적으로

충분히 대비할 수 있는 일을 유독 이 소설에서만 무시하고
있다. 소연의 사후 참회의 극대화를 노린 것이라 해도 너무
작위적이라는 인상이 지워지지 않는다. "피임은 한다고 했
음에도 불구하고"(286쪽)라며 피해가려 하지만 마찬가지다.
박범신의 '은교'에서처럼 아예 임신 따위 묘사가 없는 것보
다는 그나마 낫다해야 할까?
　"선생님, 저 주워 가지고 가세요"(13쪽)라며 독자들의 독
서의욕을 확 부추기며 등장하는 묘연의 우연성도 아쉽다.
길을 찾기 위해 남편을 피해 도망쳐온 것까지는 그렇다치
자. 그런데 왜 목포로 와 흑산도행 카페리를 탔고, 흑산도에
서 종산과 만났는지 구체적 인과관계가 없다. 발단에서 등
장이후 소설 끝날 때까지 함께 하는 주요인물 중 하나이기
에 묘연의 우연성에 대한 아쉬움은 결코 작지 않다. 그에
비하면 '핸드폰'(36쪽)이라 했다가 '휴대폰'(42, 353쪽)으로
하는, 통일 안된 표현은 차라리 애교에 가깝다. 일상생활에
서 흔히 핸드폰이라 말들을 하지만, 나는 휴대폰이 맞는 표
기로 알고 있다.
　내친김에 문단도 한번 살펴본다. 간결한 문장이 '항항포
포'의 미덕임은 이미 앞에서 말한 바와 같다. 문단도 대체적
으로 정제되어 있다. 그러나 38쪽에서 한 페이지를 훌쩍 넘
기는 긴 문단이 나타나더니 간헐적으로 반복되고 있다. 요
즘 추세에 비해 '항항포포'는 꽤 긴 장편소설에 속한다. 작
가들은 숨을 턱 막히게 하는 긴 문단이 슬슬 읽히게 하는
독서에 걸림돌로 작용할 수 있음을 항상 염두에 두었으면
한다. 2페이지도 채 안 되는 등 너무 잘게 나뉜 소제목도

아쉽긴 마찬가지다.

  그렇더라도 '항항포포'는 유니크한 기행소설이면서 진화된 연애소설로 남게 되었다. 유니크한 기행소설은 이미 앞에서 말한 대로다. 바다와 관계를 맺고 있는 항구와 포구, 그리고 섬들의 인물과 역사, 풍광과 음식 등을 그려냄으로써 타의 추종을 불허할 만큼 그 분야에서 독보적 소설이라는 뜻이다. 진화된 연애소설 역시 대략 앞에서 거론한 대로다. 단순하거나 같잖은 수준을 넘어서는, 이렇게도 연애소설이 될 수 있구나 하는 또 다른 의미의 작품임을 일컫는 말이다.

<'문맥' 제48호, 2017.6.26.>

역사공간과 여성성
-최명희대하소설 『혼불』론-

1. 꽤 성대한 출정식

　1996년 12월 5일 최명희대하예술소설(출판사 표현) 『혼불』(전10권)이 첫 선을 보였다. 중앙일간지들은 마치 서로 약속이나 한 듯 일제히 박스기사를 내보낸 바 있다. <불꽃처럼 타오른 '한국인의 혼'>(동아일보, 1996.12.9)을 필두로 <근대사 격랑 헤쳐간 사람들 삶 복원>(문화일보, 1996.12.12.), <최명희 대하소설 『혼불』 17년 만에 완간>(한국일보, 1996.12.13), <17년간 삶과 혼을 통째로>(중앙일보, 1996.12.17)(한겨레, 1996.12.17) 등이 그것이다. 그것이 출판사의 로비에 의해서였는지 신문사의 자체 판단에 의해서였는지 확실하고 자세히 알 수야 없지만, 분명한 것은 『혼불』의 출정식이, 그러니까 독자와의 첫 만남이 꽤 성대하게 이루어졌다는 점이다. 물론 출판사의 광고 공세도 엄청나 각 중앙일간지를 통한 5단 통광고가 발행일 이후 한동안 이어졌다.
　1997년 새해가 되면서는 작가에 대한 인터뷰 기사가 큼지막한 사진과 함께 실리기 시작했다. 발간 한 달도 못되어 10만 부가 판매되었다는 전제와 함께 <박제된 삶에 생명력

을 불어넣었죠>(동아일보, 1997.1.6), <고독한 현대인의 혼에 한 점 고향 불빛 됐으면……>(조선일보, 1997.1.6) 아래 박경리의 『토지』와 함께 『혼불』을 다룬데 이어 기획지면 「북리뷰」(30일자)에서 <출간 50일 만에 50만부 돌파 『혼불』작가 최명희씨>라는 제하의 기사를 거의 1개면 전체를 할애해 싣고 있다. 그리고 2월을 거쳐 3월의 어느 신문(동아일보, 1997.3.3) 5단 통광고에는 <출간 80일 만에 50만부 돌파>라는 내용이 들어 있음을 보게 된다. 그후의 광고에서도 마찬가지다.

다소 엉뚱하게 보일 수도 있는 저널리즘 인용으로 이 글의 문을 연 것은 말할 나위 없이 까닭이 있어서다. 신문기사들의 공통점은 한결같이 『혼불』이 대단한 작품이라는 것이다. 심지어 어느 신문에서는 "문단에서는 이 작품이 올 문학의 해의 최대의 성과이자 한국 현대소설 중 가장 오래 살아남을 작품이 될 것이란 조심스런 평가도 나오고 있다"(중앙일보, 1996.12.17)며 성급한 예단까지 내놓고 있다. 비록 책의 뒷표지 이면에 실린, 일종의 광고문이기는 할망정 이름깨나 알려진 평론가, 소설가, 학자들의 촌평도 만만치 않다. "이 찬란하도록 아름다운 소설 『혼불』은 여성적인 넋의 고혹스러움과 섬세한 문체의 마력으로 우리를 놀라게 한다. 그러면서도 대하서사시적인 규모를 지닌 일대 거작이며 엄청나게 폭이 넓은 사회소설"(이동하)이라든가 "『혼불』은 개화기와 일제강점기 우리 민족의 수난사이면서 또한 수용과 인내로 역사의 잔인한 파도를 이겨낸 극복의 역사이며, 우리의 갖가지 생활양식과 규범, 속신(俗信)의 백과사전이기도 하다"(서지문) 등이 그것이다.

　그들이 전 10권의 『혼불』을 다 읽어보고 주저없이 내린 평가인지 자세하게 알지 못하지만, 그리고 그런 주장들이 원칙적으로 자유에 속하는 문제이긴 하지만 나로서는 매스컴에 의해 너무 부풀려 있다는 일말의 기분을 떨쳐버릴 수 없다. 다시 말해 문학적 가치의 검증을 받기도 전에 이미 하나의 '거봉'으로 자리잡힌 듯한 『혼불』과 만나야 하는 일이 과연 온당한지 의문이 생긴다는 것이다. 나로서는 영역 밖의 일일지도 모르겠지만, 출간 50일 만에 50만부였는데 80일 만에도 50만부 판매현황이라면(물론 그 기사와 광고가 모두 정확한 사실임을 전제로 하는 말이다.), 그러니까 한 달 동안 더 이상 판매고가 올라가지 않은 것이라면 매우 중요한 시사점이 될 수밖에 없을 터이다. 『혼불』의 인기가 출판사의 엄청난 광고 공세로 생긴 일시적인 거품현상일 수 있는 하나의 단초가 되기 때문이다.

　여기서는 『혼불』의 그런 대중적 반향과 관련하여 문학성을 촘촘히 따져보려 한다. 매스컴의 지지와 독자들의 큰 관심을 받아도 좋을 만큼 문학적 가치가 있는 작품인지를 살펴보되 나의 다른 대하소설에 대한 논의가 노상 그래왔듯 '재미'의 측면도 그 대상이 될 것이다. 말할 나위 없이 소설의 재미는 문학으로서의 입지를 위한 일차 관문 내지 선행 조건이 되기 때문이다. 단, 전 10권의 방대한 분량에도 불구하고 『혼불』이 아직 완결된 작품이 아니라는 점은 아쉬움으로 남는다. 이 아쉬움은 작가가 1998년 갑자기 타계함으로써 더욱 커지게 되었다.

2. 변동사회의 뒤틀린 모습

제 5부 전 10권의 '대하예술소설'(출판사 표현) 『혼불』은 그 1부(1~2권)가 1981년 동아일보창간 60주년기념 2천만 원고료 장편소설공모 당선작이다. 1년 전 중앙일보신춘문예에 단편소설 「쓰러지는 빛」이 당선되어 이미 신고식을 마친 최명희의 작가적 역량을 다시 한 번 과시한 셈이 된 『혼불』은 그후 2~5부가 월간 <신동아>에 연재되었다. 마침내 1996년 12월 전 10권의 단행본으로 묶여 나온 바 있다. 이를테면 17년 만의 '대작'인 셈인데, 이미 1990년 겨울 1, 2부가 출간된 바 있다. 다시 6년 만에 3~5부까지 묶여 일단 완간의 형태를 띠게 된 것이다.

17년 동안 다른 작품을 거의 쓰지 않고 오로지 『혼불』에만 매달려온 작가로서는 그 동안의 집필과정이나 심정 등 할 말이 꽤 있을 듯싶은데, 어찌된 일인지 『혼불』첫 권에 '작가의 말'은 나오지 않는다. 그것은 10권까지 어느 권을 보아도 마찬가지인데, 뒷표지와 그 이면지에 실린 사계 인사의 촌평과 비교해보면 의아스러운 대목이 아닐 수 없다. 굳이 말하면 무릇 독자들은 '작가의 말'을 통한 어떤 인지사실도 없이 그야말로 암중모색의 독서를 해야 할 판이라 할까.

독자들의 이해를 돕기 위해서이기도 하지만, 『혼불』의 이야기 틀을 잠시 살펴봐야 할 이유가 거기에 있다. 『혼불』은 대략 1938년부터 1943년까지 약 6년 동안의 역사공간을 시대적 배경으로 하고 있다. 말할 나위 없이 그 때는 일제 침략기라 일본제국주의의 가열찬 탄압으로 말미암아 민족의 핍진이 심화되었던 시기였다. 그 때를 배경으로 전라북도 남원(사매면)의 매안 이씨가문에 시집온 종부(宗婦) 청암부인과 그 며느리 율촌댁, 손자며느리 효원 등 3대의 가족사가 이야기 중심의 한 축을 이루고 있다.

소설은 종손 강모와 효원의 혼례식으로부터 시작된다. 청암부인이 애지중지해마지 않는 열여섯 살의 강모가 아무런 이성적 교감없이 효원과 결혼을 하게 되지만, 그러나 그것은 비극적 모습의 또 다른 출발일 뿐이다. 강모는 저보다 한 살 아래의 사촌 여동생 강실과의 '옛정'을 못 잊고, 결국 두 살 위의 사촌형 강태와 함께 만주(봉천)로 떠나가기 때문이다. 그런 뒤틀린 출발은 전주고보를 졸업하고 곧장 부청에 취직한 강모가 기생 오유끼로 인해 공금을 횡령하게 되고, 제 뜻은 아니지만 그녀와 함께 만주에 머무는 도피행각으로 이어진다. 이쯤해서 작품 속으로 직접 들어가보자.

    그네의 목소리는 끈적끈적하게 강모의 목에 감겼다.
    ……꼼짝없이 올가미를 쓰고 말았구나.
    그런데 왜 그 순간에 강실이가 떠올랐는지 모를 일이었다. 선연하지도 않은 모습으로 금방 지워질 듯 그네는 돌아서고 있었다. 그 때, 어둠에 먹히어 그 모습은 보이지도 않는데, 대문에까지 와서 돌아본 오류골 작은집의 사립문에서는 아슴한 불빛이 비치고 있었지. 등롱을 든 강실이는 어둠이었던가. 그 어둠이 홀로 밝혀 든 등롱의 그 아슴하던 불빛은 강모의 눈언저리에 그대로 젖어들었다. 그는 불빛이 몸 속으로 흘러드는 것을 느끼며 혼곤한 잠에 빠져들었다.

-2권 223~224쪽-

위 인용은 하숙집 주인여자로부터 효원의 득남소식 전보를 받은 강모가 갖는 생각이다. 아내인 효원이 낳은 아들(철재)을 올가미로 생각하고, 게다가 그 대목에서 사촌여동생 강실을 연상하고 있으니 강모의 이런 모습은 결코 정상일 수가 없다. 뒤틀린 모습인 것이다. 따지고 보면 오유끼로 인한 공금횡령도 그녀에 대한 애틋한 애정의식의 발로라기보다는 자신을 둘러싸고 있는 그 올가미로부터 벗어나고자 하는 지난(至難)한 몸부림에서 비롯된 일탈행동이며, 만주행 역시 그 연장선에 있다.

이 소설의 이야기축 정점에 우뚝 서 있는 청암부인은 매안 이씨가문의 종부로 시집을 오지만 종손인 신랑 준의가 열여섯 살 어린 나이로 죽자 소년과부가 된다. 시동생 병의가 성혼하여 큰아들 기채를 낳으니 그를 양자로 데려온다. 그 기채와 율촌댁 사이에서 낳은 아들이 종손 강모이다. 한 집안의 대들보나 다름없는 강모의 그런 모습은 매안 이씨가문의 몰락과 동시에 일제침략기 때 지식인의 상징이라는 의미를 띠는 것이라 할 수 있다.

강모의 사촌들, 그러니까 매안 이씨가문의 자손들인 강태와 강실, 그리고 강호와 강수 등의 행동반경에서도 그 점은 가일층 확산되고 있다. 강태와 강호는 사회주의에 심취하거나 사회주의자가 됨으로써 소년과부의 몸으로 가문을 일으키고 버팀목이 되어온 할머니 청암부인을 착취의 주체로 여기는가 하면 투장 혐의로 문중에서 멍석말이를 시킨 춘복이 등을 찾아가 약값 따위를 건네주며 위문하고 있다. 강수는 상피로 인해 새파랗게 젊은 나이에 죽었고, 강실 또한 사촌 오빠 강모를 못잊어하다 춘복의 아이를 임신하는 등 그야말로 절단난 집안의 '화끈한' 모습을 보여준다. 물론 그것들은 청암부인이나 효원의 시점 내지 관찰을 통해 전개되는 사건이다. 그 반대편에 춘복이·옹구네·백단이·우례 등 민중의 살아 꿈틀거리는 이야기가 또 하나의 축을 이루고 있다.

『혼불』의 공간적 배경은 전주·만주 등지를 포괄하지만, 주요 무대는 지금의 남원시 사매면 일대이다. 그 곳은 서로 약간의 거리를 둔 채 반촌(班村) 매안, 민촌(民村) 고리배미, 산촌(散村)의 거멍굴로 이루어져 있다. 매안의 양반이 아닌 상민·천민으로 등장하는 많은 인물 중 기억에 남는 강렬한 성격창조로 거멍굴에 사는 춘복이와 옹구네가 있다. 그들이 기억에 남는 가장 큰 이유는 강모로 대표되는 양반가문의 몰락과 깊이 관련되어 있거나 시대사적 흐름과 맞닥뜨리며 변화된 의식의 세계를 보여주고 있어서다.

공배내외에게 길러진 천애고아 춘복이는 떠꺼머리 총각으로 과부인 옹구네와 심심찮게 '이층집'을 짓지만 대보름날 강실이를 범한다. 처녀의 몸으로 아이를 배게 된 강실은 효원이 주선하여 항아장수를 따라가는데, 그 비밀을 공모하거나 부추긴 옹구네가 그녀를 납치하여 집에 데려다 놓는다. 소설은 강실이가 효원의 주선대로 되지 않았음을 집안에서 눈치채는 데서 끝나고 만다. 그리하여 미완성인데, 이쯤해서 춘복의 의식세계를 직접 만나보는 것이 유익할 듯하다.

"아니꼽고 더러워서 내 참. 도대체 양반이란 거이 머여? 내 손꾸락 내 발부닥 갖꼬 내 땀으로 논밭 농사 다 지었는디, 내 앞에는 빈쭉쟁이만 수북허고, 양반은 가만히 앉아서 그 전답 곡식을 혼자 다 먹어, 왜?"

"야가 시방 왜 이런다냐? 그거야 원래 자개들 꺼이제 니 껏을 돌라는 것도 아니고, 또 그 집에 일허로 가는 것은 우리가 우리 목구녁에 풀칠이라도 헐라고, 우리 발로 우리가 가는 거이제, 누가 그쪽으로 끄뎅이 끄집고 잡어간 것도 아니잖냐. 그렇게 다 양반 좋다고 허고, 상놈 설웁다고 허는 거이제, 머. 그걸 인자 알었냐? 새삼시럽게."

공배는 핀잔을 주었다.

"양반이 머 지가 공덕이 있어서 된거이간디요? 부모 잘 만나고 조상 잘 둔 덕에 거저 양반이 된 거이제. 이런 놈의 신세는 부모가 있이까, 조상이 있이까, 아무껏도 받은 것 없지마는, 부모·조상 싹씰어서 빼불고, 우리 당대끼리만 저랑 나랑 한판 붙으면 못해 볼거 머 있어? 그께잇 거."

"야가 참말로, 너 덕석말이 맞어 죽을라고 환장을 했냐? 엉?"

"던지러서 안 그려요. 에에이, 참말로 개 멋 같은 노무 세상. 칵 엎어 불면 뒤집히는 꼴 좀 한번 보것는디."

—4권 201~202쪽-

위 인용은 춘복의 양부나 다름없는 공배와 나누는 대화의 한 대목이다. 무릇 양반이나 공배처럼 전형적 피지배계층의 입장에서 보면 위험천만한 생각이지만, 그뿐이 아니다. 춘복은 자신이 "더러운 노무 상놈신세"이기에 결혼하여 자식 낳는 것도 단호히 거부한다. 춘복이 살고 있는 역사공간이 일제침략기라는 점을 감안해보면 망국의 내인론을 겨냥한 소박한 수준에 불과하지만, 그리고 서구 열강의 검은 마수가 뻗쳐오면서 사회체제의 기본질서가 붕괴되어가던 경술국치 (한일합방) 이전의 가치혼란시대를 이미 수십 년이나 뛰어넘은 '의식공간'이라 다소 해묵어 보이지만 그의 의식은 실천적 행동으로 이어지고 있다. 다름 아니라 강실이를 범한 것이다. 그것은 무슨 애끓는 사랑에서가 아니라 아들을 낳기 위해서다. 그러니까 "더러운 노무 상놈신세"를 그대로 물려받지 않을 아들을 낳기 위한 수단으로 강실이라는 양반을 범한 것이다.

대략『혼불』의 이야기 중심축이라 할 그 두 사건에서 공통적으로 확인되는 것은 변동사회의 뒤틀린 모습이다. 1970년대 산업의 고도화와 함께 도시가 비대화되고 대중의 의식이나 생활패턴이 광범위한 변화를 보이면서 익숙해진 변동사회의 개념이 그야말로 암흑기라 할 일제침략기 말엽의 시대상황에 그대로 맞아떨어질지 별도의 접근이 있어야겠지만 강모·강태·강실 등과 춘복·옹구네 들의 그런 모습이 당대의 치열한 사회현실과 별개일 수 없는 것은 확실하다. 한 시대의 종언과 함께 새로운 시절이 도래하는 과도기적 상황의 필연적 부산물인 것이다. 단,『아리랑』 등에서처럼 보는 망국의 원인과 배경에 대한 분석적 접근없이 단순히 지배계급 몰락사와 피지배계층의 의식변화를 쫓는 작가의 역사인식 내지 상황파악은『혼불』의 치명적 약점으로 남는다. 아직 완결되지 않았는데도 10권이나 되는 『혼불』이 과연 대하소설일 수 있겠느냐는 근본적인 의문이 생기는 대목이기도 하다.

『혼불』에서 가장 빼어난 악덕형 인물의 성격창조임과 동시에 변동사회의 첨예한 사회현실을 온몸으로 구현해내는 옹구네 묘사에서도 그런 점은 드러난다. 소설 곳곳에 나타나는 옹구네의 반사회적 심리와 행동은 허물어져가는 양반사회의 누적된 구조적 모순에 대한 저항으로 보이지만, 그러나 작품 전체적으로 과부의 한이라는 개인사적 범주를 크게 벗어나지 못하고 있다. 물론 강모·강태·강실과 춘복·옹구네 등 주요 인물들이 1940년 전후의 뒤틀린 시대를 살고 있다는 점에서 기본적으로는 매안 이씨가문의 몰락과 민중의 인식변화 등이 일정한 사회성을 띠고 있는 건 사실이다. 창씨개명, 황소공출, 소작계약서, 동양척식주식회사, 중일 간도협약전문 등을 통한 일제의 만행과 그에 따른 민족이 겪는 목불인견의 참상 등 시대적 상황묘사를 통해 그 점을 뒷받침하고 있다. 그리고 그런 갈등 양상이 이 소설의 서사구조를 지탱해줌으로써 단순히 방대한 분량만의 의미가 아닌 대하소설적 요소에 값하는 바 있다.

3. 여성성과 무재미

그러나 『혼불』은 앞의 논의가 '곁가지'로 여겨질 만큼 무릇 대하소설과 궤를 달리하는 특징을 드러낸다. 여러 신문들이 앞다투다시피 다룬 데에서도 알 수 있다. 특히 "소설

은 사건의 흐름을 따라 직선적으로 진행되지 않고, 그때 그
때 인물과 배경과 상황을 계기로 방사선형으로 퍼져나간다.
작가가 주력하는 것은 이제는 거의 사라진 전통 습속과 예
절, 풍물, 가치 따위의 꼼꼼한 복원"(한겨레, 1996.12.17)이
라는 지적은 옮겨 적을 만하다. 작가 역시 어느 신문과의
인터뷰에서 "경제발전이나 현대화의 회오리 속에서 우리 삶
의 아름다운 모습들이 차츰 실종되는 것 같아 안타까웠습니
다. 그래서『혼불』속에서는 작품의 줄거리 못지 않게 본관
이나 택호, 세시풍속 같은 아주 작은 것에서부터 우리 전통
적 삶의 원형을 복원해내려 했지요"라고 창작방향을 밝힌
바 있다.

물론 동시대의 같은 사건을 두고도 역사적 재구성이라는
작가의 해석에 따라 작품은 달라질 수 있다. 원칙적으로 그
것은 창작의 자유에 속하는 문제지만, 일제침략기와 같은
역사공간을 시대적 배경으로 하는 대하소설의 경우 소정의
주제의식이 명백하게 환기되는 여러 소설적 장치들이 있어
야 할 것이다. 바꿔 말하면 최명희가『혼불』의 많은 지면을
할애하여 복원해내는 '옛것'만으로는 대하소설의 기능에 값
할 수 없다는 이야기이다.

그래서『혼불』은 "그냥 대하소설이라기보다는 차라리 장
대한 서사시이며 파란만장한 우리의 역사를 해원하는 판소
리 한 마당"(조선일보 1997.1.10 만물상)이라는 비전문가의
찬사가 궁극적으로는 한계로 지적될 수밖에 없다. 말할 나
위 없이 그런 지적은 작가가 말한 "전통적 삶의 원형을 복
원해내려"는 일련의 소설적 장치들이 이야기 전개에 자연스

럽게 녹아들지 못해 마치 역사책을 읽는 듯한 착각의 지루함을 전제로 가능해진다. 다시 작품 속으로 들어가보자.

> 좁고 납작한 판자 나무를 상자 모양으로 만들어 조그만 서랍을 단 퇴침(退枕), 여름에 서재에서 잠깐 잠이 들 때 베는 시원한 도침(陶枕)이야 손 갈 것이 없었지만, 둥글고 가늘고 긴 주머니에 쌀겨를 넣어서 만든 것으로 양쪽 끝마구리를 아름답게 만들어 장식을 다는 곡침(穀枕), 골이 여섯 개, 혹은 여덟 개가 나도록 누비어, 골마다 수를 놓고 속에는 겨를 넣어 베개깃을 씌운 화사하고 미려한 골침, 늦은 가을에 국화꽃을 많이 따다가 말려서 붉은 베 주머니에 넣어 만드는 국화 베개, 결명자로 베갯속을 넣는 결 명자 베개, 그리고 어린아이가 베면 머리가 맑아지고 눈이 밝아지며 풍이 없어진다는 녹두 베개, 또 갓난아기에게 베어 주는 좁쌀 베개.
> ─4권 82쪽─

어쨌거나 『혼불』은 위에서 보는 것처럼 여성이 아니고서는 감히 묘사해내기 힘든 '옛것'들이 하나의 특징을 이룬다. 여성성(女性性)이라 해도 좋을 그것들은 작가의 시점이 시·공간을 초월해 자유롭게 넘나드는 중에도 가장 많이 머무르는 청암부인을 통해 주로 그려진다. 가령 뽕따기·바느질·절하는 법·복식사·색깔 만들기·죽 끓이기·장 담그기·익모초 이야기·윷놀이 점·화전가 등을 예로 들 수 있다. 그것들은 남성작가의 소설이 그려내지 못하거나 그려내도 미흡할 수밖에 없는 여성만의 섬세하고 특수한 세계의 여성성이라 할 수 있겠다. 그 외에도 마치 박물관에 와 있는 듯 옛것들이 복원된다. 두레·농악·흡월정·오복(五服)·성씨유래·직제(찰방·풍헌 등)·소 잡는 방법·노비제도·보쌈·명당·풍속(진새)·시호제수·건축미·향악·연날리기·대보름놀이·고누놀이·지명(남원·전주)유래·쥐·불사(佛事) 등이 그것이다.

일단, 그것들이 작가의 창작에 임하는 성실한 자세와 함께 『혼불』에 대한 여러 찬사를 설득력있게 해주는 것은 사실이다. 누가 뭐래도 여성성으로 표현되는 전통적 삶의 원형질 복원은 어느덧 인구에 회자되기에 이른 『태백산맥』·『아리랑』·『장길산』·『임꺽정』 등을 능가하는 일면이 있어 보인다. 『아리랑』이나 『임꺽정』에서도 추구된 바 있는데, 우리의 옛것에 대한 복원이 민족정신 구현이라는 궁극적 의도와 맞물려 있음은 물론이다.

우리가 이미 역사를 통해 알고 있는 창씨개명 거부나 '조선어' 사용 등이 그렇듯 일제침략기 때 조선시대, 거슬러 올라가서는 백제와 신라시대의 여러 풍속과 제도, 그리고 흥망성쇠를 만나는 일은 마모된 듯한 민족혼의 부활을 노린 작가의 의도적 전개라 할 수 있다. 그것들은 제 3권 4장에서 죽음을 맞이하면서도 그 언행의 반경이 전편을 관류하는 청암부인을 정점으로 다양한 시점을 통해 드러나지만, 양반의 전형적 인물로 그려진 이기채의 망국에 대한 인식이나 강모의 역사선생 심진학이 강변하는 '새로 쓰는 백제사'는 여성성의 여러 가지를 일거에 포괄하는 힘이 있어 보인다. 그중 이기채의 소리를 직접 들어보자.

"나라는 망하지 않았다. 내가 있고 네가 있고, 종중(宗中)이 있고, 이 마을 저 마을이 모두 그대로 있으며, 자식들과 손자들이 자라고 있는데 왜 나라가 망했단 말이냐. 망했다 망했다 하지 말아라. 다만 잠시 나라의 이름이 덮여 있을 뿐인즉."

-8권 266쪽-

물론 이기채의 이런 의식은 그가 투장혐의로 '아랫것'들을 멍석말이시키는, 그러니까 변동사회의 급변해가는 현실상황에 대한 적확한 투시없이 '이상주의자' 양반으로서의 자존심일 뿐이라는 혐의로부터 자유로울 수 없다. 따지고 보면 나라가 망한 것도 기득권을 대대로 누린 양반관료사회의 구조적 모순에 기인한 바 크다. 바로 거기에 『혼불』의 역사인식에 대한 한계가 있지만 일련의 여성성과 맞물려 생각해보면, 그리고 범민족적 견지에서 바라보면 되새겨볼 만한 의미화로 받아들여지는 것이다. 또한 『태백산맥』이 구사하는 전라남도 사투리나 『녹두장군』의 전라북도 사투리와는 또 다른 맛이 느껴지는 리얼하고 '푸짐한' 남원 사투리가 일련의 여성성과 함께 민족혼 살리기에 한몫하고 있음도 기억해 둘 대목이다.

그러나 『혼불』은 너무 재미가 없는 '대하예술소설'이다. 이 때의 재미가 말초적이거나 감각적인 흥미 따위를 의미하는 것이 아님은 물론이다. 이른바 읽히는 힘으로서의 재미이다. 개인적 경험담이 허용된다면 나는 지금까지 『혼불』처럼 재미가 없는 대하소설을 읽어보지 못했다. 남자작가들은 그만두고 같은 여성작가인 박경리의 『토지』를 읽을 때도 단행본 16권의 방대한 양이 전혀 지루하게 느껴지지 않았다. 범박하게 말하면 그것은 이동하가 찬사 차원에서 지적한 "이야기중심, 사건중심이 아닌 소설장르의 새로운 영토를 개척한 이 작품"이기에 그렇지 않나 생각되는데, 이제 그 문제를 구체적으로 살펴보자. 그런 『혼불』로 "최명희의 소설사적 지위는 이미 확고한 것으로 굳어졌다"는 이동하의 문학적 자리매김에 하나의 단서가 될 수 있을 것이다.

여러 미덕에도 불구하고 내가 재미 차원에서『혼불』에 대해 불만스럽게 생각하는 것은 너무 '아름다운 소설'이라는 점이다. 작가의 말처럼 우리 전통적 삶의 원형을 복원해내기 위해 옛것에 주력하고 있지만, 앞에서 이야기한 대로 『혼불』은 갈등 양상의 서사구조를 취하기도 한다. 매안 이씨가문의 몰락에 춘복·옹구네가 깊이 관련되어 있는 전개가 그것이다. 계급간 그런 대립구조가 비극미 고조의 주요 장치임은 말할 나위가 없다. 특히 춘복이 양반에 대해 갖는 일련의 의식은 앞에서 확인한 대로 뭔가 일을 낼 것 같은 극적 재미와 함께 분명한 주제의식, 그러니까 전통적 삶의 원형질 복원이 궁극적으로는 비극적 역사현실 환기에 있음을 암시해주는 것인데도, 막상 전개양상은 그렇지 못하다. 백문이 불여일견이다. 작품속으로 직접 들어가보자.

"작은아씨."
춘복이는 오직 그 말만을 저며들게 뇌일 뿐 더는 어찌 하지 못하면서, 그네의 백지장같이 얇고 시신처럼 식은 몸이 더웁게 돌아오도록, 제 살을 부비어 일깨우고 있었다.
  강실이는 동상으로 감각을 잃어버린 살의 어디에 남의 살이 닿은 것 같은 무감(無感)으로, 춘복이가 제게 하는 일을 버려 두었다.
  이리 하지 말라.
  하기에도 겨울만큼 그네는 이미 맥을 놓아, 가느다란 정신의 실오라기 한 가닥마저 추스르기 어려웠다. 하물며 그 벼릿줄을 잡아당겨온 정신을 수습하기에는 너무나 기진하여버린 것이다.
  무거운 이불처럼 덮이어 숨을 누르는 춘복이를, 가위 눌린 꿈속에서 그러하듯 밀어내지 못한 채, 다만 속수무책으로 눌리어 손가락 하나 들어 올릴 수 없는 강실이는, 반혼(半魂) 반신(半身)의 막막한 몸 옷자락을 얼룩진 달빛에 내주고 있었다.

-6권 118~119쪽-

  인용은, 이를테면 춘복의 강실이 겁탈장면이다. 상극의 신분차이에다가 언감생심, 엄두도 낼 수 없는 상전에 대한 '이층집'이라 그럴까? 서정적 아름다움이 넘쳐흐르기는 할망정 전혀 사실감이 느껴지지 않는다. 앞에서 확인한 춘복의 '반(反)양반의식'이라면 강실을 짓이기듯 이층집이 이루어져야 할 것 같은데 그렇지 않다. 서정적이면서도 성스럽고, 신비화된 그런 묘사가 계급간 갈등을 급속도로 약화시킴은 말할 나위 없다. 작가가 자랑스럽게 "남녀가 만나 옷고름 한번 제대로 푸는 일이 없다"고 말한 것은 적어도 대하소설에서는 결코 장점이나 미덕이 아니다. 이후 강실은 춘복의 아이를 임신하게 되는데, 그야말로 뜨물에 아이 서는 꼴이 아닌가? 남녀가 입만 맞추어도 임신을 하고, 배꼽으로 아이를 낳는 것으로 아는 초등학생 수준쯤 되어보이는 그런 전개는, 물론 끓며 넘치는 사랑이 전제되지 않은 이층집이라는 면죄부가 주어져 있긴 하지만, 심지어 강모와 효원 등 정식 부부의 묘사에서도 마찬가지다.

 그렇다고 그런 전개가 심각한 문제로 지적되는 것은 단순히 재미차원 때문만은 아니다. 많은 대하소설이 이미 리얼하게 그려보였듯이 무릇 이층집은 극적 재미라는 일차적 의미 이상의 상징성을 수반하는 소설적 장치로 기능하기 때문이다. 예컨대 일제침략기였을망정, 아니 그렇게 희망이 절벽인 암울한 시대일수록 육담과 욕설의 사투리가 민족의 한의 언표(言表)로 기능하듯 이층집은 삶의 돌파구라는 사회적 의미와 맞물릴, 그리하여 전통적 삶의 원형질 복원을 통한 비극성 환기에 한몫할 대하소설의 주요 장치인 것이다. 구체적 묘사가 없어 바짝 정신을 차리지 않고서는 긴가민가한 '두루뭉술 표현법'은, 이를테면 반쪽의 전통적 삶의 원형질 복원인 셈이다. 이기표와 이기채 집 침비(針婢)인 우례의 관계묘사에서도 확인된다.

 특히 이기표 아들(봉출)을 낳은 것으로 그려진 우례가 옹구네의 음모와 사주(자신의 아들로 이기표, 나아가 매안 이씨가문의 대를 잇게 하려는 것)에 가담한다는 점에서 그들의 이층집 묘사 생략은 치명적 약점으로 남는다. 노비의 의사와 상관없이 상전에게 일방적으로 당하는 이층집이야말로 변동사회의 치열한 사회현실의 한 단면이자 계급간 갈등·대립을 극대화시킬 수 있는 장치가 되기 때문이다.

『혼불』이 재미없는 것은 그 때문만은 아니다. 읽히는 힘으로서의 재미가 없는 또 다른 이유는 작가의 현학취미적 '박학다식'에서 찾아볼 수 있다. 이미 많은 이들이 그것들을 장점 내지 미덕으로 언급한 바 있다. 심지어 저명한 어느 평론가는 책 뒷면에 실린 촌평에서 "우리 겨레의 풀뿌리 숨결과 삶의 결을 드러내는 풍속사이기도 한 이 소설은 소리 내어 읽으면 판소리의 가락이 된다"고 거침없이 말하고 있는데, 과연 10권짜리 대하소설이 그런 평가를 받아도 좋은 것일까. 판소리가 민족의 정체성을 구현해내는 고유의 가락이요 장르이기는 할망정 이른바 대하소설인 『혼불』이 그렇게 되는 것은 결코 미덕이 아니다. 말할 나위 없이 어디까지나 소설을 '산문문학의 꽃'으로 이해할 때 가능한 지적이다. 그럴 경우 긴장감으로 인한 극적 재미와 대칭축의 갈등 전개에 따른 메시지 등 이른바 '소설적 호흡'이 전제조건이 되어야 하는데, 그게 아니거나 상대적으로 약화되어 있는 것이다.

예컨대 8권에서 하나의 장으로 구성된 화전가나 9권 첫머리부터 약 2백여 쪽에 걸쳐 펼쳐지는 불사(佛事) 이야기가 그런 것들이다. 그 외에도 비장의 의학적 설명(제6권 「진맥」, 흥부의 박타기나 유자광 이야기(제4권 「서러운 소원은」) 등 얼마든지 예를 찾아볼 수 있다. 그것들은 심진학을 통해 진일보한 역사인식을 보여주는 '새로 쓰는 백제 및 발해사'와 다르게 소설의 서사적 흐름에 도움이 안 되는, 그리하여 재미없는 전개방식이다. 각 장 처음에서 일단 어떤 사건부터 제시해놓고, 구체적 정황을 풀어나가는 과정에서 '물고 늘어지는' 기법과도 무관해 보이지 않는다.

일종의 '막고 뽐기식' 전개방식인 그것은 자유연상에 의한 무의식의 끝없는 흐름을 타고 돌고 돌아가는 길을 택하여 결국 췌언 내지 요설의 혐의를 뒤집어쓰고 있는 셈이다. 사실(史實)을 다룬 역사소설이나 대하소설이 대개 그렇긴 하지만, 지나치게 설명적인 표현방식과 수시로 나타나는 환각에 의존한 묘사도 재미없게 하기는 마찬가지이다. 더욱 육담과 욕설이 섞인 유머스러운 오리지널 사투리 구사에도 불구하고 대하소설치고는 문단이 너무 자주 바뀌어 소정의 호흡이 끊기는 것도 예외가 아니다.

4. 유니크한 변종 대하소설

시끌벅적한 매스컴에 떠밀려 『혼불』을 읽기는 했지만, 나는 지금까지의 논의가 일종의 모험이라고 생각한다. 이유는 간단하다. 단행본 10권짜리 소설인데 『혼불』이 미완성작품이기 때문이다. 이 말은 앞으로 이어질 내용이나 방향에 따라 제10권까지가 하나의 도입부 내지 여러 사건이 중층으로 짜여진 전개부분에 불과하여 지금의 논리를 일거에 뒤엎을 수도 있을 것이란 의미이기도 하지만, 작가의 타계로 그럴 수 없게된 것은 유감스러운 일이다. 따라서 이 글 역시 원천적 한계를 안고 들어갈 수밖에 없겠지만, 서두에서 밝힌 대로 10권까지의 대중적 반향이나 비록 본격평론이 아닌 광고 수준의 촌평이라 하더라도 무수히 쏟아진 찬사와 관련하여 과연 그것이 온당한지를 『혼불』의 문학성 여부에 초점을 맞춰 살펴보았다.

일단 각 신문의 관련기사나 저명인사들의 촌평이 거의 합의를 보고 있는 점에 대해서는 나 역시 원칙적으로 동의하는 바이다. 신문 인터뷰에서 밝힌 작가의 말처럼 "우리 전통적 삶의 원형을 복원해내려"한 시도는 풍속·제도·직제·설화 외에도 바느질·죽 끓이기·장 담그기·복식사 등 여성성의 꼼꼼한 재현을 통해 상당한 성과를 거두고 있다. 특히 여성성으로 표현되는 내간사(內簡史)의 리얼한 묘사는 지금까지 어느 남성작가도 꼼꼼히 재현치 못한 분야를 개척했다는 문학사적 의미로 자리매김되어도 무방할 것 같다. 말할 나위 없이 그 '옛것'들을 통해 잃어버린 민족의 정체성이 환기될 수 있고, 역사재현의 또 다른 문학적 의미로 해석이 가능해지기 때문이다. 『혼불』은, 이를테면 아직까지 우리가 만나볼 수 없었던 유니크한 변종 대하소설인 셈이다.

그러나 역시 문제는 그 여성성이다. 그러니까 유니크한 변종 대하소설은 『혼불』의 한계이기도 하다는 것이다. 원칙적으로 역사적 재구성에 따른 창작의도나 방향은 작가의 자유지만, 일제침략기라는 역사공간을 그리면서도 그 가해세력과 온몸으로 맞닥뜨리는 민족의 핍박당함이 여성성으로 표현되는 '옛것' 살리기에 묻혀버린 점은 아쉽다. 그것과 함께 읽히는 힘으로서의 재미가 없거나 미흡한 것은 『혼불』의 약점이라 해도 무방할 듯하다. 양반의 몰락사와 민중의 의식변화에 대한 설득력있는 구체적인 침략사가 없을 뿐더러 소설에서의 중요한 사건전개라 할 계급간 대립구조도 신비화의 양상마저 띠고 있어 관념적이라는 혐의로부터 자유롭지 못하다.

특히 읽히는 힘으로서의 재미가 미흡한 것은, 작가와 출판사측 모두 오해할지도 모르겠는데 『혼불』의 대중적 인기가 그리 오래 가지 못할 결정적 단서로 보이기도 한다. 굳이 욕심을 낸다면 1권이 끝나면서 2권에 대한 읽기 욕구로 몸살이 날 지경이 되어야 하는데, 『혼불』은 대하소설치고 그런 끌림이나 흡인력이 거의 없다. 인간의 원초적 본능인데다가 한이 켜켜이 쌓여가던 암울한 시대의 그나마 삶의 원동력 내지 지배계급에 의한 피지배계층 수탈사라는 사회사적 의미의 이층집 묘사를 애써 생략한 것이라든가 17년 동안 오로지 여기에만 매달린 각고의 노력과 상관없이 극적 재미를 반감시키는, 끝없이 돌아가는 길의 이야기진행수법 등은 그것이 '대하예술소설'을 지향한 작가 의도의 실천적 집필이었다 하더라도 『혼불』의 치명적 약점으로 남게 될 것 같다.

〈'전북문학상수상작가와 작품들', 전북문인협회, 2021.10.14.〉

제4부

아이들 이제는 보내줘야 · 386
-김애란 외 '눈먼 자들의 국가'론-

수필문학 위기극복을 위하여 · 393

김학의 수필인생과 문학세계 · 414

아이들 이제는 보내줘야

-김애란 외 '눈먼 자들의 국가'론-

  2014년 4월 16일 삼례공업고등학교 교사인 내가 세월호 참사 소식을 처음 접한 것은 1교시 2학년 문학수업을 마치고 나왔을 때였다. 바로 옆자리 정선생이 "또 수학여행 사고가 터졌다"며 자신의 컴퓨터를 가리켰다. 정선생 컴퓨터 화면을 보니 수학여행 가는 고등학생 등을 태웠다는 배가 바다에서 기울어 가라앉고 있는 중이었다. 긴박하고 안타까운 상황인데, 이내 다음 시간을 알리는 종소리가 무심하게 울려 퍼졌다.

  나는 놀라면서도 '뭐, 신속한 구조작업이 이루어지겠지' 당연히 그렇게 생각하며 교실로 들어갔다. 나뿐 아니라 국민 모두가 응당 자연스럽게 생각했을 신속한 구조는, 그러나 어찌된 일인지 제대로 이루어지지 않았다. 그리고 애먼 생목숨 304명이 죽은 세월호 참사라는 팩트로 이어지고 말았다. 그리고 6개월쯤 지난 10월 6일 세월호 참사 추모 산문집 '눈먼 자들의 국가'(문학동네)가 세상에 나왔고, 수많은 독자들과 만난 것으로 알려졌다.

  김애란·박민규 등의 소설가·시인·문학평론가·사회과학자들이 각자 자신의 전공을 살려 세월호 참사에 대해 쓴 '눈먼 자들의 국가'(10쇄 2020.4.28. 발행)를 이제야 읽었다. 6년이나 지났지만, 세월호 참사가 현재진행형임을 처절하면서도 똑똑히 목격하게 되어서다. 가령 지난 6주기 기억식에서 장훈 '4·16세월호참사가족협의회' 운영위원장은 "우리는 아직 아이들을 보낼 수 없다. 국가가 책임지고 정부가 앞장서 세월호 참사의 진상을 밝히고 책임자를 처벌해 달라"고 요구했다.

6주기 기억식을 접하고 책을 읽어서 그런지 그냥 사고가 아니고 세월호 참사라는 사건의 본질에 가장 근접하여 공감을 주는 글은 책 제목이기도 한 소설가 박민규의 '눈먼 자들의 국가'이다. 먼저 사고와 사건의 구분이 명쾌해 답답한 속을 뻥 뚫어준다. 그의 말처럼 우리는 교통사고를 교통사건이라 하지 않는다. 또 살인사건을 살인사고라 하지 않는다.

나는 25년 전 N중학교 교사로 근무할 때 그야말로 졸지에 교통사고의 가해자가 된 적이 있다. 술을 마신 오토바이 운전자가 신호등 없는 3거리 교차로에서 좌회전하려던 내 차를 들이받았는데, 골절상이라는 의사 진단과 달리 그만 죽어버린 교통사고였다. 죽음 앞에서 음주 사실과 과실 여부를 따지는 건 아무 의미나 소용이 없었다. 그런 걸 따질 짬도 없이 나는 그냥 가해자가 되고 말았다.

그게 만약 교통사건이었다면 나는 벌금 500만 원 판결을 받고 계속 교사일 수 없었을 것이다. 국가공무원법에 집행유예만 받아도 그 직을 수행할 수 없다는 내용이 있음을 알게 되었으니까. 요컨대 죽이려는 고의성이 없는 교통사고였기에 사람이 죽었는데도 그런 처분을 받는데 그쳤던 것이다. 그럴망정 나는 한동안 사람을 죽게 했다는 죄책감에서 자유롭지 못했다. 허구한날 퇴근 후 술을 마시고도, 그대로 뻗어 숙면을 이룰 수 없었다. 내친김에 또다시 오토바이 운전자의 명복을 빌 뿐이다.

아무튼 박민규의 사고와 사건의 명쾌한 구분은 말할 나위 없이 당시 집권 여당의 '세월호 침몰은 교통사고의 일종'이라는 궤변에 대한 응답이라 할 수 있다. 현대정치철학 연구자로 소개된 홍철기는 아예 "세월호 참사를 교통사고에 비유하는 것은 이 비극을 공적 재난이라기보다는 직접 당사자 각각의 과실을 파악하고 비교해야 하는 사적인 사고로 치부하려는 태도의 결과"(219쪽)라고 말한다.

세월호 침몰을 교통사고라 말한 정치인은 주호영 당시 집권여당인 새누리당 정책위의장이다. 세월호 특별법 논의 과정에서 삼척동자도 다 알 수 있는, 구조를 제대로 하지않아 더 비극적 참사가 된 사건을 그런 궤변으로 호도했는데, 지금 그는 새누리당의 후신이라 할 미래통합당 원내대표를 맡고 있다. 그는 지금도 세월호 침몰이 그냥 교통사고일 뿐이라는 그 생각에 변함 없다는 입장을 밝히기도 했다.

그런 궤변과 무관하게 세월호 참사에 대한 이런 선명한 규정은 많은 독자들 가슴 속에 보다 쉽고 깊게 가 안길 것이 틀림 없다. 그런 구분과 규정은 세월호 침몰이 국민의 생명과 재산을 보호해야 할 책무가 있는 국가가 애먼 생목숨 304명을 죽게 그냥 내버려둔, 그래서 본질적으로 사건일 수밖에 없다는 쐐기 박기이기도 하다.

내가 보기에 나머지 11편의 산문중 박민규의 글과 같은 주제로 공감을 불러 일으키는 건 평론가 황종연의 글이다. 황종연은 "세월호 침몰은 탐욕과 비리의 합작이 낳은 극히 한국적인 재난이라는 심증이 굳어지고 있다"면서도 "그에 못지 않게, 아니 그 이상으로, 사고 발생 이후 인명 구조에 책임이 있는 정부기관과 그 인사들의 어이 없는 작태 때문"(126쪽) 충격을 받는다고 쓰고 있다.

개인적으로 잘못한 것 없이, 국가부재 그런 나라의 구성원이라는 이유만으로 304명 희생자들에 대한 명복을 빌면서 살아왔지만, 6년이 지난 지금까지 유가족들이 아이들을 떠나보내지 못한 걸 보면 너무 아프다. 세월호 참사 6주기를 보내며 섬뜩함이 밀려오는 건 그래서다. 대형 재난에 국민의 생명을 우선적 가치로 삼는 국가가 없었던 국가 부재 사실이 재차 확인되어서다. 정권이 바뀌면 뭘하나, 그 3년 동안에도 국가부재 때와 같이 유가족들의 피맺힌 외침은 계속되고 있는데….

더 섬뜩한 건 따로 있다. 세월호 참사 6주기 추모 및 기억식을 보는 마음이 착잡해서다. 왜 6년이 지나도록 사고가 아닌 사건으로 남아 정쟁의 대상이 되는지 답답하고 울화가 치민다. 세월호 참사 6주기 기억식에서 영상 추도사를 통해 "세월호 참사의 진실을 끝까지 규명하겠다. 세월호 참사 관련 사업을 차질없이 지원 관리하겠다"고 말한 정세균 국무총리의 약속을 믿어보는 수밖에.

딴은 애먼 생목숨 304명이 죽은 세월호 참사라는 팩트가 엄연한데도 왜 그 똑같은 사안에 대해 보수와 진보의 생각이 천양지차(天壤之差)로 다른지 나로선 이해할 수 없다. 원래 민주주의 사회가 좀 시끄러운 것이 하나의 특징이긴 하지만, 5·18광주민중항쟁 망언의 폄훼가 그렇듯 이건 아니다. 그 자체로도 버거운 비극적 사고인 세월호 참사를 더 비극적인 사건으로 만들어 유가족들까지 죽이고 있어서다.

가령 차명진 총선 후보의 막말 파문이라든가 김진태 의원 선거운동원의 세월호 추모 현수막 훼손 사건이 그렇다. 그들은 4·15 총선에서 모두 낙선, 나름 심판을 받은 셈이 됐지만, 당선자도 크게 다르지 않다. 예컨대 대구 수성을에 무소속으로 출마해 당선된 홍준표 전 자유한국당 대표이자 19대 대선 후보가 세월호 참사 6주기 당일 "세월호는 해난 사고에 불과하다"고 말한 것이다.

그는 "(세월호 사고를) 아직도 정치에 이용하려고 하는 극히 일부 정치인들은 참 나쁜 사람"이라고 말하며 "관련 경찰 등 공무원들을 처벌하고 이 사건의 억울한 학생들에 대한 위령비도 세우고 학교에 지원하고 그런 해난 사고로 끝났어야 한다"며 "근데 그걸 갖고 수사하고 재판하고 또 수사하고 또 특검하고 특별조사를 또 하고 하는 것은 과도하다"라고 말했다.

또 홍 의원은 당선자 시절 1993년 292명이 사망한 서해 훼리호 침몰 사고를 언급하며 "그 사건을 정치권에서 이용하지 않았다"고 강조하고 있지만, 세월호 참사는 방탄소년단 팬클럽 '아미'의 외국 회원중 한 명인 안젤라 풀비렌티가 말한 대로 "강자를 보호하기 위해 약자를 희생시킨 비극이었"(한겨레, 2020.4.16.)기에 단순 비교할 일이 아니다.

세월호 참사와 서해 훼리호 침몰은 모두 온 국민을 슬픔에 잠기게 한 비극적 재난·재해가 맞지만, 인명구조 작업 등 결이 다른 해난사고라 그렇게 끌어들여 비교할 일이 아니다. 단적인 예로 서해 훼리호 침몰사고에서 선장은 승객 구조에 최선을 다하다가 끝내 돌아오지 못했다. 당시 김영삼 대통령이나 정부 역시 박근혜 정권에서처럼 미적거리거나 뭘 숨기고 방해하고 그런 일은 하지 않았다.

그런 점에서 홍 의원의 당선자 시절 그런 발언은 '징하게도 해쳐먹는다'는 막말과 하등 다를 게 없을 뿐아니라 세월호 참사가 교통사고라는 인식을 보여주는 것이다. 그런 발언은 6년이 되도록 유족들의 절규가 왜 계속되는지 간과한 태도이기도 하다. 나아가 박근혜 정권과 함께 집권 여당이었던 새누리당(지금의 미래통합당)의 원죄임을 부정하거나 무시하려는 잠재의식의 발로로도 보인다.

이미 알려졌듯 있어선 안될 세월호 침몰인데도 제대로 된 신속한 구조작업이 이루어지지 않았다. 그뿐이 아니다. 이후 유가족을 불법사찰한 정황이 속속 드러났다. 세월호 특조위 조사마저도 조직적으로 방해한 증거가 발견돼 수사에 들어갔다. 꼭 그 때문만은 아니지만, 세월호 참사 당시 수습 최고 책임자였던 박근혜 대통령은 지금 감옥에 가 있다. 일종의 책임을 진 것이라 할 수 있는 수감 생활이다.

내가 보기엔 세월호 침몰을 비극적 참사로 대하지 않는 건 보수 또는 극우라서가 아니다. 박근혜라는 강자를 보호하기 위해 엄연한 팩트인 세월호 참사임에도 그들은 그 말만 나오면 경기를 일으키는 것이다. 그 태극기부대와 거기에 편승하려는 일부 정치인들 모두 이번 총선에서 '그만 사라지라'는 심판을 받은 셈이 되어 그나마 다행이라 할까.

　다소 의아한 것은 박근혜 시대가 이미 끝난 지 오래인데도 손바닥으로 하늘을 가리는 궤변 따위로 당시 대통령 비호나 정권 수호에 앞장섰던 정치인들이 총선에서 살아 남고, 그 패턴에서 벗어나지 못하고 있다는 점이다. 6년이 지난 지금까지도 유가족들이 "세월호 참사의 진상을 밝히고 책임자를 처벌해 달라"고 절규하는 이유이다. 유가족들이 "21대 국회에서 신속히 2차 가해 금지법을 만들어 막말과 패륜 행위, 가짜뉴스를 엄하게 처벌하게 해달라"고 강하게 외치는 것도 그래서다.

　세월호 참사를 비극적 사고가 아닌 비극적인 사건으로 더 이상 만들어선 안된다. 5·18광주민중항쟁처럼 잊을만하면 다시 도지게 하는 상처가 되게 해선 안된다. 이제는 세월호 참사 유가족들이 아이들을 훌훌 떠나 보내고 보통 사람들처럼 평범하게 일상생활을 해나가도록 하루속히 해주어야 한다. 많이 늦었지만, 아이들 이제는 보내줘야 한다. 그것만이 애먼 304명을 죽음으로 내몬 국가의 도리이다. 나아가 국가 부재라는 치욕을, '눈먼 자들의 국가'라는 오명을 씻거나 벗어나는 일이 될 것이다.

<'문맥' 제60호, 2023.6.30.>

수필문학 위기극복을 위하여

1. 문학의 위기

　문학의 위기는 오래 전부터 있어왔다. 가령 경향신문(2006. 6.19)은 '위기의 한국소설'에 대한 와이드 특집기사를 내보냈다. 기사 내용은 '한마디로 소설이 팔리지 않아 위기를 맞고 있다'로 요약할 수 있다. 소설이 외면받는 가장 큰 이유는 작가들의 책임 때문이다. "소설 상당수가 '똥'이다"(도정일)는 말까지 나올 정도인데, 독자들이 읽고 감동할만한 작품이 없다는 얘기다. 물론 이에 대한 반론도 만만치 않다. 일례로 문학평론가 하응백은 "좋은 소설이 여전히 문예지 등을 통해서 대량 생산되고 있다"면서 "문제는 독자의 수준이 떨어진 것"이라고 비판했다. 요컨대 소설의 위기는 작가의 역량 부족이 아니라 좋은 소설을 찾아 읽지 않는 독자들의 예전같지 않은 수준 때문이라는 것이다.
　문학의 위기는 2006년만의 문제가 아니다. 1990년대에도 "90%의 쓰레기 같은 부실문학을 치워야 한다"는 문학평론가 한기의 주장이 나올 만큼 문학은 위기였다. 1990년대 문학의 위기는 1980년대 이념의 시대가 끝나면서부터 예고된 것이었다. 1990년대 문학은 본래의 기능인 삶에 대한 통찰

과 고구(考究)를 통한 인간구원을 외면한 채 자꾸만 가벼워
졌고 통속성으로 치달았다. 1980년대의 민중과 같은 헤게모
니를 찾지 못한 문학은 급속히 팽창해진 대중적 상업주의를
거부할 수 없었고, 시대에 걸맞게 등장한 이른바 신세대 작
가들에 의해 진지하고 심각한 문학적 좌표를 잃어갔다. 그
결과, 한편으론 사치와 허황의 소비심리가 IMF를 불러온 것
처럼 문학에도 위기가 닥쳤음은 우리가 아는 바와 같다.

　물론 문학이 1990년대에 갑작스럽게 위기에 빠져든 것은
아니다. TV나 영화 등 영상매체가 대중문화의 총아로 등장
하면서부터 문학은 차츰 설 자리를 잃어가고 있었다. 드라
마나 영화의 히트에 힘입어 문학이 '뜨는', 1970년대 초반
최인호의 신문연재소설 ≪별들의 고향≫이 인기를 끌자 영
화화되어 흥행 성공했던 정반대의 상황이 이제 자연스럽고
당연한 현상이 되어버린 것이다. 그것이 IMF 도래로 말미
암아 보다 크게 부각되었을 뿐이다. 대한출판문화협회 조사
에 따르면 1998년 문학서적의 판매가 30% 가량 줄어 들었
다. 또 2005년 출판물량 중에서 한국소설이 차지한 비율은
5%를 조금 넘었을 뿐이다. 오죽했으면 문화예술위원회가
'힘내라, 한국문학'이라는 문학회생 프로그램을 시행했겠는
가! 그만큼 문학은 많은 사람들에게 '일용할 양식', 즉 인간
구원이라는 본래의 기능을 해내지 못한 것이다.

2. 형식미는 필수조건

　그러면 과연 수필문학은 어떤가? 유감스럽게도 수필문학

은 태고적에도 위기였고, 지금 역시 마찬가지 상황이다. 그러니까 수필문학은 노상 위기인 것이다. 그 점에서 문학평론가 김우종의 '세기말 수필의 반성과 전말'(수필과비평, 1999년 9·10월호)은 새삼 읽어볼 만하다. 특히 수필가나 수필가가 되고자 하는 이들이라면 읽고 또 읽어야 할 만큼 수필문학의 위기에 대한 속사정을 옹호적 측면에서 낱낱이 밝혀놓고 있는 글이어서다.

현대의 상업주의적 대중문화와 해방이후 계속된, 이른바 한국식 민주주의의 정치·사회적 환경, 그리고 태생에서부터 지면할애 차별 등을 수필문학의 위기 요인으로 파악한 이 글은, 그러나 수필 스스로의 자성(自省)이 결여되어 있다는 점에서 다소 불만스럽다. 현명한 독자는 이미 눈치챘겠는데, 나는 수필문학이 노상 위기인 원인은 무엇보다도 수필가 내지 수필의 내부에 있다고 생각한다. 요컨대 가벼운 이야기의 상업주의로 흐르는 시·소설 등 문학의 위기와 다른 지점에서 수필의 위기가 계속되고 있는 셈이다.

먼저 형식미 결여 내지 부재를 현재진행형인 수필문학 위기의 한 원인으로 꼽을 수 있다. 1930년대 수필이 그렇게 발아되어 뜻아니게 전통이 세워졌다 하더라도 세월이 흘렀고 시대가 변했다. 만연체에다가 한문투의 현학적 문장 등은 결코 좋은 글의 요건이 될 수 없다. 단적인 예로 모든 책자와 신문이 세로쓰기에서 가로쓰기로 바뀐 시대의식을 곰곰이 생각해야 한다. 또 문맥이나 문장의 호응 등 정확한 문장은 모든 글의 기본 요건인데도 유독 수필만 그렇지 못한 경우를 왕왕 만나게 되니 필유곡절이다. 직접 하나의 예를 만나보자.

　　남편을 소신있는 지도자로 내조를 잘하고 자식농사도 잘지어 놓았다는 친구들도 있는가 하면, 남편의 학대로 인한 불행을 참고 견뎌낸 희생어린 부덕을 쌓고 살아온 친구도 있다.

　애써 출처를 생략한 이 문장은 어느 문학잡지의 수필 등단작중 일부이다. 도대체 무얼 말하는 것인지 알 수가 없다. 조사와 어미가 적재적소에 쓰이지 못해 문맥이 매끄럽지 않아서다. 인쇄과정상의 미스프린트라 믿고 싶지만, 그것이 아니라면 "남편을 소신있는 지도자로 내조를 잘하고"를 "남편을 소신있는 지도자가 되도록 내조를 잘하고"로 고쳐야 맞다. 또 "남편의 학대로 인한 불행을 참고 견뎌낸 희생어린 부덕을 쌓고"를 "남편의 학대로 인한 불행을 참고 견뎌냄으로써 희생어린 부덕을 쌓고"로 해야 맞다.

　하긴 그렇게 고쳐 표현해도 '을', '를', '도' 따위의 조사와 '친구' 같은 명사, 그리고 '있다' 등 서술어의 중복사용이 걸린다. 바로 긴 문장이기 때문이다. 더 정확히 말하면 자신도 모르게 쓰는 긴 문장에서 빠질 수 있는 함정이기 때문이다. 간결체든 만연체든 그 사용은 수필가의 자유지만, 긴 문장은 자칫 의미전달의 불명확함이라는 함정에 빠질 수 있다. 예문의 경우 두 개의 문장으로 나누는 것이 좋다. 우선 '자식농사도'의 '도'를 '까지'로 하고, '그런가 하면'이라는 이음말(접속사)이 필요하다. 별행을 잡아 정리해보면 다음과 같다.

남편을 소신있는 지도자가 되도록 내조를 잘하고 자식
농사까지 잘지어 놓았다는 친구들도 있다. 그런가 하면
남편의 학대로 인한 불행을 참고 견뎌냄으로써 희생어린
부덕을 쌓고 살아온 친구도 있다.(밑줄이 고친 부분)

말도 안 되는 문장의 주범중 하나가 바로 호응이 없는 문
장 성분이다. 호응은 글자 그대로 서로 응하는 것이다. 다시
말해 문장 성분들이 서로 유기적 관계를 맺어 통일되어야
한다는 뜻이다. 그래야 문장의 의미 전달이 명확해진다. 가
장 먼저 생각해볼 것이 주어와 서술어의 호응관계이다. 주
어는 문장 전체를 지탱하는 주체이고, 서술어는 그것의 동
작이나 상태를 말해주는 구실을 한다. 아래 예문을 보자.

확실한 것은 그들이 이제까지의 잘못을 반성하고 앞으
로 진실한 국민으로 살아갈 것은 틀림없습니다.

위 인용은 주어가 중복되어 서술어와의 호응이 매끄럽지
못한 예이다. '확실한 것은'을 주어로 살리려면 '살아갈 것
은 틀림없습니다'를 '살아갈 것이 틀림없다는 점입니다'로
고쳐야 한다. 그래도 '것'의 중복사용이 걸리는데, 그보다
간편한 방법이 있다. '확실한 것은'을 빼버리는 것이다. '확
실한 것은'을 빼고 다시 읽어 보라. 훨씬 자연스러운 문장이
되어 있음을 발견하게 된다.
이런 형식미 결여에는 여러 가지 이유가 있겠지만, 뭐니
뭐니해도 핵심은 수필가의 문장 수련 부족이 아닌가 한다.

수필문단에 문학 비전공자들이 유독 많은 사실만으로도 그 점은 쉽게 확인된다. 다시 말해 수필을 아무나 쓰는 만만한 문학 장르로 여기는, 요란하게 표는 안낸다하더라도 그런 잠재의식이 있는 한, 그런 동호인들이 수필가가 되는 한 수필문학의 위기는 계속될 수밖에 없다.

차제에 수필가, 특히 이제 막 데뷔한 수필가들에게 묻고 싶다. 도대체 몇 편이나 습작한 끝에 등단의 영광을 누리게 되었는지. 물론 문학적 감수성이나 선천적 기질 등 개인차에 따라서 서너 편 써보고 곧바로 수필가가 될 수도 있다. 가히 천재 수준이라고 감탄해마지 않을 수도 있지만, 역시 문제는 문장이다. 문학평론가 김윤식이 "작품의 질을 평가하는 절대적 기준은 언어의 밀도"라고 밝힌 바 있듯 수필이라고 거기서 열외되는 것이 아님은 물론이다.

문장이 여러 개 모여 이루어지는 문단에 대한 수필가들의 미약한 개념도 늘 수필문학의 위기를 부추긴다. 이 땅의 수필문학사를 화려하게 장식하는 이들로부터 이제 막 문단에 신고식을 마친 데뷔작에 이르기까지 수필에는 아예 문단이 없음을 왕왕 볼 수 있다. 요즘은 대학교수들의 논문이나 평론가의 비평문도 긴 문단을 사용하지 않는 것이 보통이다. 그런데도 수필을 보면 한 페이지(신국판 단행본 기준), 200자 원고지로는 5~6장이 한 문단으로 이루어진 경우가 많다.

이미 여러 차례 말한 바 있듯 들쭉날쭉인 문단은 불안하다. 불안한 문단은 모처럼 맘 먹고 수필을 읽으려는 독자들의 마음을 흐트러지게 한다. 독자 마음이 흐트러졌는데, 독서가 제대로 될 리 없다. 이는 독자의 잘못이 아니다. 작가 스스로 '내 글 읽지마' 한 셈이 된 것이라서다. 또 문단이 너무 길면 독자들 숨을 턱턱 막히게 한다. 역시 숨을 턱턱 막히면서까지 끈기있게 그 수필을 다 읽을 독자는 없다. 그만큼 글쓰기에서 중요한 것이 문단 나누기다.

새삼스럽지만 문단은 크게 내용문단과 형식문단으로 나뉜다. 내용문단은 글자 그대로 내용에 따라 문단을 나누는 것이다. 그런데 내용문단을 신경쓰다 보면 자칫 긴 문단이라는 함정에 빠질 수 있다. 내용이 계속되는 것 같아 어디에서 문단을 새로 시작해야할지 난감하기 때문이다. 따라서 형식문단을 염두에 두며 글을 쓸 때 비로소 맞춤형 수필이 된다. 수필의 경우 5~6줄(신국판 단행본 책 기준) 간격으로 한 문단을 잡는 것이 좋다.

3. 소재확장, 이야기가 있는 수필이라야

앞에서 형식미 이야기를 했지만 그런 문제들이 모두 해결된다고 수필문학의 위기가 끝나는 것은 아니다. 수필의 태생적 한계로부터의 환골탈태는 소재확장에서 이루어져야 한다. 많은 작품을 읽어보지 못한 나의 과문(寡聞)도 한몫하겠지만 무궁무진하다는 수필의 소재를 보면 자연예찬, 시시콜콜한 신변잡사의 일상사가 대부분이다. 그런 점에서 수필가 윤재천의 '수필에 자유의 날개를 달자'(수필과비평, 1999년 7·8월호)는 매우 유익한 주장처럼 보인다. 그는 "수필은 작가가 작품 속에 인물이라는 고정된 관념이 강하게 인식되어 있어 수필인 스스로 자기문학에 대해 솔직담백할 수 없었다"고 진단한 뒤 "수필에서도 좀 더 솔직하고 과감함이 필요하다"고 역설한다.

나는 그 전 단계로 많은 수필가들이 이야기가 있는 수필을 써야 한다고 생각한다. 그렇다. 바로 서사성을 말함이다. 당연히 서사성은 '이야기'를 뜻한다. 이야기는 하늘의 뜬 구름 잡기식이 아니다. 달밤에 체조하는 따위의 정서적 반응도 아니다. 현실, 우리가 맞닥뜨리며 울고 웃고 부대끼고 힘겨워하는 치열한 삶의 모습이 바로 이야기다. 나는 독자들에게 뚜렷이 기억에 남는 수필이 되게 하기 위해서 이런 서사성을 강조하고 싶다. 지금은 고인(故人)이 된 라대곤·김학 수필가를 예로 만나보자.

먼저 라대곤 수필가다. 나는 소설가 겸 수필가 라대곤(1940~2013)이 남긴 수필집 5권(선집 1권 포함)을 모두 읽고 그 작품세계를 평론으로 쓴 바 있다. 그 결과 내린 결론은 라대곤 수필의 빼어난 미덕중 하나가 서사성이라는 사실이다. 과연 라대곤 수필 대부분은 한번만 읽어도 뚜렷히 기억에 남는 이야기가 있다. 물론 일상적 현실 이야기다. 윤오영의 <방망이 깎던 노인>이 우리들 기억에 선명하게 남아 있는 것은 방망이 깎는 노인의 알 수 없는 행동을 화자가 주의깊게 관찰, 이야기하고 있어서다. 직접 한 편만 만나보자.

"야, 임마! 물 조심하란 말이야!"
내 소리가 끝나기도 전에 존이 나를 향해 고개를 홱 돌렸다. 그리고 험악한 눈초리로 나를 노려보더니 빠른 소리로 꽥 하고 고함을 지르는 것이 아닌가?

"아자씨, 임마 하지 마라요. 시파!"

순간 나는 아찔한 현기증과 함께 기가 막히고 말았다.

지금까지 녀석은 우리말을 다 알아듣고 있었다는 뜻이 아닌가?

"능청스러운 놈!"

라대곤 팬들이라면 이미 눈치챘겠지만, 위 인용은 그의 첫 수필집 ≪한번만이라도≫(1995)에 실린 <시파!>의 한 대목이다. <시파!>는 2층에 세든 미국인과의 일상 이야기로 채워진 수필이다. 미국인이 모르는 줄 알고 "야, 임마!" 했다가 오히려 '시파'('시팔'의 미국인 발음) 소리를 듣는 장면 등 유머감각이 또 다른 매력이지만, 27년 전 작품이 이렇듯 기억에 남아 있는 것은 말할 나위 없이 바로 일상적 현실의 이야기이기 때문이다. 일상적 현실의 이야기는, 우선 독자로 하여금 읽을 흥미를 갖게 한다. 그리고 필경 제법 오랫동안 기억에 남게 하는 효과도 거두게 된다.

내친김에 한 편 더 만나보자. <방망이 깎던 노인>을 연상시키는 <이가 없으면 잇몸이라더니>(2001년 발간된 수필집 ≪물안개속으로≫ 수록)는 "내가 지나 다니는 골목에 간판도 없는 철물점" 주인인 노인 이야기다. 일상적으로 현실의 시시콜콜한 이야기인 것이다. 한동안 서로 아는 체 않다가 늦게 이사를 온데다가 나이도 위인 것 같아서 예의상 먼저 인사하지만, 노인은 답례는커녕 번번이 화자를 무시해버린다. 화자는 치밀어오른 부아에 앙앙불락하다가 어느 날 노인이 "코 앞까지 얼굴을 대주어야 알아볼 수 있는" 지독한 근시임을 알게 된다.

그런데 이렇듯 선명한 서사성은 단순히 이야기 자체로만 끝나지 않는다. 그러니까 일상적 현실의 신변잡사만은 아니라는 것이다. 선명한 일상적 현실의 이야기가 환기하는 것은 '마음으로 사물 보기'이다. 조금 현학적으로 말하면 만사만물불외어오심(萬事萬物不外於吾心)의 진리 환기이다. 이 세상 모든 일이 내 마음 밖에 있지 않다. 즉 세상 일이 자기 마음먹기에 달려 있다는 것이다. 작품 인용을 통해 그 점을 확실하게 해두자.

한데 한두 번도 아니고 영감은 답례는커녕 번번이 내 목례를 무시하는 것이 아닌가? 몇 번이 겹치자 같잖다는 생각에 나도 영감을 무시하고 말았다. 급기야 필요한 물건이 있어도 영감이 보기 싫어서 더 먼 쪽 가게를 찾아 나서고 말았는데, 지난 겨울 생각지도 않은 사건으로 영감을 이해하게 된 것이다.

위 인용문은 일상적 현실의 이야기만이 라대곤 수필의 무기가 아님을 보여주는 대목이기도 하다. 인간 심리에 대한 솔직한 드러냄이 그것이다. 인용문에서 보듯 인간심리에 대한 솔직한 드러냄은 독자로 하여금 라대곤 수필을 거부감 없이 읽게 만드는 또 다른 힘이다. 요컨대 기본적으로 위선적인 인간의 가면을 벗겨내고, 같은 류의 체험을 겪은 독자들에게 무릎을 탁 치게 함으로써 인간구원이라는 문학의 본령에 착실하게 기여하고 있는 것이다. 바꿔 말하면 달빛 교교함이나 난초의 청초함 따위 같은 서정성으로는 구현해낼 수 없는 서사성의 문학적 힘이랄 수 있다.

다음은 김학(1943~2021) 수필가의 경우다. 나는 최근 편저로 펴낸 추모문집 '김학수필문학론'(2022)의 '엮은이 말'에서 김학은 누가 뭐라 해도 수필문단의 거목이라고 말한 바 있다. 내가 처음 쓴 김학론은 <일상적 이야기의 문학성>이다. 제목에서 짐작되듯이 김학 수필 역시 일상적 현실의 시시콜콜한 이야기들을 곧잘 끌어들여 문학으로 빚어내는 솜씨를 보여주고 있다. 두 번째 김학론이 <문학으로서의 수필>인 것도 그와 무관치 않다. 물론 서정적 세계를 이루거나 그것을 소재로 한다 해서 반드시 문학이 안 되는 것은 아니지만, 내 비평에선 재미적 요소인 일상적 현실의 서사성에 더 많은 무게를 두고 있다.

어떤 이는 "수필은 그 제재를 서사적인 생활주변의 것에서 구해 그것을 꼬집거나 빈정거리는 투의 글을 쓰면 잡문이 되기 쉽다"(신상철. 수필이란 무엇인가. 수필과비평 창간호, 1987.8.1)고 말하지만, 나로선 동의할 수 없다. 여기서 장황하게 늘어놓을 수야 없지만, '시사적인 생활주변의 것'을 빼고 나면 결국 달밤이 어떻고 매화가 어떻고 따위 음풍농월의 '잡문'으로 전락하기 십상이기 때문이다.

요컨대 인간구원을 본령으로 하는 문학(수필)이 우리가 노상 첨예하게 맞닥뜨리는 현실, 그 치열한 삶의 이런저런 모습을 외면하면 이미 그 기능을 잃어버린 셈이라는 것이다. 본격적으로 정치의식 내지 사회비판적인 접근의 작품들은 아닐지라도 김학의 경우 ≪오수땅, 오수사람들≫(1999)에 이르러 그러한 수필들을 만나볼 수 있다. 정치를 비롯하여 역사인식 내지 사회비판적인 일상적 현실 이야기의 수필들이 그것이다. 직접 한 작품 만나보자.

    어전회의에서는 복장만으로 신분의 구별이 뚜렷하지만, 국무회의에서는 그런 차이를 발견할 수가 없다. 그런데도 텔레비전 화면을 통해 엿본 국무회의 모습에서는 대통령이 일방적으로 이야기를 하고, 참석한 국무위원들은 긴장한 채 귀를 기울이고 있다. 토론의 장이라기보다는 일방적인 지시를 하는 듯한 느낌이다. TV가 그런 화면을 보여주어서인지는 모르지만.

위 인용문은 <전하, 아니되옵니다>의 일부다. 이 수필은 한 마디로 역사드라마 시청기라 할 수 있는데, 그냥 재미있게 본 감상문이 아니다. "완전한 민주주의 시대라 할 만한" 오늘날의 닫힌 언론에 일침을 가하고 있어서다. 일상에서 노상 대하는 TV 이야기를 하되 전제군주의 왕조시대 어전회의에서도 '전하 아니되옵니다'라는 반대 의견이 있었음을 상기시키면서 그때보다 못한 현실을 은근히 꼬집고 있는 것이다. 당연히 '시사적인 생활 주변의 것'중 가장 으뜸은 바로 정치다. 그리고 정치야말로 모든 것을 선진화시키는 무기다. 우리가 처한 일상적 현실중에서 가장 먼저 거론되어야 할 이야기인 셈이다.

역시 본격적인 접근은 아닐지라도 김학 수필의 정치성으

로서의 일상적 현실 이야기는 수필집 ≪아름다운 도전≫(2003)에서도 이어진다. 이 책에 실린 <대통령취임식 참관기>를 예로 들어보자. 제목에서 알 수 있듯 이 수필은 노무현 대통령의 취임식 현장에 직접 다녀온 이야기다. 아주 특별한 일상적 현실인 셈인데, 그 장소에 대해 작가는 말한다. "회색 국회의사당 건물을 바라보는 것도 고통이었다. 저 신성한 민의의 전당이 언제쯤이면 대화와 타협의 올바른 정치 무대로 탈바꿈할 것인지 가슴이 답답했다"고.

김학 수필의 정치에 대한 인식은 <한국과 미국의 전직 대통령들> 같은 칼럼은 물론이고 전혀 상관없을 듯싶은 <고스톱을 위한 열두 가지 변명>과 같은 수필에서도 빛을 발한다. <고스톱을 위한 열두 가지 변명>의 경우 이미 온 나라에 보편화된 고스톱의 열두 가지 장점 내지 미덕을 이야기한 후 준엄하게 일침을 가한다. "고스톱을 제대로 배운 사람이 정치에 나서면 우리나라의 정치판이 요즘처럼 한심하지는 않을 줄 안다. 적어도 자기들이 만든 법을 자기들이 지키지 않는 일은 없을 테니까"가 그것이다.

나는 무릇 작가는 사회현실에 대한 깊은 관심과 함께 치열한 비판적 작가의식을 지녀야 한다고 생각한다. 더러 경제가 우선이라고 말들 하지만, 사실은 이것도 정치에 의해 좌우되는 일종의 하위개념에 불과하다. 정치가 잘 되면 경제는 자연 순풍에 돛단 듯 술술 풀리게 되어 있는데도 무릇 수필들이 정치적 무관심과 함께 사회현실의 어두운 부면은 애써 외면하고 있으니 문학의 본령인 인간구원을 이룰 수 없고, 노상 위기일 수밖에.

4. 신인상, 제대로 심사하는가

　대단히 미안한 소리이지만 앞에서 거론한 형식미 부재의 지루한 수필이 등단작이라면 누가 끝까지 그걸 읽으려 하겠는가. 이를테면 수필가 스스로 제 무덤을 파고 있는 셈이다. 애써 독자로 하여금 자기 수필에서 멀어지라고 권유하는 꼴이라 할 수 있다. 이것이 수필문학의 또 다른 위기를 불러오는 이유이기도 하다. 그 연장선에서 신인상 심사의 문제를 따져볼 필요가 있다. 왜냐하면 아직까지 이 땅에선 단행본 출간이나 신춘문예보다는 잡지 추천을 받아 등단하는 수필가가 월등히 많기 때문이다. 바꿔 말하면 등단하는 수필가보다 등단시키는 심사위원들이 현재진행형인 수필문학의 위기에 상당부분 책임이 있다는 얘기이다. 신인상 심사는 평론가면 평론가, 중진 수필가면 중진 수필가의 이름을 걸고 신인을 배출하는 일이다. 그러니까 수필가로서의 자질 여부는 심사위원의 책임인 것이다.
　나는 더러 계간지로부터 소설 신인상 심사평 의뢰를 받았다. 의뢰받을 때 첫마디로 심사료가 얼마냐고 묻곤 하지만, 돈을 밝혀서는 아니다. 만약 그 소설이 수준 미달이라면 '해당작 없음'이라고 심사평 쓸 일이 난처해질 수 있음을 우회적으로 표현한 것이다. 다행히 내게 보내온 소설들은 사소한 부분에 대한 아쉬움을 빼고는 골고루 요건을 갖추고 있어 그런 난처함에 빠지지는 않았다. 심사평을 써서 보냈고, 그들은 지금도 왕성하게 작품활동을 하고 있다.
　언젠가는 또 다른 문학잡지로부터 소설신인상 추천의뢰를

받았다. 꼼꼼히 읽어보니 전반적으로 아직 덜 여문 작품이란 생각이 들었다. 그런 심사 내용을 완곡하게 잡지측에 전달했음은 물론이다. 그런데 맙소사! 내가 심사평 쓰기를 거부한 그 신인상 후보는 다음 호도 아니고 바로 다른 심사위원 추천과 함께 시·수필부문신인상 당선자들과 함께 명단에 있었다. 이 잡지는 수필가도 양산하다시피 했다. 이후 나는 이 잡지 출신 신인들에 대해서 등단을 인정하지 않게 되었다. 특히 수필가들에 대한 불신이 큰데, 그나마 다행이랄까 이 잡지는 지금 발행되지 않고 있다.

시인 정호승은 유력 일간지에 '돈으로 시인되면 뭘 하나'(동아일보, 1999.7.3)라는 칼럼을 발표한 적이 있다. 그와 친분이 없어 대폿집에서 하소연할 법한 이야기를 듣지는 못했지만, 그 신문이 갖고 있는 영향력 등으로 보아 여기저기서 항의 나아가 협박 같은 걸 받았을 것으로 짐작된다. 제목에서 금방 내용이 드러나고 있는데, "등단 작품이 실린 책을 일정 부수 이상 구입하기만 하면 얼마든지 등단할 수 있다"고 서슴없이 폭로하고 있어서다. 나로선 그 내용보다도 그것을 까발긴 정호승의 용기가 더 놀랍지만, 그것이 하필 시단(詩壇)만의 현상일까?

소설가 문순태는 '지방문단의 아름다운 도전'(조선일보, 2007.6.2)이라는 칼럼에서 "문학을 취미로 하는 아마추어들이 판을 치고 원고료 한푼도 없는 저급한 지방문예지에 작품을 발표할 수는 없다"고 밝힌 적이 있다. 심지어 시상식장의 현수막 비용까지 등단 수필가에게 부담시키는 이른바 문학잡지도 있다니 그저 놀랍고 슬플 따름이다. 한편으론 문순태의 그런 대성일갈이 예사롭지 않은 이유이다. 오래전 일인 그런 적폐가 지금은 사라져버린 유물이 되었을까?

속된 말로 흠파서 문예지를 발간하는 것이 아니니 열악한 재정 확충상 일정 부수 구입은 십분 이해한다쳐도 역시 문제는 등단작의 작품성이다. 조금 더 습작이 필요한 작품인데도 서둘러 등단을 시키는 것은 아닌지 뼈아프게 생각해볼 일이다. 수필의 경우 시·소설에 비해 관문이 좁은 게 신춘문예의 현실이지만, 수백 만 원의 상금을 받고 문학가되는 원칙이 수필문단에서 사라졌음은 자못 기이하고도 안타까운 일이다. 만약 가뭄에 콩나듯 하는 일간신문의 신춘문예 수필당선으로만 수필가임을 인정한다면? 필시 수필문학의 위기는 차츰 사라질 것이다.

그렇다고 잡지의 신인 추천을 없애자는 게 아니다. 그야말로 '돈으로 수필가 되면 뭘하나'라는 소리가 원천봉쇄되게끔 제대로 된 신인을 배출하자는 것이다. 그럴 경우 '양산'이라는 다분히 시비조의 말도 확실하게 퇴출될 것으로 보인다. 말할 나위 없이 독자의 저변 확대에도 도움이 될 터이다. 상금을 받으며 화려하게 등단하지 못해서만은 아니지만, 수필집의 자비 발간도 그것과 무관하지 않다. 베스트셀러의, 이른바 스타 시인이나 스타 소설가는 있는데, 어째서 스타 수필가는 없을까? 아니 없는 건 아니다. 수필류가 강세를 보이는 베스트셀러 집계표가 그 증거다.

그러나 그것은 연예인·방송인 등 전문직 종사자의 지명도를 업은 출판사의 마케팅에 따른 베스트셀러일 뿐이다. 다시 말해 수필문학을 정식으로 공부하여 등단한 오리지널 수필가들의 수필집이 아니라는 것이다. 이런 왜곡된 현상에 대해 대중 추수주의에 영합한 상업성이라고 질타만 하면 만사해결인가? 물론 그렇지 않다. 대중적 지명도도 없는 터에 글의 기본이라 할 문장·문단 등 각종 형식미가 결여된 작품을 수필이라고 책으로 묶어내니 독자의 반응이 있을 리 없는 것이다. 제대로 된 수필을 어렵게 출간하여 세상에 내놓고 반응이 없으면 그 때 가서 '무식한' 독자들의 몰문학적 감수성을 질타해도 늦지 않다.

고인이 된 수필가 김학의 "수필전문지가 무려 17가지나 출간되고 있습니다. 월간·격월간·계간 등 양적으로는 크게 수필의 위상이 높아졌지요. 그러나 그 수필전문지는 물론이고 일반 종합문예지들까지도 많은 신인들을 마구 배출하고 있으니 문제가 큽니다. 충분한 습작기간을 거친 사람에게 수필가 자격을 주어야 할텐데 함량부족인 사람까지 마구 등단을 시키는 풍토는 개선되어야 하리라고 생각합니다. 잡지 발행인이나 등단을 원하는 예비문인 모두 반성해야 할 일이려니 싶습니다"(대한문학, 2006 여름호)는 지적을 되새겨보는 것도 그런 까닭에서다.

5. 수필문학상도 문제

그러면 형식미 결여와 신인상 심사 문제만 해결되면 수필문학의 위기는 사라질까? 그렇지 않다. 이 글의 마지막 화두로 문학상에 대해 이야기해보자. 이는 비단 수필문학에만 해당되는 것은 아니지만, 특히 수필쪽이 걱정되는 것은 역시 위기와 깊이 관련된 때문이다. 신인상 추천이 장차 촉망 받을 수필가를 배출하는 것이라면 문학상 시상은 기성 수필가의 남다른 공적을 기리는 작업이다. 당연히 수필문단에 몸담고 있는 누가 봐도 공감하게끔 설득력이 있어야 할텐데, 그렇지 못한 경우를 왕왕 보게 된다. 이런 이상현상은 별도로 마련되지 않은 심사규정, 도대체가 '그래서 받는구나' 하고 와닿지 않는 두루뭉술한 심사평에서도 확연히 드러난다.

  참으로 이상한 일이다. 예컨대 시나 소설을 대상으로 하는 문학상 수상자 선정을 보면 대부분 공감이 되는데, 유독 수필문학상에서만 그런 기분이 들지 않는 것은. 자연 나눠 먹기라는, 듣기에 불편한 수군거림이 뒤따를 수밖에 없다. 이제 투명해져야 한다. 가령 1년 동안 각 지면에 발표한 수필이나 수필집을 대상으로 하되 수상자의 작품이 우수한 것을 한눈에 알아볼 심사평이 있어야 한다. 혹 동인지라면 모를까 팔리든 팔리지 않든 유가지(有價誌)라면 이미 사회의 공기(公器)이기 때문이다.

  설사 그리 되었어도 수상자의 작품이 대중적 성공과는 별도로 수필로서의 문학성을 획득하고 있다면 별로 문제될 게 없지만, 그렇지 못한 경우를 왕왕 볼 수 있으니 하는 말이다. 우연의 일치인지 모르겠지만, 공교롭게도 수필의 경우 문학상 수상자들은 대부분이 원로(나이상으로)인 점도 되새겨볼 문제이다. 시나 소설에 비해 비교적 고령층이 수필을 쓰긴 하지만 '노인문학'으로 자리매김될 수는 없지 않겠는가! 연륜만으로 수필을 쓰는 것은 아니다. 오히려 연륜의 무게로 인해 형식미와 아랑곳없는 수필을 씀으로 해서 수필문학의 위기가 계속되고 있다면 나만의 억측일까?

끝으로 비평을 받아들이는 수필가들의 태도에 대해서도 짚고 넘어가야겠다. 비평은 학문적으로 접근된 비판이다. 그 비판은 비난과 다르다. 작품에 대해 평론가가 비평을 하는데, 시나 소설과 달리 유독 수필만 민감한 반응을 보이는 걸 나는 여러 차례 직접 겪은 바 있다. 도대체 무슨 이유 때문인가? 여기서 장황하게 비평의 기능이나 본령을 늘어놓을 수야 없지만, 비평이 있어야 작품에 대한 올바른 감상이 이루어지고 발전해나갈 수 있음은 세 살 먹은 어린아이도 다 아는 사실이다. 그런데도 수필가는 비평을 꺼려 한다. 일부의 경우지만, 노상 수필이 위기일 수밖에 없는 한 이유다.

이 어름에서 분명히 말해둘 것이 있다. 수필의 개혁, 즉 과감한 구조조정이 자연스럽게 이뤄져야 한다는 사실이다. 사회활동의 하나 또는 심심파적, 아니면 문인이 되었다는 과시용으로 수필가가 되어서는 안된다. 누구나 쓸 수 있다고 뼈를 깎는 습작의 고통도 맛보지 않은 채 단순히 여기(餘技)나 취미활동쯤으로 수필을 써서는 안된다. 또한 아무리 재정상 어려운 잡지라 하더라도 그런 동호인적 호사가들을 수필가로 등단시키는 잘못된 관행은 사라져야 한다. 수필문학이 노상 위기에 처하지 않으려면 말이다.

차제에 수필가들에게 권하고 싶은 것이 있다. 수필집 발간 때 유명인사의 수박 겉핥기식 발문보다 이왕 하려면 평론가의 작품해설을 실으라는 것이다. 발문을 쓰는 이의 지명도에 힘입어 으쓱해지려는 심리 때문 그러는지 모르겠으나 유감스럽게도 그것은 독자들에게 별로 도움이 안된다. 작가를 과시하기보다 작품에 대한 이해를 도와주는 것이 독자들을 위한 기본 서비스이다. 오히려 그 '인간학'에 대한 발문의 미사려구적 수사는 온전한 독파(讀破)에 방해가 될 뿐이다. 요컨대 작품으로 수필가가 되어야 한다는 것이다.

2021년 11월 평론집 '서사성과 형식미'를 펴낸 나는 최근 어느 문학상 수상 연락을 받은 일이 있다. 나는 그 수상을 거부했다. 주최측의 챙겨줌이 고마운 일이긴 하지만, 상금이 없는 상이어서다. 상금도 없는 상을 받기 위해 이 코로나19 시국에 시상식이 열리는 서울까지 갈 일이 심란해서다. 연락해온 분이 오랜 지인(知人)이라 지금까지도 미안한 마음 가득하지만, 상금 없는 상을 비판하는 칼럼을 기회날 때마다 써온 나로선 받지 않는 게 맞다고 판단했다. 책을 50권(편저 5권 포함)이나 펴낸 39년 문력(文曆)의 글쟁이인데, 말과 행동이 다른, 속된 말로 똥구멍으로 호박씨 까는 그런 사람이 되어서는 안 되기 때문이다.

사족(蛇足)인 이런 이야기를 한 것은 다름이 아니다. 깜안 되는 수상자에 이어 상금 없이 상패나 메달만 덩그러니 주는 상들도 많음을 환기시키기 위해서다. 공직선거법을 핑계로 들먹이는 무늬뿐인 지자체 각종 상들이 그렇지만, 문학단체의 상금 없는 시상도 예외가 아니다. 인터넷에서 보니 상금이 없을망정 상이라도 한 번 받아봤으면 원이 없겠다는 글들이 있긴 하지만, 문학상은 그런 문학도들의 소원풀이용으로 있는 게 아니다. 문학상은 상금이 있어 수상의 기쁨이 두 배가 되는 제대로 된 것이라야 한다. 궁극적으로 갈수록 수필가는 많아지는데도 수필문학의 다양한 위기가 계속되고 있어 그 극복을 위하여 지금까지 이런저런 이야기를 해본 것이다.

<'전북문단' 제100호, 2023.8.20.>

김학의 수필인생과 문학세계

1. 잊을 수 없는 멘토

"장세진 선생, 방금 '미국영화 톺아보기' 잘 받았습니다. 고맙소이다. 이 원고를 언제 다 썼단 말이오? 대단합니다. 문운창성을 빕니다. 김학."

이는 2020년 11월 27일 김학 수필가가 내게 보내온 문자 메시지다. 그 무렵 나의 책 '미국영화 톺아보기'를 받아본 문인과 지인 41명이 문자·전화·편지 등으로 발간을 축하해주었다. 가장 먼저 김학 수필가가 축하 문자를 보내왔다. 그만큼 반가워했던 것임을 짐작해볼 수 있다.

사실 김학 수필가는 나의 고교 13년 선배다. 그 사실을 알게된 건 1983년 여름이다. 'TV문학관의 허실'이란 드라마평으로 서울신문사 'TV가이드'가 주최한 제2회방송평론 공모에 당선된 직후였다. 김학 수필가는 "방송평론가로 데뷔한 걸 신문에서 보았다. 고교 후배가 자랑스럽다"며 내게 연락을 해왔다. 당장 '전북수필문학회'며 '전북문인협회' 가입을 권유했고, 나는 그렇게 했다.

'전북수필' 제13호(1983.11.30.)에 수필을 처음 싣는 등 동인 활동에 들어갔지만, 그러나 나는 이듬해 전남 강진군으로 신규교사 발령을 받고, 전주를 떠났다. 1987년엔 구례여자고등학교로 발령받아 남원으로 이사해 버스 통근을 했다. 마침 김학 수필가는 KBS 남원방송국에 근무하고 있었다. 내가 자연스럽게 남원지역 문인 모임에 나가게된 이유다.

김학 수필가는, 이를테면 나를 지역문단의 일원으로 활동하게 길을 열어준 또 다른 의미에서의 은사인 셈이다. 그래서인지 경기도 평택기계공업고등학교 근무할 때인 1992년 5월 30일 나는 토요일 수업이며 학급 종례가 있음에도 불구하고 그의 수필집 '호호부인' 출판기념회 시간에 맞춰 내려오기까지 했다. 나는 이후 약 9년을 객지에서 근무하다 1993년 3월 고향인 전북으로 학교를 옮겼다.

1995년 가을 라대곤(1940~2013) 소설가 겸 수필가를 만나게 해주는 등 그런 교유로 김학 수필가는 1999년 나의 책 '한국영화를 위함' 출판기념회에서 축사를 해주기도 했다. 무릇 교유란 오고 가는 것이어서 김학 수필가의 3남매 결혼식(2002~2005)은 물론 모친·장인상(2007) 등 애경사를 빠짐없이 챙기는 그런 인연으로 이어졌다.

그뿐이 아니다. 김학 수필가는 내가 1983년 방송평론가에 이어 1985년 영화평론가, 1989년과 1990년 문학평론가 등 신인상 수상 이후 처음으로 번듯한 문학상을 받게 앞장서주기도 했다. 1998년 제2회전북예술상(2010년부터 '전북예총 하림예술상'으로 바뀜)이 그것이다. 당시 전북문인협회장이었던 김학 수필가가 내게 공적서를 내라 했고, 그 추천으로 문학부문 수상자가 된 것이다.

물론 그 한 해에만 5권의 저서를 펴내는 등 나는 그 누구도 따라 할 수 없는 왕성한 창작활동을 했던 터다. 그럴망정 아무리 열심히 저술활동을 해도 상 줄 곳에서 알아주지 않으면 그만이 아니던가? 김학 수필가를 잊을 수 없는 멘토로 기억하는 이유다.

2. 독보적인 수필인생

김학이 남긴 저서는 수필집 14권(방송수필집 2권 포함), 수필선집 3권, 수필평론집 2권 등 총 19권이다. 방송수필집이라 명명한 '밤의 여로1, 2'(1978~1979)를 비롯 '철부지의 사랑연습'(1982)·'춘향골 이야기'(1986)·'호호부인'(1992)·'오수땅 오수사람들'(1999)·'아름다운 도전'(2003)·'실수를 딛고 살아온 세월'(2006)·'수필아, 고맙다'(2010)·'나는 행복합니다'(2012)·'하여가&단심가'(2015)·'쌈지에서 지갑까지'(2017)·'하루살이의 꿈'·'지구촌 여행기'(2019) 등 14권이다. 이밖에 수필선집 '가슴앓이'(2001)·'자가용은 본처 택시는 애첩'(2008)·'손가락이 바쁜 시대'(2020) 3권과 수필평론집 '수필의 맛 수필의 멋'(2007)·'수필의 길 수필가의 길'(2012) 2권이 있다.

그 19권이 모두 수필 관련 책이다. 수필가이면서 시인도 하는 문인들이 많은 문단에서 다른 장르로의 '외도' 없이 오로지 수필에만 매진해온 문력(文曆)임을 알 수 있다. 꼭 그래서만은 아니지만, 누가 뭐라 해도 김학은 수필문단의 거목(巨木)이다. '수필문단의 거목(巨木)'은 2022년 1월 28일

책의 엮은이가 되어 펴낸 1주기추모문집 '김학수필문학론' 의 '책을 엮으며'의 제목이기도 하다. 쉼없이 이어온 수필창작은 물론 수필문학 저변 확대에 누구보다도 앞장서온 수필가 김학이라 그렇다. 그가 어떻게 수필문단의 거목이 되었는지 생전에 남긴 글들과 추모문집 '김학수필문학론'을 다시 읽고 참고 삼아 김학의 독보적인 수필인생을 살펴보자.

1) 박사고을 고향과 63년간 전주 토박이

김학은 1943년 전라북도 임실군 삼계면에서 태어났다. 김학의 고향 임실군 삼계면은 인구 2천 명도 되지 않는 조그만 시골인데 이곳에서 배출한 박사가 무려 200여 명에 이른다. 그래서 삼계는 전국적으로도 널리 알려진 이름난 박사고을이다. 이에 대해 김학은 "그것은 연면히 이어져 온 내 고향의 오랜 전통이다. 마을끼리, 성씨끼리, 집안끼리 경쟁하다시피 자녀들을 박사로 키우려 노력한다. 고향의 분위기가 그러하니 나도 예외일 수는 없다"고 회고한다. 김학 수필가는 실제로 둘째 아들을 박사로 길러냈다.

김학은 삼계초등학교와 오수중학교를 거쳐 1961년 전주상업고등학교(현 전주제일고등학교)를 졸업한다. 전북대학교 사학과 졸업과 함께 ROTC 4기로 임관, 전역(육군 중위)한다. 1968년 6월의 일이다. 그 이듬해 봄 김학은 전주해성고등학교 교사가 되지만, 6개월 만인 1969년 9월 군산서해방송 프로듀서로 전직한다. 김학의 수필과의 인연이 시작되는 방송국 입사라 할 수 있지만, 먼저 살펴볼 것은 전주로의 정착이다.

김학이 고향인 박사고을 삼계를 떠나 전주로 이사한 것은 전주상업고등학교에 입학한 1958년 봄이다. 가령 그의 수필 '다시 이사를 하고 나서'('전북수필'17호, 1986.7.20, 수필집 '춘향골 이야기' 수록)에 그런 내용이 나온다. 이 수필은 1985년 9월 20일 2층 양옥을 지어 이사한 이야기인데, 그때 이미 "27년 동안을 줄곧 노송동(老松洞)에서만 맴돌며 살아왔다. 서노송동·남노송동·중노송동을 오락가락하며 살았"음을 알 수 있다. 그래서인지 아예 '내 고장 전주 만세'(수필집 '철부지의 사랑연습' 수록), '용비어천가와 전주'(수필집 '오수땅 오수사람들' 수록)라는 제목의 수필이 있는가 하면 '주말 아빠'(수필집 '철부지의 사랑연습' 수록)에선 "전주의 봄은 안다"며 전주를 예찬하고 있다.

김학은 그 이후에도 제목에 전주가 들어가거나 소재로 한 수필을 여러 편 썼다. 내가 김학 수필집들을 일별하여 찾아낸 작품은 '용비어천가를 전주의 문화유산으로'('용비어천가와 전주'를 개작)·'시민의 사랑방, (전주)시립도서관'(이상 수필집 '아름다운 도전' 수록)·'콩나물도시 전주를 교육도시 전주로'(수필집 '하여가&단심가' 수록)·'온고을 전주에 사는 행복'(수필집 '쌈지에서 지갑까지' 수록)·'우리 동네 안골 풍경'·'우리 동네 우아동 이야기'·'전주할아버지'(이상 수필집 '하루살이의 꿈' 수록) 등이다.

이런 전주사랑과 함께 특기할 것이 있다. 다른 가정처럼 아이들 교육문제도 있고 해서 내린 결정인지 김학은 자신의 고교 진학과 함께 전주로 이사온 이후 다른 지역으로 집을 옮겨본 적이 없다는 점이다. 수필 '우리 동네 안골 풍경'을 보면 "고등학교에 진학하면서 전주로 보금자리를 옮긴 뒤 열네 번째 이사"했음을 알 수 있는데, 타지(他地)로 옮겨간 적은 한 번도 없다. 열네 번 전부 전주시 안에서 이사를 다녔다. 이를테면 그만큼 지극했던 전주사랑인 셈이다.

방송국 프로듀서 김학의 근무지가 군산이거나 남원이었을 때도 하숙 또는 통근을 했고, 거주지는 전주였다. 1990년 2월 KBS전주방송총국 제작부장으로 부임해 2001년 12월 정년퇴직(단, 1992년 6월 KBS군산방송국으로 옮겼다가 10개월 후인 1993년 4월 KBS전주방송총국 편성부장으로 복귀한 바 있다.)하고, 이후 2021년 1월 별세할 때까지 무려 63년을 김학은 그렇게 전주 토박이로 살았던 전주 사람이었다.

2) 1970~1990년대 '밤의 여로'와 전북수필문학회

김학의 본격적인 독서활동은 전주상업고등학교 시절부터다. 전주로 이사한 고교생 김학이 문학서적을 읽기 시작한 건 시인인 최승범(1931~2023) 교수 집에 드나들면서부터다. 그때 최승범 교수 집에는 고하 선생의 사촌동생이자 김학의 내종사촌형이 하숙을 하고 있었다. 고교생 김학이 비교적 자유롭게 그 집에 드나들 수 있었던 배경이다. 김학은 "고하 선생님 댁에는 읽고 싶은 책들이 아주 많았다. 책이 그렇게 많다는 사실도 그때 처음 알았고, 서점에 가서 책을 사지 않고도 얼마든지 시집이며 수필집・소설집 등을 읽을

수 있었다. 고하 선생님 댁은 나를 위한 사립도서관이나 다를 바 없었다"고 회고한다.

김학이 처음 수필을 써서 발표한 것은 대학교 1학년 때인 1962년이다. 전북대학신문에 실린 '아웃사이더의 사랑이야기'다. "그 신문에 내 수필이 게재되었던 그때의 그 기쁨을 어찌 잊을 수 있으랴"던 대학생 김학에게 대학신문은 자주 작품발표 기회를 제공해 주었다. 대학을 졸업하고 군대에 가선 '전우신문'과 '월간 육군'이 작품발표의 장이었다. 제대한 뒤 방송국 프로듀서가 된 다음에는 전북일보가 자주 지면을 제공해 주었다. 이를테면 김학의 글쓰기가 중단 없이 이어질 수 있었던 셈이다.

그러나 군산서해방송 프로듀서였던 김학으로 하여금 본격적인 수필가의 길을 걷게 만든 건 1972년 10월부터 신설된 '밤의 여로'란 프로그램이다. '밤의 여로'는 매일 방송되는 15분짜리 에세이 프로그램이었다. 200자 원고지 8장 정도의 짧은 수필에 감미로운 음악 3곡을 섞어서 방송했다. 아직 수필가가 아닌 김학은 2년 반 동안 매일 한 편의 방송용 수필을 쓰지 않으면 안 되었다. 이에 대해 김학은 "지나고 보니 그때가 나에겐 수필창작의 지옥훈련 기간이었던 셈이다. 자나 깨나 앉으나 서나 내일은 어떤 내용의 글을 쓸 것인가에 관심을 쏟았다. 밥을 먹으면서도, 술을 마시면서도 오로지 내일은 무슨 이야기를 쓸까 하는 게 나의 관심사였다"고 회고한다.

2년 반을 그렇게 보낸 뒤 김학은 마침내 전북의 문인들 중에서 요일별로 필진을 정하여 원고청탁하는 묘책을 낸다.

지금은 고인(故人)이 된 정덕룡(1937~2001)·정주환(1942 ~2016)·김동필(1939~2006) 수필가, 최승범·이기반(1931 ~2015)·허소라(1936~2020)·박만기(1936~2016) 시인 등 이 필진이었다. 김학은 방송국 프로듀서로서의 원고쓰기에 서 벗어날 수 있었다. 필진을 전국으로 넓혀 나가기도 했다. 그때 필진으로 참여한 전북지역외 수필가들은 대전의 김영 배(1931~2009)·오승영(1938~2020), 청주의 이재인, 대 구의 정재호 등이다.

또한 '밤의 여로'를 진행했던 서해방송 재직때 김학은 '서 해문단'이란 주간 라디오 프로그램을 만들어 방송하기도 했 다. 청취자들로부터 수필과 시를 공모하여 허소라·이기반 시인이 교체 출연하며 작품을 평해주었고, 금상·은상·동 상을 선정하여 시상도 했다. "그때 '서해문단'을 통해 얼굴 을 내민 청소년들 가운데 상당수가 등단의 관문을 통과하여 문인의 길을 걷고 있다"는 게 수필가 김학의 회고다.

문학을 사랑했던 김학은 '밤의 여로'를 맡게 되면서부터 시보다는 수필에 더 끌렸다. 김학은 문학의 여러 갈래 가운 데서 유독 수필을 선호하게 된 이유로 두 가지를 들었다. 첫째 수필은 방송에서의 활용도가 높기 때문이다. 일선 프 로듀서로서 프로그램을 제작할 때 스스로 원고를 써서 시청 자에게 의도하던 메시지를 전하려면 그것이 최선의 방법이 었다는 애기다. "때때로 직장에서 축사나 조사 또는 기념사 를 부탁 받아 곤욕을 치른 적도 많았지만, 프로듀서로서 능 력을 인정받는데 도움이 됐던 것도 또한 사실"이라 수필을 선호하게 됐다는 설명이다.

김학이 유독 수필을 선호하게 된 또 하나 이유는 조선시대 선비를 본받고 싶어서다. "이 역시 나로서는 망외(望外)의 기쁨이 아닐 수 없다"는 그의 고백에 따르면 조선시대 학문을 했던 선비들이 문집을 남겼듯이, 김학도 후손들에게 문집을 남겨주고 싶은 욕심이 있었다. 그가 가고 없는 지금 김학은 셀 수 없이 많은 수필을 통해 그런 소망을 이루게 되었다. 앞에서 말했듯 김학이 남긴 수필은 선집과 평론집을 빼고도 14권에 이른다.

아무튼 1978년 12월 전북에 사는 '밤의 여로' 필진들이 모여 망년회를 가졌다. 그 자리에서 '전북수필문학회'를 창립하자는 의견이 모아졌다. 드디어 1979년 여름 정덕룡·김학·정주환 세 사람이 주도하여 전영래·김동필·김희선·송영상·한대석을 발기인으로 선정하고 사리문다방에서 그 모임을 가졌다. 마침내 9월 8일 고려회관에서 전북수필문학회 창립총회를 열었다. 2023년 기준 44년 역사를 맞는 전북수필문학회 닻이 오른 것이다.

수필가 김학 회고에 따르면 1979년 10월에 발간된 '전북수필' 창간호에는 25명의 회원들이 2편씩의 작품을 게재했다. 그 '전북수필'이 어느새 44주년을 맞았다. 김학은 "지방신문이나 '전북문학'에서 셋방살이를 하던 전북의 수필 애호가들이 드디어 '전북수필'이라는 자기 집을 마련하게 된 셈이다. 내가 지금도 유난히 '전북수필'에 애정을 쏟는 이유도 이런 연유가 있기에 그런 것이"라며 전북수필문학회 출범 및 동인지 '전북수필' 창간호 발간 당시 감회를 회고한 바 있다.

김학은 "전북수필문학회가 발족될 때만 해도 수필가로서 중앙문단에 정식 등단한 이는 없었다. 수필집을 한두 권 펴낸이는 있어도 모두가 등단의 과정을 밟지 않았다. 그러다가 1980년 8월, 내가 '월간문학'에서 수필부문 신인작품상에 당선하여 중앙문단에 얼굴을 내밀자, 전북의 수필문단은 아연 활기를 띠게 되었고, 줄을 이어 등단의 대열에 합류하기에 이르렀다. 나의 등단이 기폭제가 되었다고나 할까? 등단 수필가들이 옹기종기 모여 수준 높은 작품을 빚고자 노력하고 있는 전북수필의 미래는 밝다고 본다"고 회고한다.

창립을 주도한 김학 수필가는 전북을 한국수필의 메카로 키우고 싶은 것이 전북수필문학회의 꿈이라고 밝히기도 했다. 그 꿈이 실현되었는지 여부는 차치하고, 전북수필문학회가 44년 동안 명맥을 이어온 사실만으로도 대단한 족적의 성과라 해도 틀리지 않다. 출범 44주년을 맞은 전북수필문학회는 김학이 회장이던 1987년 제정, 1988년 1회 수상자를 낸 전북수필문학상 시상식과 함께 매년 2권의 동인지를 발간하고 있다. 동인지 '전북수필'은 2023년 상반기 현재 제96호를 발간했다.

한편 그때에는 오늘날처럼 여기저기서 수필을 공부할 수도 없었기에 김학은 어깨너머로 선배들의 작품을 읽으며 스스로 글쓰기 요령을 터득해야 했다. 1978년에 이미 방송수필집 '밤의 여로'를 출간했던 김학은 마침내 1980년 '월간문학' 8월호에서 '전화번호'란 작품으로 신인상에 당선(심사위원 조경희·원형갑)된다. 공식 경로를 거친 수필가 등단이다. 이로써 김학은 전북 최초로 중앙문단에 등단한 수필가란 역사의 주인공이 됐다. 그 뒤 전북의 수필가들은 우후죽순 격으로 중앙문단의 문을 두드리게 되었다.

수필가 김학은 "나는 수필가이면서 문학행정가라고 자부한다"고 말하기도 했다. 전북수필문학회·임실문인협회·대표에세이문학회·전북문인협회·전북펜클럽 등 크고 작은 문학단체의 회장을 맡아 운영했던 경험을 말한 것으로 보인다. 앞에서 살펴보았듯 김학은 방송국 프로듀서로 근무할 때도 방송과 문학을 접목시키는 여러 프로그램을 기획하고 제작해 수필문학의 저변확대에 나섰다. 가령 "방송 일에서도 그는 두각을 나타냈다. '처음'·'최초'·'시작'·'제1회'라는 접두사가 필요한 행사를 기획한 것만도 한두 개가 아니다"(수필평론집 '수필의 맛 수필의 멋' 수록)라는 인터뷰 기사(새전북신문 이란우 기자)를 볼 수 있을 정도다.

김학은 1980년 방송통폐합으로 군산서해방송에서 KBS남원방송국으로 옮겨가서도 방송과 문학을 접목시키는 일에 심혈을 기울였다. 연례행사로 해마다 새봄이면 'KBS 신춘문학의 밤'이란 행사를 열었다. 석정문학회·청녹두시동인회·표현문학회와 서울의 대표에세이문학회 등을 초청해 1부에서는 시와 수필 낭송, 2부에서는 문학 강연, 3부에서는 문인과 독자와의 대화로 꾸몄다. 이러한 문학행사를 통해 중앙과 지방의 문인들이 서로 만날 수 있는 자리가 이루어졌다. 김학은 "남원 문인들의 문학 열기가 활활 타오르고 있는 모습을 보면서 나름대로 보람과 긍지를 느꼈다"고 말한 바 있다.

또한 김학은 '신춘문학의 밤' 외에 '오작교의 밤'이란 프로

그램을 만들어 청소년들의 시와 수필을 투고받아 방송함으로써 그들에게 발표의 기회를 제공하는 한편 문학의 꿈을 키울 수 있도록 했었다. 이러한 일련의 일을 김학은 자신이 꼭 해야 될 의무라고 여기며 즐겁게 수행했다. 이에 대해 김학은 "문학이 인쇄매체의 전유물인 양 여겨 온 문인들의 편견을 깨뜨리고 싶은 충정에서 비롯된 일이었다. 전파매체를 최대한 활용할 수 있는 것이 문학임을 실증으로 보여주고 싶었기 때문이기도 하다"고 자평한 바 있다.

문학과 좀 다른 얘기지만, 이때 김학이 해낸 또 하나는 춘향선발대회를 전국화시킨 일이다. 그뿐이 아니다. '춘향골 남원을 생각하면'(수필집 '하루살이의 꿈' 수록)을 보면 KBS남원방송국 방송부장이던 김학은 춘향제 3대 행사를 추진했다. '전국춘향선발대회'·'전국명창대회'·'전국남녀궁도대회'가 그것이다. 수필가 김학은 이 수필에서 "이 3대 행사는 KBS가 예산과 방송을 지원하면서 조촐한 지역행사가 전국전인 축제로 발전하는 계기가 되었다"고 술회하고 있다.

이 기간, 1978년 '밤의 여로', 1979년 '밤의 여로2' 방송수필집을 이미 출간했던 김학은 연달아 수필집을 펴낸다. 1980~1990년대 발간한 김학 수필집은 '철부지의 사랑연습'·'춘향골 이야기'·'호호부인'·'오수땅 오수사람들' 등이다. 또 하나 1990년대 특기할 김학의 활동은 전북문인협회장 재임이다. 1998년 2월 7일 선거에서 단독출마해 당선된 김학 회장은 임기 첫해 동인지 '전북문단' 발간과 전북문학상 시상 외에도 '전북문인협회보'(타블로이드판 4면) 창간, KBS와 함께한 '제3회전북애송시낭송대회', 제1회한글사랑 전북

어린이 백일장대회, 이듬해엔 전북시인 자선대표시선집 '달하 높이곰도다샤' 발간, 금강산문학기행, 전북문인협회의 컴퓨터와 팩시밀리 시대를 여는 등 굵직한 업적을 남겼다.

김학 회장은 '전북문단' 26호(1998.12.1.) '책머리에'서 "특히 자랑스러운 것은 올해에 처음으로 진동규 시인이 '자랑스러운 전북인대상'을, 장세진 평론가가 '전북예술상'을 수상하게 되었다는 사실이다. 이는 우리 모두의 기쁨이요, 전북문협의 자랑이라 하지 않을 수 없다. … 이 기회를 빌려 컴퓨터를 기증해주시고 어린이백일장대회 경비 3백만 원을 쾌척해주신 라대곤 수석부회장님을 비롯, 회원 여러분께 충심으로 감사의 말씀을 드린다"고 말한다. 회원들에 대한 수상 축하와 감사의 마음을 전하는 전북문인 수장으로서의 자상하면서도 따뜻한 면모를 엿볼 수 있다.

3) 2000~2010년대 수필 전도사의 길

수필가 김학은 2001년 12월 KBS전주방송총국 편성부장을 끝으로 정년퇴직한다. 퇴직 전 '전북의 어른상' 제정과 국제펜클럽전북위원회(전북펜클럽) 발족과 함께 초대 회장을 맡았던 김학에게 정년퇴직은 본격적인 수필 전도사의 길을 걷게 한 결정적 계기가 된다. 김학은 "내가 수필과 더 가깝게 된 것은 2001년 9월 전북대학교 평생교육원에서 수필창작과정을 신설하여 강의를 맡게 되면서부터"라고 회고한 바 있다. 퇴직 직전인 그해 9월부터 전북대학교 평생교육원에서 수필창작반을 개설하여 후진을 양성하기 시작한 것이다. 이는 김학이 오래 전부터 꿈꿔온 수필 전도사로서의 길이기도 하다. 수필창작반 교수 김학이 어떻게 수업에 임했는지 잠깐 들춰보자.

 20대부터 80대까지의 수강생들이 열심히 수필공부를 하고, 열정적으로 창작연습을 하는 걸 보면 절로 힘이 솟는다. 나는 그들이 올바른 수필가로 성장할 수 있도록 최선을 다하여 안내하려 한다. 컴퓨터의 e-mail은 그들 수강생들과 나를 이어주는 통로이다. 나는 아침에 눈을 뜨면 어떤 수강생이 새로운 습작품을 보냈는지 확인하는 게 일과가 되었다. 세월이 가면서 수강생들이 불어나 지금은 기초반·중급반·고급반·야간반 등 4개 반에 110명이 등록하여 열심히 습작을 하기도 했다.

김학 수필가로부터 수필 쓰기를 지도받은 학생의 글에서도 그런 면모를 엿볼 수 있다. 1주기 추모문집 '김학수필문학론'에 수록된 제자들과 직장 동료였던 수필가들의 글을 짧게나마 몇 편 옮겨본다.

 김학 선생님의 수필 지도방식은 좀 특이하다. 수업을 시작하기 전에 수강생들이 쭉 돌아가며 한 가지씩 칭찬하는 칭찬릴레이 시간을 갖는다. 칭찬의 대상은 사람뿐 아니라 온갖 세상만물이다. 주변의 일상을 예사로 보지 않는 일종의 '낯설게하기' 훈련이다. 그는 수필 하나로 참 많은 제자를 길러냈다. 전라북도 수필문단에서 활동하는 등단 작가들 중에 선생님의 제자 아닌 사람이 드물

정도로.

  선생님의 수필은 참 쉽다. 사전을 들춰봐야 할 만큼 어려운 단어도 없고 문장도 평이하다. 소재는 누구나 흔히 겪는 일상이다. 밥상 위의 반찬, 수저와 젓가락이 수필이 된다. 길가에서 만난 돌멩이, 농기구 창고에 들어앉아있는 괭이나 낫 같은 무생물조차 수필이란 호흡으로 생명을 불어넣었던 작품을 700편 가까이 남겼다.

                    -윤 철 '그립습니다 선생님'-

  그 때 본교(삼계초등학교-인용자) 출신인 김학 교수님을 처음 알게 됐다. 인터넷을 검색해보았다. 교수님은 수필가로서 명망(名望)이 높고 영향력이 큰 분이셨다. 다음 해 가을이었다. 전북대학교 평생교육원 목요일 수필창작반에 등록했다. 아직 사그라지지 않은 글쓰기의 불씨를 지피고 싶어서였다. 김학 교수님의 야간 강의를 들으며 수필 쓰기 첫 발을 내딛었다. 첫 시간에 들은 두 가지 말, '불광불급(不狂不及)'과 '십년법칙(十年法則)'은 내 맘에 꽂혀 지금도 살아 있다.

  정년퇴임을 하고는 교수님이 같은 강의를 하신 안골노인복지관으로 옮겼다. 수필 강의를 들은 지 강산이 한 번 변한다는 10년이 넘었다. 강의실 내 자리는 교수님 바로 앞 오른쪽이었다. 그래서인지 수필에 대한 이해와 수필 쓰기 전략이 머리에 얼추 입력이 되었다. 수필 습작은 힘들었지만 220편 가까이 교수님의 첨삭지도를 받으며 명색이 수필가로서 길을 걸어왔다.

                  -정석곤 '하늘나라로 가신 김학 교수님'-

김학 선배님은 수필이 있어 행복했던 분이셨다. '수필아, 고맙다!'는 수필집도 냈지만 수필을 너무 사랑해 만나는 사람마다 수필을 쓰라고 권유했었다. 또한 누구도 상상하지 못했던 것들을 수필의 소재로 삼아 금방 글 한 편씩을 완성했던 분이셨다.
　글 또한 누에가 명주실을 뽑아내듯 쉽고 읽기 좋게 글을 쓰셨다. 말하듯이 쓰는 것이 방송원고의 특징이고, 그렇게 오랫동안 글을 써온 체험에서 나온 글이 아니었나 싶다. 평생을 수필과 함께 살았고, 수많은 문하생을 등단시킨 분이셨기에 선배님이 가신 자리가 너무 커 보이는 것 같다.
　　　　　　-백봉기 '수필이 있어 행복했던 김학 선배님'-

　수필가 김학은 전북대학교 평생교육원에서 2015년 2월까지 강의하며 제자들을 양성했다. 전북대학교 평생교육원 강의를 시작한 이듬해인 2002년 수강생들이 행촌수필문학회(杏邨隨筆文學會)란 동인회를 만들어 행촌수필문학상 시상식과 함께 1년에 두 권씩 어김없이 동인지를 펴내고 있다. 동인지 '행촌수필'은 2023년 8월 현재 42호까지 발간(상반기 나왔어야 할 43호는 보조금을 받지 못해 연말 발간으로 미뤄진 상태다.)했다. 지도교수 김학은 "나는 그 수강생들에게 시범을 보여 주어야 하기에 더 열심히 창작활동을 하지 않을 수 없다"는 각오를 다진 바 있다.
　약 15년 동안 이어진 전북대학교 평생교육원을 정년퇴직으로 물러난 직후인 2015년 3월부터 김학은 신아문예대학(전주신아출판사 2층)에서 수필을 지도했다. 2021년 1월 갑작스럽게 별세하던 그때까지다. 그외 2008년 1월부터는 전주안골노인복지관에 수필창작반을 개설했다. 또 2011년 2월부터는 전주꽃밭정이노인복지관에 수필창작반을 개설하여 7년 반 동안 수필을 지도했다. 우리 고장 전북을 한국수필의 메카로 만들고 싶다는 간절한 꿈을 이루기 위한 김학의 독보적인 수필인생이라 할만하다.

이 시기에 김학이 펴낸 수필집은 '아름다운 도전'·'실수를 딛고 살아온 세월'·'수필아, 고맙다'·'나는 행복합니다'·'하여가&단심가'·'쌈지에서 지갑까지'·'하루살이의 꿈'·'지구촌 여행기' 등이다. 이밖에 수필선집 '가슴앓이'·'자가용은 본처 택시는 애첩'·'손가락이 바쁜 시대' 3권과 수필평론집 '수필의 맛 수필의 멋'·'수필의 길 수필가의 길' 2권이 있다. 김학의 수필세계는 다음 장에서 살펴보기로 하고 두 권의 수필평론집 '수필의 맛 수필의 멋'·'수필의 길 수필가의 길'에 대해 간단하게 살펴보자.

두 권의 수필평론집은 사실은 발문을 모아 놓은 것이다. 저자 스스로 "책 끝에 본문 내용의 대강이나 또한 그에 관계된 사항을 간략하게 적은 글을 일컫는 발문을 모아 단행본으로 펴내면서 수필평론집이라고 해도 괜찮은지 모르겠다"고 밝힌 바 있지만, 수필가 김학 아니면 낼 수 없는 저서라는 생각이 든다. 기본적으로 발문이 저자의 청탁을 받아 쓴 글이라서다. 물론 엄밀히 말하면 평론집은 아니다. 본격 평론에서처럼 비판 기능을 거의 볼 수 없는, 이른바 주례사 비평처럼 그야말로 미사려구적 성격이 강한 발문이어서다.

두 권에 실린 발문의 주인공들을 '차례' 순서로 살펴보면 김동필·김영곤·김용관·김재희·김정길·백송룡·손경호·안세호·양용모·유영희·이광우·이윤상·임광순·이용만·이재인·이종승·이종택·이태현·이한기·정주환·장병선·조명택·최선옥·하재준(이상 '수필의 맛 수필의 멋), 김상권·최화경·김정길·이수홍·조윤수·국중하·이재인·정원정·고재흠·석인수·박귀덕·유영희·김병규·김희선·한상렬·김영옥·이용미·김길남·황점복·이 의·최선옥·조종영·형효순·김세명·김재희·박순희·서상옥·정장영·이기택·이신구·최준강·김금례·김재환·김형중·김백경(이상 '수필의 길 수필가의 길') 등이다.

　김학이 발문을 써준 수필가들을 보면 전주를 비롯한 전북 출신이 많지만, 서울·경기·경북·충남·전남·인천·경남·충북 등 전국적으로 분포되어 있음을 알게 된다. 그만큼 단순히 우리 지역을 넘어 '전국구'였던 수필가 김학이었음을 새삼 알 수 있다. 특이한 건 수필집이 대부분이지만, 시집 발문도 있는 점이다. 김형중·김백경 시집이 그것이다. 아쉬운 건 2012년 1월 '수필의 길 수필가의 길'을 펴낸 이후로도 쓴 발문들이 있는데, 유고집 발간 소식은 아직 접하지 못한 점이다. 실제로 내가 읽어본 것만 해도 양영아 수필집 '슴베'(2014), 최상섭 수필집 '청동주전자'(2017), 이진숙 수필집 '바람과 새들이 준 선물'(2020) 등 3편이나 된다.

　이렇듯 전주와 전북, 나아가 한국 수필문학사 한 페이지를 뚜렷하게 장식할 그런 활동에 걸맞게 김학 수필가는 스스로 "상복이 많은 편이었다"고 술회했듯 많은 상을 받았다. 연도순으로 정리해보면 다음과 같다. 한국수필상(1987)

· 전북문화상(1988, 1996년부터 '자랑스러운전북인대상'으로 바뀜) · 전북수필문학상(1991) · 전북문학상(1992) · 사선문화상(언론부문) · 백양촌문학상(1994) · 신곡문학상대상(1995) · 영호남수필문학상대상(1997) · 동포문학상본상 · 임실문학상대상 · 대한민국향토문학상(2000) · 펜문학상 · 전주시예술상(2003) · 연암문학상대상(2007) · 목정문화상(2009) · 한국현대문학100주년기념문학상수필집부문금관상(2012) · 원종린수필문학대상(2018) · 자랑스러운 삼계인상(2019) · 전북펜기림상(2021) 등이다.

3. 김학의 수필세계

앞에서 말했듯 김학이 남긴 수필집은 선집을 빼더라도 모두 14권에 이른다. 방대한 분량의 김학 수필의 세계를 이 한정된 지면에서 100% 다 살피는 것은 애초 불가능한 일이다. 따라서 어느 정도 한계를 안고 들어갈 수밖에 없지만, 우선 김학 수필세계가 갖는 특징중 하나는 일상적 이야기의 문학성이다. 1980~1990년대 발간한 '철부지의 사랑연습' · '춘향골 이야기' · '오수땅 오수사람들'의 수필세계가 그렇다. 단, 작품인용의 출처 표기는 편의상 각각 '철' · '춘' · '오'의 제목 앞글자로 함을 미리 밝혀둔다.

1) 일상적 이야기의 문학적 형상화

일상을 담지 않은 문학이 없는 것이 너무도 당연하듯 특히 수필의 경우, 제재의 다양성이라는 일반적 성격에서도 알 수 있지만 오히려 일상의 문학이라 해도 지나치지 않을 정도이다. 김학의 수필도 예외는 아니다. 그의 수필세계는 우리의 인생살이 전반에 걸쳐 세세한 것까지를 담아내고 있다. 가령 어머니·처자식·제자 등의 사람은 물론 사랑·인정·고향 등의 파토스적 정서와 나팔꽃·모과나무·감자 등의 자연, 심지어 손목시계·파리·무좀에 이르기까지 그의 수필세계는 진부할 정도로 일상의 이야기로 가득차있다 해도 과언이 아니다. 이렇듯 진부한 신변잡기적 제재들은 문학작품으로 승화되고 있는가?

여기서 무엇보다도 필요한 것이 언어임은 두말할 나위도 없다. 문학은 언어라는 매개물에 의해 표현된다. 물론 이때의 언어는 일상어와 다르다. 요컨대 단순히 지식이나 사물을 알려주는 것이 아니라 콧등시큰한 감동을 샘솟듯 일어나게 해주는 언어이다. 즉 문학에서의 언어는 형상화된 구체적인 것이어야 한다. "김학이 자기 생활주변의 잡다한 일들을 수필로 쓰면서도 독자의 가슴 언저리를 울려주는 형상화된 글로 승화시킬 수 있는 것은 그의 이러한 인간성 때문이라 느껴진다"('철부지의 사랑연습' 수록)는 정덕룡 수필가의 주장이 와닿는데, 김학의 수필이 문학성을 획득하는 이유가 거기에 있다. 아래 예문을 보자.

> 행랑채 초가지붕 위에 빨간 고추와 박덩이가 가을 햇살을 부여안고 늘어지게 낮잠을 자고 있었다.
> -'철', '아버지, 그 슬픈 기억들'-

위 인용은 유년의 추억 속에 아련히 묻혀버린 아버지에 대한 정한을 그린 수필의 한 대목이다. 여기서 김학이 한 편의 수필을 창작하기 위해서 얼마나 외로운 영혼과 많이 만나는지 그 흔적을 발견하기란 그리 어려운 일이 아님을 알 수 있게 된다. 경기대학교 교수로 정년퇴직한 이재인 소설가 겸 수필가의 "특히 그의 글에서는 그가 수필을 대하는 뜨거운 애정과 오직 수필만을 위해 살아왔고, 앞으로도 수필만을 위해 살아가려는 한 예술가로서의 강렬한 집념과 애착이 문맥마다 흥건하게 스며있"('철부지의 사랑연습' 수록)다는 말은 음미해둘만하다. 실제로 김학은 자작수필에서 다음과 같이 토로하고 있다.

> 나는 수필의 소재를 내 생활주변에서 찾는다. 놓쳐버리기 쉬운 사소한 일상일지라도 수필이라는 안경을 쓰고 살펴보면 좋은 소재가 되는 수가 많다. 소재가 발견되었다고 바로 원고지에 옮기지는 않는다. 노트에 메모를 하고서 꾸준히 자료를 모은다. 여과를 시킨다.
> -'춘', '비빔밥같은 수필은'-

문학뿐 아니라 모든 예술작품이 각고(刻苦)의 노력없이 창작되는 것은 아니지만, 수필에 대한 작가의 이런 태도는 우선 신뢰스럽다. 신뢰스러운 것은 그의 작품 곳곳에서 문학적 형상화에 값하기도 해서다. 한편으론 수필문학이 갖춰야할 유머나 위트감각이 뛰어나 김학의 수필들은 싱그러움을 한층 더해준다. 수필에서의 위트는 인생의 반짝이는 단면을 예리하게 또는 생생하게 드러내는 절대요건이다. 경쾌한 모멘트도 중요하지만 신선한 충격, 다같이 아는 뻔한 것이면서도 뻔하지 않은 그 무엇을 잡아내는 일종 메스 역할을 하기도 한다. 아래 예문을 보자.

> 내 코 고는 소리가 얼마나 요란하기에 이처럼 야단들인가 싶어 언젠가 한번은 아내에게 녹음을 부탁해본 일이 있다. 내가 들어봐도 과연 두말할 나위도 없이 금메달은 내 차지가 틀림없으리라.
> -'철', '코 고는 소리'-

위 인용은 자면서 버릇이 된 코 고는 소리에 얽힌 일화를 소개한 수필의 일부분이다. 언뜻 보면 지겹고, 짜증스러울 수 있는 이야기들인데도 독자들은 전혀 눈치를 채지 못한다. 오히려 코 고는 사람 곁에서 자는 많은 사람들의 현장에서의 짜증을 고소(苦笑)로 환기시켜주고 있어서다. 바로 위트의 힘이다. 김학의 수필들은 이런 위트와 함께 구조적 미학을 거느리기도 한다.

흔히 수필은 형식(form)이 없다고 말한다. 무형식의 형식이 그것이다. 그러나 누구나 쓸 수 있다고 해서 수필이 되지 않듯 일정한 형식이 없을 수 없다. 다만 소설의 5단계 또는 4단계 구성처럼 도식화되어 있지 않을 뿐이다. 김학의 수필도 예외는 아니다. 잘 살펴보면 뚜렷한 3단계의 구조로 짜여져 있음을 발견할 수 있다. 즉 서두 부문에서 지극히 일상적인 대상을 관찰하는데, 이것은 거의 예외없이 자기 자신의 내면세계를 투사한 다음 결국엔 우리 모두의 객관적 세계로 환치되어 공감대를 형성하게 된다.

이는 "대상(사물)의 존재파악으로부터 그것은 소재가 되고, 그 소재에서는 정서를 얻게 되며, 그 정서는 상상·사상과 함께 미적으로 용해되면서 형식(수필)을 취하게 된다"(장백일, 수필과평론, 수필문학. 1988.11.)는 수필창작론에 딱 들어맞는 수필 짓기다. '우산, 그 사랑의 밀실'·'아침운동'·'파리'·'눈뜬 장님'(이상 '철부지의 사랑연습' 수록), '우리들의 광대 추송웅'·'선생님, 그 위대한 존재'(이상 '춘향골 이야기' 수록) 등은 얼른 생각나는 단적인 예에 불과하다. 그중 두 개 작품만 서두부터 만나보자.

  1. 목련이 하얀 손수건으로 눈물을 찍어내고 있던 여름 어느 토요일 오후, 비는 하염없이 내리고 있었다. 간밤부터 비실비실 내리기 시작한 비가 어느새 장대처럼 굵어졌다.
          -철, '우산, 그 사랑의 밀실'-

  2. 우리 하숙집에는 10여 명의 하숙생이 있다. 순경·동직원·세무서와 우체국 과장·은행원·나무장사·언론인·회사원 등 직업도 다양하다. 그런데 아주머니에게는 별난 고집이 있다. 빈 방이 있는데도 교육자는 받아들이지 않는다는 점이다.
          -춘, '선생님, 그 위대한 존재'-

작품을 온전히 읽어보면 분명해지지만, 그러나 지극히 자질구레한 일상의 이야기들이면서도 그것이 단순한 사변적인 애기의 변죽이라고 생각하지는 않는다. 그것은 나무를 보고도 흔들리는 마음의 소리이며, 푸른 바다와 아름다운 꽃을 보면서 혹은 싱그러운 산의 새벽안개와 심원한 계곡의 청정한 물을 보는, 그리하여 얻는 신선한 충격에 값한다. 그 까닭은 무엇인가? 이제 두 작품의 결미부분을 보자.

 1. 세상을 사노라면 예기치않게 비난·중상·모략 같은 사나운 비를 만나는 수가 있다. 그럴 때면 그것들을 막아줄 우산이 그립기 마련이다. 어쩌면 사랑일 지도 모른다.
 -철, '우산, 그 사랑의 밀실'-

 2. 나이가 들어가면서 교직에 대한 향수가 짙어간다. 젊은 혈기로 뛰쳐나온 교단이 새삼 그리워진다. 나에게는 돌아갈 수 없는 성역(聖域)이 교단이다. 그런 미련 때문에 내가 교육자를 좋아하는지도 모른다. 하숙집 아주머니가 아무리 교육자를 싫어 한다 해도 나는 그럴 수가 없다.
 -'춘', '선생님, 그 위대한 존재'-

대부분 작품이 그렇지만, 위에 인용된 수필의 구조적 미학은 매우 탁월하다. 즉 1에서 비가 내림(기)→우산에 대한 어머니의 꾸중과 학창시절(서)→우산이 갖는 기능의 함축적 형상화와 비가 멈춤(결)의 구조는 김학이 지극히 일상적인 신변잡사를 소재로 취하면서도 이야기의 나열에 그치지 않는, 문학다운 수필을 창작하는데 부족함이 없음을 보여준다.

2의 경우도 마찬가지다. 하숙집 아주머니가 교사를 하숙생으로 받지 않음(기)→교사친구들과의 에피소드(서)→교직에 대한 향수와 하숙집 아주머니의 싫어함과 나의 그러지않음(결)의 구조 역시 사물관조와 자아투사의 변증법적 결구로 손색이 없다. 이렇듯 김학의 수필은 "객체를 통해서 전체로, 주관을 통해서 객관으로, 또 모든 개체의 이야기로써 전체를 상상적으로 암시하여 문학적 상상력에 의한 해석을 독자에게 체험시키는 작품"(이현복, 수필의 문학성. 수필문학론집, 수필문학사, 1988.10.1)인 것이다.

2) 정확한 문장의 표현

무엇보다도 김학 수필의 미덕 내지 강점은 문학으로서의 작품이라는 점이다. 문학으로서의 수필에 값하는 첫 번째 요소가 표현 내지 정확한 문장이다. 수필가 김학의 이력을 살펴보면 사학 전공의 방송인이다. 요컨대 정식으로 문장수련을 쌓은 수필가는 아니란 애기다. 이쯤해서 직접 작품 속으로 들어가 보자.

> 안심대 못 미쳐서 우러러본 배꼽산 비로봉은 50년 만에 찾아뵈온 남녘의 관광객들을 반겨 맞지 않고 구름으로 얼굴을 살짝 가리고 있었다. 금강산은 풍진 세속을 외면한 채 구름과 희롱하며 즐기는 듯 보였다. 껴안고 사랑의 삼매경에 빠진 신랑신부마냥 비로봉은 때로는 구

름과 입맞춤을 하고, 때로는 구름의 치맛자락을 벗기기
도 하고, 또 때로는 구름이 비로봉의 목에 루주 자국을
남기는 듯싶기도 했다. 금강산에서 제일 높은 봉우리가
그러하니 그 밖에 자잘한 봉우리들도 덩달아 흉내내기에
바빴다.
   -'오', '금강산, 그 아름다운 패션의 산'-

 위 인용문은 금강산 기행을 담은 수필의 일부이다. 한마디로 비로봉에 구름이 끼어 있다는 얘기다. 그러나 '비로봉에는 구름이 끼어 있다'고 설명하지 않는다. 대신 독자들이 마치 눈앞에서 직접 보는 것처럼 묘사하고 있다. 기본적으로 수사법을 통해 그런 효과를 거두고 있다. 특히 "구름이 비로봉의 목에 루주 자국을 남기는 듯싶기도" 같은 참신한 수사에 이르러선 표현방식의 세련됨이 김학 수필의 빼어난 미덕임을 확인하게 된다. 말할 나위 없이 이런 표현은 노상 갈고 닦는 문장 수련이 뒤따르지 않고는 불가능한 일이기에 의문이 생겨난다. 의문은, 그러나 너무 싱겁게 풀려 버린다. 김학 수필 곳곳에서 드러나거니와 정확한 문장 쓰기가 '밤의 여로'라는 프로를 맡았던 방송인이기에 가능한 일이었던 것이다.
 그 배경이야 어찌됐든 확실히 김학 수필은 정확한 문장의 표현이 무엇보다도 강점이다. 또 어쩌다 그런 것이 아니라 대부분의 작품이 정확한 문장과 적절한 수식의 표현으로 이루어져 그런 주장을 설득력 있게 해준다. 새삼스런 말이지만 정확한 문장은 비단 수필뿐 아니라 모든 글의 기본이다.

문학이 언어의 예술이고, 수필 역시 당당히 그것의 한 장르 일진대 일러 무엇하랴만 안타깝게도 수필문학이 보여온 저간의 사정은 그렇지 못하다. 김학 수필의 표현 내지 정확한 문장이 빛나는 이유가 거기에 있다. 내친김에 그런 표현을 몇 개 더 만나 보자.

가을은 벌써 대문을 지나 문지방을 넘어서려 한다.
-'오', '가을에 생각하노니'-

미국 여행길에서 보고 느꼈던 온갖 기억들이 추억의 창고문을 열고 스멀스멀 기어나온다.
-'오', '미키 마우스'-

높낮은 산들이 강강수월래에 맞춰 원무를 추고, 산허리를 감돌아 흐르는 냇물이 도란도란 밀어를 속삭이며 섬진강으로 합수(合水)되는 곳이다.
-'오', '내 고향, 임실'-

그 어머니가 흘린 한숨을 모았다면 한강의 수위가 더욱 높아졌을 것이고, 그 어머니가 흘린 한숨을 모았다면 허리케인에 버금가는 태풍이 되지 않았을는지…….
-'오', '걱정 끝 기쁨 시작'-

위 인용들은 각각 의인법·은유법·과장법 등 적절한 수사적 표현으로 문학적 문장에 값하고 있다. 이외에도 "아파트는 사색의 생산 공장", "가슴속의 물레방아", "내 기억의 금고", "고향은 추억의 박물관", "내장산은 가슴이 넓은 여인" 등 은유적 수사가 눈에 들어온다. 수필에 설명의 표현 방식이 어울리지 않음은 물론이다. 논증도 마찬가지다. 서사나 묘사 위주의 표현 방식이라야 비로소 문학으로서의 수필이 될 수 있다.

3) 감동 혹은 '발칙한' 모멘트

형식적 요소에 핀트를 맞춘 앞에서의 논의에 이어 이제 문학의 또 다른 축인 내용면을 살펴보자. 내용과 형식면 고찰이라는 논의의 일반적 순서가 바뀐 것은 그만큼 김학 수필의 형식미가 돋보이기 때문이다. 거기에는 연륜이나 경륜을 앞세우긴 할망정 모든 글의 원천적 힘이라 할 문장·문단 등 형식적 요소가 미흡한 수필이 난무하는 수필문학계의 현주소 내지 자화상을 은근히 꼬집을 수밖에 없는 현실에 대한 안타까움이 스며 있기도 하다. 노상 하는 말이지만 감동이나 문학성은 독서 그 이후의 결과물 내지 문제이다. 문장이 부실하면 독자들이 끝까지 수필 읽는 걸 포기하고 마는데, 도대체 감동이 '한 근에 얼마'란 말인가!

그렇다고 표현방식이나 정확한 문장만으로 문학으로서의 수필이 되는 것은 아니다. 김학 작품이 문학으로서의 수필에 값하는 두 번째 요소는 일상적 이야기를 늘어놓되 단순한 나열로 그치지 않는 점이다. 앞에서 이미 살펴본 바 있듯 김학 수필 대부분은 일정한 이야기(서사성)를 갖고 있다. 물론 그냥 이야기의 나열은 문학성 획득과는 거리가 멀다.

그러니까 김학 수필은 독자에게 선명한 기억을 남기는 뚜렷한 이야기를 정제된 문장으로 의미화시켜 필연 문학성에 이르게 하는 것이다.

  이사를 한 뒤 어느 날, 어머니는 가슴에 담고 계시던 걱정 한 가지를 풀어 놓으셨다.
  "돌아가신 조상님네들이 명절날이나 제삿날 찾아오실 수 있을지 모르겠구나……."
  "……."
  "아파트는 워낙 집 찾기도 어렵고, 엘리베이터도 안 타보신 분들 아니냐?"
  곰곰 생각해보니 어머니의 말씀도 그럴 듯했다. 시골에서 태어나 시골에서 사시다 귀천(歸天)하신 조상님네들이 아니던가.
      -'오', '아파트에서 만난 고향의 소리'-

불쑥 인용부터 했는데, 이 글은 '오수땅 오수사람들'에 실린 수필의 일부다. 조금 자세히 내용을 살펴보자. 난생 처음 아파트에서 살게 된 저간의 경위와 심정 등의 이야기가 펼쳐지고 있다. 위 인용문은 그 중 "이사를 하자고 결단을 내리셨"던 어머니가 뜻밖의 걱정을 털어놓는 대목인데, 그것이 무릎을 탁 치게 한다. 시대의 흐름에다가 그저 편리하여 아파트 생활을 하는 단순한 일상적 이야기 이상의 깊은 울림을 준다. 이러한 깊은 울림이 문학으로서의 감동임은 말할 나위가 없다.
  이 수필을 끝까지 꼼꼼히 읽다 보면 그보다 더 묵직한 주제의식과 만나게 된다. 주거 형태가 어떻든, 어디에서 살 건 행복은 각자의 마음속에 있다는 것이다. 여기서 문학성이 정제된 형식미를 바탕으로 인생의 잡다한 온갖 현상들을 문학이라는 프리즘에 굴절·반사시켜 독자의 가슴을 때리고 울리는 감동임을 새삼 말할 필요는 없으리라. 수필집 '오수땅 오수사람들'에 실린 70편이 전부 그런 것은 아니지만, '일상적 이야기의 문학성'이 김학 수필의 미덕 가운데 하나임은 분명하다.

이와 함께 참신한 소재 역시 김학 수필이 문학으로서의 수필에 값하는 요소이다. 고향·가족·자연·직장·친구 등 여느 수필가들이 취하는 일상적 이야기이면서도 김학 수필에는 일상인들이 미처 발견하지 못한 것들을 소재로 끌어들이는 유니크한 기교가 있다. 가령 '군산에 가면'을 예로 들어 보자. '군산에 가면'은 "내 젊은 날의 추억을 쌓아 놓은 노적가리"인 군산에 대한 소묘이다. 일정한 이야기의 사건을 긴밀한 구조에 의해 전개하지 않고, 군산에 대한 이런저런 인상을 병렬식으로 추억하고 있어 한 번 읽고도 기억하기가 쉽지 않지만, 아래 인용을 보자.

벽에 붙어 있는 차림표에서도 나는 새로운 발견을 할 수가 있었다.
'진지 한 그릇 1,000원.'
여느 식당이라면 '공기밥 한 그릇 1,000원'이라고 써 붙여야 예사인데 그 곳에서 그렇지 않았다.
-'오', '군산에 가면'-

여기서 감탄스러운 것은 공기밥을 '진지 한 그릇'이라고 써붙인 식당의 기발한 발상이 아니다. 그것을 주의 깊게 관찰하여 수필에 접목시키는 작가정신이 감탄스럽다. 다시 '오수땅 오수사람들'에 실린 '전하, 아니되옵니다'를 만나 보자. 제목에서 짐작되듯 '전하, 아니되옵니다'는 한 마디로 역사드라마 시청기라 할 수 있다. 그런데 그냥 재미있게 보는 데서 그치지 않고 "완전한 민주주의 시대라 할 만한" 오늘날의 닫힌 언로에 일침을 가한다. 요컨대 전제군주의 왕조시대 어전회의에서도 '전하 아니되옵니다'라는 반대 의견이 있었는데, 오늘날 "국무회의 모습에서는 대통령이 일방적으로 이야기를 하고, 참석한 국무위원들은 긴장한 채 귀를 기울이고 있다"는 것이다. 그야말로 '발칙한' 모멘트의 꼬집기라 아니할 수 없다.

한편 위에서 다루지 않은 김학의 수필세계는 '김학수필문학론'에 수록된 전국 각지의 평론가·수필가의 글을 통해 대략(大略)해볼 수 있을 듯하다. 먼저 "후반기 그의 수필의 경향을 보면 한 가정의 어른으로서 가족에 대한 사랑과 행복, 수필창작 지도교수로서 수필창작과 수필가의 자세, 사학자로서의 역사의식과 전통에 대한 온고지신, 방송인으로서 다양한 매체를 통한 건강한 사회의 미담과 인간학, 여행에서 깨달은 높은 식견, 창의적인 발상과 비유로 승화한 작품 등이 주를 이룬다"(오경옥 수필가)는 비평이 도움되리라 생각한다.

김학 수필집 '아름다운 도전'에 대해 쓴 비평에선 "신문 가십거리가 소재가 되기도 하고 남들이 그냥 흘려버리기 쉬운 에피소드가 몇 개 모여 이미지와 메시지를 형성하기도 한다. 그는 주변의 소박하고 대수롭지 않은 듯한 평범한 것들을 비범하게 만드는 재능을 보여주며 발견과 의미부여의 광채를 발하게 한다. 이러한 요소가 김학 수필의 개성이 되고 있다"(정목일 수필가)는 글이 눈에 들어온다. "그는 독자들의 가슴에 순수수필이 가야 할 지표를 제시하면서 자신만의 독특한 색깔을 지닌 신선한 목소리를 갖고 있기에 그의 수필은 그만큼 강렬함과 지순한 문학적 메시지를 지니고 있다 하겠다. 이는 어떤 의미에서 수필문학의 순도 높은 창조성이라고 불러도 좋을 것이다. 본격 수필가로서 지녀야 할 마땅한 창작 정신이라 하겠다"(한상렬 문학평론가)는 김학 수필집 '호호부인' 이야기도 마찬가지다.

4. 불광불급(不狂不及)은 이제 우리의 몫

지금까지 한정된 원고량 안에서 김학 수필인생과 문학세계를 살펴보았다. 한 마디로 수필에 미친 김학의 인생이었음을 알 수 있다. 김학은 "수필은 아내보다 더 가까운 나의 평생동지요, 영원한 내 삶의 반려자라고 생각한다. 수필이 내 곁에 있는 한 나의 행복과 기쁨은 보장된다. 수필이 나와 함께 있는 한 나는 결코 외로울 수가 없다. 내가 많은 예술장르 가운데서 문학을 선택하고 그 문학 중에서도 수필을 치켜든 것은 탁월한 선택이었다고 생각한다. 나 자신에게 스스로 축하의 박수라도 보내고 싶다. 나는 후배들에게 불광불급(不狂不及)이란 교훈을 전해주려고 노력한다"(두루

미사랑방, 2008.3.8.)며 자신의 수필인생에 대한 소회(所懷)를 밝힌 바 있다.

　김학의 수필세계는 거의 예외없이 일상적 이야기의 소재이면서도 문학성을 획득하는 미덕을 지닌다. 특히 일련의 수필에서 드러나는 사물에 대한 관조와 자아투사의 변증법적 처리, 수필가 오창익이 '미래문학으로서의 새로운 지평'('수필문학' 창간호, 1988.9)이라는 글에서 말한 개념으로 '의미화'(대상을 관찰함으로써 자기화하는 개성적인 눈이요, 마음)는 작품에 생명력을 불어넣는 김학의 빼어난 작가정신의 소산이라 해도 무방하리라 여겨진다. 또한 언어면에서 보인 문학적 형상화와 정확한 문장, 위트 감각과 구조적 미학 역시 김학 수필이 문학에 값하는 중요 요소라 할 수 있다.

<2023전주 백인의 자화상, 전주예술사, 2023.12.>
<'교원문학' 제9호, 2024.5.15.>

장세진평론집
참 쉬운 소설 읽기

인쇄 2025년 7월 11일
발행 2025년 7월 18일

지은이 장세진
발행인 서정환
펴낸곳 신아출판사
주소 전주시 완산구 공북1길 16(태평동)
전화 (063) 275-4000 · 0484
팩스 (063) 274-3131
이메일 sina321@hanmail.net   essay321@hanmail.net
출판등록 제465-1984-000004호
인쇄 · 제본 신아출판사

저작권자 ⓒ 2025, 장세진
이 책의 저작권은 저자에게 있습니다. 서면에 의한 저자의 허락없이
내용의 일부를 인용하거나 발췌하는 것을 금합니다.
잘못된 책은 바꿔 드립니다.

ISBN 979-11-94595-73-1 93800
값 25,000원

※ 본 도서는 (재)전북특별자치도문화관광재단 2025년 문화예술육성지원
　사업에 선정되어 보조금을 지원받은 사업입니다.

장세진 수필집

전과자에서 선생님으로

온·오프라인 서점에서 절찬 판매중!

지식과감성# / 값 17,000원

– 이 책 역시 소설이 아니므로 처음부터 끝까지 꼭 챙겨 읽길 기대하지 않는다. 다만, 에세이보다 미셀러니로 채워진 수필집이라 이전에 펴낸 '뭐 저런 검찰총장이 다 있나'·'뭐 저런 대통령이 다 있나' 같은 책에서 느끼던 어떤 공분(公憤) 대신 궁금증과 함께 매우 흥미롭긴 할 것으로 보인다.

–'저자의 말'중에서–

장 세 진

- 방송·영화·문학평론가/전주 출생(원적은 부안)
- 서울신문사 TV가이드(1983), 월간 스크린(1985), '표현'신인작품상(1989)·무등일보신춘문예(1990)로 각각 등단. 원광대 국문과 졸업(1983)후 중등교사 발령(1984), 2016년 2월 한별고등학교 교사로 명예퇴직함. '탄핵 파면이 답이다' 등 총 62권(편저 5권 포함)의 책을 펴냄.
- 전북예술상·신곡문학상·전주시예술상·공무원문예대전행정자치부장관상·전국지용백일장대상·한국미래문화상대상·단국대학교교단문예상·전북문학상·동해예술인장학금수혜·남강교육상(2015)·연금수필문학상·충성대문학상(소설부문)·교원문학상·전북대상(문학예술부문) 수상.
- 현재 '교원문학' 발행인 겸 주간.